U0614988

大英儿童百科

知识大数据

大英百科全书公司 著
[意]瓦伦丁娜·德菲里波 绘
朱岩 王又翎 译

童趣出版有限公司编译 人民邮电出版社出版
北 京

图书在版编目（CIP）数据

大英儿童百科知识大数据 / 美国大英百科全书公司著 ；（意）瓦伦丁娜·德菲里波绘 ； 童趣出版有限公司编译 ； 朱岩，王又翎译. -- 北京 ： 人民邮电出版社，2024.10
ISBN 978-7-115-64563-0

Ⅰ. ①大… Ⅱ. ①美… ②瓦… ③童… ④朱… Ⅲ. ①科学知识－儿童读物 Ⅳ. ①Z228.1

中国国家版本馆CIP数据核字(2024)第111985号

审图号：GS 京（2024）0917 号
著作权合同登记号 图字：01-2024-2291

著　　　：大英百科全书公司
绘　　　：［意］瓦伦丁娜 · 德菲里波
翻　　译：朱　岩　王又翎
责任编辑：张艳婷
责任印制：赵幸荣
美术设计：马语默

编　　译：童趣出版有限公司
出　　版：人民邮电出版社
地　　址：北京市丰台区成寿寺路 11 号邮电出版大厦（100164）
网　　址：www.childrenfun.com.cn

读者热线：010-81054177　　经销电话：010-81054120

印　　刷：天津海顺印业包装有限公司
开　　本：889×1194　1/16
印　　张：20
字　　数：550 千字
版　　次：2024 年 10 月第 1 版　2024 年 12 月第 2 次印刷
书　　号：ISBN 978-7-115-64563-0
定　　价：168.00 元

你在这里！

欢迎你的到来
-I-

如何阅读这本书
-II-

第1章
时间与空间
探索行星、黑洞、小行星、卫星、
星云等知识，了解宇宙中已知最大的恒星。
-1-

第2章
陆地、海洋与天空
发现火山、闪电、岩石、河流，
以及地球上最高和最深的地方。
-49-

第3章
生态星球
了解树木、真菌、化石、能源，
探索处于不断变化中的地球。
-97-

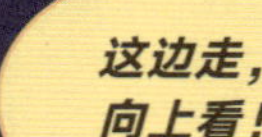

这边走，
向上看！

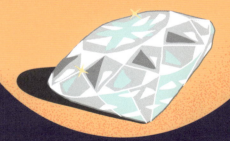

目录

再去了解一下人类吧！虽然我觉得企鹅更有趣。

第4章 动物世界

认识最快、最强、最微小、最古老的动物，来看看哪些是最危险的。

-145-

第5章 人体

看看肌肉、骨骼、脑细胞、粪便、尿液，了解你一生中会产生多少浴缸的黏液。

-193-

第6章 人类世界

了解汽车、火车、机器人、艺术、书籍、战争，认识历史上最伟大的发明。

-241-

更多探索 -288-

索引 -290-

《寻宝游戏》答案 -306-

创作团队 -307-

专家团队 -308-

欢迎你的到来

你知道吗？我们大脑对世界的感知，大约有 70% 是通过视觉完成的。另外，人们可以在短短的 13 毫秒内辨认出熟悉物体的图像。这可比我们眨眼的速度快了 8 倍！

可以看出，我们人类是一个非常注重视觉的物种。这也是信息图如此强大的原因。信息图用图像、图表的形式解释复杂的信息或数据，清晰明了，美观实用。

这本书中有 200 多张信息图，展示了关于各种事实的知识和数据。将数据转化为图形，有助于我们一目了然地了解信息，甚至可能会让我们惊叹不已！

你可以在周围找到很多信息图的例子，常见的类型包括地图、图表、图形和时间轴等。

事实上，当科学家考虑用一种最清晰、最简明的方式与外星生命沟通时，他们决定使用一张信息图。这张信息图被刻在一个镀金的金属牌上，放入了美国国家航空航天局（NASA）1972 年发射的先驱者 10 号航天器。先驱者 10 号被送入太空，成为第一个近距离观测木星的航天器。

除了有关地球的重要信息之外，先驱者 10 号上的信息图还包括一幅太阳系地图。如果有外星人找到了这艘航天器，他们应该能够理解它来自哪里。虽然到目前为止，我们还没有收到回音。

在你用信息图深入探索世界之前，请到下一页看看简要的导览，方便你了解信息图的一些常见特征以及它们的工作原理。

这张简单的太阳系地图被放置在先驱者 10 号航天器上（如下图所示）。它显示了先驱者 10 号从地球出发，沿着木星和土星之间的航线前行。

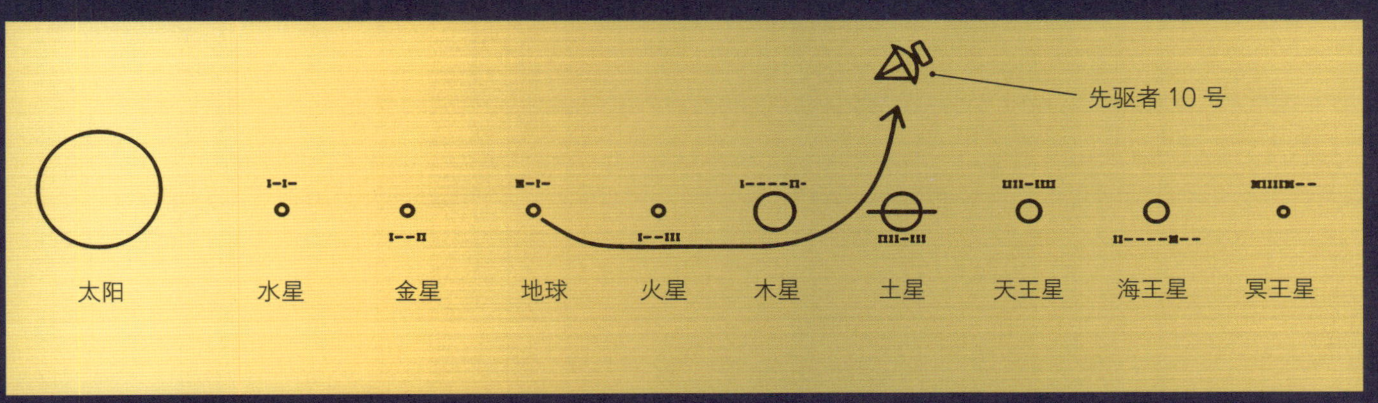
先驱者 10 号
太阳
水星
金星
地球
火星
木星
土星
天王星
海王星
冥王星

如何阅读这本书

这本书的信息图呈现信息的主要方式如下：

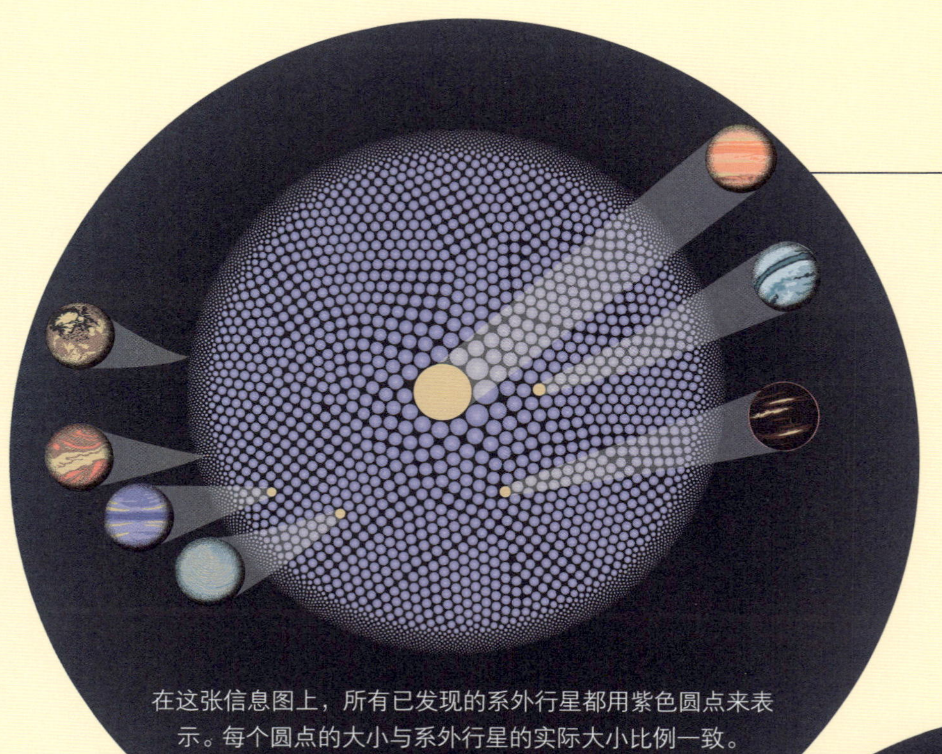

在这张信息图上，所有已发现的系外行星都用紫色圆点来表示。每个圆点的大小与系外行星的实际大小比例一致。这里也突出显示了某些系外行星，这样我们就可以更好地了解它们。

计数和排序

信息图可以只是简单地展示某事物的数量，也可以包含更多的信息，比如这些事物的大小、温度或构成材料等。

测量和规则

许多信息图可以展示高度、重量、长度和速度等信息。请注意图表顶部、底部或侧边的测量标尺，以及图表遵循的测量规则。它们会显示图表所使用的测量单位，比如千米、千克、年或百分比等。

0
20
40
60
80
100
120
千米 / 时

看看这张信息图顶部的坐标轴，它告诉我们这些动物的速度是用每小时多少千米来衡量的。

比例尺：**0.1 毫米**

这个比例尺表示粉色线的长度代表 0.1 毫米的微小距离。这意味着这张信息图中的微生物被放大到了我们肉眼可见的程度。

比例尺

有些信息图是“按比例”来展示事物的。这意味着我们所看到的图片并不是真实距离或大小，而是用固定比例来代表在现实世界中更大或更小的尺寸，比如地图上经常使用的比例尺。

颜色和图案

信息图中的颜色和图案是信息传达中很重要的一部分。要留意信息图中的图例，它会告诉我们这个颜色或图案是否代表了诸如温度等测量值。

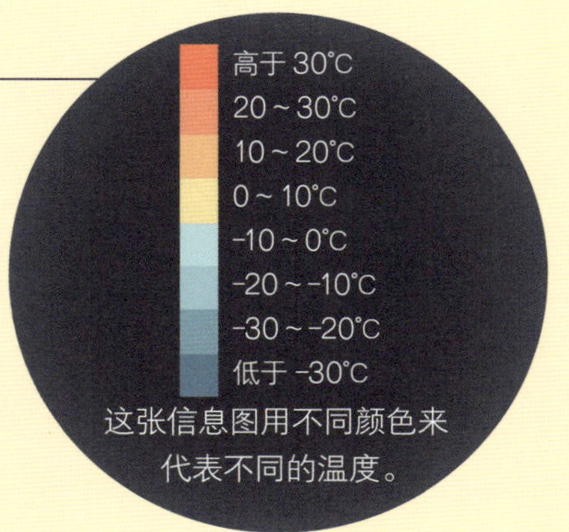

高于 30°C
20 ~ 30°C
10 ~ 20°C
0 ~ 10°C
-10 ~ 0°C
-20 ~ -10°C
-30 ~ -20°C
低于 -30°C

这张信息图用不同颜色来代表不同的温度。

在这张有关海洋的信息图中，关键物体都是橙色的，因此很容易比较这些物体所处的相对深度。

直接比较两个或多个事物时，信息图一般会使用相同的颜色，以便我们更容易、更客观地对比它们，或者从中获得重要信息。

位置

信息图也可以告诉我们一些关于事物位置（如地图上的地点）、时间（如时间轴上的点）或它们所属的类别（如属于某一个群组）的信息。

南极洲
最高气温 18.3°C
1
撒哈拉沙漠
最高气温 58°C
2

这张信息图展示了世界地图上荒漠的分布情况。炎热的荒漠用橙色表示，而寒冷的荒漠用蓝色表示。

为了让人们感受到一根巨大树干的周长，这张信息图展示了树干需要多少个手拉手的孩子才能将其环抱住。

对比

如何理解一棵巨树的大小？信息图可以将这些尺寸转化为我们更熟悉的事物。

这本书中的部分信息图附有**“阅读指南”**。当你看到这些说明时，请先阅读它们。

现在，让我们开始一场冒险之旅，准备以全新的方式来观察我们的世界吧！

第 1 章

时间与空间

世界万物的时间轴

恒星从何而来？你从哪里来？这本书是从哪里来的？一般理论认为，大约138亿年前的一个瞬间，所有的一切被创造出来，包括时间、空间和宇宙中的所有物质。我们将这一令人难以置信的事件称为宇宙大爆炸。

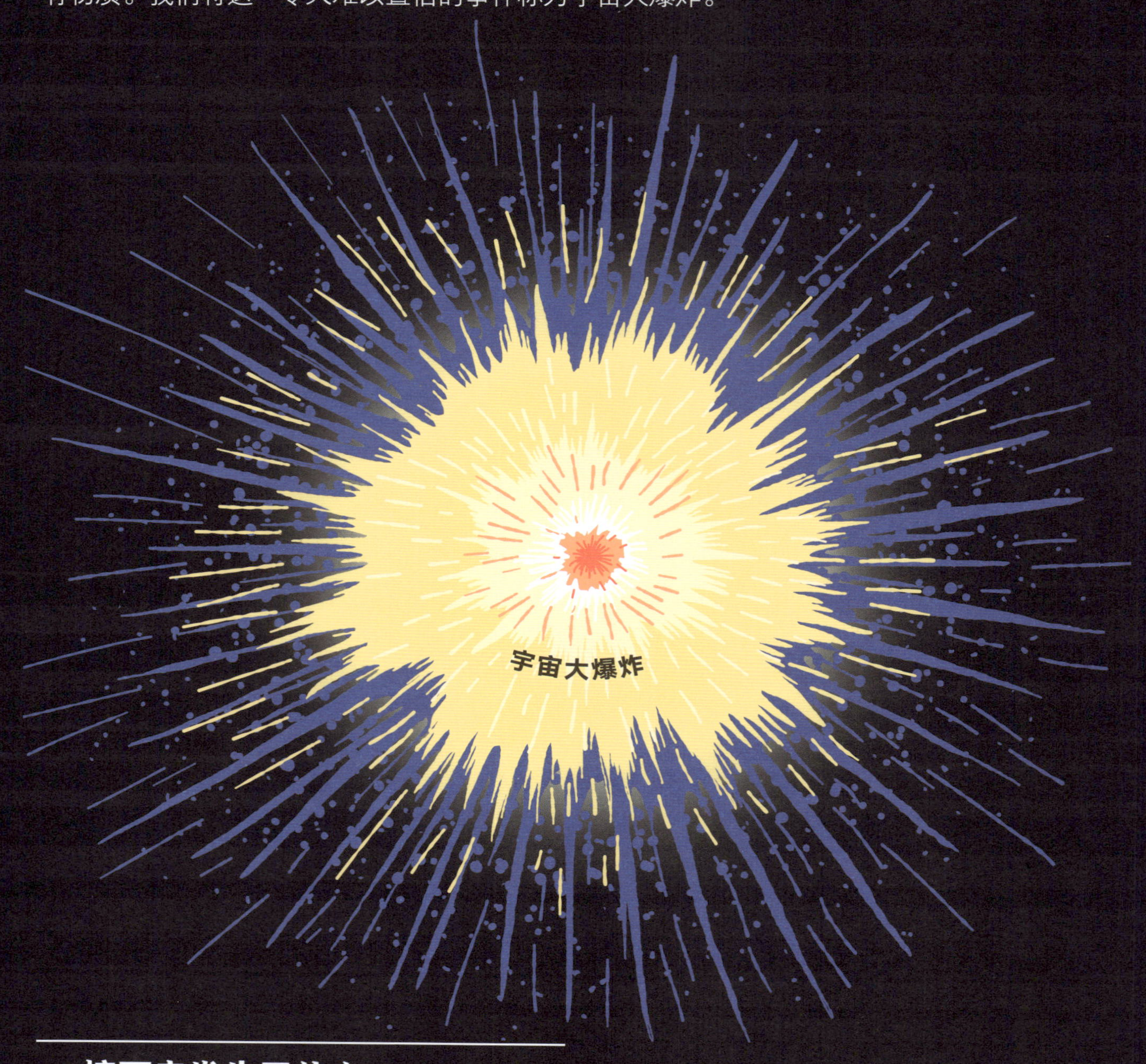
宇宙大爆炸

接下来发生了什么

科学家认为，在宇宙大爆炸发生的那一刻，一切都存在于一个被叫作“奇点”的微小的点中。大爆炸后，宇宙开始冷却并膨胀。几分钟内，物质粒子开始形成氢和氦。这些元素后来形成了恒星，进而导致了行星的产生。根据天文学家的说法，如今的宇宙仍在冷却和膨胀中。

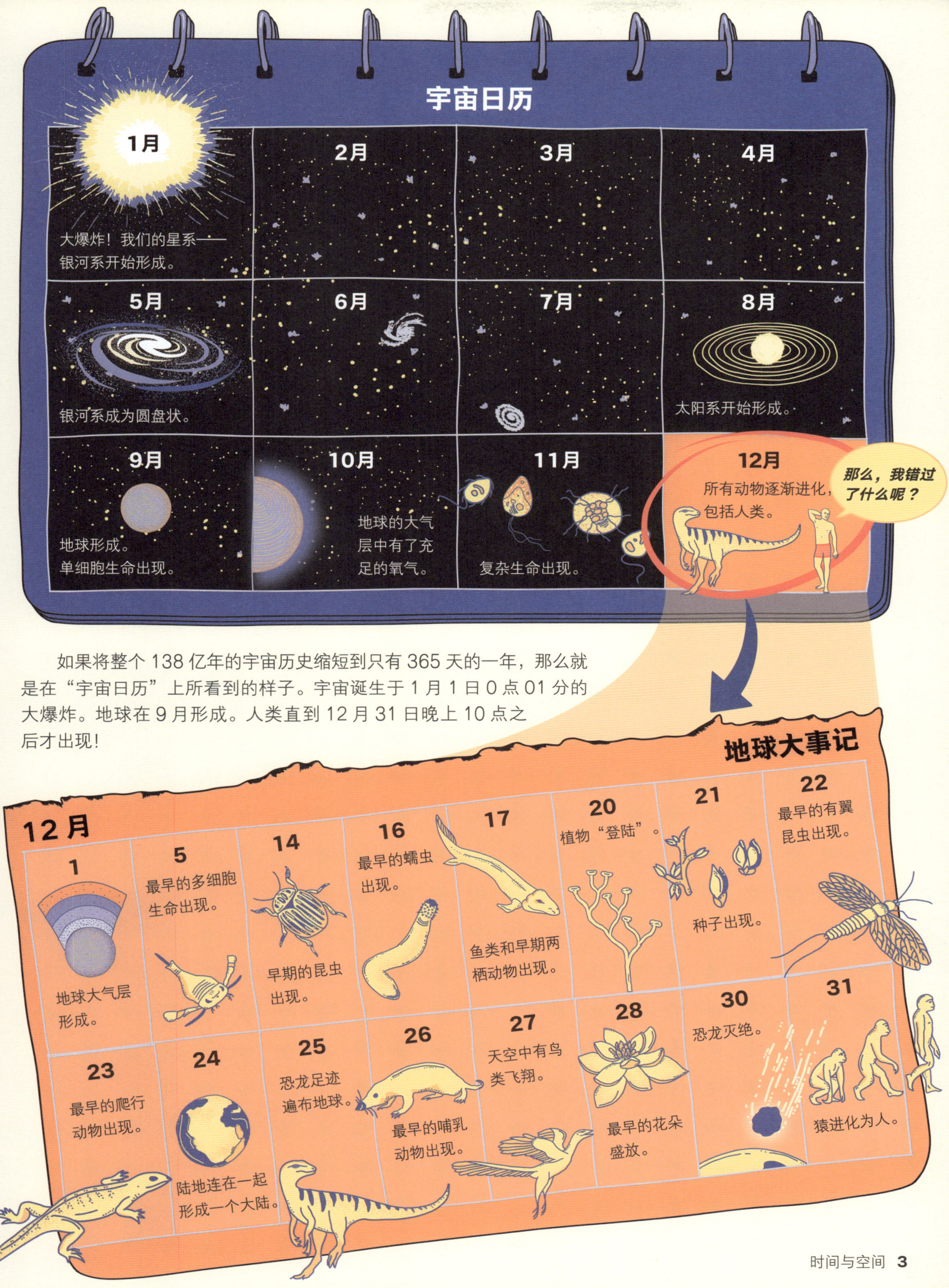
宇宙日历
1月
大爆炸！我们的星系——银河系开始形成。
2月
3月
4月
5月
银河系成为圆盘状。
6月
7月
8月
太阳系开始形成。
9月
地球形成。单细胞生命出现。
10月
地球的大气层中有了充足的氧气。
11月
复杂生命出现。
12月
所有动物逐渐进化，包括人类。
那么，我错过了什么呢？
地球大事记
12月
1
地球大气层形成。
5
最早的多细胞生命出现。
14
早期的昆虫出现。
16
最早的蠕虫出现。
17
鱼类和早期两栖动物出现。
20
植物“登陆”。
21
种子出现。
22
最早的有翼昆虫出现。
23
最早的爬行动物出现。
24
陆地连在一起形成一个大陆。
25
恐龙足迹遍布地球。
26
最早的哺乳动物出现。
27
天空中有鸟类飞翔。
28
最早的花朵盛放。
30
恐龙灭绝。
31
猿进化为人。

如果将整个 138 亿年的宇宙历史缩短到只有 365 天的一年，那么就是在“宇宙日历”上所看到的样子。宇宙诞生于 1 月 1 日 0 点 01 分的大爆炸。地球在 9 月形成。人类直到 12 月 31 日晚上 10 点之后才出现！

我们在宇宙的什么位置

如果你正在读这本书，那么你一定就生活在地球上。但地球到底在哪里呢？看看下面的一系列太空天体地图吧，这是解答这个问题的最好方法。位于上方的第一张地图展示了地球在太阳系中的位置。第二张地图缩小了比例尺，展示了太阳系在银河系中的位置。第三张地图的比例尺进一步缩小，展示了银河系在可观测宇宙中的位置——这是到目前为止，天文学家通过高倍望远镜所能看到的已知宇宙的范围。

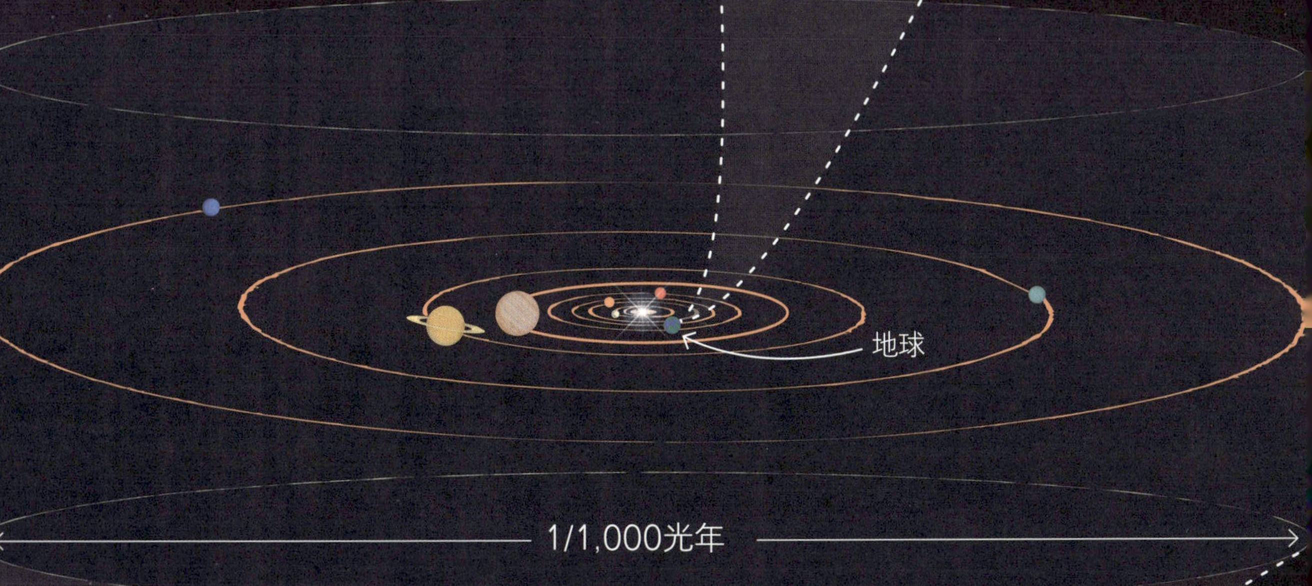
你在这里！
地球
地球
1/1,000光年

在太阳系中

太阳系由太阳和所有围绕太阳运行的天体组成，包括 8 颗行星（含地球）、它们的卫星、矮行星，以及无数的小行星、流星体、彗星和其他小型冰冻天体。地球是太阳系中由内及外的第三颗行星，距离太阳约 1.5 亿千米。

在银河系中

星系由宇宙中共同运动的恒星、星际气体和尘埃等组成。科学家一般认为银河系有 4 条旋臂。太阳系位于其中一条旋臂中，每 2.25 亿年绕银河系中心转动一周。

在可观测宇宙中

银河系与其附近 70 多个星系组成了一个不规则星系团，被称为本星系群。距离银河系最近的大星系是仙女星系。

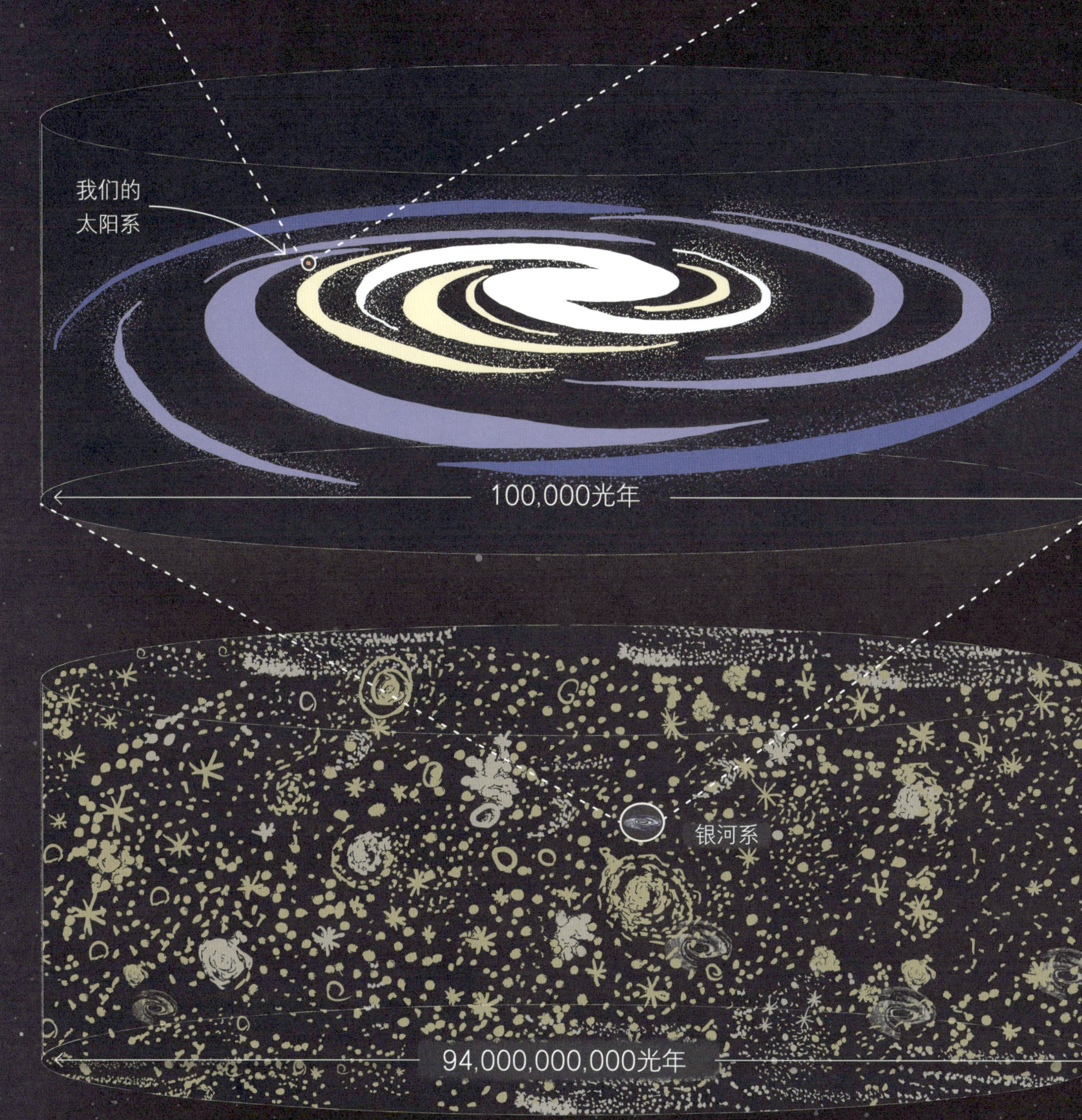
我们的
太阳系
100,000光年
银河系
94,000,000,000光年

欢迎来到我们的太阳系

我们周围的宇宙空间被称为太阳系，因为其中所有天体都围绕太阳运行。在太阳系中，有 8 颗行星、约 300 颗卫星、已知的 5 颗矮行星（包括冥王星）、无数的小行星、彗星和流星体，以及巨大的尘埃和气体云。除太阳以外，太阳系中最大的天体是木星。

所有行星都绕着自转轴旋转。这是一条连接行星中心和两极点的假想直线。以下每颗行星的自转轴线用灰色箭头表示。

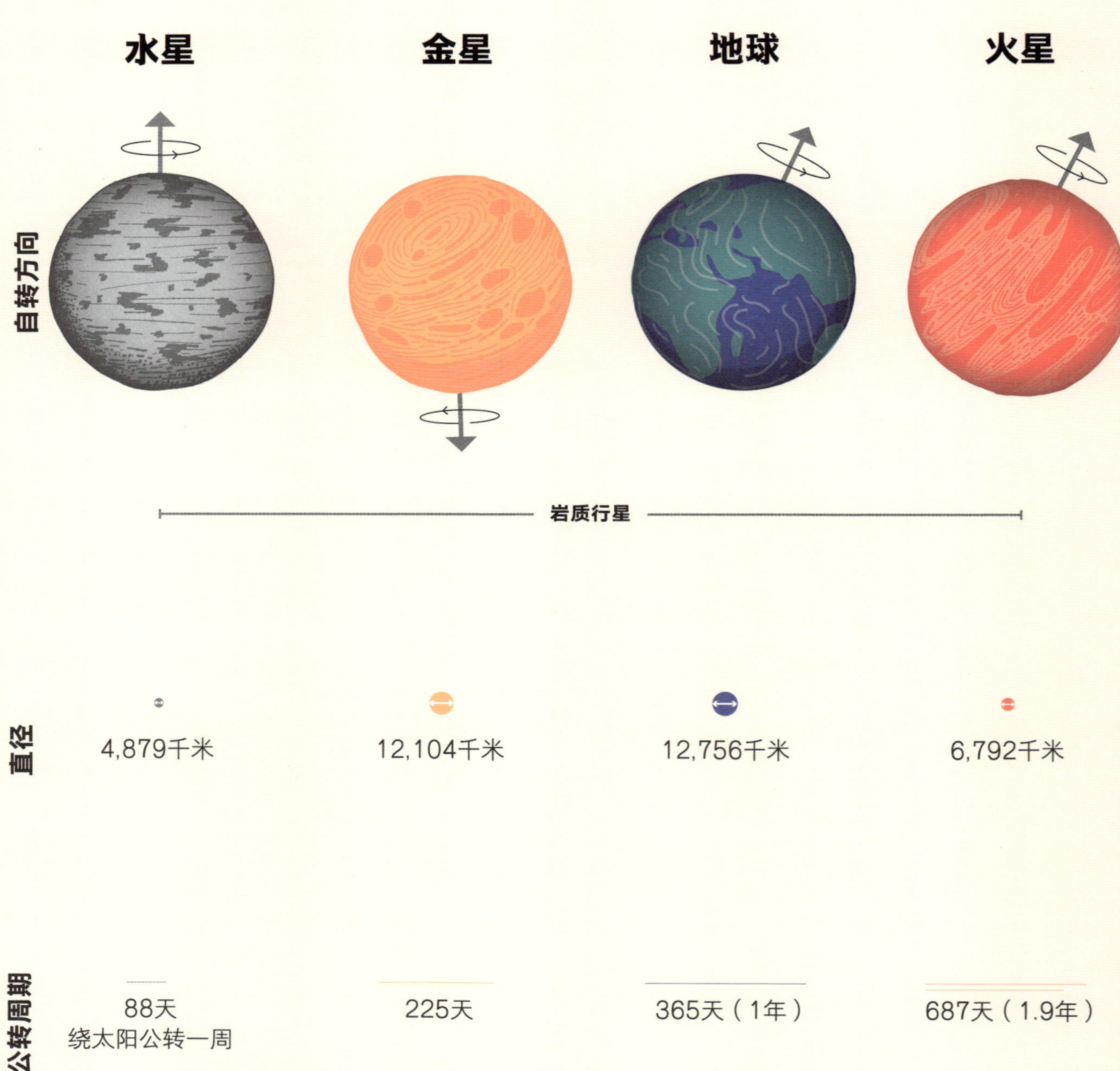

水星
金星
地球
火星
自转方向
岩质行星
直径
4,879千米
12,104千米
12,756千米
6,792千米
公转周期
88天
绕太阳公转一周
225天
365天（1年）
687天（1.9年）

注：以地球的一天和一年为单位。

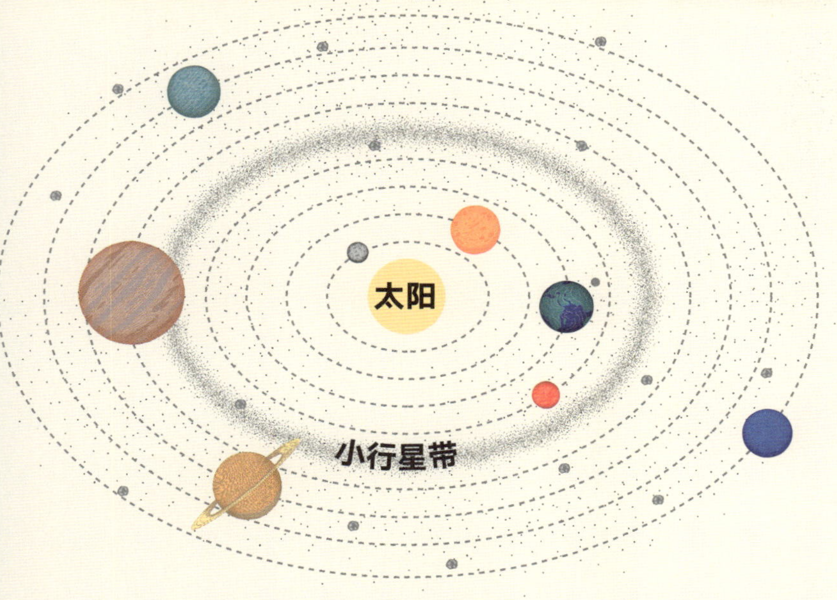
太阳
小行星带

在我们太阳系的中心，是一颗被称为太阳的恒星。8 颗行星围绕太阳运行，轨道如同扁平的椭圆形。当行星绕太阳公转时，也会围绕自己的自转轴自转，但它们的自转速度非常不同。地球绕地轴旋转一周需要约 24 小时，这就是我们的一天。木星自转的速度最快，大约需要 10 个小时。而速度最慢的金星，自转一周则需要 243 天！

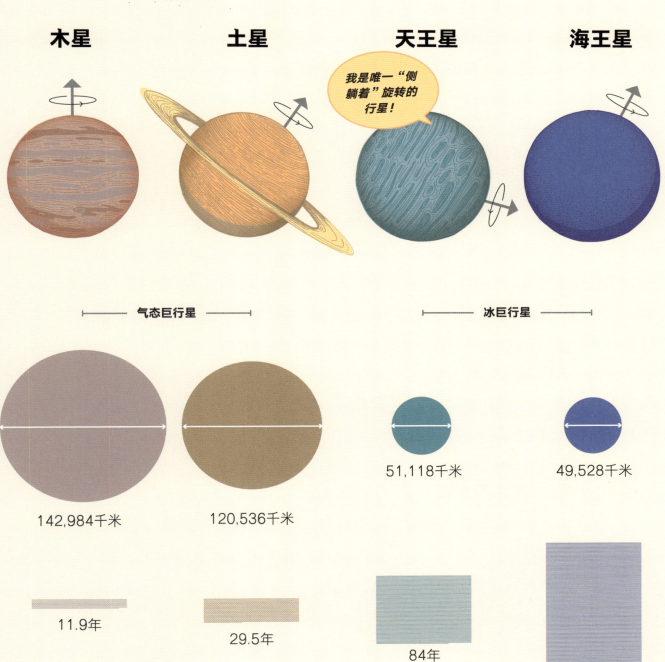

木星	土星	天王星	海王星
		 我是唯一“侧躺着”旋转的行星！	
气态巨行星		冰巨行星	
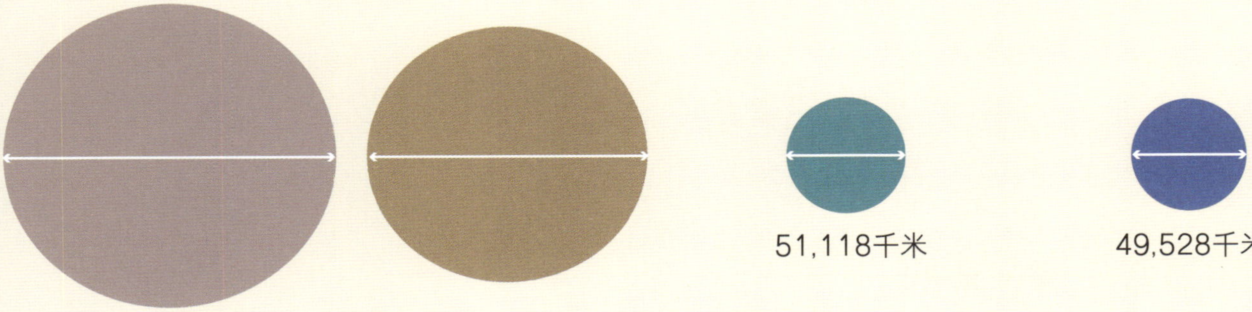 142,984千米	120,536千米	51,118千米	49,528千米
11.9年	29.5年	84年	164.8年

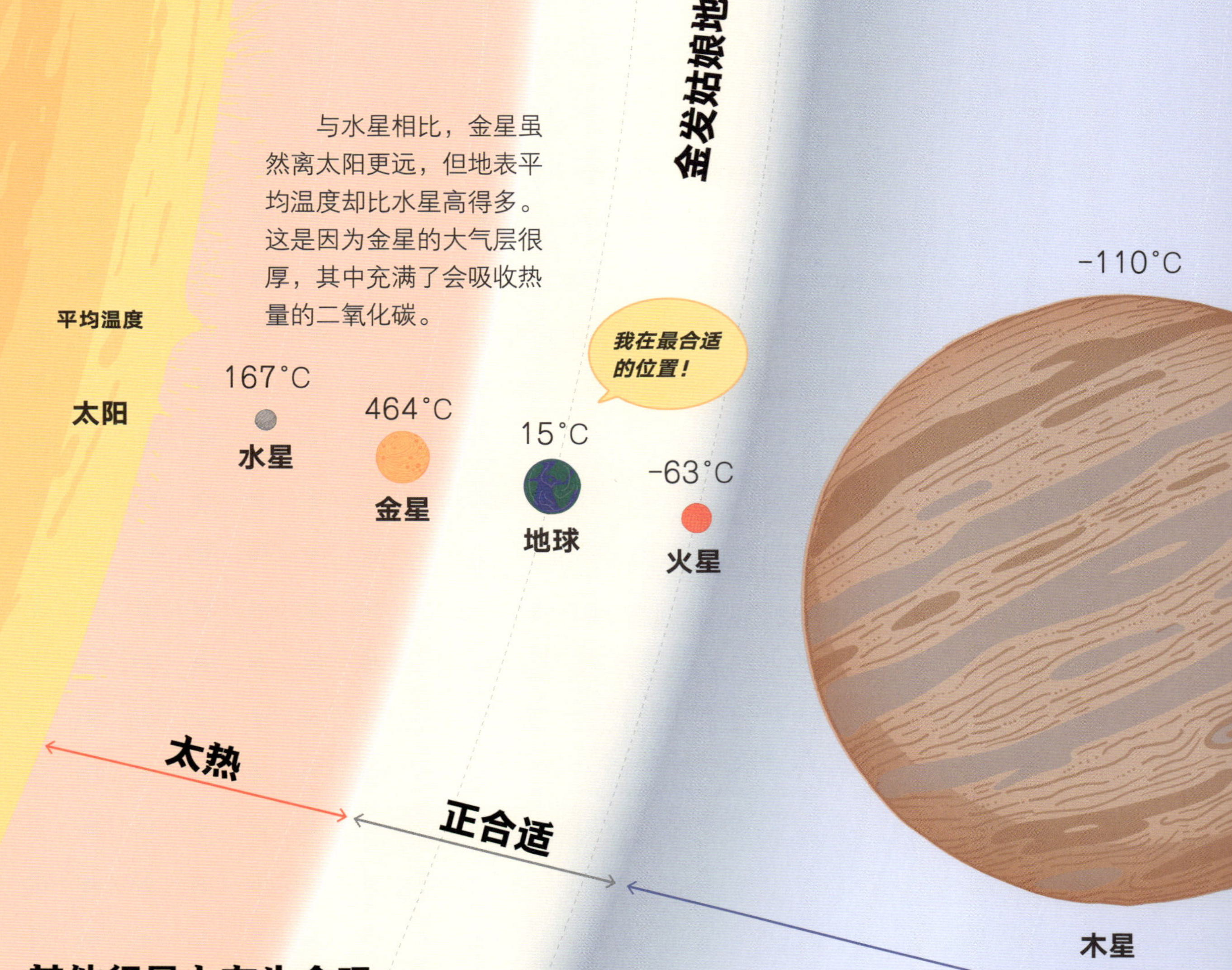
金发姑娘地带
与水星相比，金星虽然离太阳更远，但地表平均温度却比水星高得多。这是因为金星的大气层很厚，其中充满了会吸收热量的二氧化碳。
平均温度
太阳
167°C
水星
464°C
金星
15°C
地球
我在最合适的位置！
-63°C
火星
-110°C
木星
太热
正合适

其他行星上有生命吗

宇宙中的恒星数量十分巨大。这意味着在其他恒星的宜居带内，可能有数十亿颗行星围绕着这些恒星运行，就像地球围绕着太阳运行一样。科学家估计，在我们的银河系中，可能有多达 3 亿颗潜在的适合居住的行星。从统计学上来说，这意味着宇宙中的其他行星上也有可能存在生命。然而，到目前为止，我们还没有找到任何一个。

为什么地球如此特别

地球是宇宙中唯一已知有生命存在的地方。其中一个原因是地球和太阳之间的距离刚刚好，地球表面温度既不会太高，也不会太低。这样的温度让水可以存在于地球表面，不会全部蒸发或冻结，而水的存在让生命成为可能。科学家把太阳系中地球所在的区域称为宜居带或“金发姑娘地带”——就像童话故事中金发姑娘吃的那碗麦片粥一样——它的温度刚刚好！

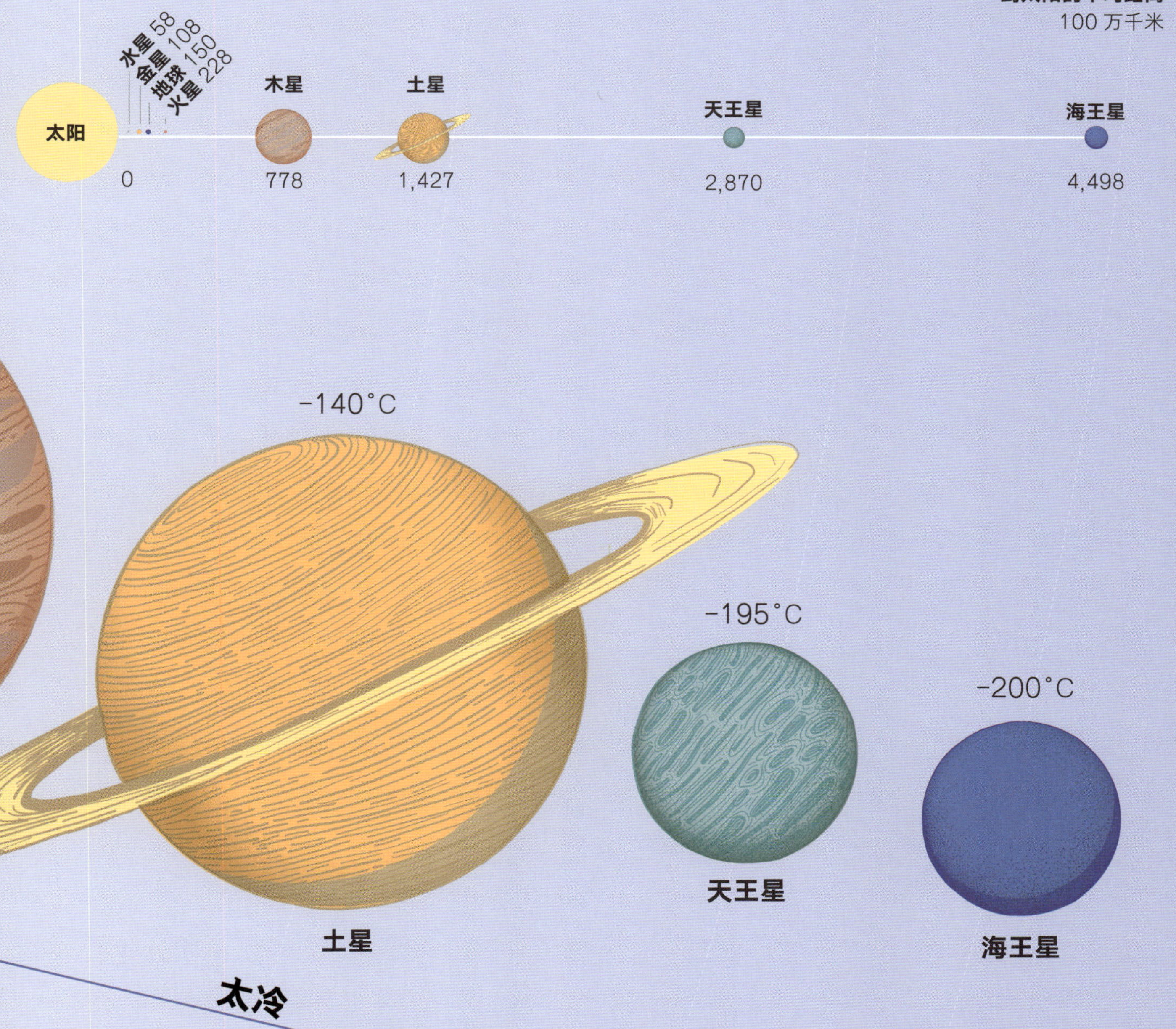

到太阳的平均距离
100 万千米
太阳
0
水星 58
金星 108
地球 150
火星 228
木星
778
土星
1,427
天王星
2,870
海王星
4,498
-140°C
-195°C
-200°C
土星
天王星
海王星
太冷

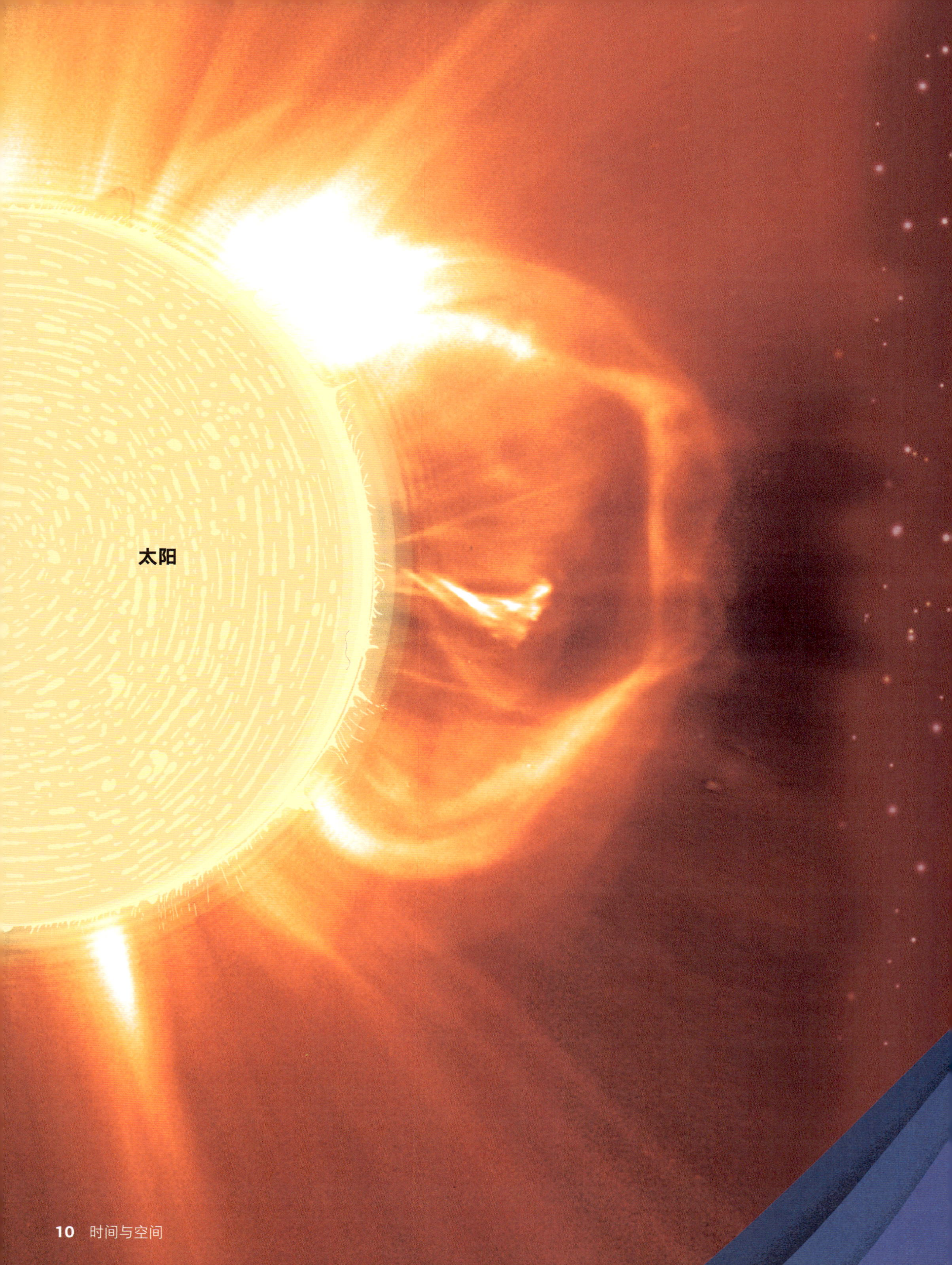
太阳

地球
自转轴
（见第6页）

翻到第 74 页，我们可以在地球上看到由地球磁层或太阳风所激发出的极光。

是什么在保护地球不受太阳的伤害

熊熊燃烧的太阳不断地释放出光与热，即太阳辐射。与此同时，太阳还不断释放出被称为太阳风的高能带电粒子流。幸运的是，地球拥有一个我们肉眼看不见的屏障，保护它免受这些高能量太阳释放物的影响。这个屏障是由地球磁场形成的，被称为磁层。它在上图中用蓝色线条突出展示。没有磁层的保护，地球上就不会有生命。

行星有多少颗卫星

行星围绕恒星运行，而卫星则围绕行星运行。在太阳系中，已知有约 300 颗卫星。除了水星和金星，所有行星都有卫星围绕着它们运行。冥王星、其他矮行星和许多小行星也有小型卫星。卫星的形状和大小各不相同。

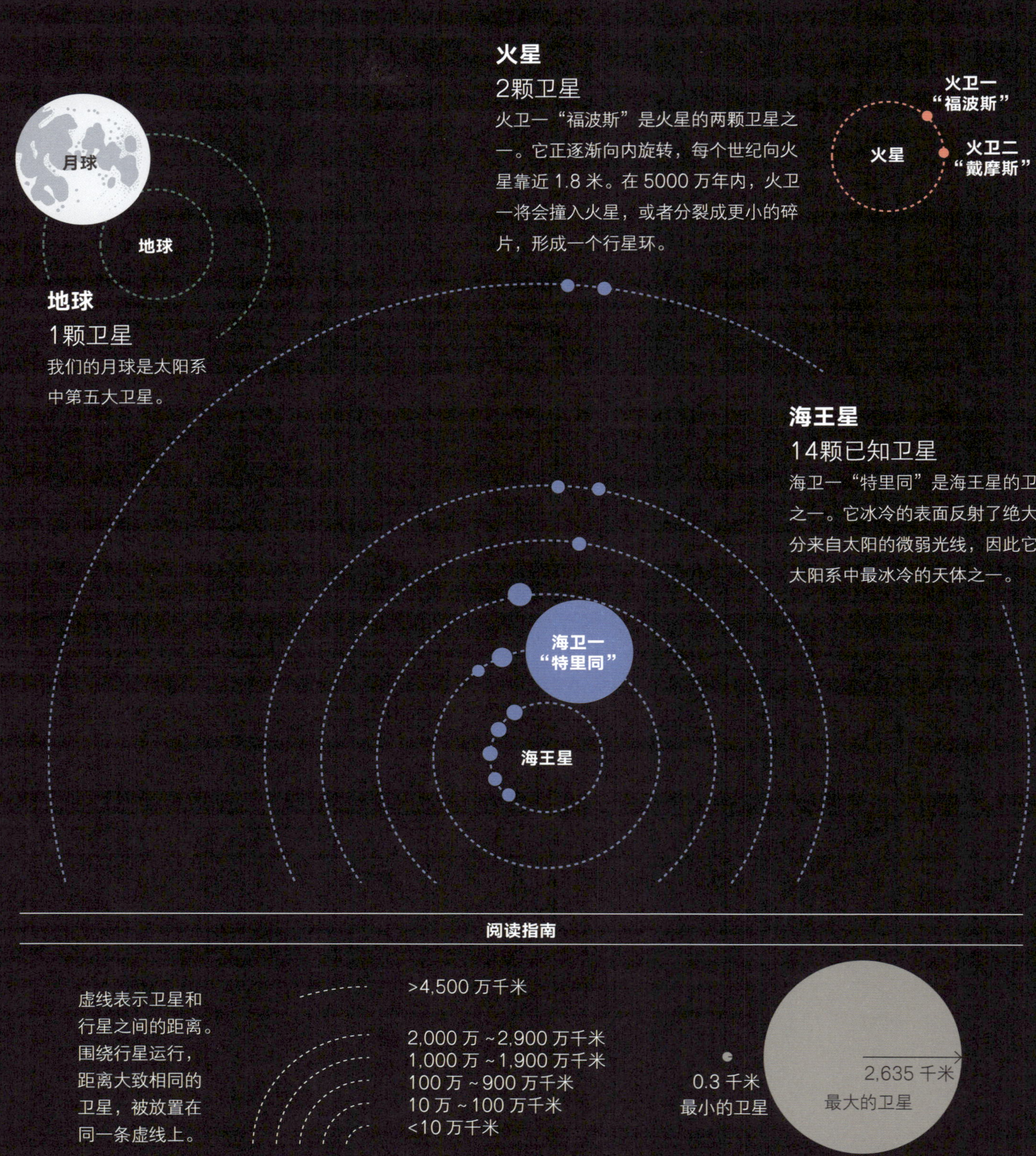

月球
地球
火卫一
“福波斯”
火星
火卫二
“戴摩斯”
海卫一
“特里同”
海王星

地球

1颗卫星

我们的月球是太阳系中第五大卫星。

火星

2颗卫星

火卫一“福波斯”是火星的两颗卫星之一。它正逐渐向内旋转，每个世纪向火星靠近 1.8 米。在 5000 万年内，火卫一将会撞入火星，或者分裂成更小的碎片，形成一个行星环。

海王星

14颗已知卫星

海卫一“特里同”是海王星的卫星之一。它冰冷的表面反射了绝大部分来自太阳的微弱光线，因此它是太阳系中最冰冷的天体之一。

阅读指南

虚线表示卫星和行星之间的距离。围绕行星运行，距离大致相同的卫星，被放置在同一条虚线上。

>4,500 万千米

2,000 万 ~2,900 万千米

1,000 万 ~1,900 万千米

100 万 ~900 万千米

10 万 ~100 万千米

<10 万千米

从卫星到行星的平均距离

0.3 千米 最小的卫星

2,635 千米 最大的卫星

卫星半径

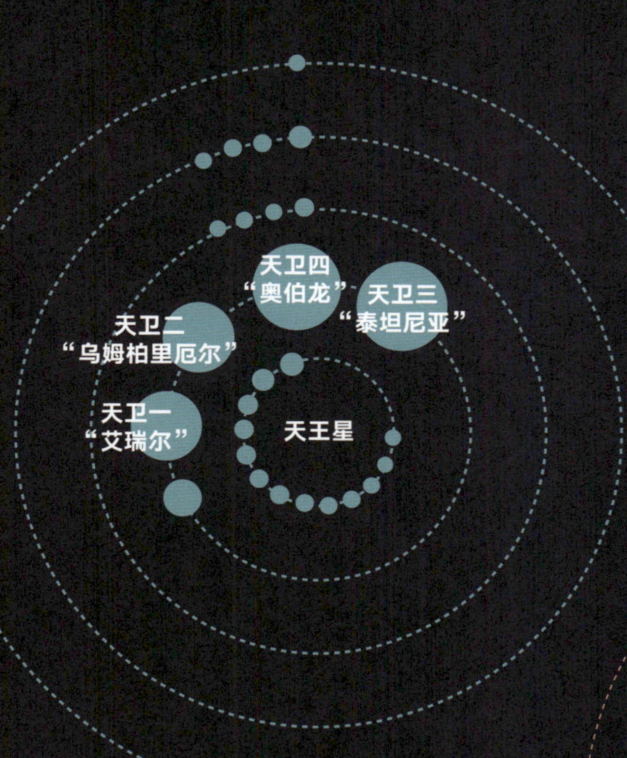

天卫四
“奥伯龙”
天卫三
“泰坦尼亚”
天卫二
“乌姆柏里厄尔”
天卫一
“艾瑞尔”
天王星

天王星

27颗已知卫星

天王星的部分卫星是以 16 世纪英国作家威廉 · 莎士比亚戏剧中的人物命名的。

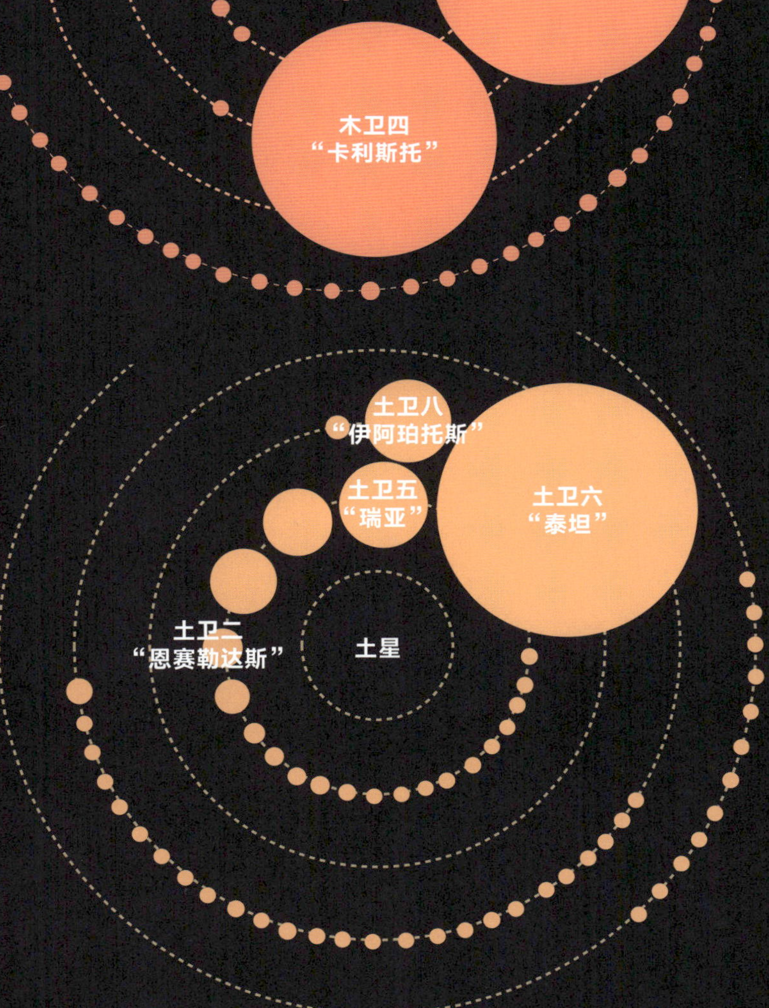

木卫二
“欧罗巴”
木卫一
“艾奥”
木星
木卫三
“盖尼米德”
木卫四
“卡利斯托”
土卫八
“伊阿珀托斯”
土卫五
“瑞亚”
土卫六
“泰坦”
土卫二
“恩赛勒达斯”
土星

木星

95颗已知卫星

（没有画出全部卫星）

环绕木星运行的木卫三“盖尼米德”是太阳系中最大的卫星。它比行星中的水星还要大。

土星

146颗已知卫星

（没有画出全部卫星）

土卫二“恩赛勒达斯”是土星的卫星之一。它的引力非常微弱，一个人如果在它表面跳起来，离开地面的时间会有整整一分钟。

月球离我们有多远

站在地球上时，我们感觉月球离我们并不远，但实际上它距离我们有几十万千米远。如果将太阳系里的其他 7 颗行星紧挨着排成一排，它们刚好填满地球和月球之间的空间。实际上，它们契合得非常完美。真是个特别的巧合！

比例尺：10,000 千米
地球
金星
水星
火星
木星
地球
换句话说，在地球和月球之间可以放下 30 个地球。

月球的轨道

月球绕地球运行的轨道不是一个完美的圆，而是一个略扁的椭圆。在这个轨道上，月球距离地球最远的一点，叫作远地点，距离地球 406,700 千米。而月球距离地球最近的一点，叫作近地点，距离地球 356,400 千米。地球和月球之间的平均距离为 384,400 千米，也就是我们在这张信息图中使用的数据。

远地点
月球距地球最大的距离

近地点
月球距地球最小的距离

384,400 千米
地球与月球之间的平均距离

土星

天王星

海王星

月球

月球

月相

月球，也就是我们通常所说的月亮，总有一半会被太阳照亮（月食期间除外）。由于月球大约 27 天绕地球公转一周，我们在不同时间能看到的月球反射阳光的情况并不相同。下图展现了月球 8 种不同的外观，这些不同的外观被称为月相。

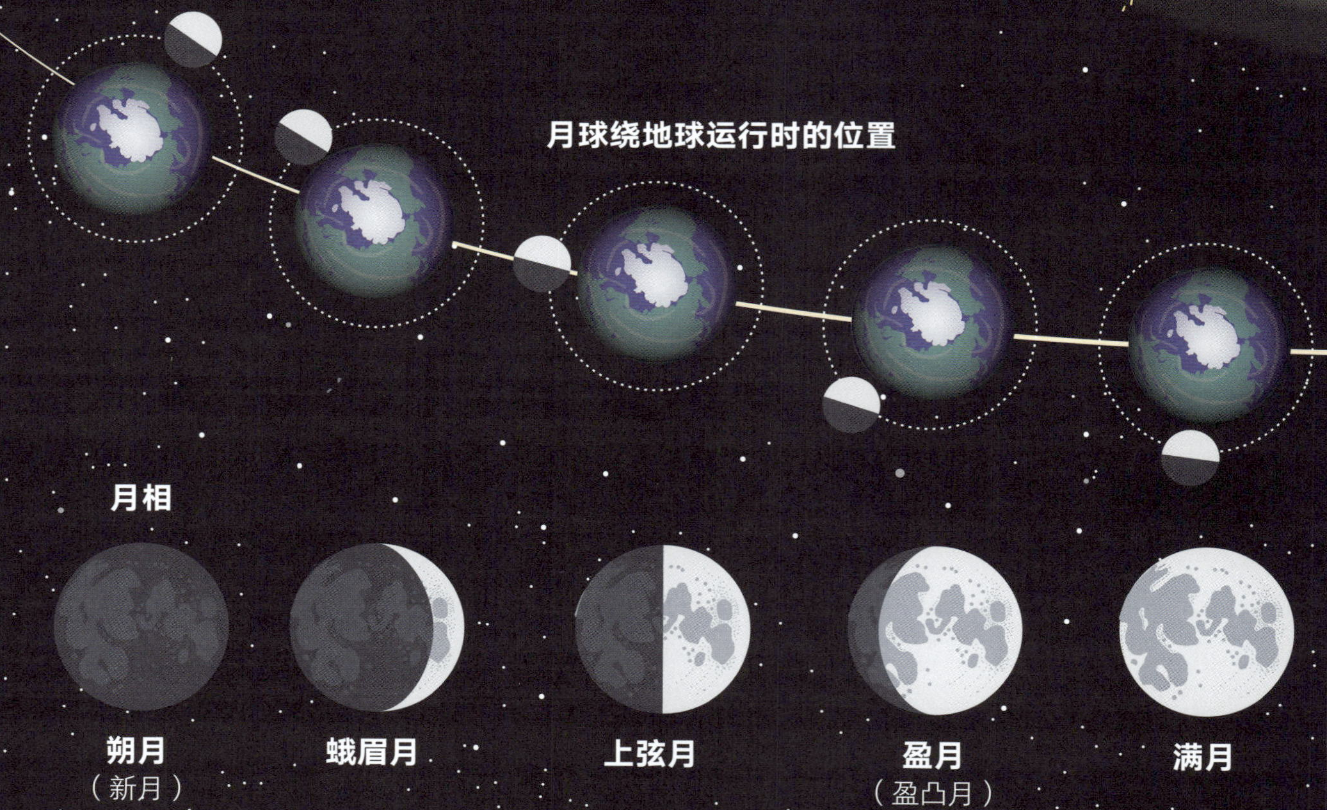

月球绕地球运行时的位置
月相
朔月
（新月）
蛾眉月
上弦月
盈月
（盈凸月）
满月

月球的背面

如果仔细看月球表面，特别是通过望远镜观察，我们会注意到一个有趣的事实：月球始终以相同的一面朝向地球，称为“正面”；而另外一侧的月球“背面”，我们在地球上永远都无法看到。这是因为月球自转的速度与绕地球公转的速度相同。所以，当月球绕地球运行时，它的背面始终旋转着远离我们，处于我们看不到的位置。不过，太空火箭和探测器已经拍摄了月球背面的照片，所以我们现在知道那里是什么样子了。

在地球上，我们永远看不到月球的背面。

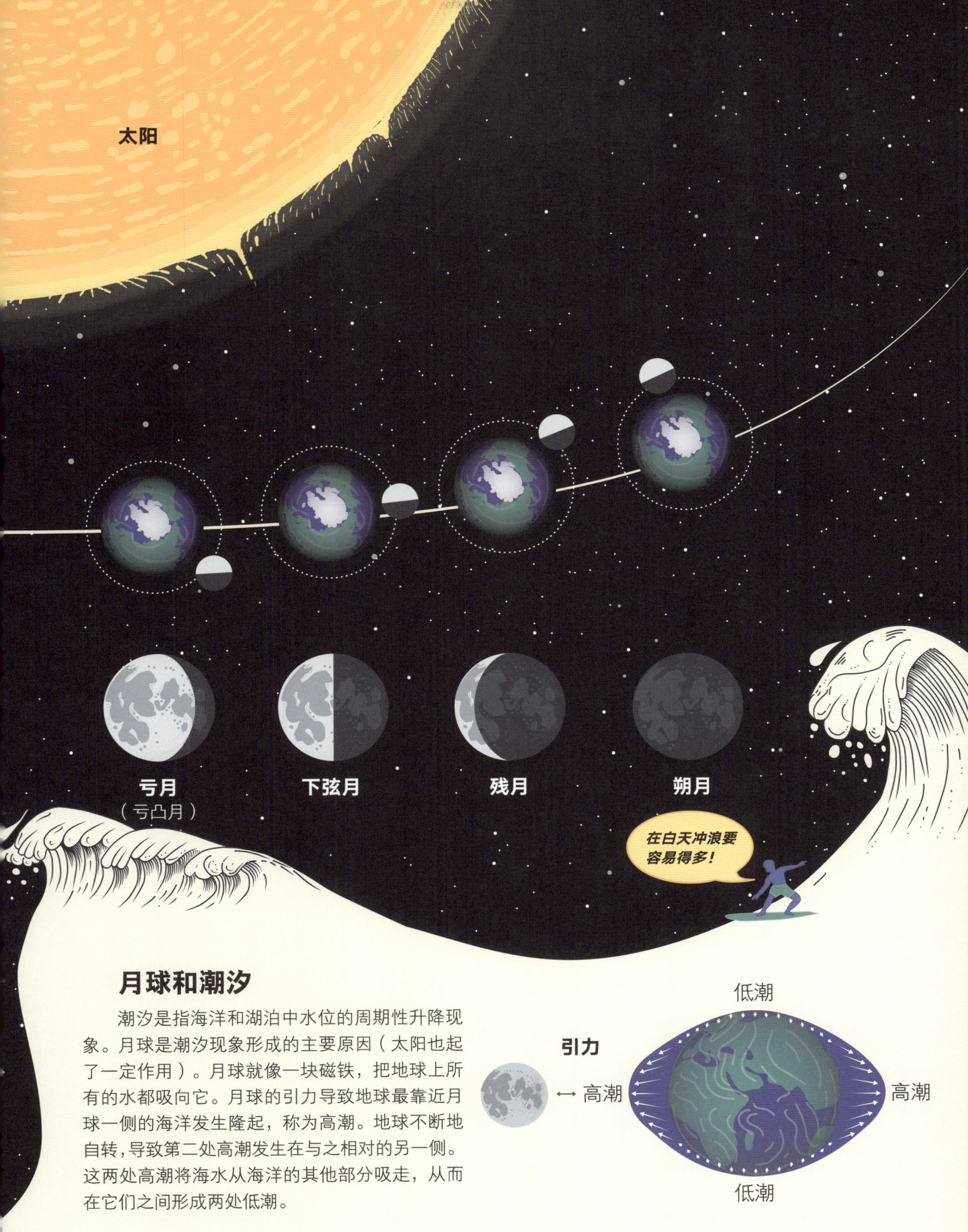
太阳
亏月
（亏凸月）
下弦月
残月
朔月
在白天冲浪要
容易得多！
低潮
引力
↔ 高潮
高潮
低潮

月球和潮汐

潮汐是指海洋和湖泊中水位的周期性升降现象。月球是潮汐现象形成的主要原因（太阳也起了一定作用）。月球就像一块磁铁，把地球上所有的水都吸向它。月球的引力导致地球最靠近月球一侧的海洋发生隆起，称为高潮。地球不断地自转，导致第二处高潮发生在与之相对的另一侧。这两处高潮将海水从海洋的其他部分吸走，从而在它们之间形成两处低潮。

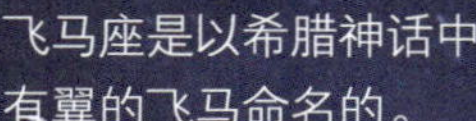
双鱼座
鲸鱼座
飞马座
宝瓶座
白羊座
金牛座
三角座
仙女座
海豚座
仙后座
天鹅座
英仙座
猎户座
鹿豹座
天鹰座
北极星
御夫座
小熊座
天琴座
双子座
武仙座
天龙座
天猫座
巨蟹座
大熊座
蛇夫座
北冕座
牧夫座
后发座
狮子座

飞马座是以希腊神话中有翼的飞马命名的。

北半球

如果我们生活在北半球，就比较容易看到W形的仙后座、猎户座（组成猎户座腰带的三颗星星非常容易找到）和十字形的天鹅座。

大熊座的形状仿佛一头熊，其中最亮的七颗恒星组成了一个长勺的形状，被称为北斗七星。

翻到第272页，可以了解世界上那些著名的望远镜。

角宿一是天空中第二大星座——室女座中最明亮的一颗星星。
室女座
乌鸦座
天秤座
长蛇座
半人马座
船帆座
天蝎座
小犬座
船尾座
南十字座
孔雀座
船底座
大犬座
南极座
天鸽座
麒麟座
网罟座
剑鱼座
人马座
摩羯座
天鹤座
天兔座
波江座
凤凰座
南鱼座
长蛇座的形状仿佛一条弯曲的蛇，几乎横跨整片南方天空。

南半球

南十字座是南半球最明亮的星座之一，看起来像一只风筝。

绘制星图

自古以来，人们就依照恒星组成的图案创作故事与形象，我们将这些图案称为星座。星座对于绘制星图非常重要，已知最古老的星图绘制于公元 700 年左右的中国。今天，天文学家使用的标准星座有 88 个，上图展示了在地球的北半球和南半球最容易看到的星座。

什么是日食和月食

当一个天体（如月球）进入另一个天体的影子后，其视面变暗甚至消失的现象被称为“食”。在地球上常见的“食”有两种：日食和月食。

日食

当月球阻挡太阳的光线到达地球，在地球的部分区域投下阴影时，就会出现日食。

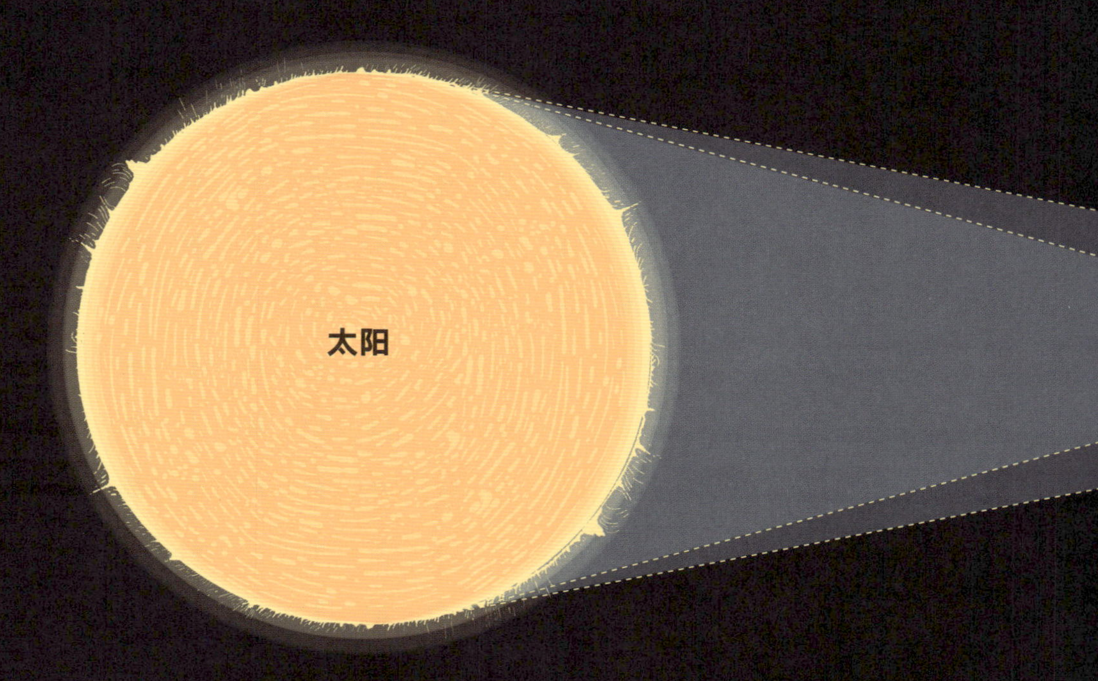
太阳

在地球上看到的日全食

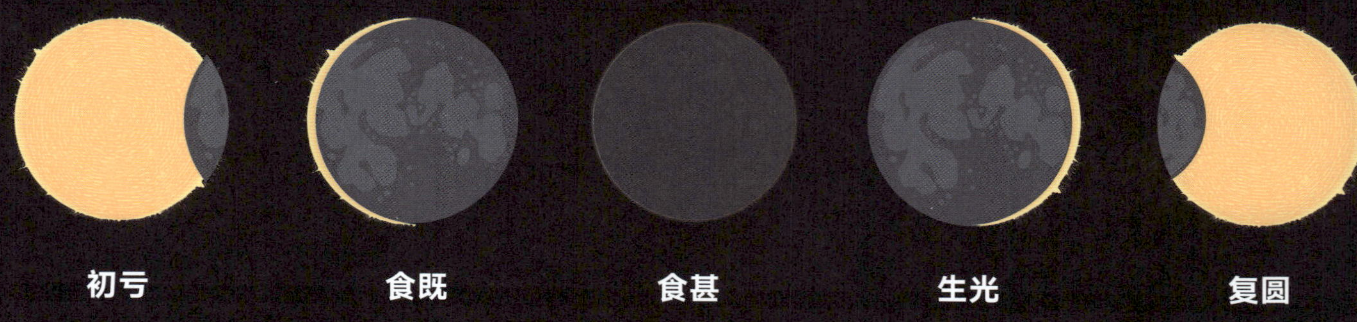
初亏
食既
食甚
生光
复圆

当太阳、月球和地球完全排成一条直线时，就会出现天文学家所说的日全食。这种情况下，月球完全遮住太阳，阻挡了太阳的光线到达地球。太阳和月球在天空中的这种完美排列之所以成为可能，或许只是因为一个惊人的巧合：太阳的直径大约是月球直径的 400 倍，太阳与地球之间的距离也大约是月球与地球之间距离的 400 倍。这样的情形使得月球可以在天空中完美地遮住太阳。不过，只有位于本影区（见下一页）的人，才可以看到日全食。

日全食

完全被月球阴影遮挡的区域，称为本影区。落在地球上的本影区，范围十分狭小。位于本影区中的人，可以观测到日全食。

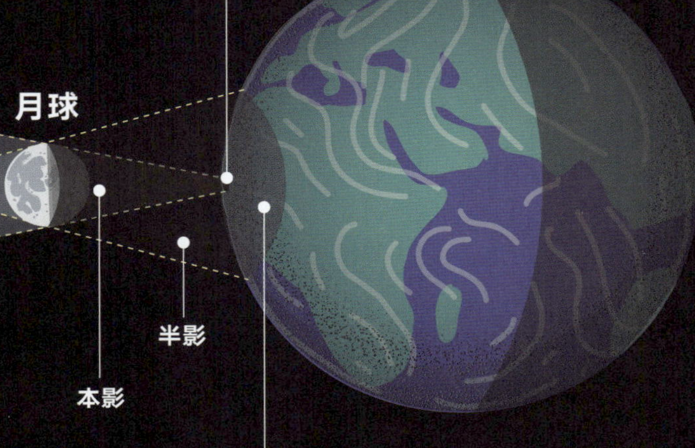

地球
月球
半影
本影

日偏食

部分被月球阴影遮挡的区域，称为半影区。半影区的范围比本影区大得多。位于半影区的人，可以观测到日偏食。

月食

当地球位于太阳和月球之间，遮挡了太阳的光线，并让月球处于地球的阴影中时，就会出现月食。

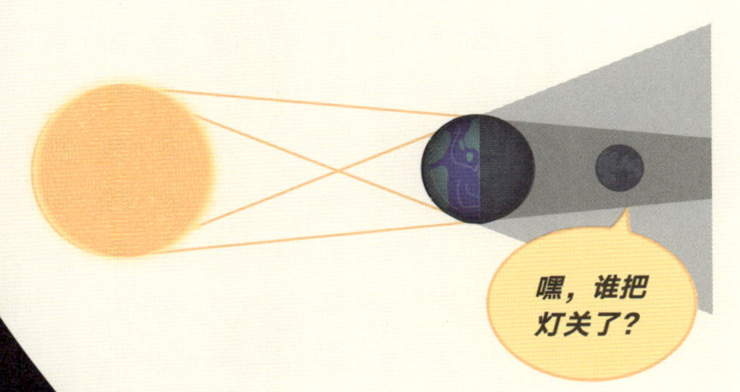

嘿，谁把灯关了？

月食		日食
平均每年 2 次	**出现频率**	每年 2~5 次
1 小时 45 分钟	**持续时间**	7 分 32 秒
地球上任何地方（在夜里！）	**可见范围**	地球上部分地方 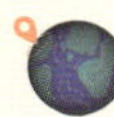

注：此处的持续时间为日全食、月全食的最长持续时间。

带我去月球吧

从 1969 年美国航天员尼尔 · 阿姆斯特朗开始，到目前只有 12 个人体验过在月球上行走的感觉。这张信息图展示了超过 100 次月球探测任务：成功的任务、失败的任务和一些计划在未来展开的任务。

阅读指南

每条线代表一次月球探测任务，按发射的时间定位在时间轴上：

成功的任务

失败的任务

正在进行 / 未来的任务

载人探月任务在线的两端用圆圈做了特别标记：

载人任务

美国国家航空航天局（NASA）的“阿波罗计划”用黄色线条突出标记。成功将航天员送上月球的六次阿波罗计划，则在黄色圆圈中标出了该特定任务的编号：

载人登月任务

航天员在月球表面着陆的位置

阿波罗 11 号 1969 年 7 月

阿波罗 12 号 1969 年 11 月

阿波罗 14 号 1971 年 1 月

阿波罗 15 号 1971 年 7 月

阿波罗 16 号 1972 年 4 月

阿波罗 17 号 1972 年 12 月

美国和苏联是太空探索的先驱。这两个国家在 1958 年至 1976 年间，一共进行了90次月球探测任务。

嫦娥一号是中国首颗绕月人造卫星，它的发射也是中国第一次离开地球轨道的太空任务。近年来，中国展开的探月任务比其他任何国家都多。

美国国家航空航天局（NASA）的阿波罗 13 号飞船计划将航天员送上月球。但是，由于氧气罐损坏，这次任务不得不中止。幸运的是，所有航天员都安全返回了地球。

年 1960 1965 1970 1975 1980 1985 1990

大家好，我是美国航天员尤金·塞尔南。1972年，我曾在月球上行走——从那以后再也没有人登上过月球！
15
17
11
12
14
16
11
12
14
15
16
17
美国国家航空航天局（NASA）的“阿尔忒弥斯计划”准备在21世纪20年代将第一位女性和第一位有色人种送上月球。
国家/地区
美国
苏联/俄罗斯
日本
欧洲
中国
印度
以色列
1995
2000
2005
2010
2015
2020
2025

太空人

这张信息图上的每个点，都代表一个人的第一次太空之旅。第一个进入太空的人是苏联航天员尤里 · 加加林，他在 1961 年绕地球轨道飞行。自他以后，来自 41 个国家的 600 多人先后进入了太空。

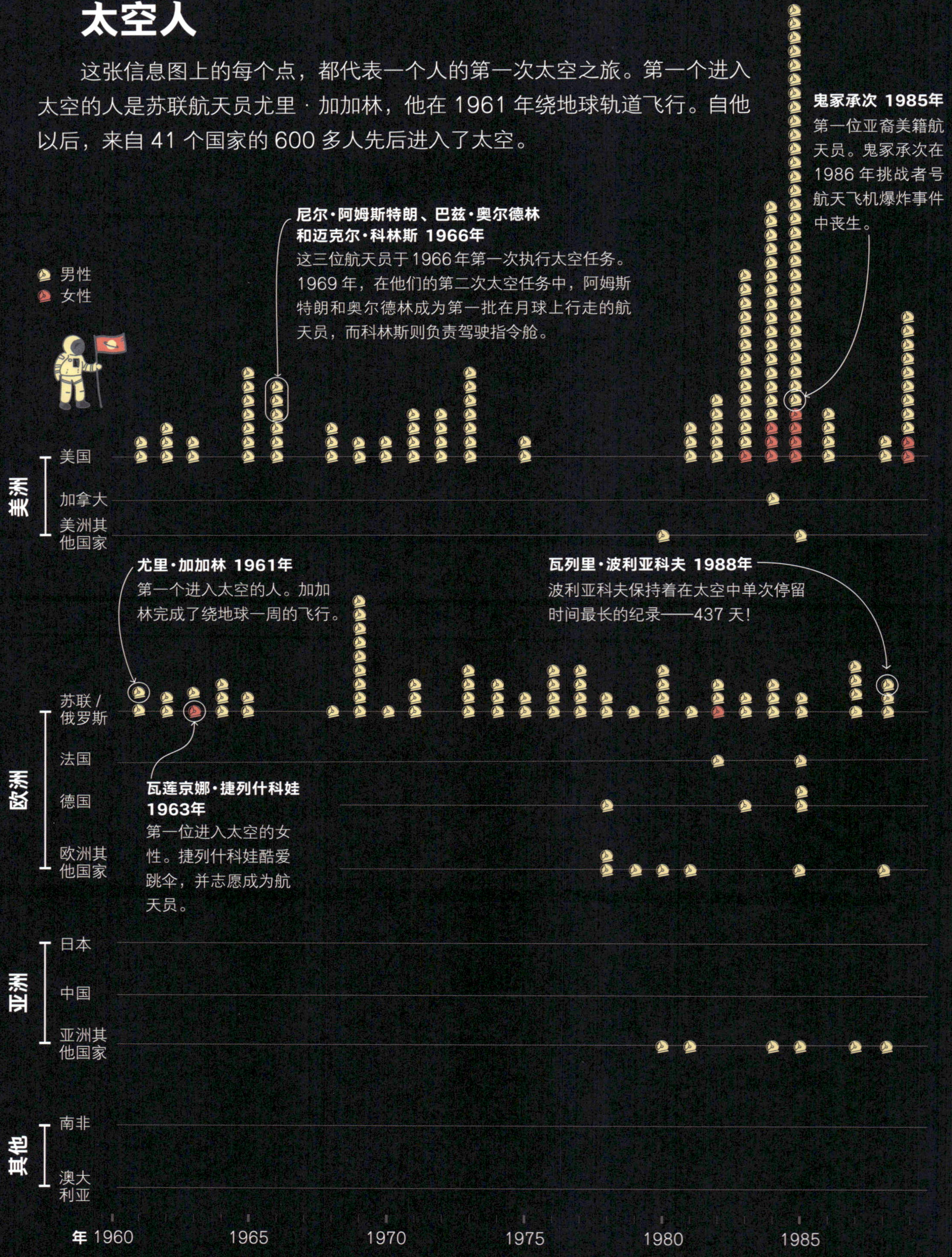

尼尔·阿姆斯特朗、巴兹·奥尔德林和迈克尔·科林斯 1966年
这三位航天员于1966年第一次执行太空任务。1969 年，在他们的第二次太空任务中，阿姆斯特朗和奥尔德林成为第一批在月球上行走的航天员，而科林斯则负责驾驶指令舱。

鬼冢承次 1985年
第一位亚裔美籍航天员。鬼冢承次在 1986 年挑战者号航天飞机爆炸事件中丧生。

尤里·加加林 1961年
第一个进入太空的人。加加林完成了绕地球一周的飞行。

瓦列里·波利亚科夫 1988年
波利亚科夫保持着在太空中单次停留时间最长的纪录——437 天！

瓦莲京娜·捷列什科娃 1963年
第一位进入太空的女性。捷列什科娃酷爱跳伞，并志愿成为航天员。

男性
女性

美洲：美国、加拿大、美洲其他国家
欧洲：苏联 / 俄罗斯、法国、德国、欧洲其他国家
亚洲：日本、中国、亚洲其他国家
其他：南非、澳大利亚

年 1960 1965 1970 1975 1980 1985

大约9/10的航天员是男性

在所有进入太空的航天员中，只有大约10%是女性。不过，未来将有更多的女性航天员参与到太空任务中。

太空旅行者 2021年

杰夫·贝索斯和埃隆·马斯克等亿万富翁拥有的私人太空公司，让更多人得以付费进入太空。

向井千秋 1994年

向井千秋是一名日本航天员、外科医生，她是第一位进入太空的亚洲女性。她曾两次乘坐航天飞机进入太空。

杨利伟 2003年

杨利伟是中国进入太空的第一人。

克里斯·博修仁 2021年

博修仁乘坐亿万富翁杰夫·贝索斯的“蓝色起源”火箭，成为首位进入太空的澳大利亚公民。

1990 1995 2000 2005 2010 2015 2020

太阳是什么

我们的太阳是一颗恒星——一个巨大的燃烧着的气体球。它主要由氢和氦组成，但在日核中有一些金属。要亲自到太阳的核心去是不可能的，因为那里的温度可以达到15,000,000℃。不过，通过分析太空探测器和望远镜收集的有关太阳的信息，科学家可以弄清楚太阳内部发生了什么。

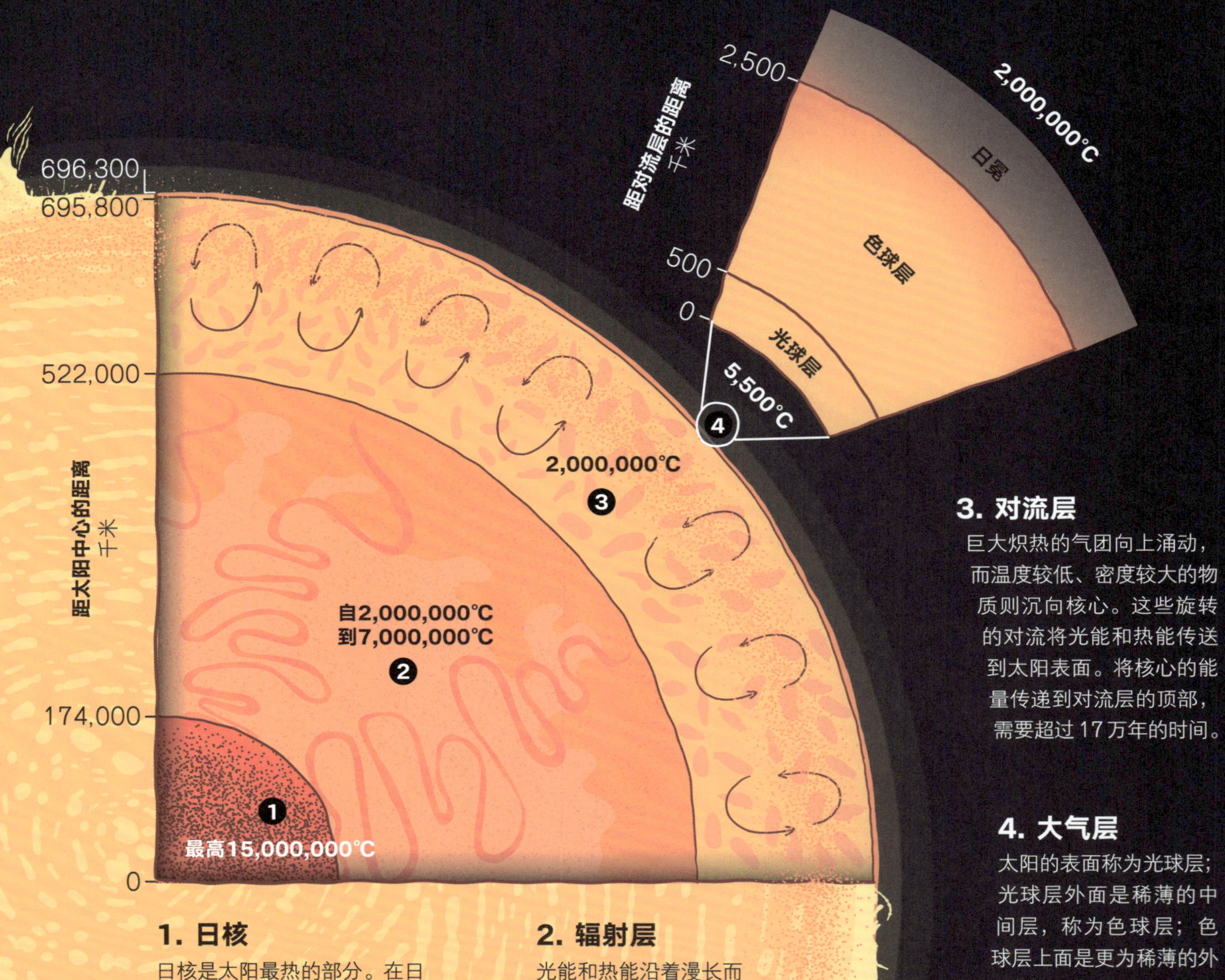

距对流层的距离
千米
2,500
500
0
2,000,000℃
日冕
色球层
光球层
5,500℃
4
696,300
695,800
522,000
174,000
0
距太阳中心的距离
千米
2,000,000℃
3
自2,000,000℃
到7,000,000℃
2
1
最高15,000,000℃

1. 日核

日核是太阳最热的部分。在日核，氢原子聚变成氦原子的热核反应，产生太阳的光和热。

2. 辐射层

光能和热能沿着漫长而曲折的路径缓慢地向外辐射，接近太阳表面。

3. 对流层

巨大炽热的气团向上涌动，而温度较低、密度较大的物质则沉向核心。这些旋转的对流将光能和热能传送到太阳表面。将核心的能量传递到对流层的顶部，需要超过17万年的时间。

4. 大气层

太阳的表面称为光球层；光球层外面是稀薄的中间层，称为色球层；色球层上面是更为稀薄的外层大气，称为日冕。

太阳的生命周期

大约 46 亿年前，尘埃和气体组成的巨大星云在千万年间的引力作用下聚集在一起，形成了太阳。像所有的恒星一样，太阳开始经历一系列的演化过程，每个阶段都有自己的名字和特点。现在，太阳是一颗主序星，有时也被称为黄矮星。它 100 亿年的生命周期已经走过了近一半。

翻过这一页，看看像我这样的星云长什么样子！

从这里开始！

在星云中诞生

恒星在尘埃和气体组成的星云中形成。

现在的太阳

40亿年

主序星

在几十亿年内，太阳将保持今天的大小和形状。

80亿~100亿年

红巨星

当太阳接近生命的尽头时，它的核心会收缩，而外层会膨胀和冷却。在这个阶段，它被称为红巨星。

110亿年

行星状星云

当太阳中的氢耗尽时，它的外层气体将散逸出来。

几千亿年

白矮星、黑矮星

太阳余下的核心将成为一颗白矮星，它会继续发光数十亿年。科学家相信，白矮星最终会冷却成为黑矮星。

终结

巨星的生命周期

大质量恒星

质量是太阳 1.5 倍以上的恒星会经历不同的生命周期。大质量恒星消耗氢的速度更快，最大的恒星会在几百万年内燃烧殆尽。

红超巨星

在生命末期，大质量恒星会变成红超巨星，其直径一般是太阳的 1,000 多倍。

超新星

最终，这颗红超巨星会在一次大爆炸中抛出它的外层。

黑洞

如果这颗红超巨星的质量非常大，它就会变成黑洞。

中子星

如果这颗红超巨星的质量不够大，它就会变成一颗小而致密的中子星。

比例尺：**1 光年**

1 光年 = 大约 9 万亿千米

恒星诞生的地方

这张闪闪发光的太空图像展示的是一个星云，它也被称为“恒星的摇篮”。这张由詹姆斯·韦布空间望远镜拍摄的照片，展示了星云的边缘如何被巨大的年轻恒星所释放的辐射洪流猛烈冲击，星云的边缘看起来像棕色的山峰和山谷。星云的规模令人难以置信：这张照片中最高的“山峰”大约有 7 光年高（1 光年等于光在真空中一年内所走过的距离）。

宇宙中速度最快的东西

你能想到的速度最快的东西是什么？汽车？飞机？宇宙飞船？事实上，宇宙中移动速度最快的东西是光。高速公路上的汽车，大约以 100 千米 / 时的速度行驶，而光的最高速度是它的 1,000 万倍！

光速

信息图上的白线显示了不同物体的时速，也就是它们一个小时内走过的距离。正如我们看到的，白线最长的是光，表示它传播得最远，同时也意味着它的速度最快。

时速
100 万千米
0
0.5
1

最快的飞机
7,274千米

最快的火箭动力飞机，其飞行速度大约是声速的 6 倍。

最快的太空探测器
692,017千米

移动最快的太空探测器是美国国家航空航天局（NASA）于 2018 年发射的帕克太阳探测器。

太阳系
792,000千米

太阳系绕着银河系的中心旋转，移动的速度非常快。

真空中的光
1,079,252,849千米

0
2
4
6
8
10

光从太阳传播到以下地方需要多久

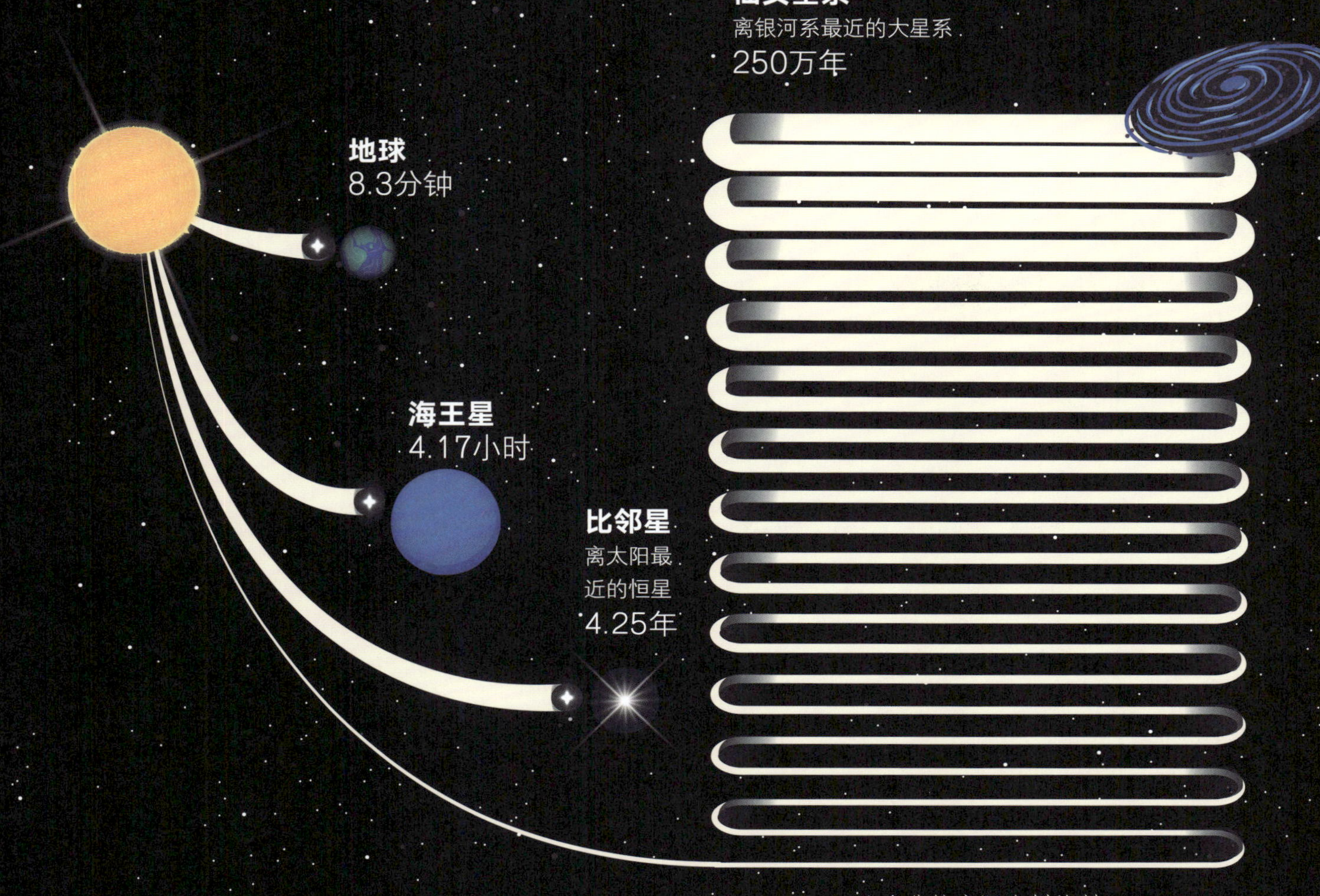

仙女星系
离银河系最近的大星系
250万年
地球
8.3分钟
海王星
4.17小时
比邻星
离太阳最
近的恒星
4.25年

注：非按实际比例绘制。

砰！
轰！
砰！

声音 vs 光

声音的传播速度约为 1,224 千米 / 时，比光速慢得多。这就是为什么我们会先看到闪电或烟花，然后才能听到雷声或爆炸声。

如果你现在想看一些非常微小的东西，请翻到第 148 页。

宇宙中已知最大的恒星

对我们来说，太阳或许看起来很大，但实际上，与其他恒星相比，太阳只算中等大小的恒星。有些恒星比太阳还小，有些比太阳更大，也有些比太阳大得多。盾牌座 UY 是天文学家观测到的最大恒星之一，它是一颗位于银河系中心附近的特超巨星。这张信息图展示了盾牌座 UY 和太阳放在一起时的样子。

盾牌座UY

直径2,375,900,000千米

是太阳直径的 1,700 多倍

盾牌座 UY 位于银河系中心附近，是一颗比超巨星还要大的特超巨星。盾牌座 UY 至少可以装下 1,000 万亿颗地球。

太阳

直径1,392,600千米

在盾牌座 UY 旁边，太阳看起来很渺小。然而，太阳要比地球大得多。太阳至少可以装下 130 万个地球。

你是由恒星组成的

你的身体是由氧和碳等不同化学元素组成的。这些元素最初是从哪里来的呢？其中一些是在恒星爆炸时产生的！你身体里的其他元素也可能是在宇宙大爆炸时产生的。所以，正如你即将发现的，你真的是由恒星组成的。

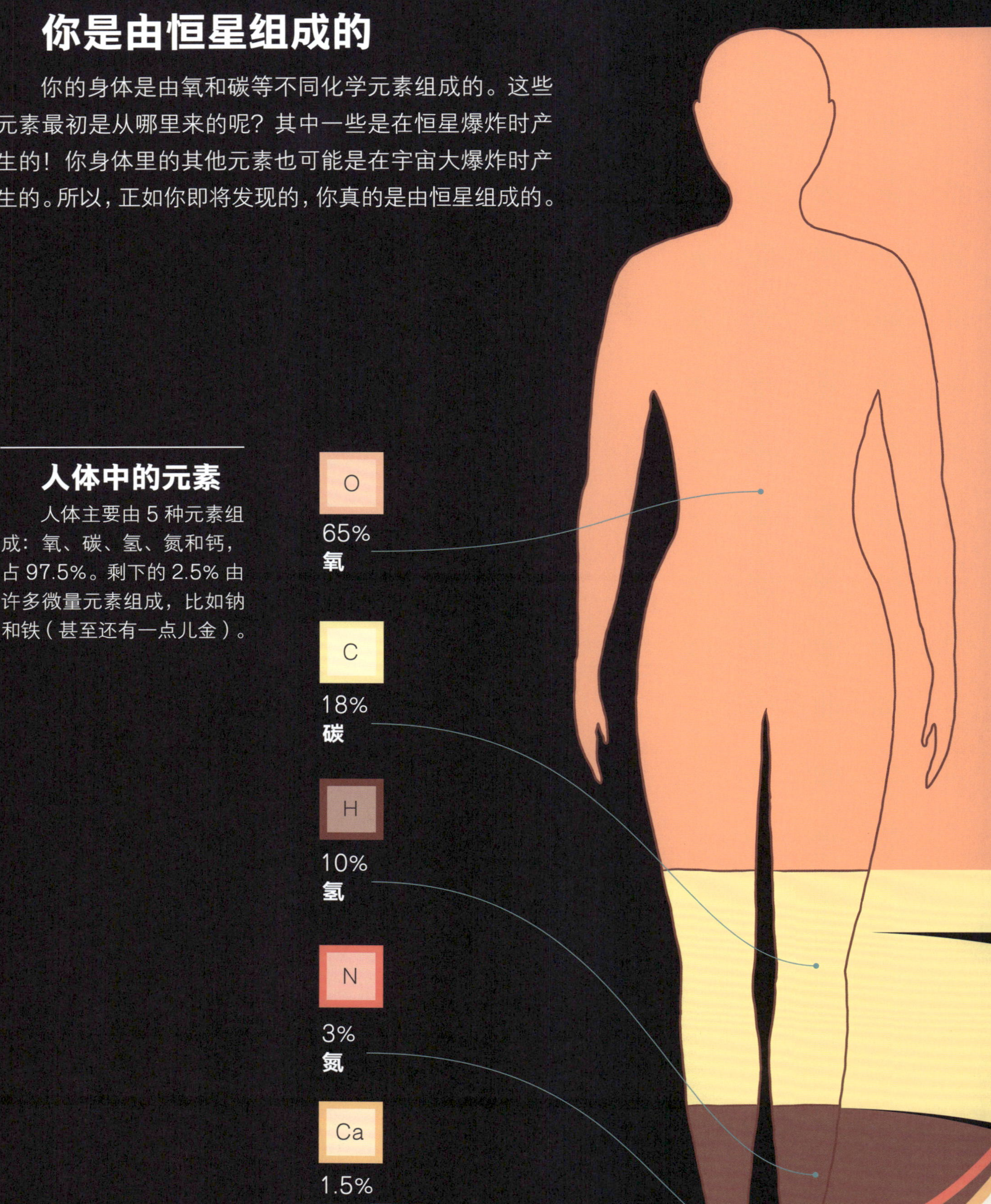
O
65%
氧
C
18%
碳
H
10%
氢
N
3%
氮
Ca
1.5%
钙
2.5%
其他

人体中的元素

人体主要由 5 种元素组成：氧、碳、氢、氮和钙，占 97.5%。剩下的 2.5% 由许多微量元素组成，比如钠和铁（甚至还有一点儿金）。

这些元素在哪里产生

73%
来自爆炸的大质量恒星

人体中约 3/4 的元素是在巨大恒星爆炸中形成的，爆炸的巨星被称为超新星。这些惊人的爆炸将较轻的元素结合在一起，形成较重的元素，比如氧。

16%
来自消亡的低质量恒星

像氮这样的元素也会在较小的低质量恒星内部产生。与爆炸的大质量恒星相比，这些恒星的燃烧没有那么剧烈。

10%
在宇宙大爆炸之后不久产生

人体中一些最简单的元素，比如氢，可能是在宇宙大爆炸之后不久产生的！

1%
来自爆炸的白矮星

在生命周期接近尾声时，一些恒星会变成白矮星。一些白矮星会发生爆炸并产生新的元素，比如铁。

黑洞的惊人力量

黑洞是宇宙中包含大量物质的时空区域，这些物质非常紧密地挤压在一起。所有这些密集的物质产生了极为强大的引力。事实上，任何靠近黑洞的东西都无法逃脱它向内的引力，甚至连光都不行。这就是为什么我们把它们叫作“黑”洞。

如果航天器进入黑洞会发生什么

当火箭接近事件视界时，引力会使来自恒星的光发生弯曲和扭转，创造出一场奇妙的“灯光秀”。火箭被笼罩在完全的黑暗之中。接下来会发生什么，是宇宙中最大的谜团之一。随着下落得越来越快，火箭可能会从各个方向被拉伸和撕裂，这被称为“意大利面化”。或者，它可能在一瞬间就被烤焦了。火箭的残骸可能会在数百万年间以辐射的形式释放出去，甚至会从虫洞（时空中的通道）中被“吐”出来。

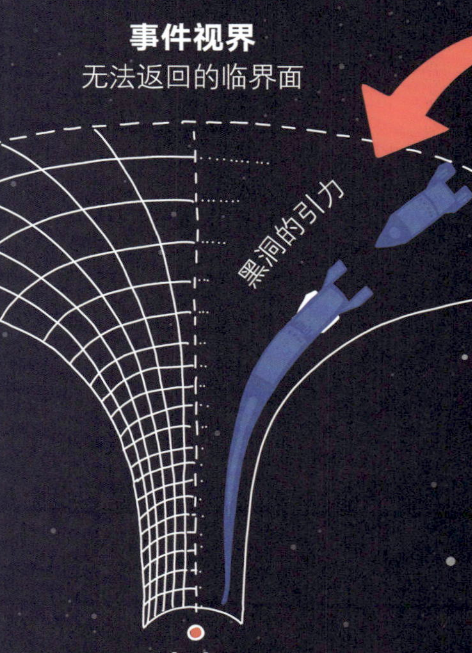
事件视界
无法返回的临界面
哎呀！
黑洞的引力
奇点
黑洞的中心

黑洞的类型

微型黑洞

微型黑洞可能在大爆炸之后就形成了。即使它们像单个原子那么小，可质量仍和一座山一样大。

恒星级黑洞

恒星级黑洞在大质量恒星死亡并向内坍缩时形成。它们是最常见的黑洞类型，通常比太阳还大。

超大质量黑洞

与恒星级黑洞相似，比恒星级黑洞大数百万倍。一些超大质量黑洞比我们的太阳系还要大。大多数星系的中心都有一个超大质量黑洞。

银河系的中心，是人马座A*，那里有一个超大质量黑洞，其质量相当于400万个太阳的质量。

注：“*” 表示物质原子处于受激态。

我们如何发现黑洞

想要找到黑洞非常困难。因为黑洞不会发出光，科学家只好着眼于它们的引力对其他天体产生的影响。通过这种方式研究恒星和星系的运动，天文学家可以计算出黑洞的位置和大小。有时，黑洞也会靠近恒星。这会令黑洞升温，使其周围发出如上图所示的强烈光芒。幸运的是，黑洞离地球非常非常远。虽然这让探测它们变得更加困难，但也意味着地球没有被吸进黑洞的危险。

来自太空的岩石

太阳系中大部分区域是空旷的空间。但除了太阳、行星和卫星，你还可以发现小行星和彗星，它们是由太阳系形成时留下的尘埃和岩石组成的。

如何识别太空中的岩石

小行星

小行星是一种岩石天体，它们的大小不足以形成行星。

微陨星体

微陨星体是小块的岩石或金属，它们的直径小于 1 米。

流星

流星是流星体以高速进入地球大气层而产生的光迹。

陨石

流星体经过地球大气层没有完全烧尽，最终降落在地球表面的部分就是陨石。

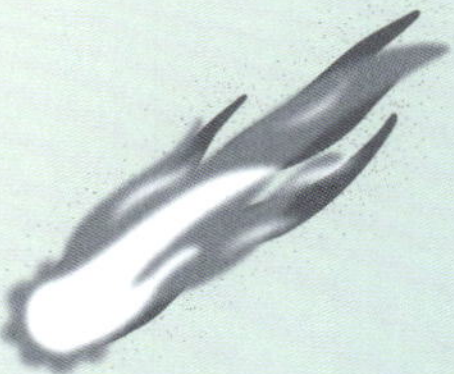

彗星

彗星是由岩石、尘埃和冰组成的星体，围绕太阳运行。在太阳系的外围可能有多达 1 万亿颗彗星。

彗星

彗星诞生于太阳系的两个外围区域：柯伊伯带和奥尔特云。柯伊伯带是海王星轨道外侧的巨大冰冻区，奥尔特云则是冥王星外一片更遥远的区域。有时彗星会被推向太阳，当这种情况发生时，彗星中冻结的冰会变成气体，形成壮观的彗尾。

弗里德堡陨石坑
300千米

距地球的距离

九月大彗星
1882年

池谷-关彗星
1965年

哈雷彗星
公元前613年

海尔-波普彗星
1995年

麦克诺特彗星
2006年

撞击地球的小行星

大多数撞向地球的小行星在到达地球表面之前，就在大气层中燃烧殆尽了。然而，每隔几百万年，就会有一颗大到足以造成重大破坏的小行星与地球相撞，并留下一个巨大的陨石坑。小行星运行的速度越快，形成的陨石坑就越大。下面是地球上已知的 5 次最大的小行星撞击。

6,600 万年前导致恐龙灭绝的小行星，估计直径达到 14 千米，撞击地球时的飞行速度大约是喷气式飞机的 150 倍。

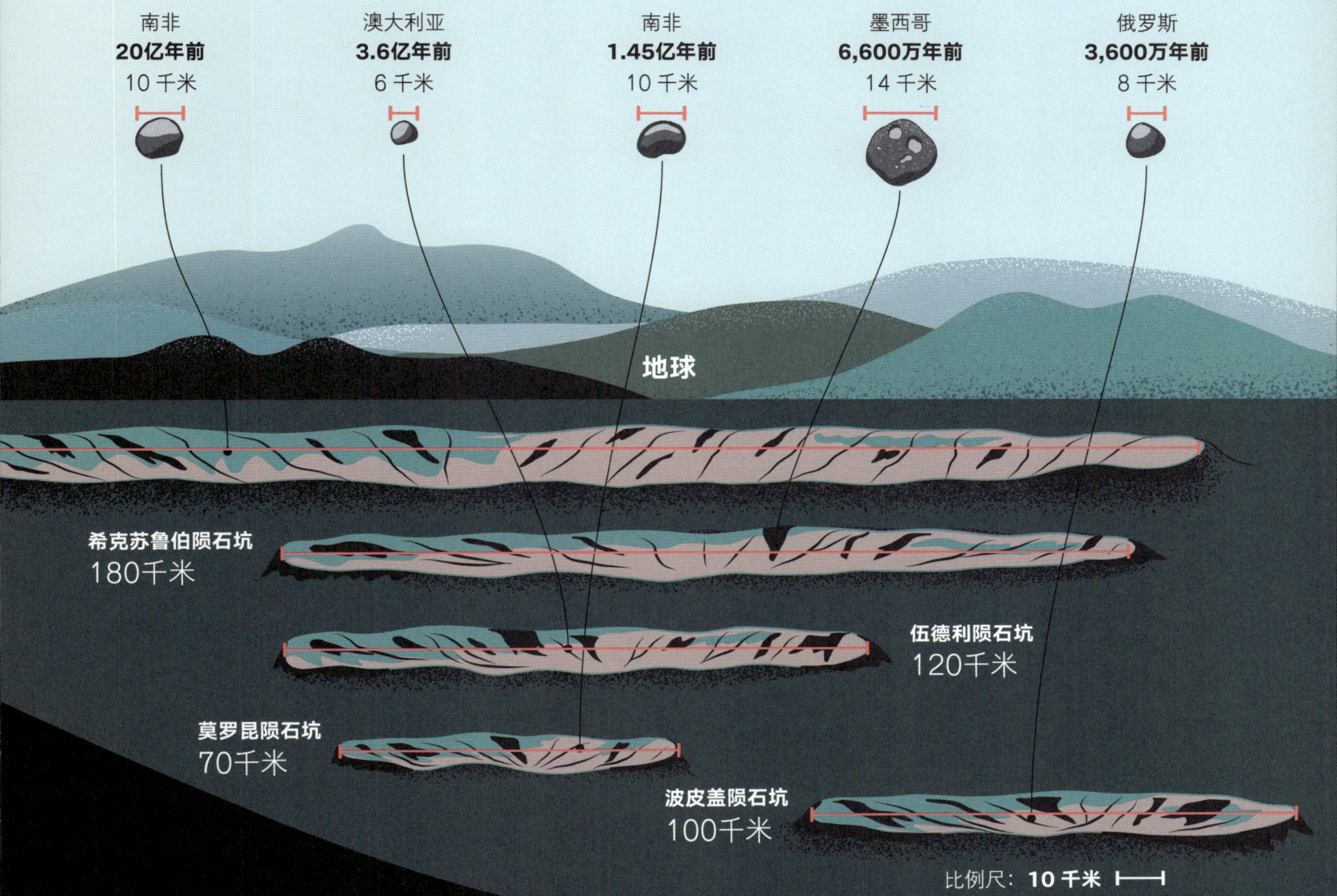

南非
20亿年前
10 千米

澳大利亚
3.6亿年前
6 千米

南非
1.45亿年前
10 千米

墨西哥
6,600万年前
14 千米

俄罗斯
3,600万年前
8 千米

地球

希克苏鲁伯陨石坑
180千米

伍德利陨石坑
120千米

莫罗昆陨石坑
70千米

波皮盖陨石坑
100千米

比例尺：**10 千米**

阅读指南

在这张信息图中，每颗彗星的直径都和它在现实中的尺寸相对应。彗星一般分为彗核、彗发和彗尾三个部分。彗尾的长度是通过它在夜空中伸展的度数来测算的（每度相当于 2 个并排满月的宽度）。彗星的颜色表示从地球上观察它有多亮（颜色越浅，彗星越亮）。年份是首次发现彗星的时间。

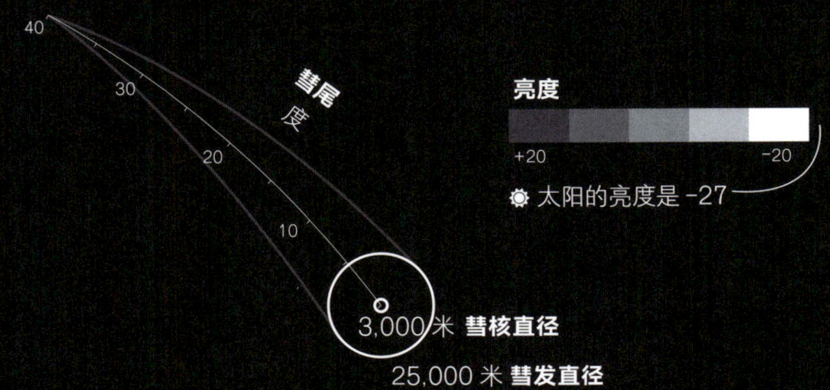

40
30
20
10
彗尾
度
亮度
+20
-20
太阳的亮度是 -27
3,000 米 彗核直径
25,000 米 彗发直径

最大的小行星

在太阳系中

（平均直径以千米为单位）

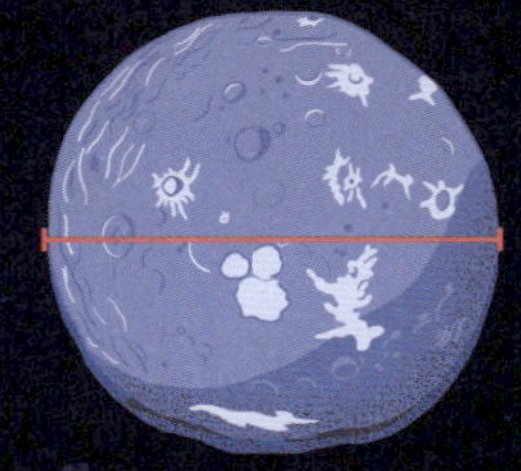

谷神星
939千米

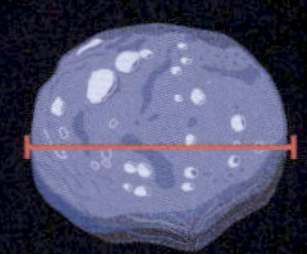

灶神星
525千米

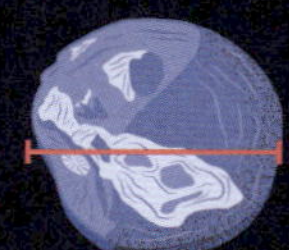

智神星
513千米

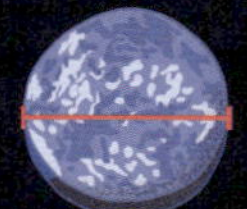

健神星
407千米

谷神星是小行星带中最大的天体（它和冥王星一样，也被归类为矮行星）。科学家认为，它表面的明亮的圆点可能是盐水蒸发到太空后留下的盐壳。

大型小行星

太阳系中有超过 110 万颗大型小行星。它们大多位于火星和木星之间的小行星带。小行星通常由行星形成时留下的岩石、金属和其他物质组成。许多小行星的大小和大块的岩石相近，但最大的小行星直径可达数百千米。

特殊的系外行星

在太阳系外发现的行星被称为系外行星。第一批系外行星是在 1992 年被发现的。从那时起，天文学家已经发现了 5,000 多颗这样的行星，数量大约每两年翻一倍。系外行星的大小不一，有些比地球小，有些则比木星还大几倍。这张信息图显示了迄今为止我们发现的系外行星的总体数量情况。

1倍 地球半径
比邻星b
这是离地球最近的系外行星，绕比邻星运行。

3倍 地球半径
GJ 1214 B
这颗系外行星可能根本没有陆地，因为它的表面被一片炽热的海洋覆盖。

13倍 地球半径
HD 189733 B
科学家认为，这颗系外行星上可能会下玻璃雨。

13倍 地球半径
PSR B1620-26 B
这颗系外行星被认为有 130 亿年的历史，是地球年龄的 2 倍多。

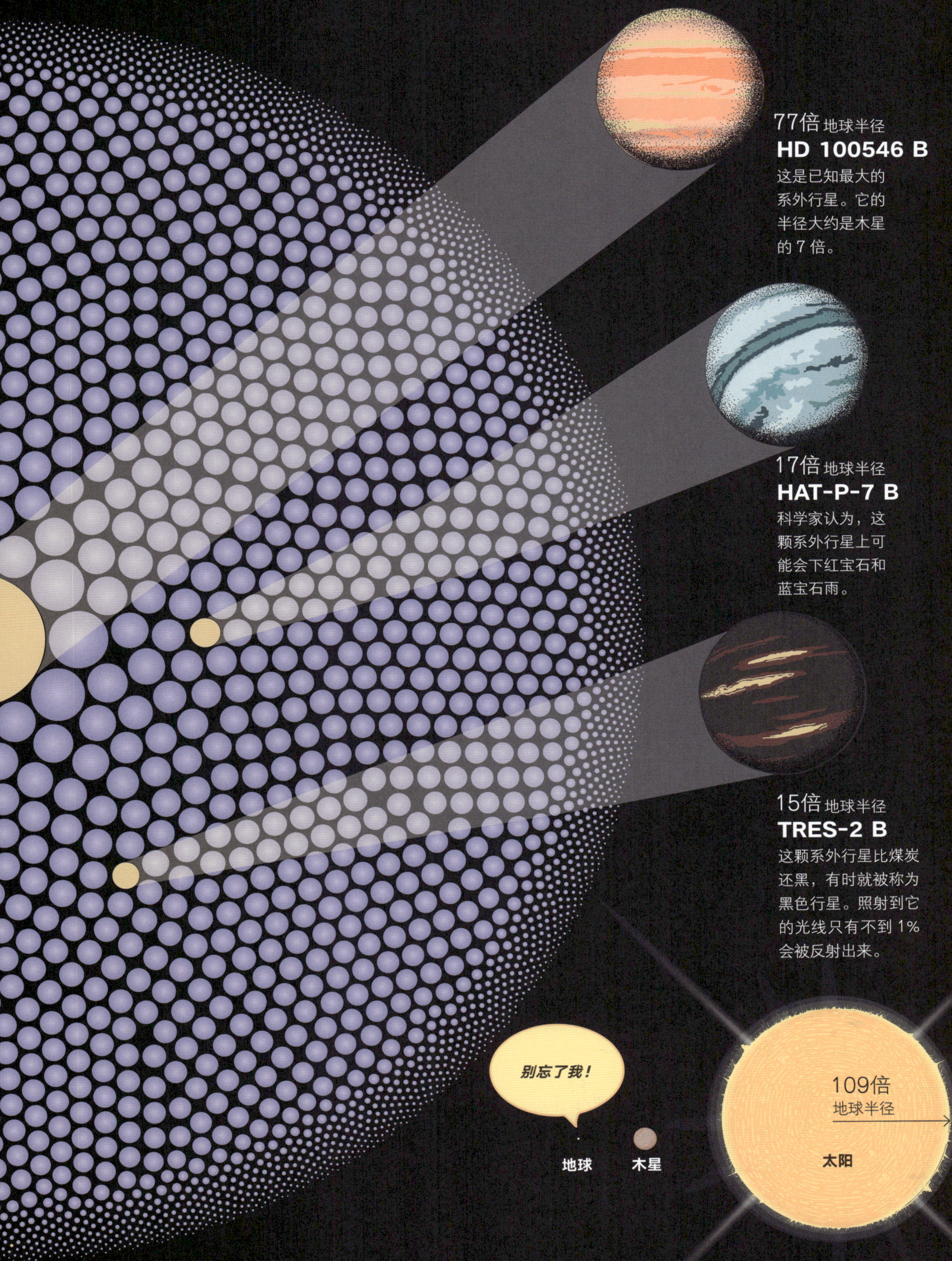
77倍 地球半径
HD 100546 B
这是已知最大的系外行星。它的半径大约是木星的7倍。
17倍 地球半径
HAT-P-7 B
科学家认为，这颗系外行星上可能会下红宝石和蓝宝石雨。
15倍 地球半径
TRES-2 B
这颗系外行星比煤炭还黑，有时就被称为黑色行星。照射到它的光线只有不到1%会被反射出来。
别忘了我！
地球
木星
109倍
地球半径
太阳

宇宙的终结

我们知道，从大爆炸开始，可观测的宇宙就一直在膨胀，但我们不确定宇宙的故事将如何结束。大多数科学家都认可，宇宙将在非常非常非常遥远的未来某个时刻终结。关于宇宙如何终结，有三种主要的预测理论。

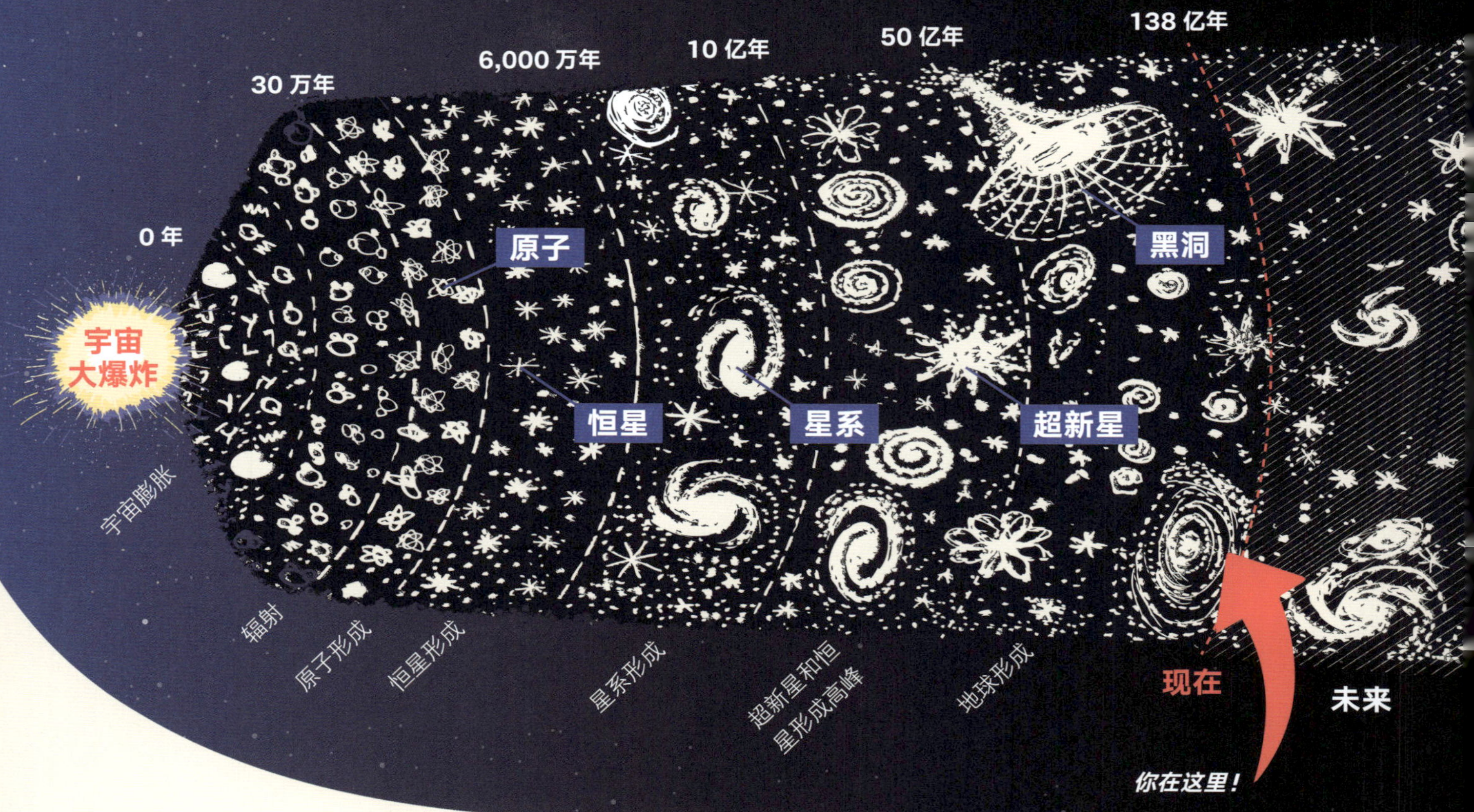

0 年
30 万年
6,000 万年
10 亿年
50 亿年
138 亿年
宇宙大爆炸
原子
恒星
星系
超新星
黑洞
宇宙膨胀
辐射
原子形成
恒星形成
星系形成
超新星和恒星形成高峰
地球形成
现在
未来
你在这里！

宇宙是由什么组成的

宇宙中可观测的一切，包括我们在夜空中看到的所有恒星、行星和彗星，都是由原子构成的。这些东西听起来好像有很多很多，但在 20 世纪，科学家惊讶地发现，我们所能观测到的所有物质和能量加起来，只占宇宙总物质和能量的 5% 左右。那么，剩下的 95% 是由什么组成的呢？事实上，我们并不清楚。但科学家提出了两种理论猜想来解释这些额外的物质和能量：暗物质和暗能量。

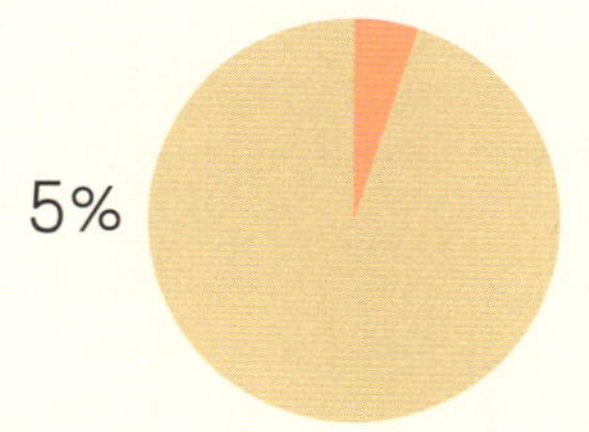
5%

可见物质

在周围的宇宙中，我们所能看到的一切都是由原子构成的——包括你！科学家称所有这些东西为“物质”。根据科学家的计算，物质只占宇宙总质量的 5%。

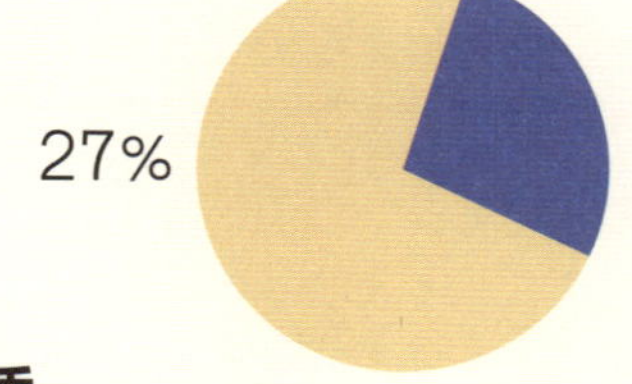
27%

暗物质

暗物质由一种不可见的物质构成。它不发出、反射或吸收光，这就是我们看不到它的原因。然而，科学家认为暗物质一定存在，因为他们已经注意到暗物质对我们能看到的天体（如星系和恒星）所产生的引力效应。

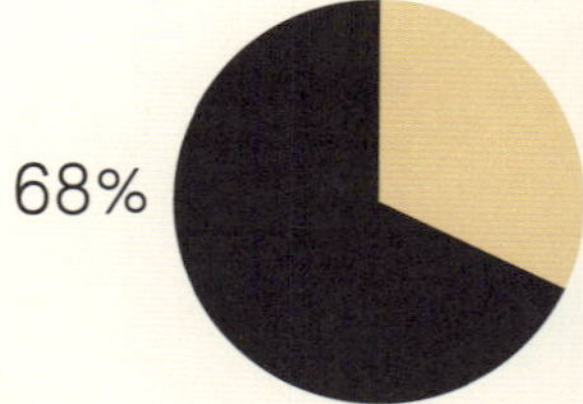
68%

暗能量

根据万有引力定律，宇宙膨胀的速度应该会减慢。然而，实际上它正在加速！没有人知道这是如何发生的，又为何会发生。科学家称这种导致宇宙膨胀加速的神秘力量为暗能量。

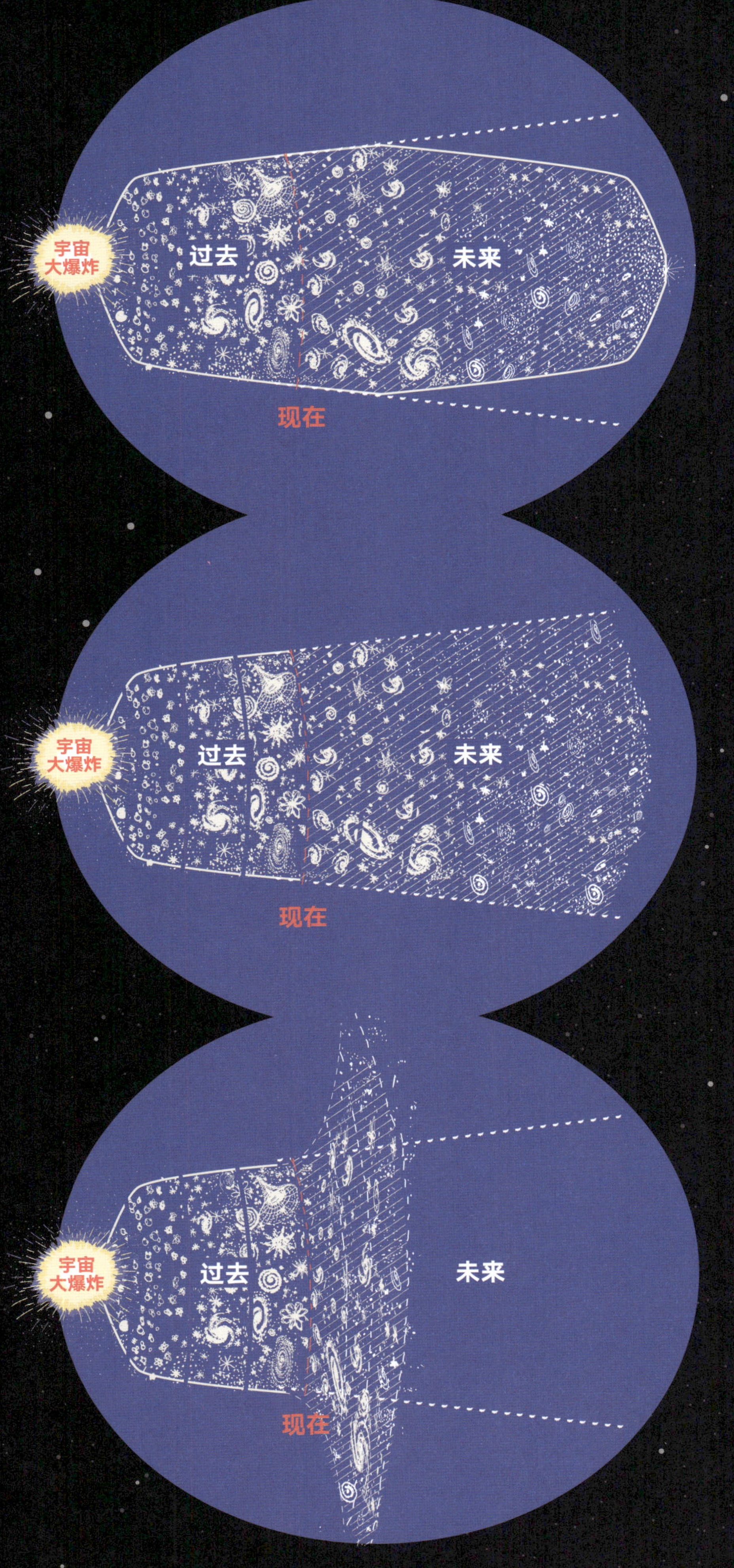
宇宙大爆炸
过去
未来
现在
宇宙大爆炸
过去
未来
现在
宇宙大爆炸
过去
未来
现在

理论1

大坍缩

宇宙膨胀的速度将会减缓，然后逆转，在达到最大尺寸后开始收缩，所有物质都在这个过程中被挤压到一起。当宇宙被挤压成一个奇点，新的大爆炸可能发生，宇宙将重新开始。

理论2

大冻结

宇宙将持续膨胀，直到它无比分散，以至于在大冻结中失去所有的能量。大多数科学家认为，大冻结（也叫“热寂”）是最有可能出现的情况。

理论3

大撕裂

宇宙膨胀的速度将会加快，以至于星系、恒星、行星，甚至是原子，都将在大撕裂中被撕碎。

与专家面对面

詹姆斯·奥多努（James O' Donoghue）
行星科学家

你是什么时候知道自己想研究太空的？

从很小的时候起，我就喜欢仰望夜空中的月亮和星星，想象太空中发生的事情。我家的书架上有一本巨大的《大英百科全书》，我常常翻阅其中有关太空和恐龙的内容。有趣的是，这两个话题在地球历史中是相关的：大约6,600万年前，一颗来自太空的大型小行星导致了恐龙灭绝！

跟我们聊聊你的工作吧！

我是一名行星科学家，所以我会使用世界各地和太空中的巨大望远镜，来观测太阳系中的行星和围绕其他恒星运行的行星，特别是观测木星和土星两颗巨行星的大气温度。我最喜欢做的事就是整夜待在天文台，一边喝茶，一边看着木星的大红斑（比地球还大的风暴！）不断移动。

你期待未来有什么激动人心的发现？

我很期待看到21世纪20年代末载人登月任务的成果。因为人们将在月球表面行走，收集能够揭示月球历史的样本。我也期待着在2030年和2031年，看到由欧罗巴快帆探测器和木星冰卫星探测器从木星卫星传回地球的图像。再向更远的时间看，到2045年，我希望航天器能成功地环绕天王星运行，让我们以前所未有的方式了解这颗行星——天王星还从来没有被航天器环绕过！

关于太空，你最喜欢的小知识是什么？

让我先做个深呼吸！可观测宇宙有940亿光年宽，这意味着按光速飞行，从宇宙的一边旅行到另一边，至少需要940亿年的时间。但这只是我们能看到的宇宙。宇宙至少比这大1,500万倍，而且还在加速膨胀，以至于我们永远无法看到它的全部！

寻宝游戏

你能在本章中找到以下问题的答案吗？翻到第 306 页，看看你的答案是否正确！

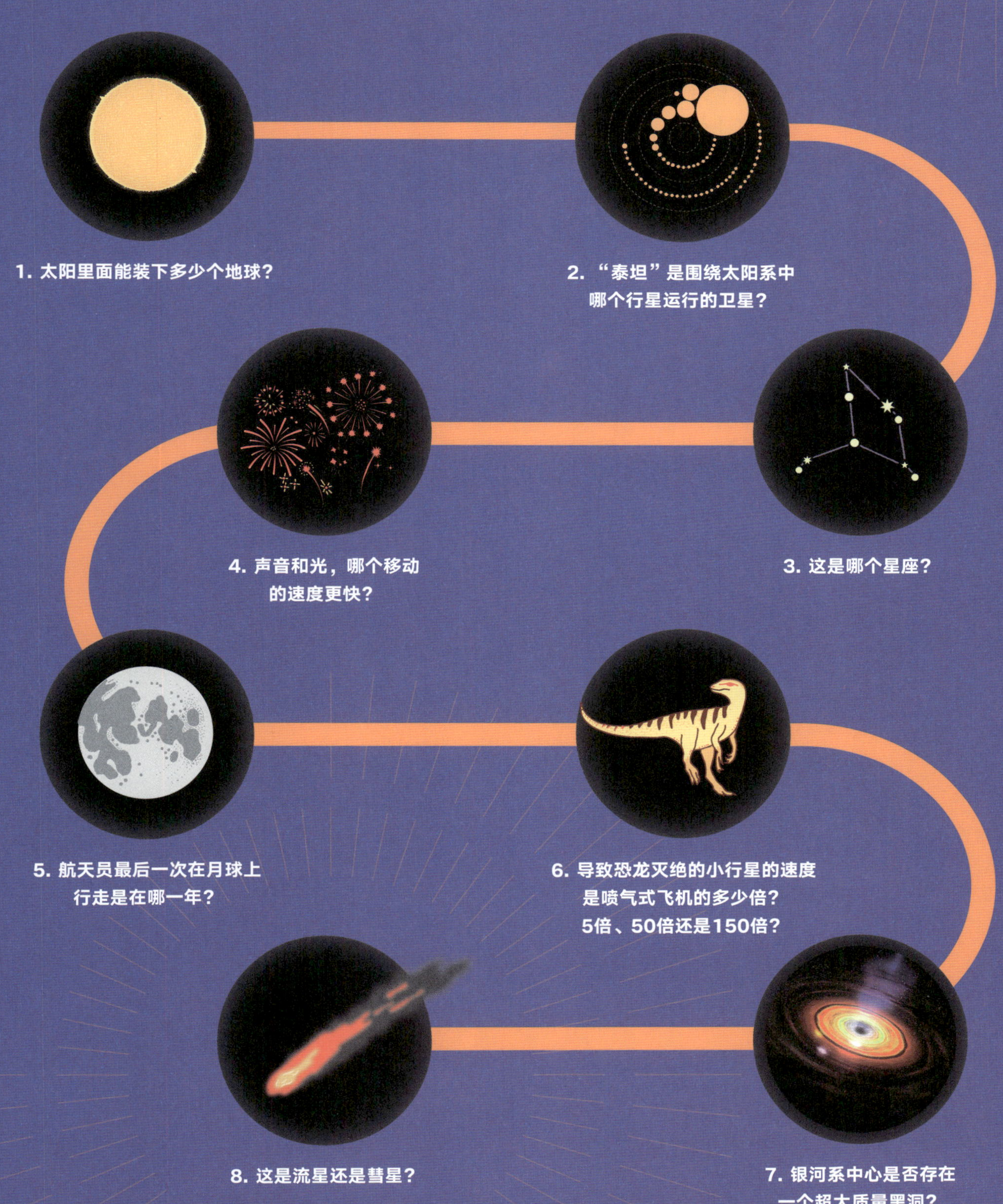

1. 太阳里面能装下多少个地球？
2. “泰坦”是围绕太阳系中哪个行星运行的卫星？
3. 这是哪个星座？
4. 声音和光，哪个移动的速度更快？
5. 航天员最后一次在月球上行走是在哪一年？
6. 导致恐龙灭绝的小行星的速度是喷气式飞机的多少倍？5倍、50倍还是150倍？
7. 银河系中心是否存在一个超大质量黑洞？
8. 这是流星还是彗星？

第2章

陆地、海洋与天空

走近地球

地球是一颗独特的星球——据我们所知，它是太阳系中唯一存在生命的地方。生命在这里能够蓬勃发展，得益于地球表面的液态水、适宜的平均温度和大气中丰富的氧气。

北冰洋
2.8%
印度洋
14.9%
大西洋
18%
地球自转时的倾角为23.5度
南极点

大约71%
的地球表面是水
地球表面近 3/4 被水覆盖，其中绝大部分是海洋。

地球不是一个完美的球体。实际上，它是一个椭球体，赤道比两极更鼓。

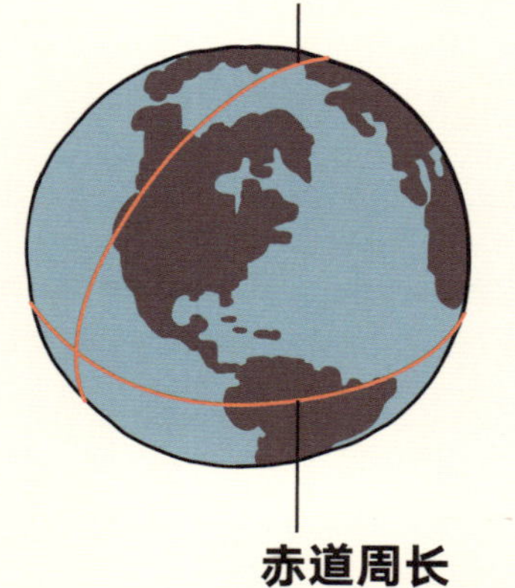

极周长
39,941千米

赤道周长
40,075千米

年龄
44亿~46亿年

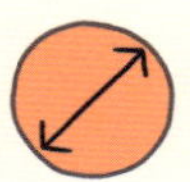

直径（南极点到北极点）
12,714千米

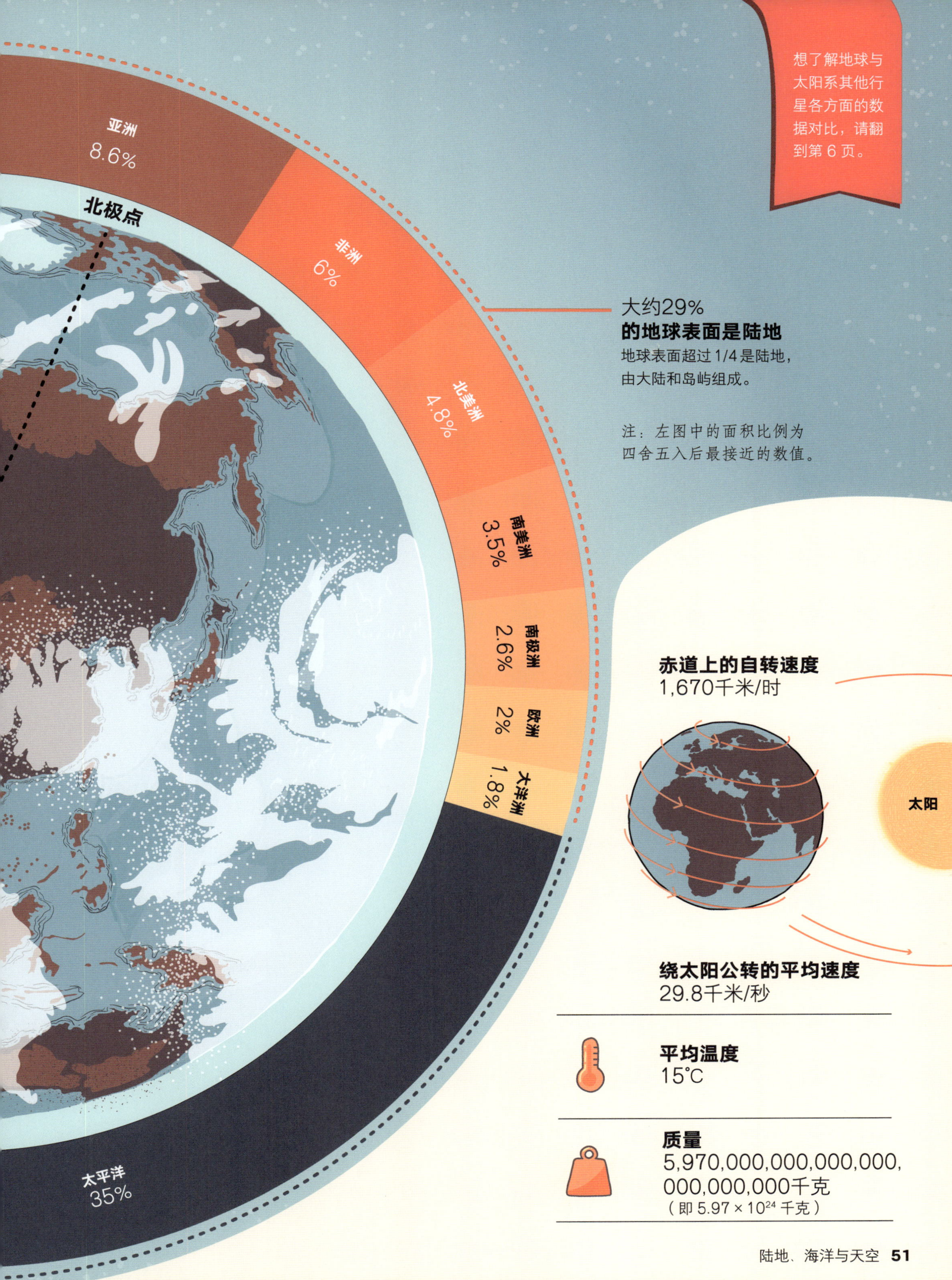
亚洲
8.6%
北极点
非洲
6%
北美洲
4.8%
南美洲
3.5%
南极洲
2.6%
欧洲
2%
大洋洲
1.8%
太平洋
35%
太阳

想了解地球与太阳系其他行星各方面的数据对比，请翻到第 6 页。

大约29%
的地球表面是陆地
地球表面超过 1/4 是陆地，由大陆和岛屿组成。

注：左图中的面积比例为四舍五入后最接近的数值。

赤道上的自转速度
1,670千米/时

绕太阳公转的平均速度
29.8千米/秒

平均温度
15℃

质量
5,970,000,000,000,000,000,000,000千克
（即 5.97×10^{24} 千克）

地球里面有什么

在地球刚刚形成时，它是一个非常炽热的液态岩石球。随着时间的推移，它逐渐冷却，铁和镍等较重的元素沉入地球的中心，形成地核。围绕地核的是地幔，它是地球的中间层，主要由半固态和固态岩石组成。地球的最外层是地壳，主要由各种坚硬的岩石组成。

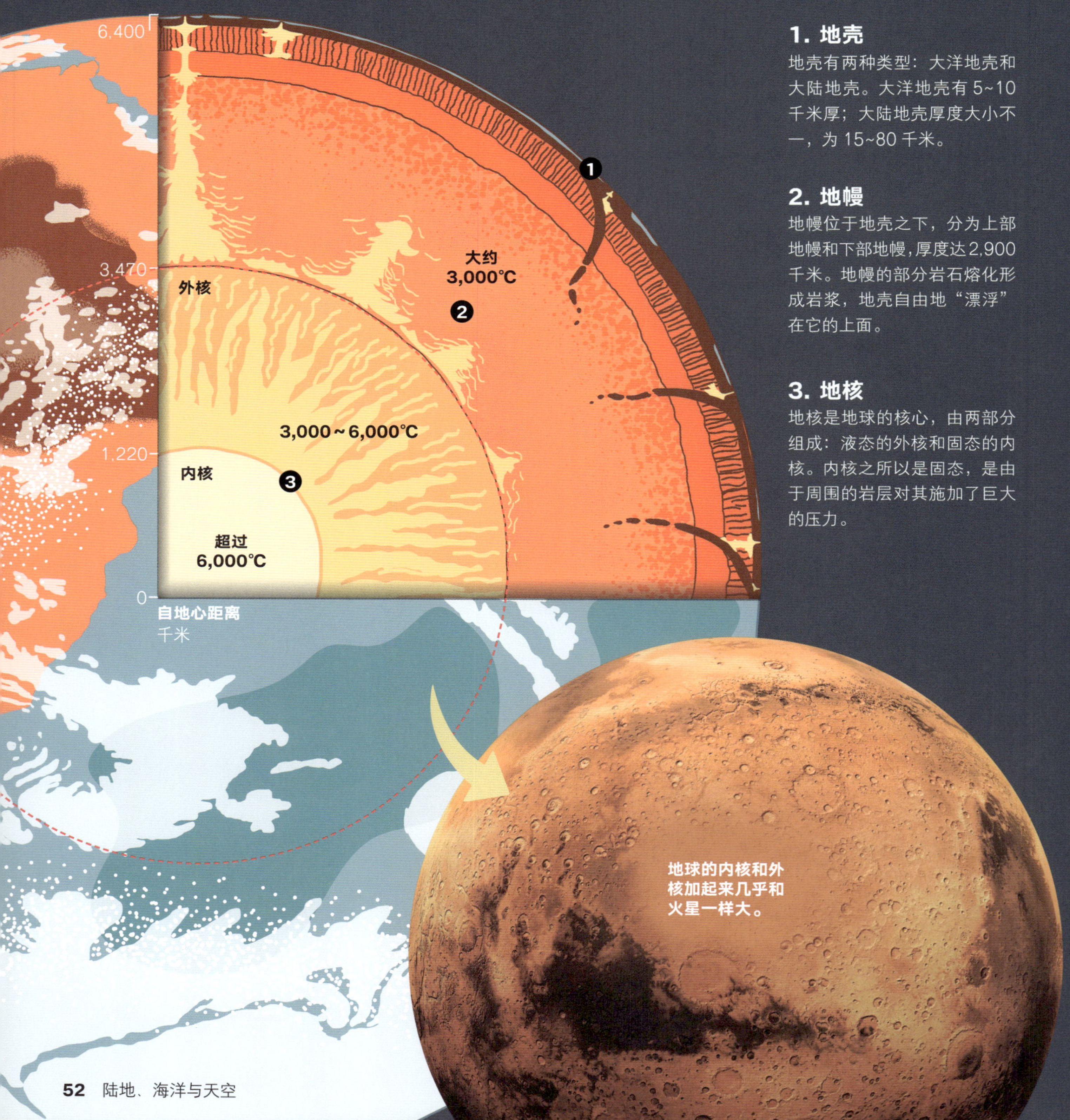

6,400
3,470
1,220
0
自地心距离
千米
外核
大约
3,000℃
3,000～6,000℃
内核
超过
6,000℃
1
2
3
地球的内核和外核加起来几乎和火星一样大。

1. 地壳

地壳有两种类型：大洋地壳和大陆地壳。大洋地壳有 5~10 千米厚；大陆地壳厚度大小不一，为 15~80 千米。

2. 地幔

地幔位于地壳之下，分为上部地幔和下部地幔，厚度达 2,900 千米。地幔的部分岩石熔化形成岩浆，地壳自由地“漂浮”在它的上面。

3. 地核

地核是地球的核心，由两部分组成：液态的外核和固态的内核。内核之所以是固态，是由于周围的岩层对其施加了巨大的压力。

地球是如何形成的

大约 46 亿年前，地球由太阳形成时遗留下来的尘埃和气体形成。在引力的作用下，这些尘埃和气体聚集在一起，构成了一个炽热、致密的岩石球，最终形成了我们的地球。

想知道更多关于蓝藻的知识吗？请翻到第 107 页。

地球内的地幔（见第 52 页）

起点

46亿年前
地球由围绕年轻太阳运行的尘埃和气体形成。

45亿年前
地幔形成。

44亿年前
月球形成。

38亿年前
海洋形成。

28亿年前
蓝藻开始产生氧气。

蓝藻

22亿年前
氧气成为大气中重要的组成部分。

20亿年前
随着大气中甲烷气体的消失，天空变成了蓝色。

地球有点儿像煮熟的鸡蛋

一枚煮鸡蛋的内部构造可以帮助我们了解地壳、地幔和地核的相对大小。就像煮熟的鸡蛋一样，地球也有一个薄而硬的外壳。

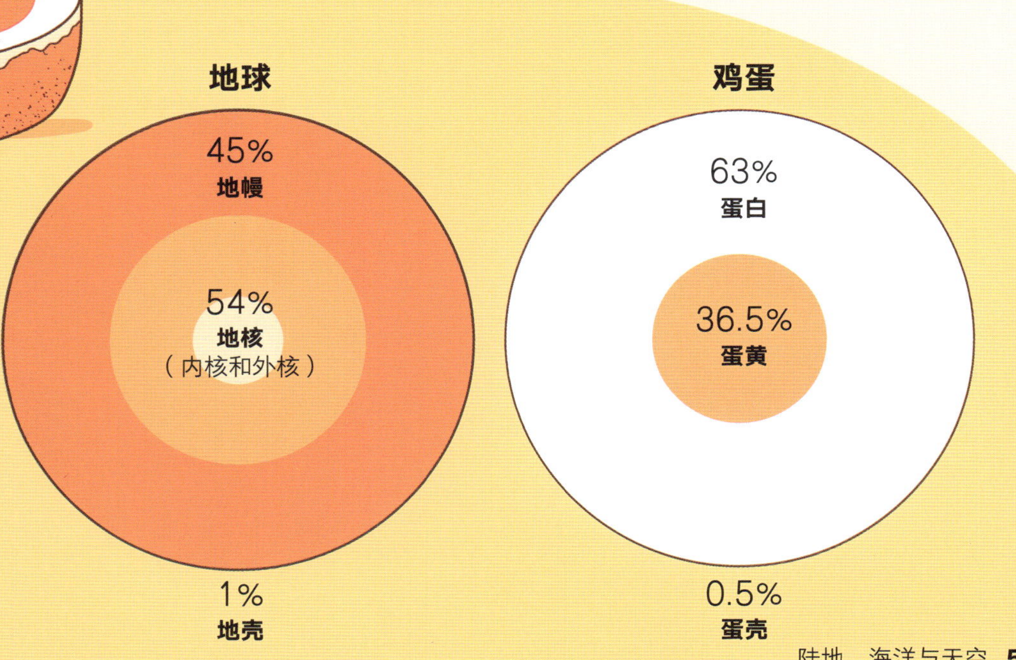
地球
45%
地幔
54%
地核
（内核和外核）
1%
地壳
鸡蛋
63%
蛋白
36.5%
蛋黄
0.5%
蛋壳

火山爆发

火山喷发时，岩浆从地壳的开口中喷出。火山释放的岩浆被称为熔岩。在一些火山喷发中，熔岩从地面的裂缝中缓慢流出；而在另一些火山喷发中，熔岩、岩石、火山灰和其他物质则被喷向高空。喷发的类型取决于多种因素，包括岩浆的黏性、岩浆所包含的热气泡大小和向上的推力，以及岩浆喷出位置的岩石结构。

我们使用火山爆发指数（VEI）来表示火山喷发的强烈程度。这一指数的范围从0到8，每一级的喷发威力都是上一级的10倍。

火山爆发指数	0 非喷发	1 微	2 小	3 中	4 中大
火山灰体积 立方千米	<0.0001	0.0001～0.001	0.001～0.01	0.01～0.1	0.1～1
喷发柱高度 千米（<1 1 5）	<0.1	0.1～1	1～5	3～15	10～25
实例	冒纳罗亚火山 美国夏威夷 1984年	基拉韦厄火山 美国夏威夷 1959年	四峰火山 美国阿拉斯加 2006年	鲁伊斯火山 哥伦比亚 1985年	拉基火山 冰岛 1783年

喷发类型

夏威夷型火山喷发（VEI为0和1）

相对小而温和的火山喷发，但还是可以将炽热的熔岩喷射到50米高的空中！

武尔卡诺型火山喷发（VEI为2、3和4）

这类火山喷发以意大利斯特龙博利岛附近的武尔卡诺岛命名。火山喷发时，会将浓密、翻腾的火山灰喷射到空中。

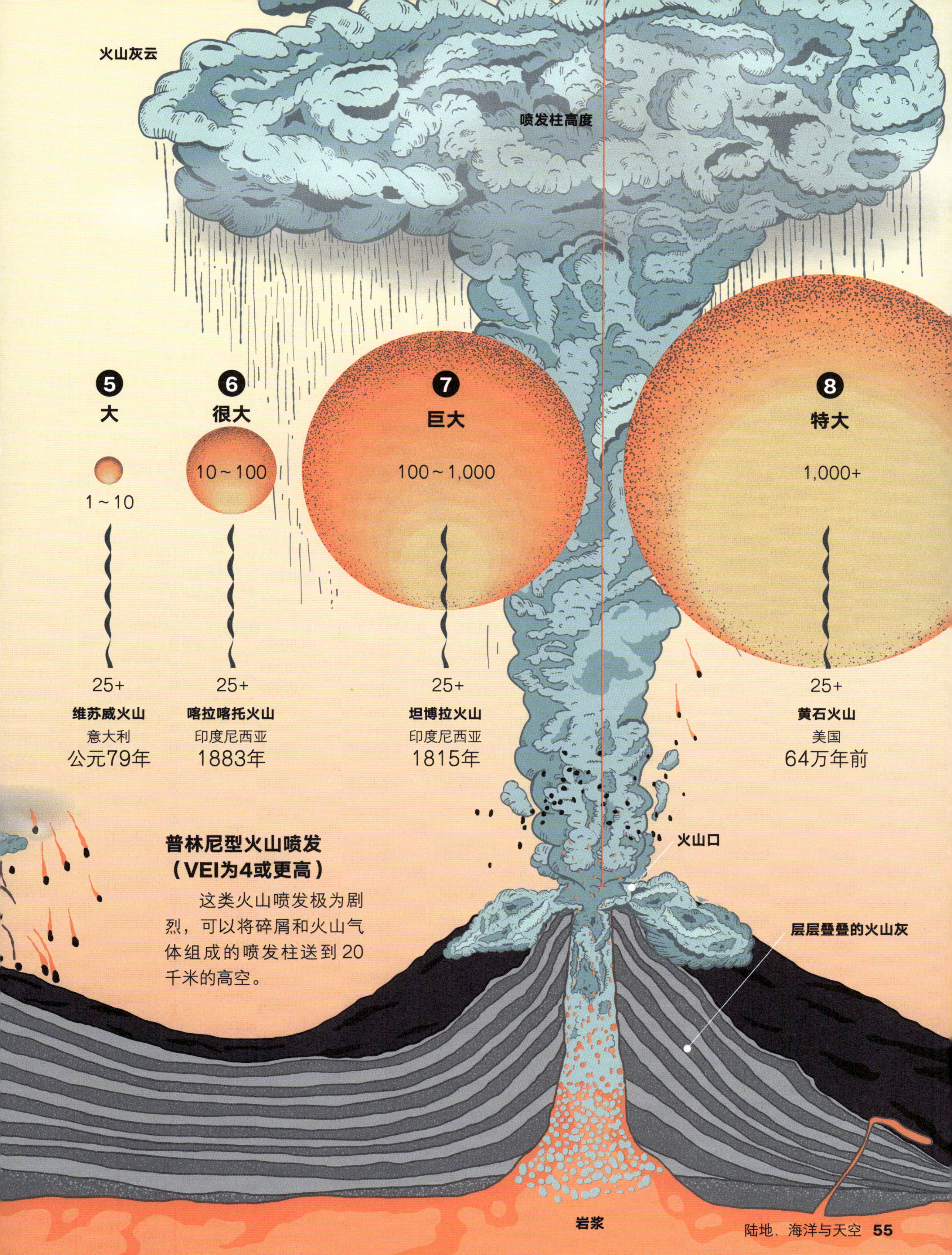
火山灰云
喷发柱高度
5
大
1～10
25+
维苏威火山
意大利
公元79年
6
很大
10～100
25+
喀拉喀托火山
印度尼西亚
1883年
7
巨大
100～1,000
25+
坦博拉火山
印度尼西亚
1815年
8
特大
1,000+
25+
黄石火山
美国
64万年前
火山口
层层叠叠的火山灰
岩浆

普林尼型火山喷发（VEI为4或更高）

这类火山喷发极为剧烈，可以将碎屑和火山气体组成的喷发柱送到20千米的高空。

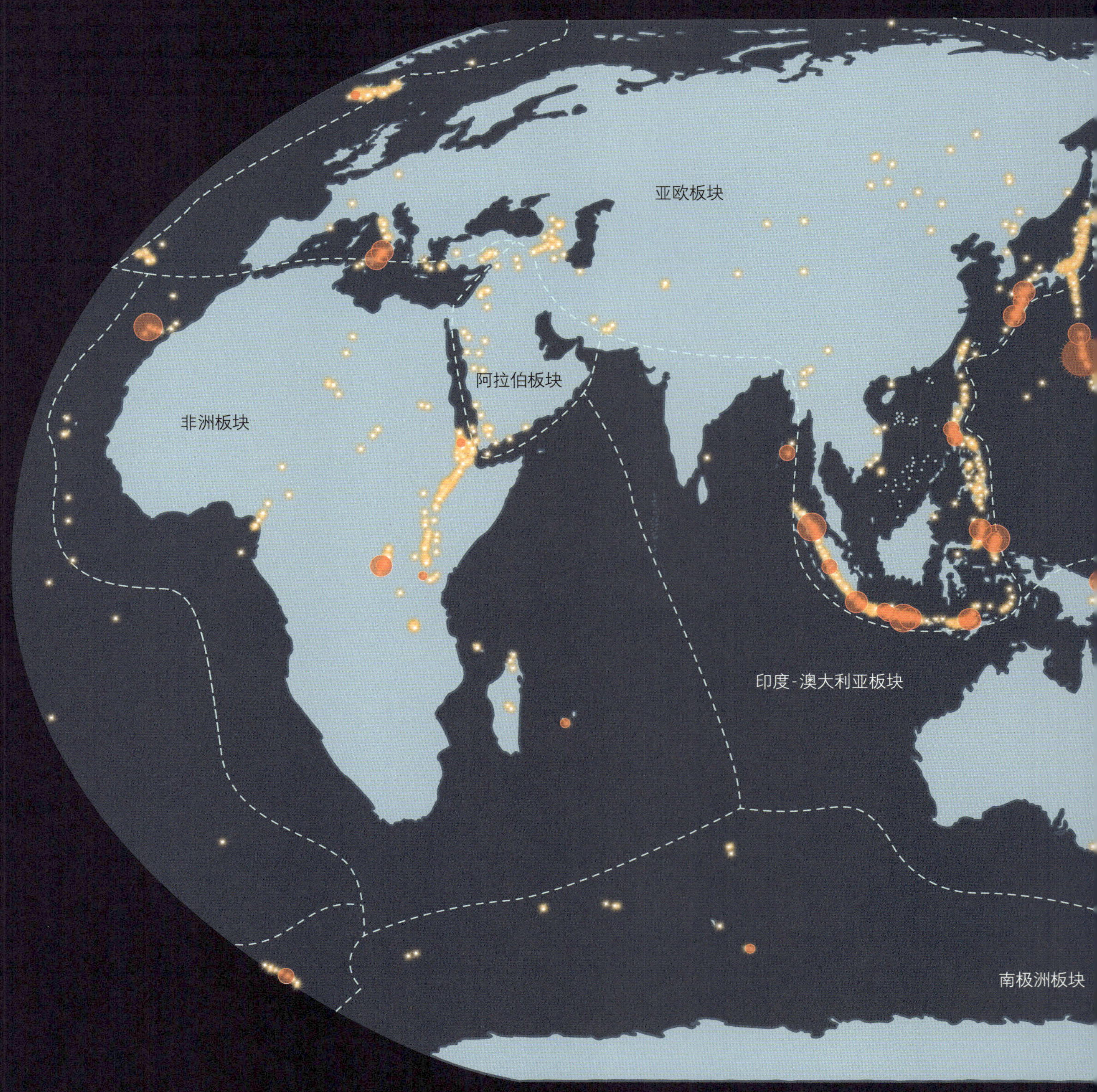
亚欧板块
阿拉伯板块
非洲板块
印度-澳大利亚板块
南极洲板块

“火环”

地球上哪些地方有火山？地球的地壳由多个岩石板块组成，它们叫作构造板块。这些板块在岩浆上缓慢移动着。大多数火山和地震发生在板块边缘，即不同的构造板块相互碰撞，产生摩擦和挤压的地方。大约 75％的火山在太平洋板块的边缘喷发，这些区域就是环太平洋火山带，又称环太平洋“火环”。

你能看到“火环”沿着太平洋板块的边缘延伸。
北美洲板块
太平洋板块
加勒比板块
科科斯板块
南美洲板块
纳斯卡板块
斯科舍板块
咔——砰！
板块边界
过去 1 万年里活跃的火山
2021 年的重大火山喷发
2021 年火山喷发的大小（VEI，见第 54 页）
0
1
2
3
4—5

阅读指南

虚线表示主要构造板块的边缘。亮黄色的点表示在过去 1 万年里活跃的火山。红色圆圈表示 2021 年发生的火山喷发。红色圆圈越大，表示火山喷发的规模越大。

岩石循环
岩浆岩
（喷出岩）
岩浆岩
（侵入岩）
抬升运动
高温和高压
岩石碎屑下沉成为沉积物
沉积岩
变质岩
埋藏
熔化
冷却结晶
熔化

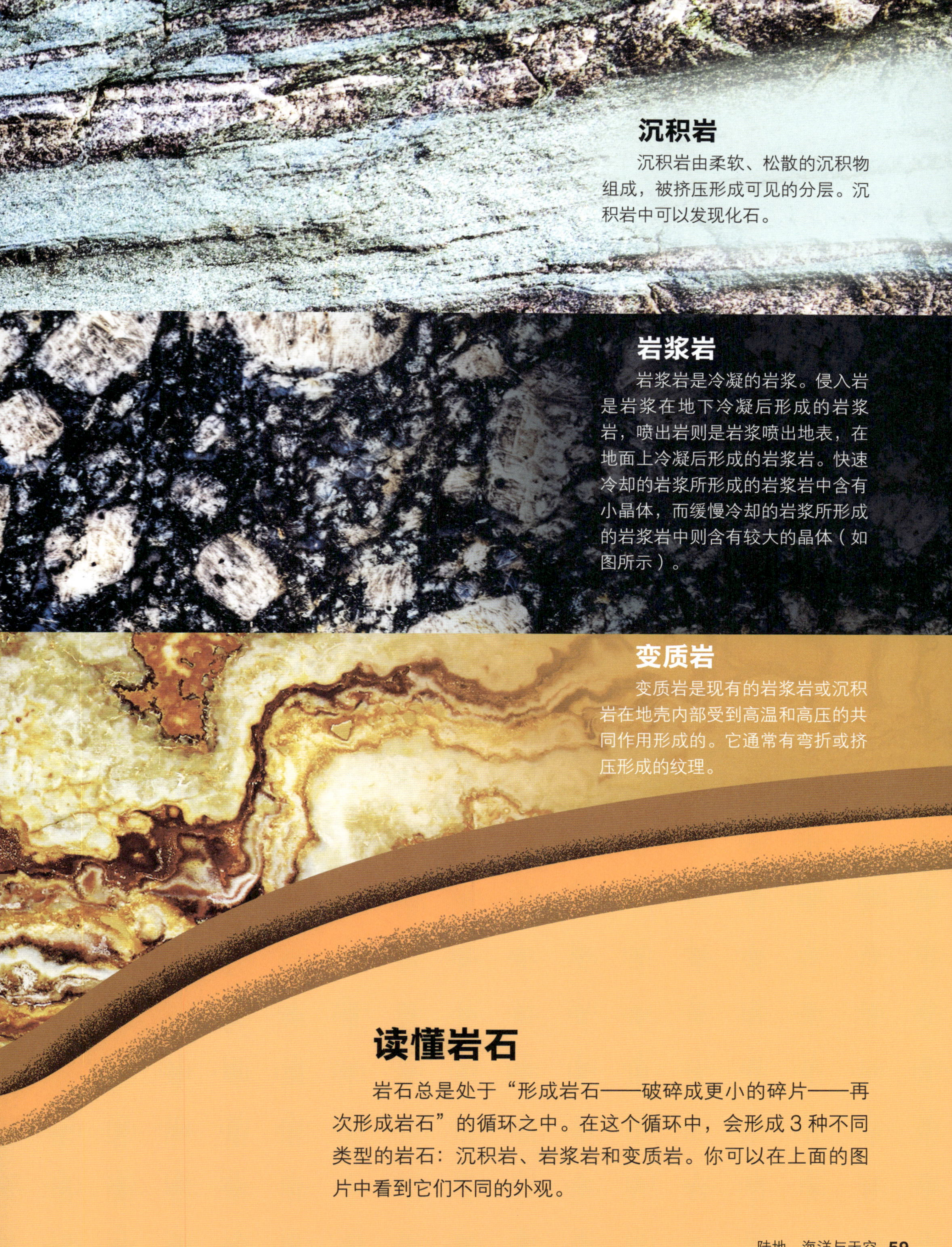

沉积岩

沉积岩由柔软、松散的沉积物组成，被挤压形成可见的分层。沉积岩中可以发现化石。

岩浆岩

岩浆岩是冷凝的岩浆。侵入岩是岩浆在地下冷凝后形成的岩浆岩，喷出岩则是岩浆喷出地表，在地面上冷凝后形成的岩浆岩。快速冷却的岩浆所形成的岩浆岩中含有小晶体，而缓慢冷却的岩浆所形成的岩浆岩中则含有较大的晶体（如图所示）。

变质岩

变质岩是现有的岩浆岩或沉积岩在地壳内部受到高温和高压的共同作用形成的。它通常有弯折或挤压形成的纹理。

读懂岩石

岩石总是处于“形成岩石——破碎成更小的碎片——再次形成岩石”的循环之中。在这个循环中，会形成 3 种不同类型的岩石：沉积岩、岩浆岩和变质岩。你可以在上面的图片中看到它们不同的外观。

如何测量矿物的硬度

地球表面由岩石构成，大部分岩石是一种或多种矿物的组合。世界上有成千上万种矿物，从地球上最坚硬的天然物质之一金刚石，到柔软易碎的滑石，它们的外观和触感各不相同。这张信息图形象地展示了莫氏硬度表，地质学家用它来比较不同矿物（包括宝石）的相对硬度。

10
9.5
金刚石 10
9
硬
8.5
刚玉 9
莫氏
8
黄玉 8
7.5
石英 7
7
正长石 6
6.5
硬化钢锉刀
6.5
6
5.5
5.2
钢刀

莫氏硬度

德国地质学家腓特烈·莫斯提出了莫氏硬度标准，用来衡量划伤某种物质的难易程度。这一硬度标准将 10 种常见矿物从 1 到 10 进行排列，每种矿物能够划伤所有数值低于它的矿物。所以，硬度的数值越高，矿物就越硬。我们也可以使用莫氏硬度来测量其他材料的硬度。比如，我们可以用指甲在石膏上留下划痕，但不能在方解石上划出印记。这样就可以确定指甲的莫氏硬度大约是 2.2——它比石膏硬，但比方解石软。

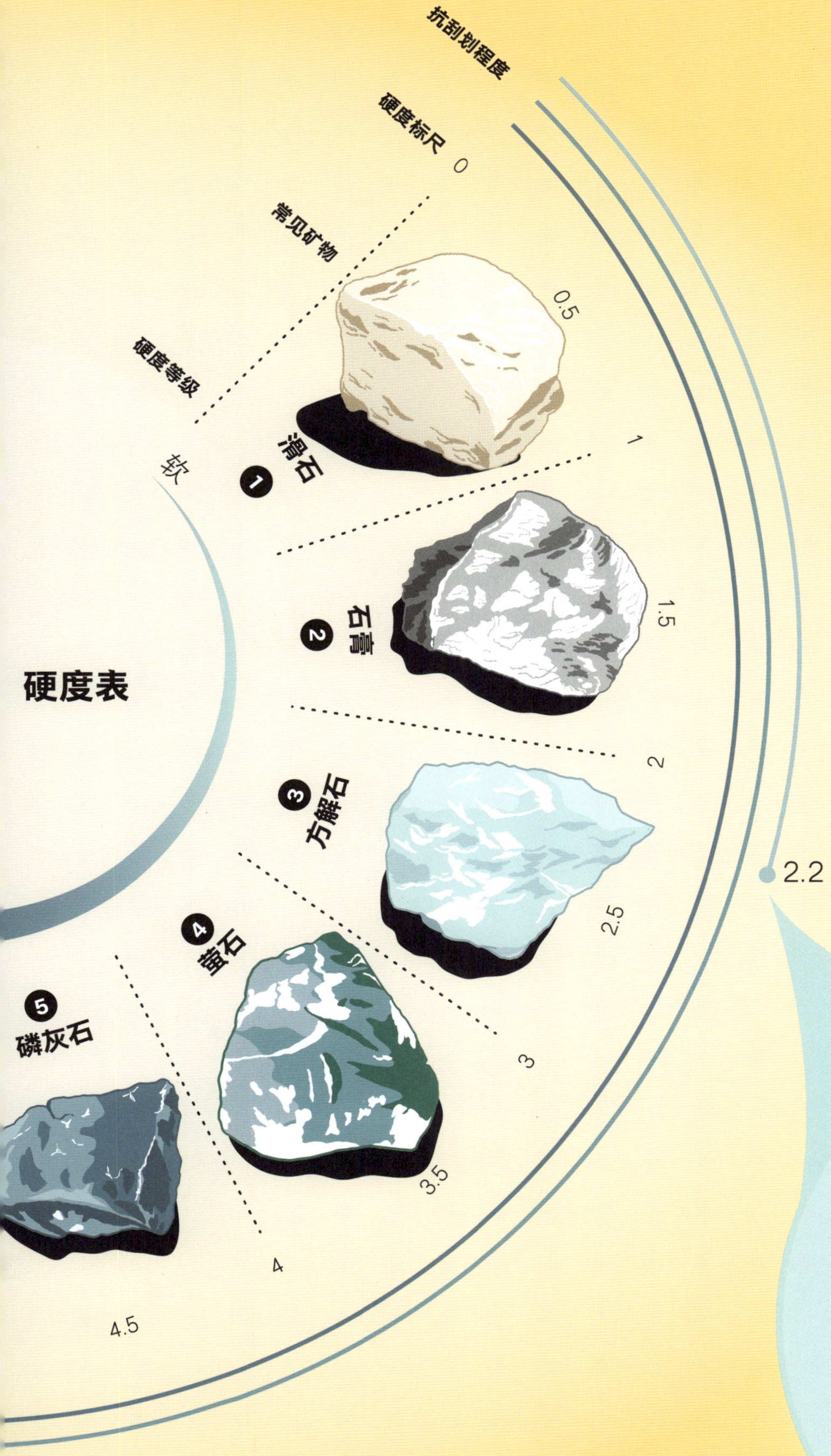

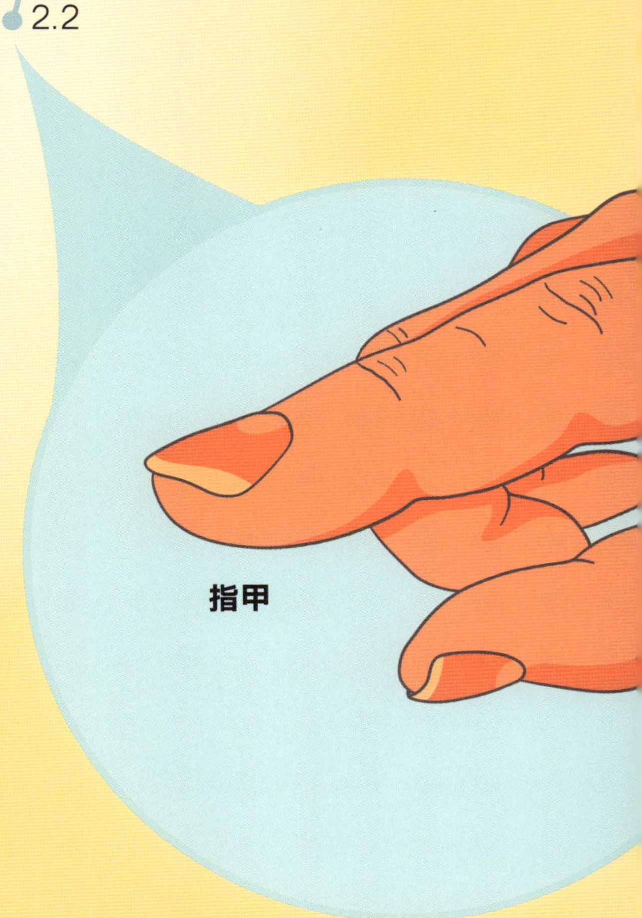

抗刮划程度
硬度标尺
常见矿物
硬度等级
硬度表
软
0
0.5
1
1.5
2
2.5
3
3.5
4
4.5
1 滑石
2 石膏
3 方解石
4 萤石
5 磷灰石
2.2
指甲

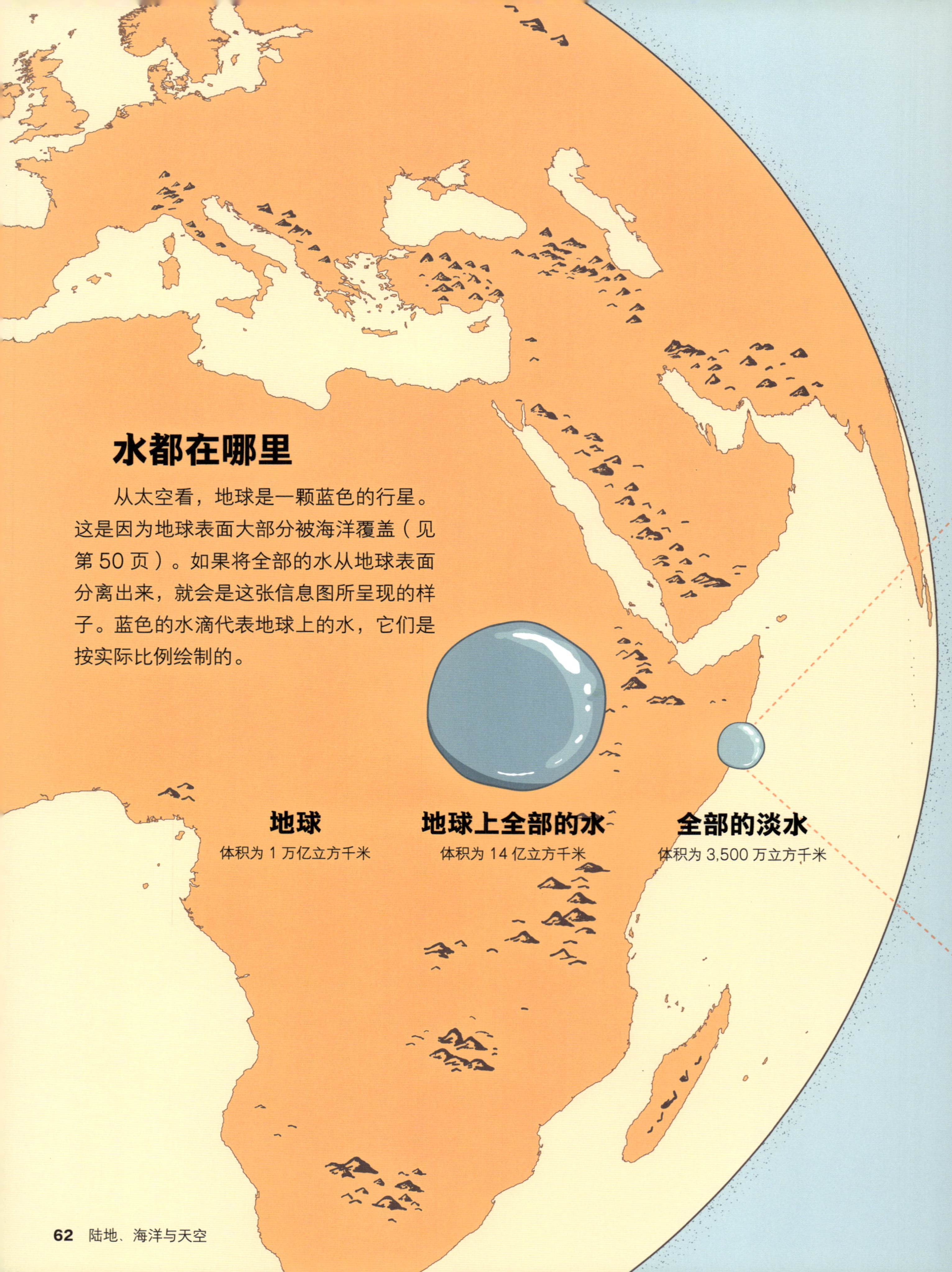
地球
体积为 1 万亿立方千米
地球上全部的水
体积为 14 亿立方千米
全部的淡水
体积为 3,500 万立方千米

水都在哪里

从太空看，地球是一颗蓝色的行星。这是因为地球表面大部分被海洋覆盖（见第 50 页）。如果将全部的水从地球表面分离出来，就会是这张信息图所呈现的样子。蓝色的水滴代表地球上的水，它们是按实际比例绘制的。

将地球上的淡水都装到一只玻璃杯里

地球上绝大部分的水都是海洋中的咸水，只有一小部分是淡水，其中更小的一部分才是液态的淡水。如果我们把地球上全部的淡水都装入一个巨大的玻璃杯，就会是下面信息图中所展示的样子。大部分的淡水是冰川和冰盖中的冰；第二大淡水来源是地表以下的地下水；余下的是地球表面的液态淡水，仅仅占全部淡水的很小一部分。

世界上有多少人可以喝到安全的饮用水？请翻到第 243 页。

全部的淡水

体积为 3,500 万立方千米

地表水

地下水

冰冻水

0.3%

地表水

这一小片水代表了地球上所有湖泊、沼泽、河流、大气中的水，以及所有动物和植物体内的水。

30.1%

地下水

在我们的脚下，蕴藏着大量的淡水。这一看不到的、巨大的流动水源对生命至关重要，因为它不断补给着湖泊和河流，使其保持充裕的水量。

69.6%

冰川、冻土和永久冻土

地球上的大部分淡水都储存在冰冻的冰川和冰盖中，主要分布在格陵兰岛和南北两极。

前方有冰山

冰山是指从冰川或冰盖上断裂并漂浮在海洋中的大块冰体。它们存在于南极洲周围的海域、北极地区以及因冰川形成的湖泊附近。冰山由固态的淡水冰构成，绝大部分隐藏在水下，对船只来说十分危险。它们可以在海洋上漂流数千千米，直到抵达温暖的水域融化消失。

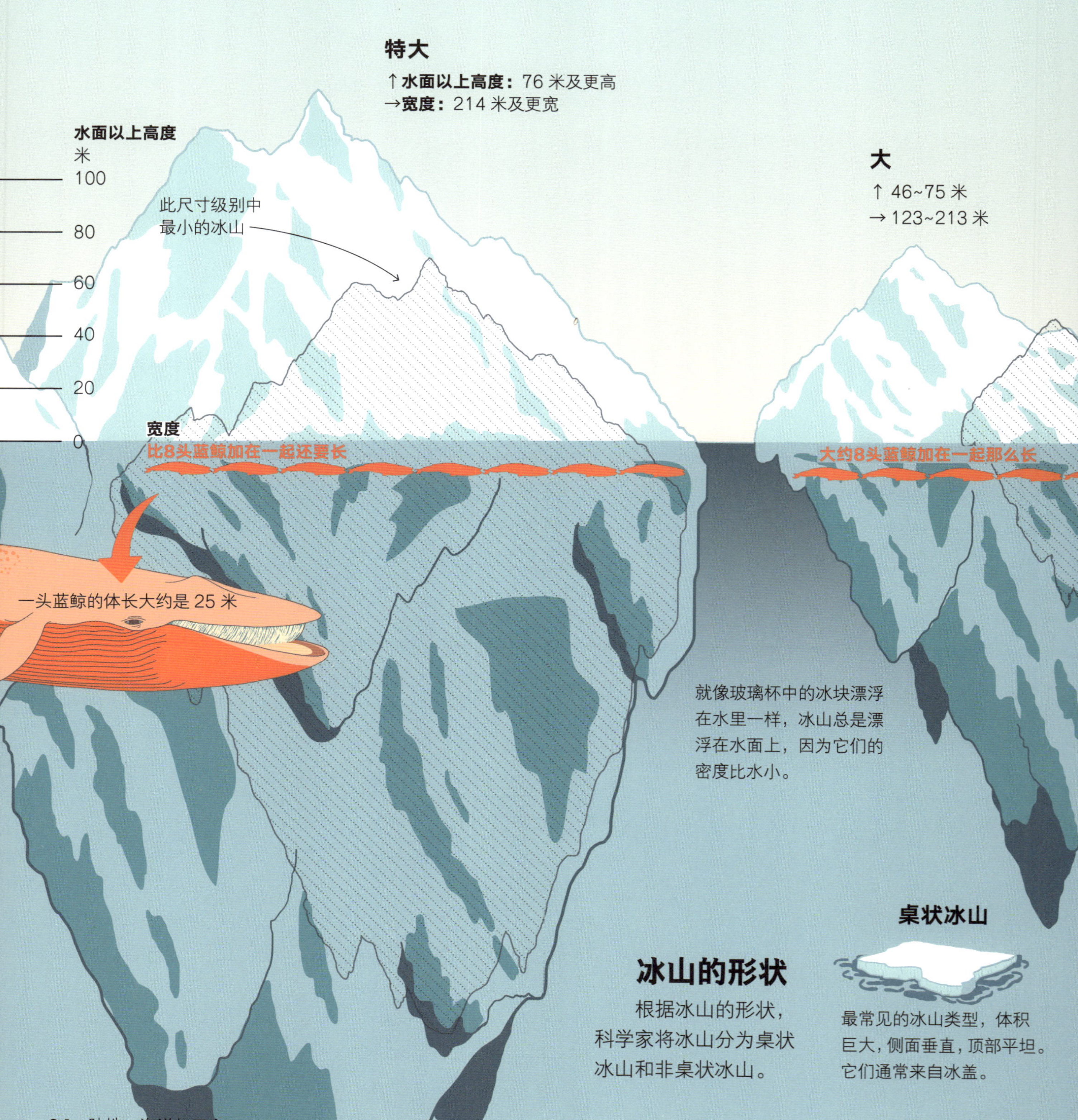

特大
↑**水面以上高度：**76 米及更高
→**宽度：**214 米及更宽
水面以上高度
米
100
80
60
40
20
0
此尺寸级别中
最小的冰山
宽度
比8头蓝鲸加在一起还要长
一头蓝鲸的体长大约是 25 米
大
↑ 46~75 米
→ 123~213 米
大约8头蓝鲸加在一起那么长

就像玻璃杯中的冰块漂浮在水里一样，冰山总是漂浮在水面上，因为它们的密度比水小。

冰山的形状

根据冰山的形状，科学家将冰山分为桌状冰山和非桌状冰山。

桌状冰山

最常见的冰山类型，体积巨大，侧面垂直，顶部平坦。它们通常来自冰盖。

断裂的冰川

有些冰山来自冰川，也就是巨大的、缓慢移动的冰体。冰川是由积雪经过数百年的挤压而形成的。在裂冰作用的影响下，部分冰川断裂、脱落入海洋中。在右边的地图中，我们可以看到南极的冰比北极更多。这是因为南极的冰位于陆地之上，而北极的冰位于海洋之上。和陆地相比，海洋能容纳更多的热量，所以北极比南极更温暖。

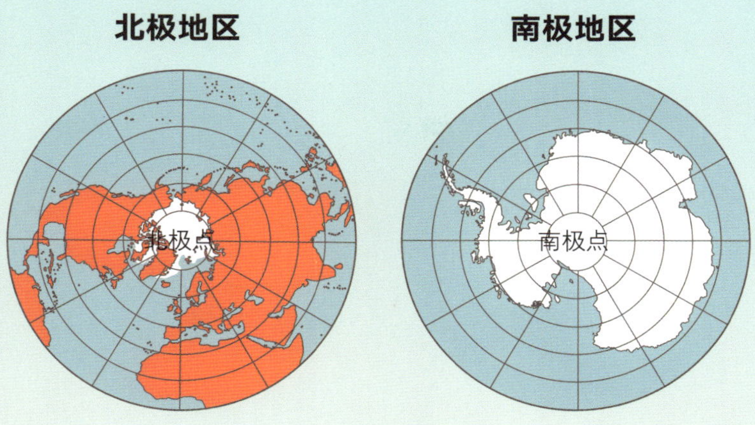
北极地区
北极点
南极地区
南极点

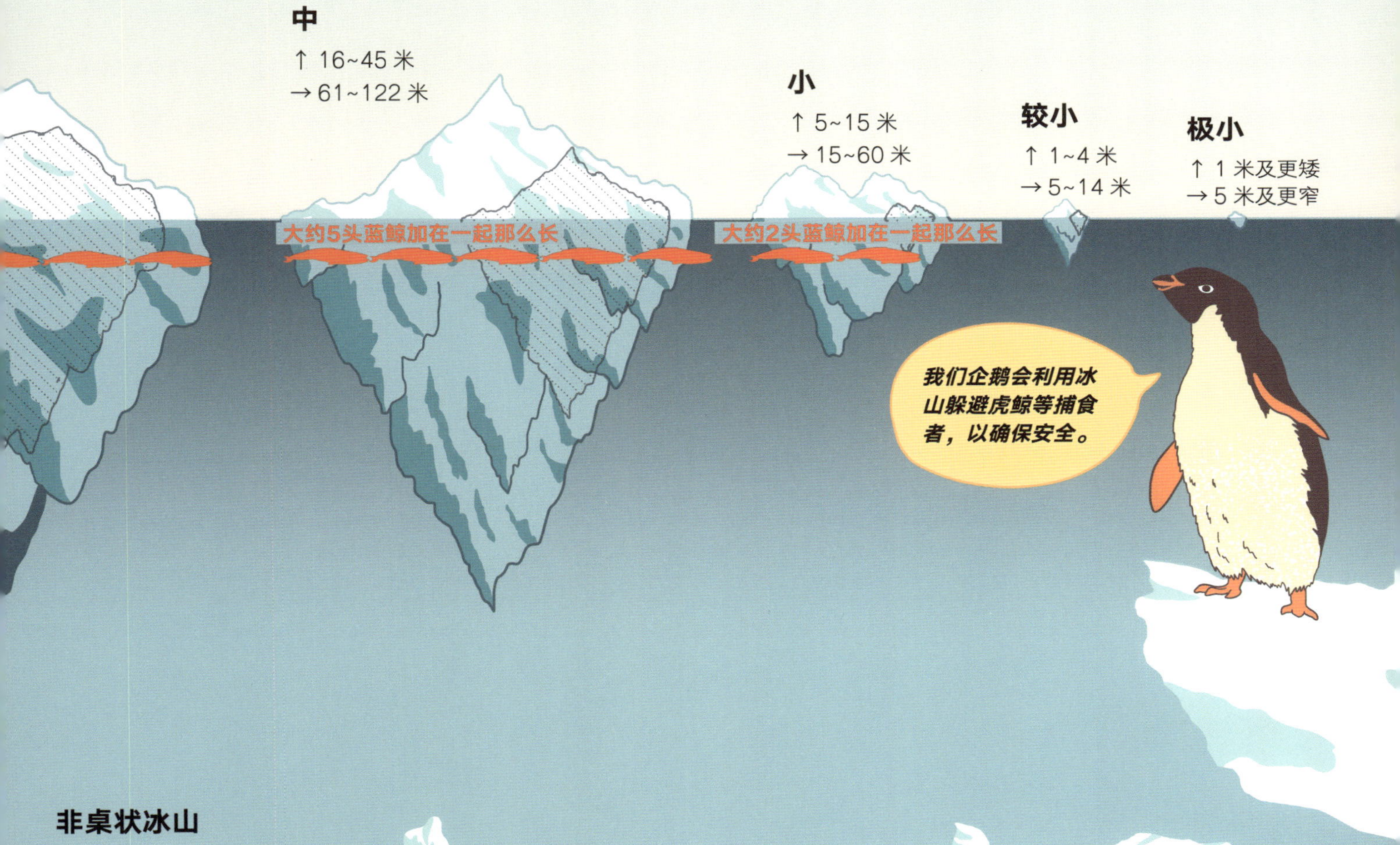

中
↑ 16~45 米
→ 61~122 米

大约5头蓝鲸加在一起那么长

小
↑ 5~15 米
→ 15~60 米

大约2头蓝鲸加在一起那么长

较小
↑ 1~4 米
→ 5~14 米

极小
↑ 1 米及更矮
→ 5 米及更窄

我们企鹅会利用冰山躲避虎鲸等捕食者，以确保安全。

非桌状冰山

拱形
有圆形的顶部，表面通常比较光滑。

塔形
冰面上好像耸立着尖尖的冰塔。

楔形
就像一块楔形的奶酪，一侧边壁陡峭，另一侧是光滑的斜坡。

干船坞形
由两根或更多冰柱形成 U 形。

砖形
有陡峭垂直的侧面和平坦的顶部，看起来像巨大的砖块。

最长的河流

虽然河流的水量只占地球上总水量的很小一部分，但它们十分重要。河流可以为植物、动物和人类提供淡水。河流还在陆地上“雕刻”出宽谷和峡谷，塑造了独特的地形地貌。

阅读指南

以下是世界上最长的 10 条河流，以及每条河流流入大海的平均水量，即河流的径流量。利用地图上的数字，我们可以找出这 10 条河流在世界各地的位置。河流是用蓝色线条表示的。

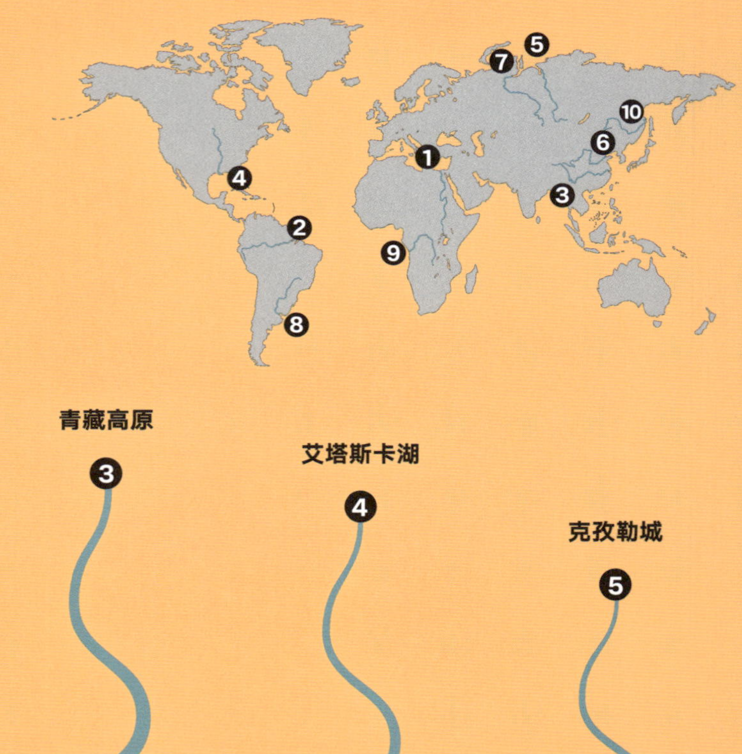

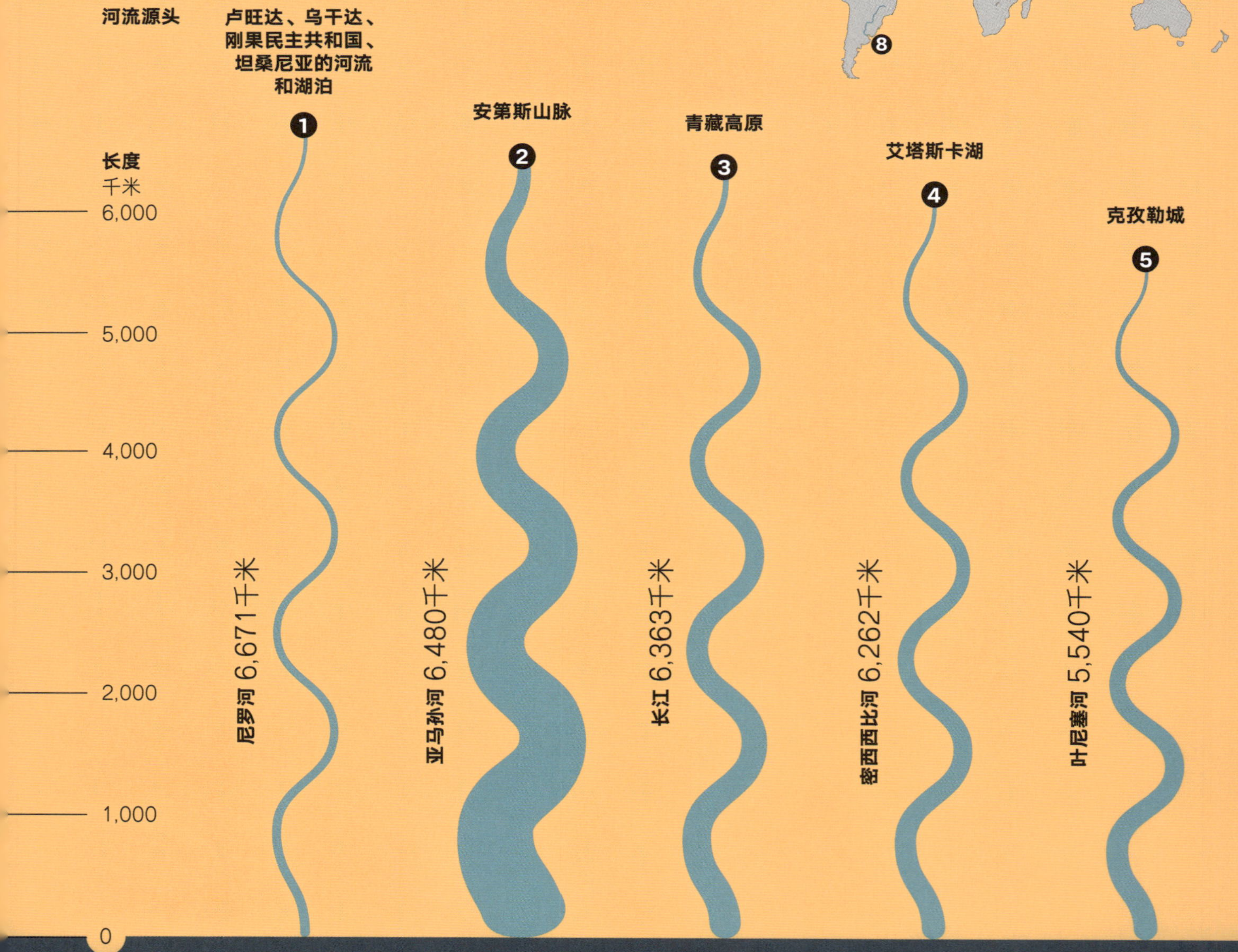

长度 千米：6,000　5,000　4,000　3,000　2,000　1,000　0

	1	2	3	4	5
河流源头	卢旺达、乌干达、刚果民主共和国、坦桑尼亚的河流和湖泊	安第斯山脉	青藏高原	艾塔斯卡湖	克孜勒城
长度	尼罗河 6,671千米	亚马孙河 6,480千米	长江 6,363千米	密西西比河 6,262千米	叶尼塞河 5,540千米
平均径流量	2,830 立方米 / 秒	209,000 立方米 / 秒	30,166 立方米 / 秒	16,792 立方米 / 秒	18,050 立方米 / 秒
入海口	地中海	大西洋	东海	墨西哥湾	喀拉海

高大的瀑布

安赫尔瀑布是世界上落差最大的瀑布。它的顶部非常高，以至于在温暖的天气里，所有从瀑布顶部倾泻而下的水流，在到达底部前早已变成水雾。

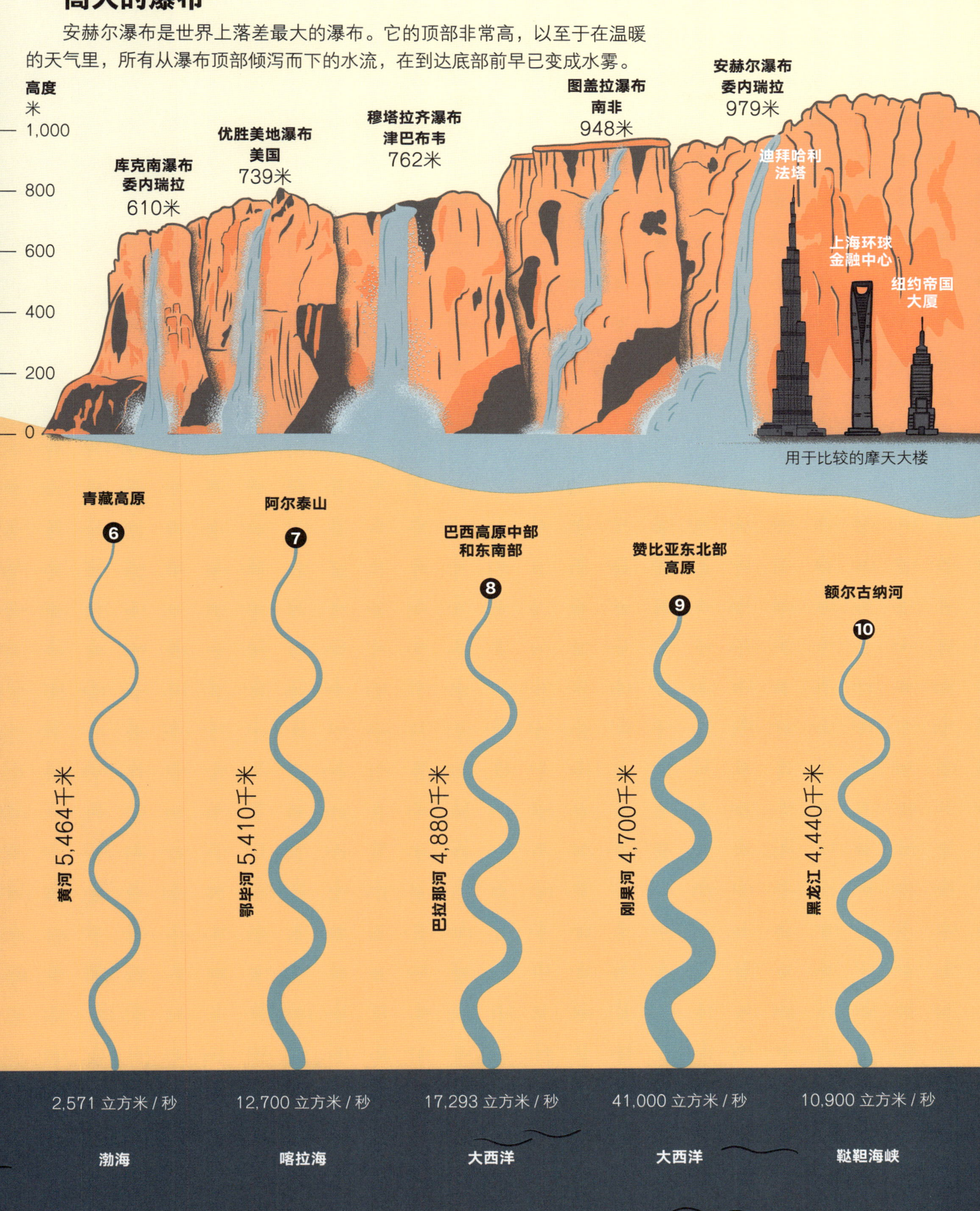

高度
米
1,000
800
600
400
200
0
库克南瀑布
委内瑞拉
610米
优胜美地瀑布
美国
739米
穆塔拉齐瀑布
津巴布韦
762米
图盖拉瀑布
南非
948米
安赫尔瀑布
委内瑞拉
979米
迪拜哈利法塔
上海环球金融中心
纽约帝国大厦
用于比较的摩天大楼
青藏高原
6
黄河 5,464千米
2,571 立方米 / 秒
渤海
阿尔泰山
7
鄂毕河 5,410千米
12,700 立方米 / 秒
喀拉海
巴西高原中部和东南部
8
巴拉那河 4,880千米
17,293 立方米 / 秒
大西洋
赞比亚东北部高原
9
刚果河 4,700千米
41,000 立方米 / 秒
大西洋
额尔古纳河
10
黑龙江 4,440千米
10,900 立方米 / 秒
鞑靼海峡

深深的洞穴

洞穴形成的原因各有不同，有的因岩石被水溶解而形成，有的由从火山流出的熔岩形成，还有的因地震导致大块岩石破裂而形成。世界上最长的洞穴系统在地下绵延数百千米。

最长的洞穴

我正在穿越美国肯塔基州的猛犸洞穴系统。我至少要花5天时间才能到达洞穴的另一端！
深度
米
0
500
猛犸洞穴系统
→ 长：676 千米
渔人岭洞穴系统
→ 长：212 千米
↓ 深：4 米
奥普奇米斯奇契斯卡娅洞穴
→ 265 千米 / ↓ 15 米
风洞
→ 260 千米 / ↓ 194 米
珍宝洞
→ 342 千米 / ↓ 254 米
清水洞穴系统
→ 238 千米 / ↓ 355 米
列楚基耶洞穴
→ 242 千米 / ↓ 484 米
水下洞穴
奥克斯·贝尔哈洞穴系统
→ 318 千米 / ↓ 57 米
水下洞穴
白洞系统
→ 377 千米 / ↓ 119 米

阅读指南

每个洞穴都用一条弯弯曲曲的线条表示。

长度(→) **比例尺** 50 千米

线条的长度与洞穴的长度成正比。

深度(↓)

线条在这两页中的垂直位置代表了洞穴相对于海平面的深度。

线条的颜色则标明了洞穴所在的区域：

- 亚洲和欧洲
- 北美洲和南美洲

最深的洞穴

在这里你可以看到世界上深藏地下的 8 个洞穴，其中 4 个洞穴位于亚洲和欧洲交界处的格鲁吉亚。最深的维洛夫金娜洞穴于 1968 年被发现。洞穴学家需要花费大约一周的时间，才能完成深入洞穴并再次回到地面的冒险之旅。

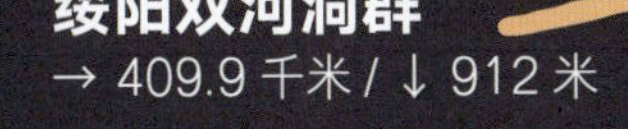

1,000
1,500
2,000
绥阳双河洞群
→ 409.9 千米 / ↓ 912 米
西班牙大洞穴
→ 7 千米 / ↓ 1,589 米
让·贝尔纳洞穴
→ 26 千米 / ↓ 1,625 米
兰普雷希茨索芬洞穴
→ 60 千米 / ↓ 1,727 米
高夫尔-米罗尔达洞穴
→ 13 千米 / ↓ 1,733 米
雪洞
→ 24 千米 / ↓ 1,760 米
萨尔玛洞穴
→ 6 千米 / ↓ 1,830 米
库鲁伯亚拉洞穴
→ 16 千米 / ↓ 2,199 米
维洛夫金娜洞穴
→ 13 千米 / ↓ 2,212 米

石笋
石钟乳
石柱

石钟乳和石笋

当水从洞穴的顶部滴落下来时，它会在洞穴的顶部和下方的地面上留下少量的矿物质。随着时间的推移，这些矿物质在洞穴底部沉积形成锥形的岩石，被称为石笋。而从洞穴顶部垂下来的锥形岩石，则被称为石钟乳。最终，石笋和石钟乳可以连接起来，形成石柱。

天空之上

地球的大气层主要分为 5 层，即对流层、平流层、中间层、热层和外逸层。我们几乎一生都在对流层中度过，云和天气系统也在这里形成。越往上，气体粒子扩散得越远，大气变得越轻，空气也就越稀薄。最终，地球的大气层与真空的太空相接。

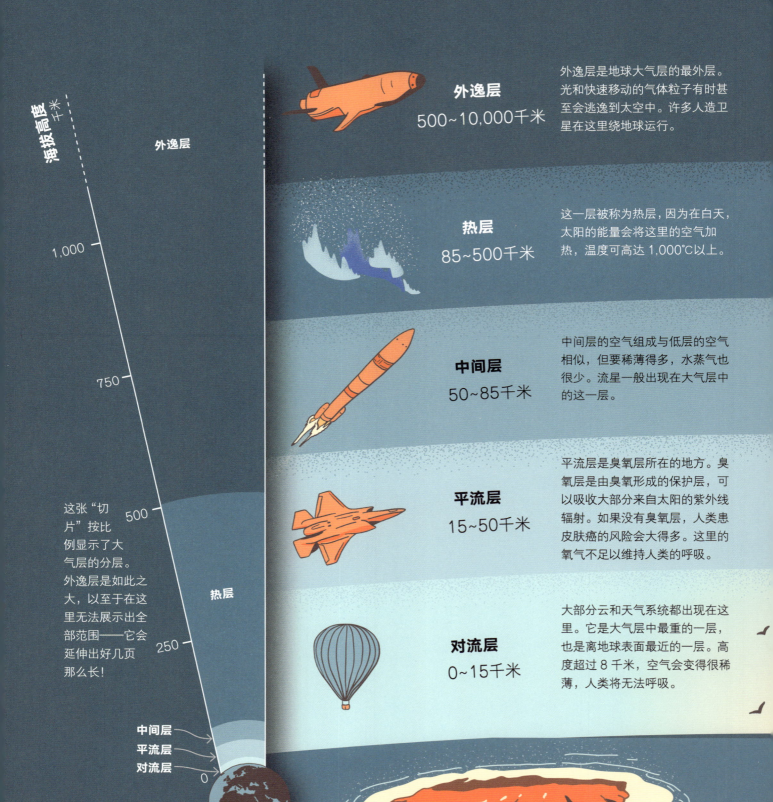

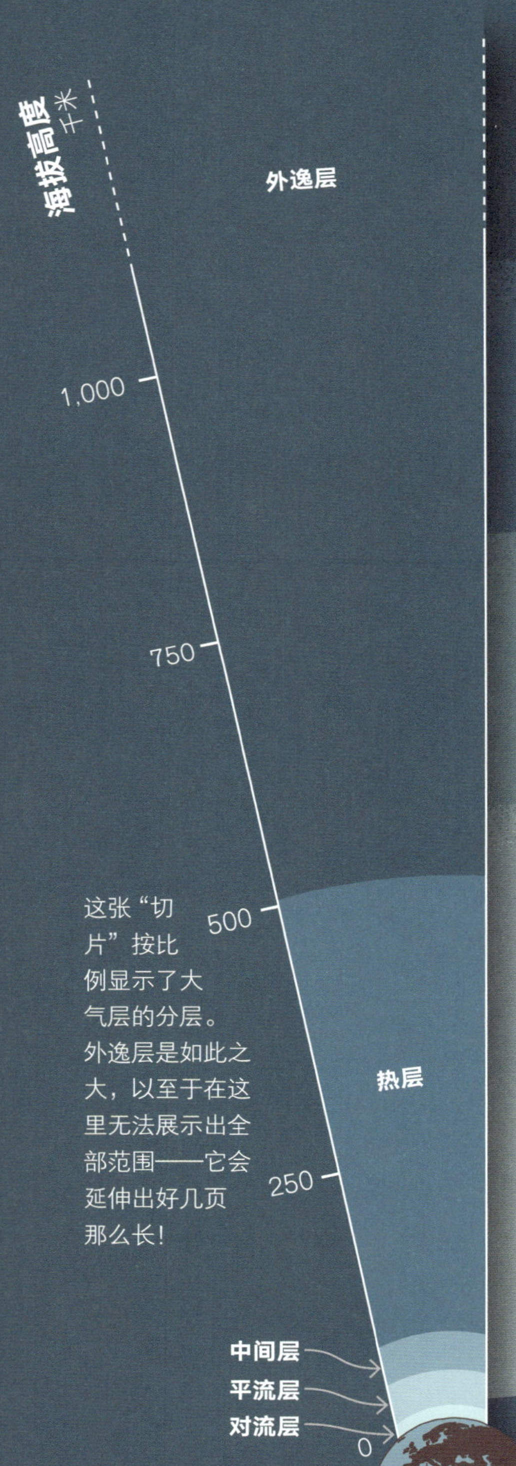

海拔高度 千米
外逸层
1,000
750
500
热层
250
中间层
平流层
对流层
0

这张“切片”按比例显示了大气层的分层。外逸层是如此之大，以至于在这里无法展示出全部范围——它会延伸出好几页那么长！

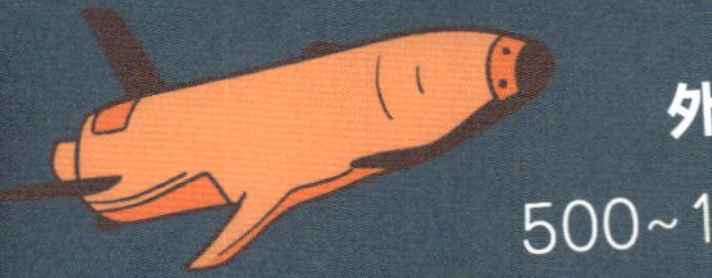

外逸层

500~10,000千米

外逸层是地球大气层的最外层。光和快速移动的气体粒子有时甚至会逃逸到太空中。许多人造卫星在这里绕地球运行。

热层

85~500千米

这一层被称为热层，因为在白天，太阳的能量会将这里的空气加热，温度可高达 1,000℃以上。

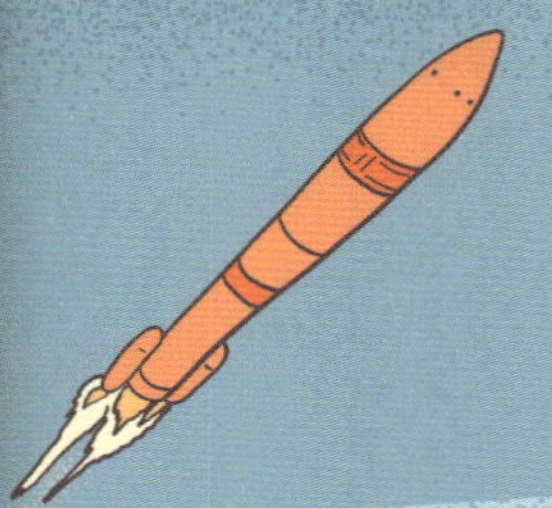

中间层

50~85千米

中间层的空气组成与低层的空气相似，但要稀薄得多，水蒸气也很少。流星一般出现在大气层中的这一层。

平流层

15~50千米

平流层是臭氧层所在的地方。臭氧层是由臭氧形成的保护层，可以吸收大部分来自太阳的紫外线辐射。如果没有臭氧层，人类患皮肤癌的风险会大得多。这里的氧气不足以维持人类的呼吸。

对流层

0~15千米

大部分云和天气系统都出现在这里。它是大气层中最重的一层，也是离地球表面最近的一层。高度超过 8 千米，空气会变得很稀薄，人类将无法呼吸。

我们呼吸的空气由什么组成

地球对流层中的大气主要由氮气组成，约占 78%。这是一种无色无味的气体，化学性质相对稳定，在常温下也不会与其他气体发生反应。余下的大部分是氧气，约占 21%。最后的 1% 包括一种叫作氩气的气体，以及少量的二氧化碳、甲烷、氢气和其他成分。

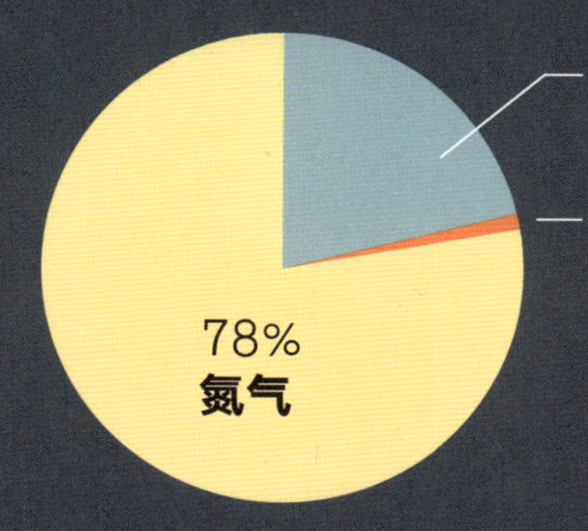
21%
氧气
1%
其他
氩气和其他微量气体，如二氧化碳。二氧化碳只占地球大气的 0.04%。
78%
氮气

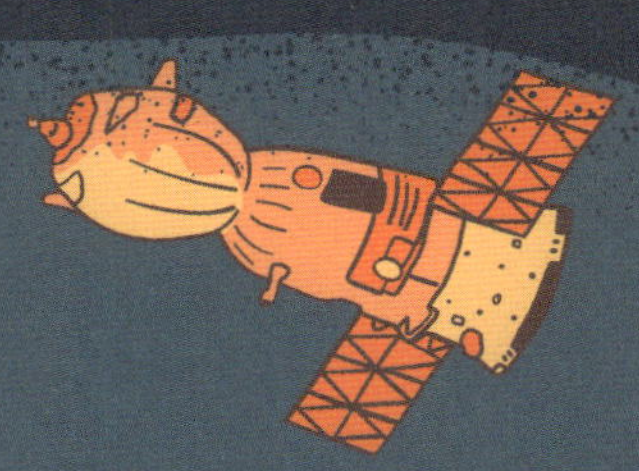

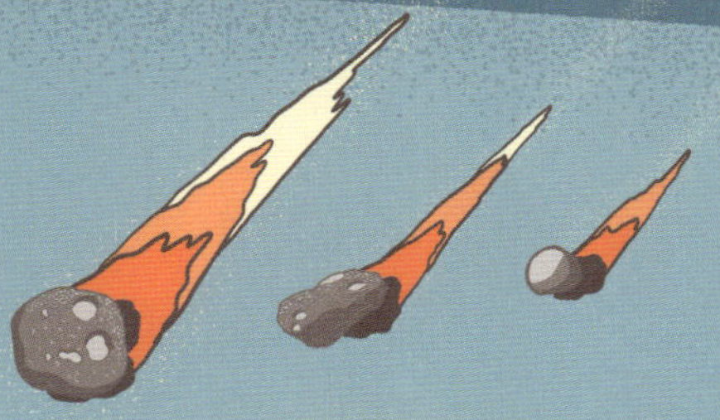

大气压

空气由于重力的作用产生了大气压。离地球表面越远，空气就越轻，气压也会减小。大多数飞机的飞行高度约为 11 千米，它们会使用客舱压力控制系统，让飞机内部保持和地面相似的气压。

我是艾伦·尤斯塔斯。2014年，我从大约41千米的高空跳伞，创造了跳伞高度的新纪录。

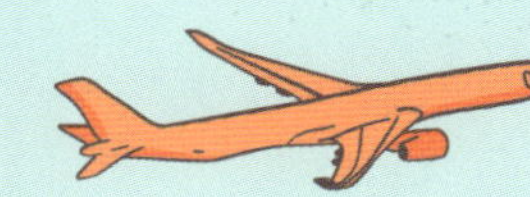

北极光
南极光

极光发生在地球两极附近，
如左图中绿色的部分所示。

绚烂的极光

极光是一种闪烁的彩色光，有时会出现在夜空中。极光主要发生在地球极北和极南的地区。在北半球，这些美丽的景象被称为北极光（如图所示）。在南半球，它们则被称为南极光。当来自太阳的高能带电粒子与地球大气层热层中的分子或原子碰撞时，就会产生极光。

多云的天空

当看不见的水蒸气变成微小的水滴或冰晶时，就形成了云。水滴、冰晶或是两者的混合物以云的形式飘浮在空中，直到它们变得足够大、足够重，就会以雨、雪或冰雹的形式落到地面上。这里展示了 10 种常见的云，每种云一般会在天空中的特定高度出现。

海拔高度
米

12,000

高

9,000

6,000

中

3,000

低

0

飞机尾迹是飞机引擎排出的湿热气体与高空中的冷空气混合后，水蒸气凝结形成的线状云。这种尾迹云主要由微小的冰晶构成。

卷层云
没有雨或雪从这类云中落下。

高层云
这类云有时会降小雨或小雪。

高积云
厚的高积云有时会降小雨或小雪。

积云
这类云偶尔出现阵雨或阵雪。

层云
层云变厚，可能出现毛毛雨或雪。

在天空中，凝结的水形成云；靠近地面的地方，凝结的水形成雾。

水循环

水以不同的形态，在地球上不断地循环运动，这一过程被称为水循环。太阳加热地球表面的水，使水蒸发成为水蒸气。当水蒸气冷却并凝结时，就会形成云，随后以雨、雪或冰雹的形式落回地球表面。由于重力的作用，水在河流中和地表下向更低的方向流动，最终重新回到海洋，准备再次开始这一循环。人类活动也会影响水循环，比如我们建造水坝和在家庭、社区中用水。

凝结
蒸发
雨、雪、冰雹
水在地下流动
卷云
这类云形成的雨或
雪不会落到地面。
卷积云
同卷云类似，这类云形成的
雨或雪也不会落到地面。
积雨云
这类云常产生
大雨或冰雹。
雨层云
这类云常产生持续
性的降雨或降雪。
层积云
层积云较厚时，常
出现小雨或小雪。

极致地球

从炽热的沙漠到冻结的冰川，从高耸的山脉到如渊的海沟，地球是一颗充满极致景观的星球。这张地图用不同颜色呈现了多年测量的平均地表温度，并标注了分布于各大洲的特殊地貌和极端天气纪录。

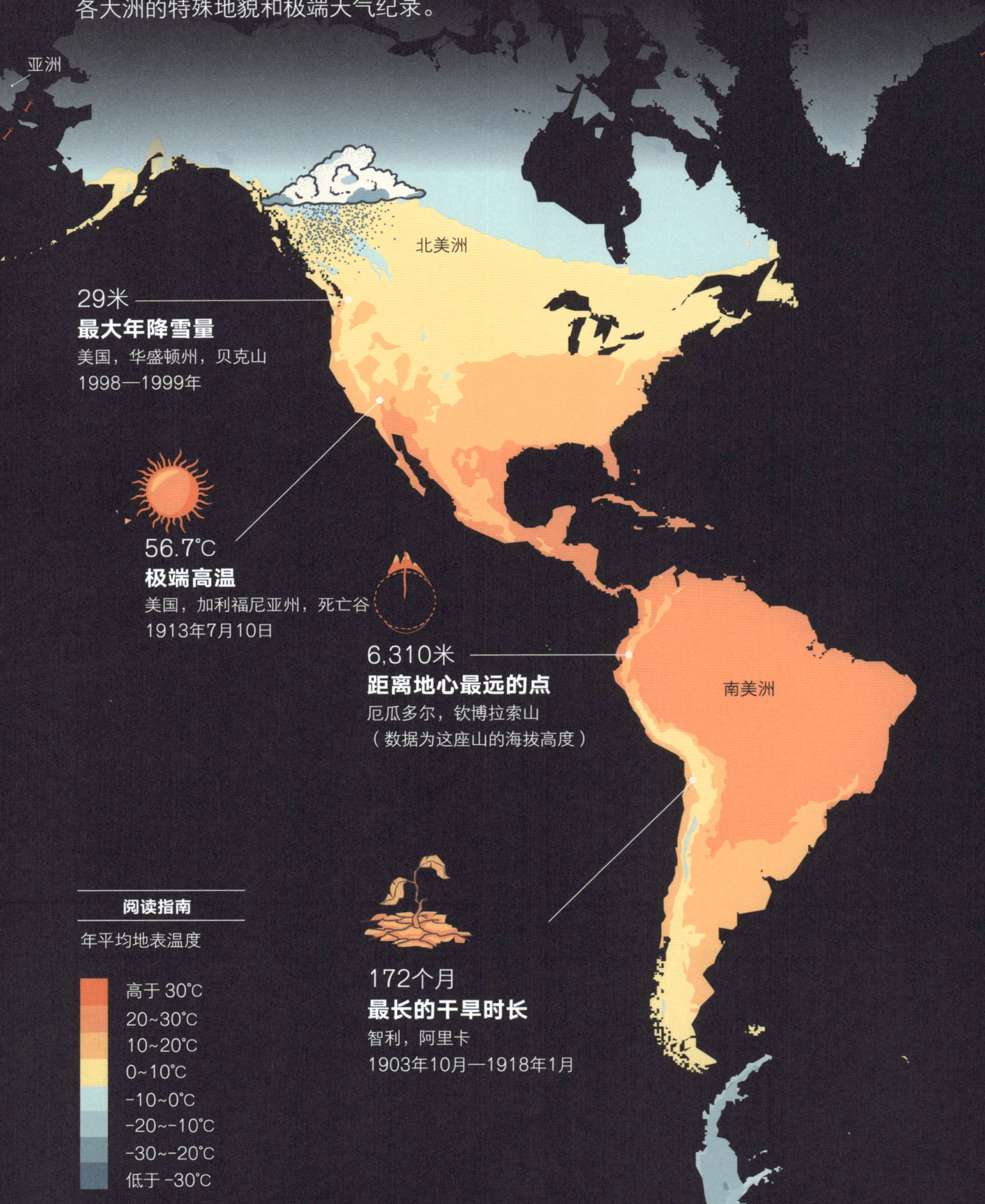

亚洲
北美洲
南美洲
29米
最大年降雪量
美国，华盛顿州，贝克山
1998—1999年
56.7℃
极端高温
美国，加利福尼亚州，死亡谷
1913年7月10日
6,310米
距离地心最远的点
厄瓜多尔，钦博拉索山
（数据为这座山的海拔高度）
172个月
最长的干旱时长
智利，阿里卡
1903年10月—1918年1月
阅读指南
年平均地表温度
高于 30℃
20~30℃
10~20℃
0~10℃
-10~0℃
-20~-10℃
-30~-20℃
低于 -30℃

翻到第 172 页，找一找哪些生物可以在地球的极端环境中生存。
8,848.86米
海拔最高点
中国和尼泊尔，珠穆朗玛峰
欧洲
亚洲
1.02千克
最重的冰雹
孟加拉国，
戈巴尔甘杰
1986年4月14日
-11,034米
海底最深处
太平洋，
马里亚纳海沟，
挑战者深渊
非洲
2,493毫米
48小时内最大降水量
印度，梅加拉亚邦，乞拉朋齐
1995年6月15日—16日
大洋洲
-89.2℃
极端低温
南极洲，东方站
1983年7月21日
南极洲

1 南极洲是一片布满冰雪的寒冷荒漠，年平均降水量（主要是雪）为50毫米。
南极洲
最高气温18.3℃
1
2
撒哈拉沙漠
最高气温58℃
被荒漠覆盖的地球陆地表面
炎热的荒漠
寒冷的荒漠

2 撒哈拉沙漠是一个布满沙子的炎热荒漠，年平均降水量为76毫米。

地球上最干旱的地方

提到荒漠，人们通常会想到炎热、布满沙子的地方，但地球上还有其他类型的荒漠。当一大片地区每年降水量少于 250 毫米时，它就可以被定义为荒漠。这意味着南极洲也是一片荒漠。地球上超过 20% 的陆地表面被荒漠覆盖。

闪电与雷声

闪电是在雷暴中产生的放电现象，雷声是由闪电引发的声音。但由于光传播的速度比声音快，所以我们会先看到闪电，再听到雷声。

闪电周围的空气温度
27,760℃
大约是太阳表面温度的5倍

平均宽度
2~3厘米
和你大拇指的宽度相近

惊人的速度
435,000千米/时
大约是大型喷气式飞机速度的500倍

闪电的平均长度
3.2~4.8千米
相当于5座摩天大楼的高度

强度
3亿伏特
一次闪电产生的能量可以烧开1,500壶水

频率
每秒钟50~100道闪电
在世界的某个地方照亮天空

极端的闪电

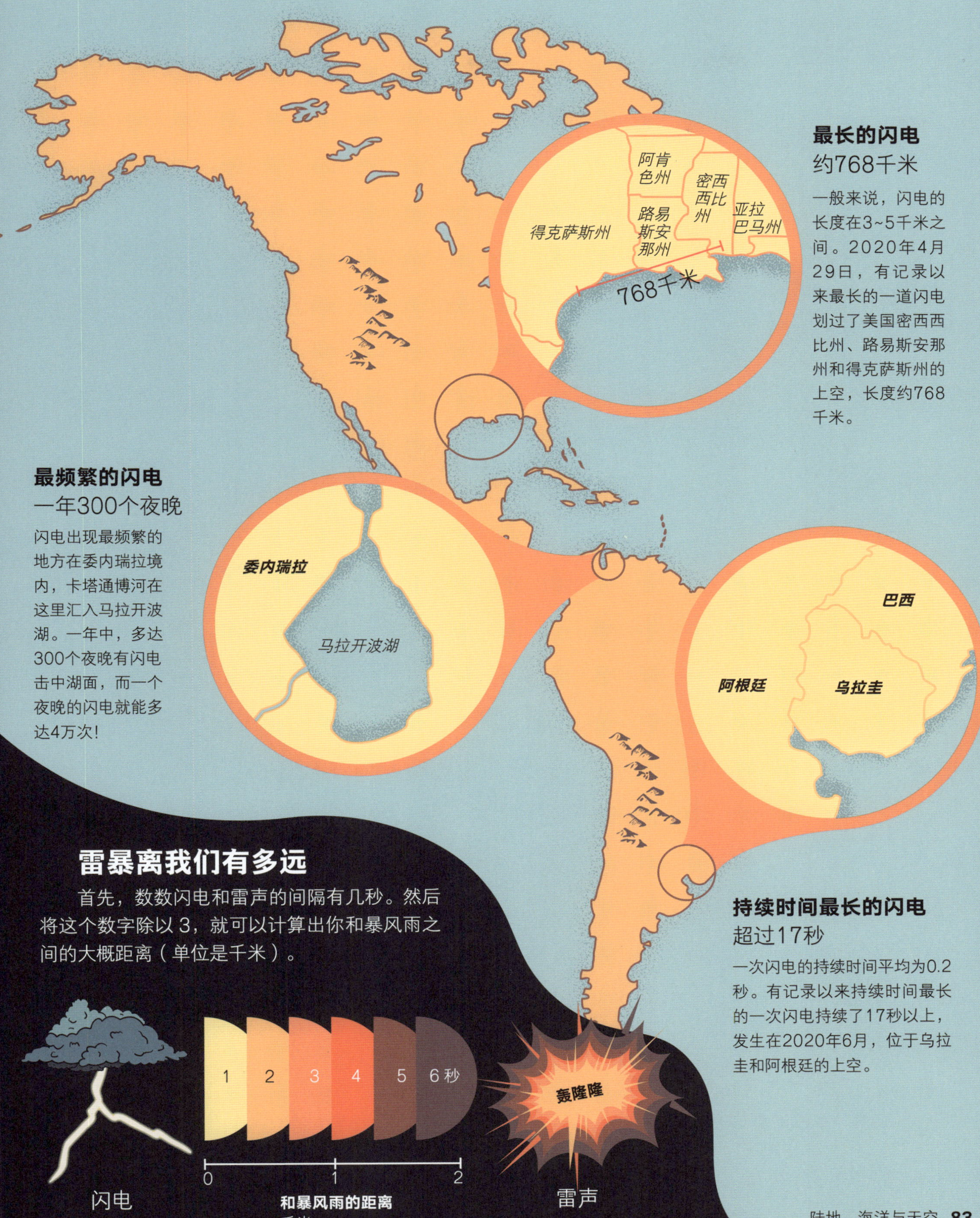

阿肯色州
密西西比州
亚拉巴马州
路易斯安那州
得克萨斯州
768千米
委内瑞拉
马拉开波湖
巴西
阿根廷
乌拉圭
1
2
3
4
5
6秒
轰隆隆
闪电
雷声
0
1
2
和暴风雨的距离
千米

最长的闪电

约768千米

一般来说，闪电的长度在3~5千米之间。2020年4月29日，有记录以来最长的一道闪电划过了美国密西西比州、路易斯安那州和得克萨斯州的上空，长度约768千米。

最频繁的闪电

一年300个夜晚

闪电出现最频繁的地方在委内瑞拉境内，卡塔通博河在这里汇入马拉开波湖。一年中，多达300个夜晚有闪电击中湖面，而一个夜晚的闪电就能多达4万次!

持续时间最长的闪电

超过17秒

一次闪电的持续时间平均为0.2秒。有记录以来持续时间最长的一次闪电持续了17秒以上，发生在2020年6月，位于乌拉圭和阿根廷的上空。

雷暴离我们有多远

首先，数数闪电和雷声的间隔有几秒。然后将这个数字除以3，就可以计算出你和暴风雨之间的大概距离（单位是千米）。

“看得见”的风

风是因气压差异而产生的空气运动。在高压地区，空气较重；在低压地区，空气较轻（见第 73 页）。风就是空气从高压区域向低压区域的流动。风的运动产生了我们在这张地图上看到的波动和涟漪。这是 2017 年 9 月间一个大风天的气象云图快照，当天有多个飓风出现。正如我们从地图上看到的，飓风在海洋上空越变越强，在陆地上空则越变越弱。

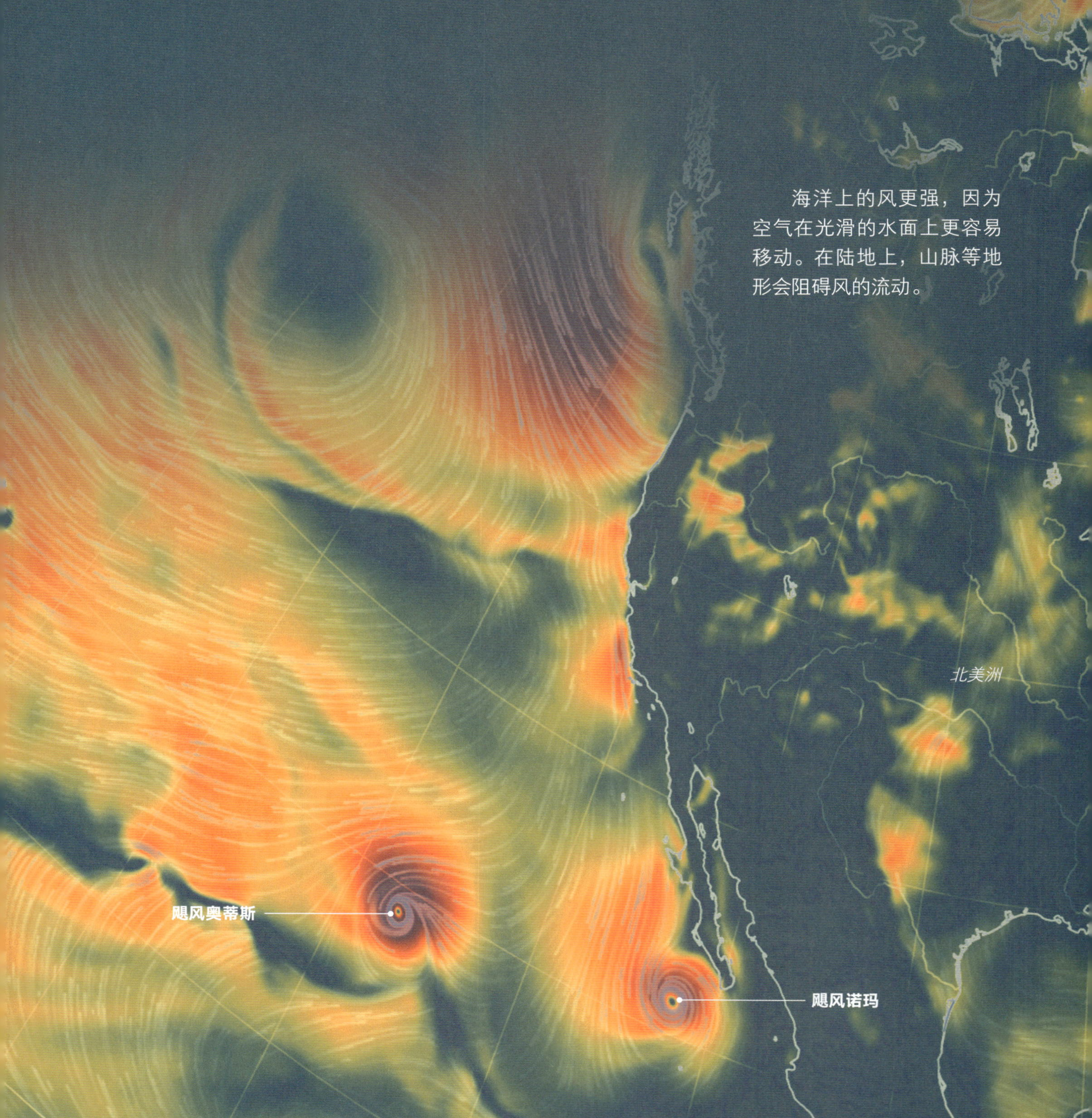

海洋上的风更强，因为空气在光滑的水面上更容易移动。在陆地上，山脉等地形会阻碍风的流动。

北美洲

飓风奥蒂斯

飓风诺玛

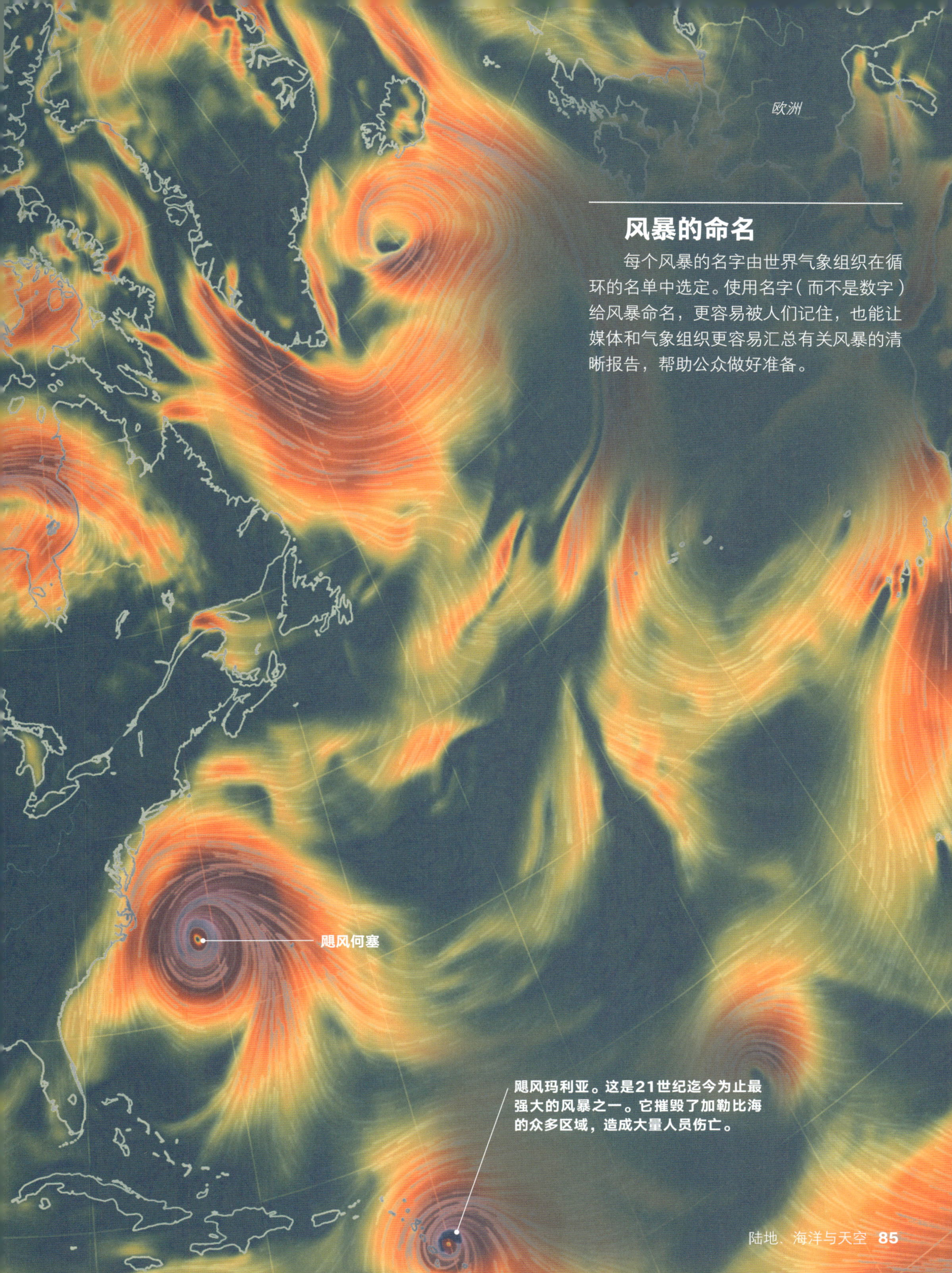

欧洲
飓风何塞
飓风玛利亚。这是21世纪迄今为止最强大的风暴之一。它摧毁了加勒比海的众多区域，造成大量人员伤亡。

风暴的命名

每个风暴的名字由世界气象组织在循环的名单中选定。使用名字（而不是数字）给风暴命名，更容易被人们记住，也能让媒体和气象组织更容易汇总有关风暴的清晰报告，帮助公众做好准备。

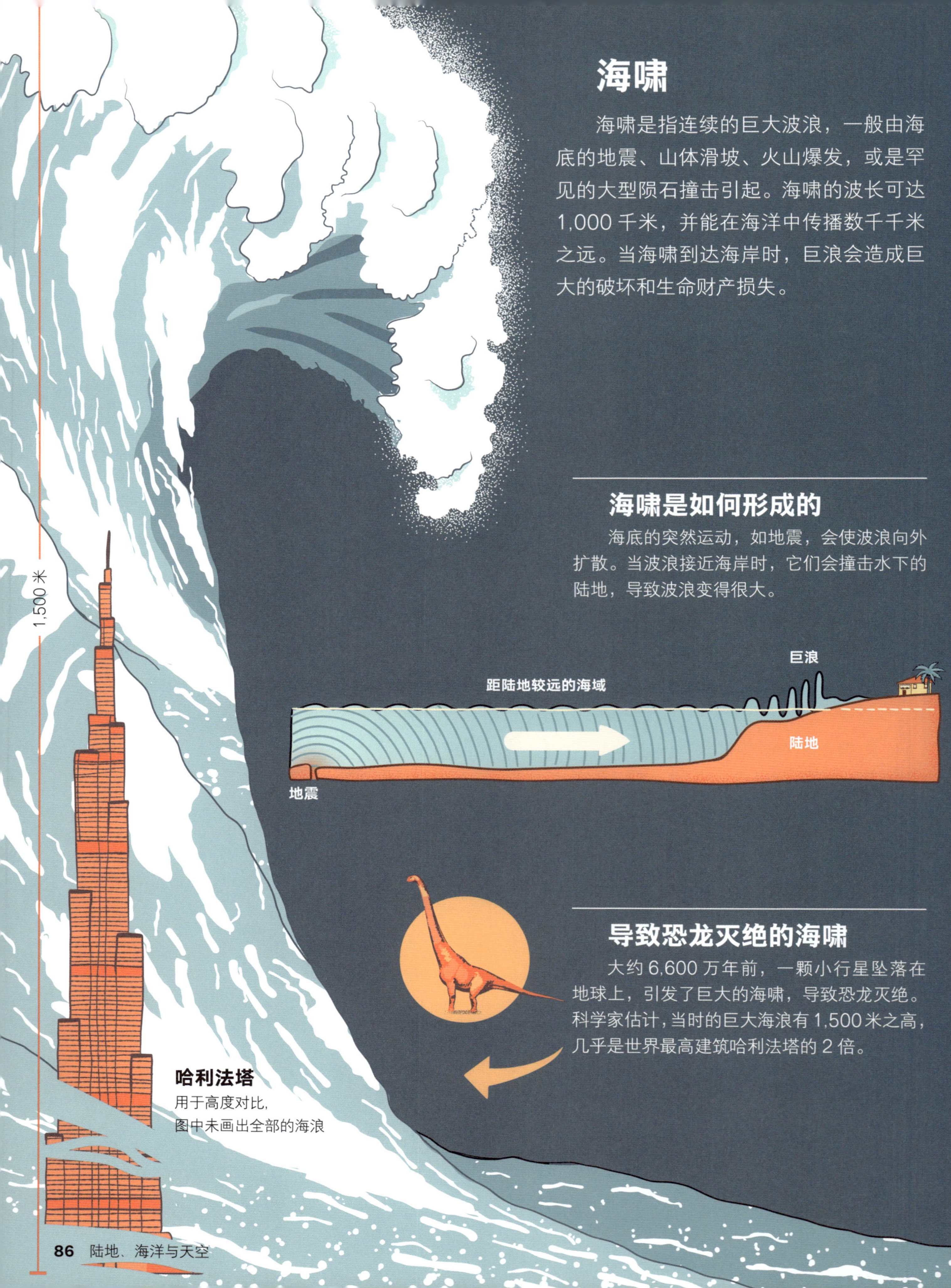
1,500 米
距陆地较远的海域
巨浪
陆地
地震

海啸

海啸是指连续的巨大波浪，一般由海底的地震、山体滑坡、火山爆发，或是罕见的大型陨石撞击引起。海啸的波长可达 1,000 千米，并能在海洋中传播数千千米之远。当海啸到达海岸时，巨浪会造成巨大的破坏和生命财产损失。

海啸是如何形成的

海底的突然运动，如地震，会使波浪向外扩散。当波浪接近海岸时，它们会撞击水下的陆地，导致波浪变得很大。

导致恐龙灭绝的海啸

大约 6,600 万年前，一颗小行星坠落在地球上，引发了巨大的海啸，导致恐龙灭绝。科学家估计，当时的巨大海浪有 1,500 米之高，几乎是世界最高建筑哈利法塔的 2 倍。

哈利法塔

用于高度对比，图中未画出全部的海浪

过去 200 年里最大的海啸

海啸造成的破坏程度，更多地取决于它所袭击的地区，而不是波浪的大小。下方这 5 个按比例绘制的波浪，很好地说明了这一事实。

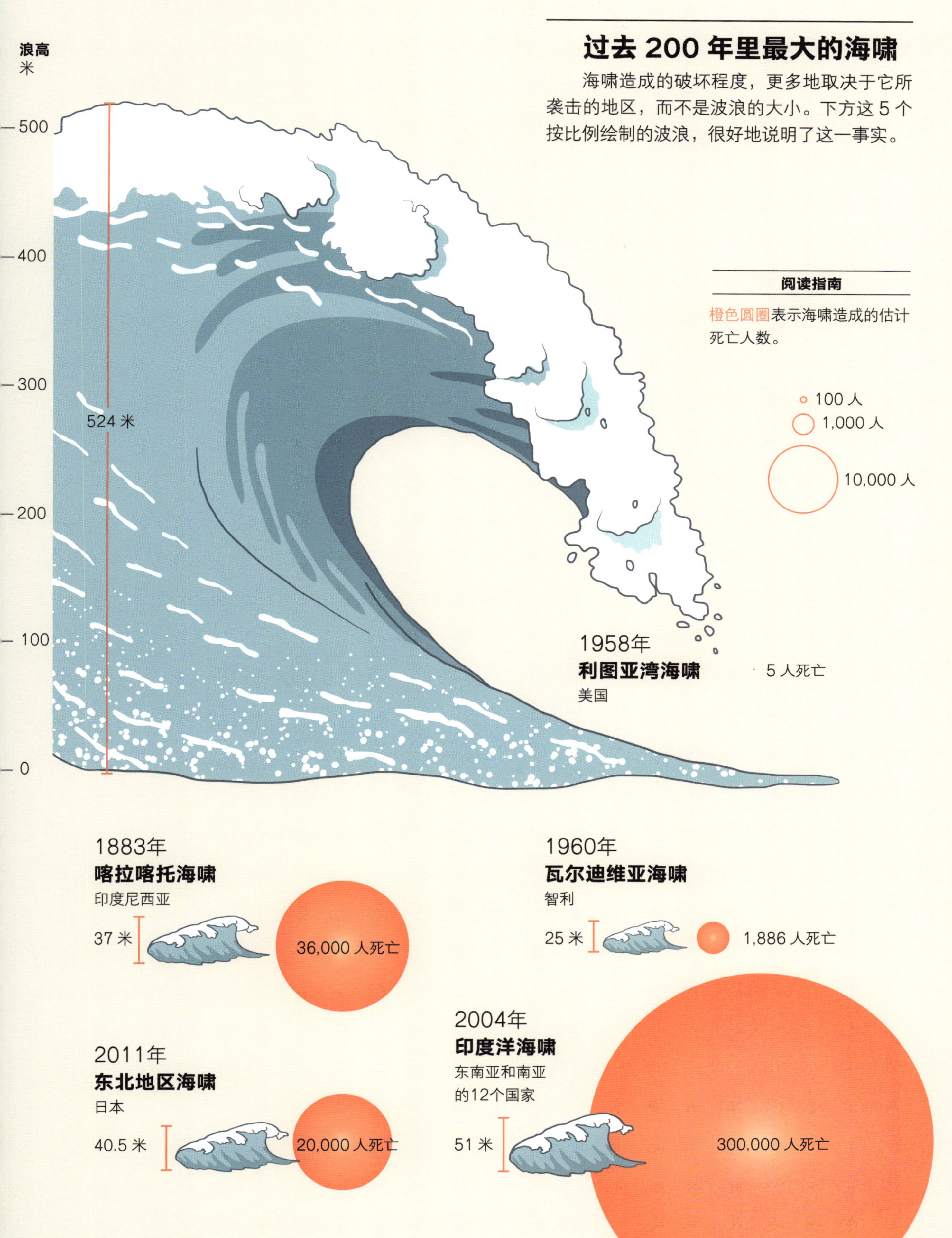

浪高
米
500
400
300
200
100
0
524 米
阅读指南
橙色圆圈表示海啸造成的估计死亡人数。
100 人
1,000 人
10,000 人
1958年
利图亚湾海啸
美国
5 人死亡
1883年
喀拉喀托海啸
印度尼西亚
37 米
36,000 人死亡
1960年
瓦尔迪维亚海啸
智利
25 米
1,886 人死亡
2004年
印度洋海啸
东南亚和南亚
的12个国家
51 米
300,000 人死亡
2011年
东北地区海啸
日本
40.5 米
20,000 人死亡

地球最高点

地球上的最高点是珠穆朗玛峰。它位于尼泊尔和中国边界的喜马拉雅山脉之中，海拔 8,848.86 米，和很多飞机的飞行高度几乎一样。在这张信息图中，你可以比较地球上一些最高的自然景观、人工建筑和生物。

137米

胡夫金字塔

位于埃及吉萨的胡夫金字塔，是为埃及法老建造的陵墓。这是世界上最高的金字塔。

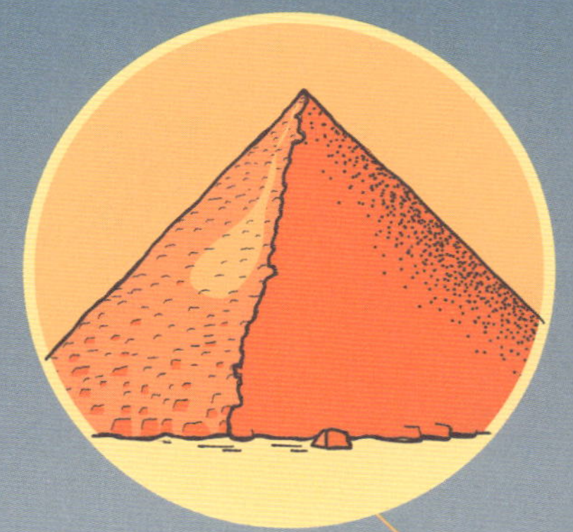

828米

哈利法塔

这座位于阿联酋迪拜的摩天大楼，是世界上最高的建筑。

324米

埃菲尔铁塔

位于法国巴黎的埃菲尔铁塔是古斯塔夫 · 埃菲尔为1889年世界博览会而建造的。从1889年到1929年间，埃菲尔铁塔一直是世界上最高的建筑。

116.1米

“亥伯龙神”红杉树

这是世界上现存最高的树。

17米

波塞东龙

波塞东龙是目前已知最高的恐龙。

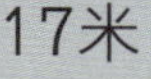

5.5米

长颈鹿

长颈鹿是世界上现存最高的陆地哺乳动物。

高度
米
12,000
10,000
8,000
6,000
4,000
2,000
0
接近12,500米
私人飞机
私人飞机比商用客机
飞得更高。
11,000米
大型商用客机
8,848.86米
珠穆朗玛峰
珠穆朗玛峰是世界上
海拔最高的山峰。
5,100米
拉林科纳达
秘鲁的拉林科纳达是世界上
海拔最高的城镇。数千人居
住在这一空气稀薄的地方，
以便于在附近的金矿工作。
4,205米
冒纳凯阿火山
这座休眠火山位于美国夏威
夷，名字意为“白山”。它
的大部分位于海平面以下，
如果从海底开始测量，它将
是地球上最高的山，甚至比
珠穆朗玛峰还高。
979米
安赫尔瀑布
位于委内瑞拉的安赫尔瀑布是
世界上落差最大的瀑布。

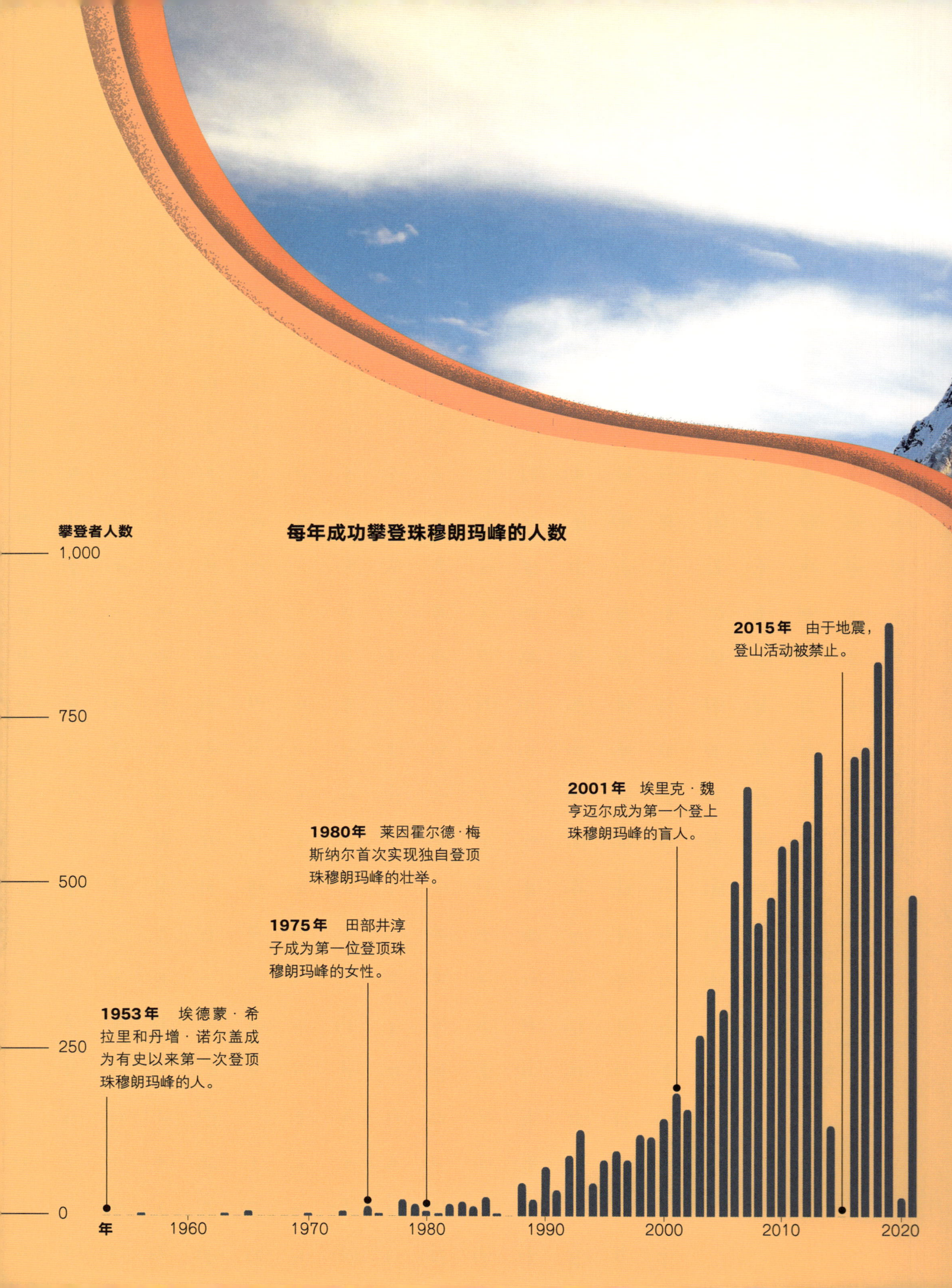

每年成功攀登珠穆朗玛峰的人数
攀登者人数
1,000
750
500
250
0
年
1960
1970
1980
1990
2000
2010
2020
1953年 埃德蒙 · 希拉里和丹增 · 诺尔盖成为有史以来第一次登顶珠穆朗玛峰的人。
1975年 田部井淳子成为第一位登顶珠穆朗玛峰的女性。
1980年 莱因霍尔德 · 梅斯纳尔首次实现独自登顶珠穆朗玛峰的壮举。
2001年 埃里克 · 魏亨迈尔成为第一个登上珠穆朗玛峰的盲人。
2015年 由于地震，登山活动被禁止。

珠穆朗玛峰

珠穆朗玛峰是喜马拉雅山脉的最高峰。喜马拉雅山脉位于亚洲南部，在 5,000 万~4,000 万年前，地球上的两个构造板块印度-澳大利亚板块和亚欧板块相互碰撞挤压，导致了山脉的持续抬升（见第 56 页）。喜马拉雅在梵语中的意思是“雪的居所”。

水深
米
0
-2,000
-4,000
-6,000
-8,000
-10,000
-900米
大王乌贼
最深栖息深度。
我们潜水员下潜的最深纪录是海平面以下332米！

钻探石油

石油储存在地表之下，人类开采地下或海底的石油作为燃料。世界上最深的油井位于墨西哥湾，是由一处浮式钻井平台钻探出来的。

-1,800米

鲸鲨

最深栖息深度。

-3,840米

泰坦尼克号沉船

1912年4月15日，豪华客轮泰坦尼克号在北大西洋距离纽芬兰海岸740千米处与一座冰山相撞后沉没。1985年，泰坦尼克号沉船被发现。

深水世界

科学家根据距离海洋表面的远近，将海洋划分为不同的分层。地球表面的最深处位于太平洋的马里亚纳海沟。马里亚纳海沟底部低于海平面的距离，比珠穆朗玛峰峰顶高出海平面的距离还要大。这里将展示一些在深海中发现的非同寻常的事物。

-10,685米

石油

挑战者号

1872年至1876年，英国皇家海军挑战者号进行了为期三年半的环球航行，并从科学的角度给数以千计新发现的海洋物种命名。船上的科学家通过沉下系在长绳上的铅坠和科学仪器，探测并测量海底的深度。

挑战者二号

1951年，英国皇家海军挑战者二号上的科学家发现了马里亚纳海沟，这是海洋中已知的最深点。他们用超声波测深仪测量了海沟的深度。这种测深仪发出的声波到达海底后，经过反射再返回到船上。返回声波的形状和频率可以告诉科学家海底距离海面有多远。

-1,000米

阳光能到达的深度。

透光带

无光带

深海带

海沟

声波

铅坠

-2,992米

柯氏喙鲸

哺乳动物的最深栖息深度。

-8,178米

马里亚纳狮子鱼

游得最深的鱼。

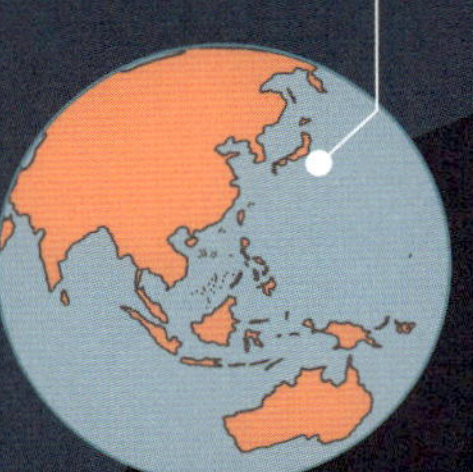
马里亚纳海沟

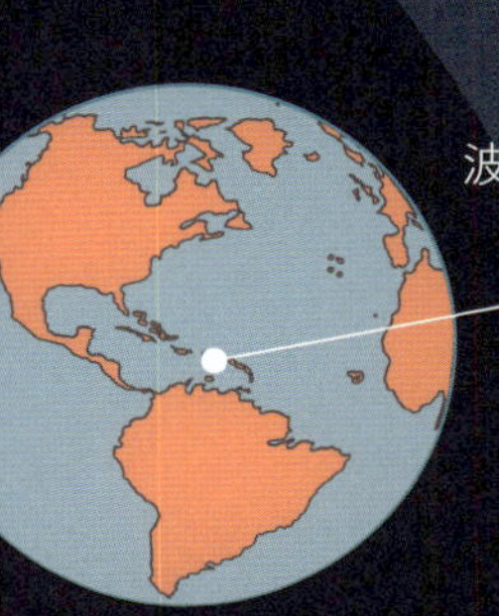
波多黎各海沟

-9,218米

波多黎各海沟

位于加勒比海波多黎各群岛海岸外，是大西洋的最深处。

-10,925米

载人船只的最深下潜纪录

2019年4月28日，维克多·维斯科沃驾驶潜水器“限制因子”潜入马里亚纳海沟深处。

-11,034米

马里亚纳海沟

位于西太平洋，是地壳上一道深深的新月形“疤痕”。它长2,550多千米，宽约70千米。它的最深处被称为挑战者深渊。

与专家面对面

克里斯托弗·杰克逊(Christopher Jackson)
地质学家

你是什么时候知道自己想研究地球科学的?

多年来,我逐渐意识到地球科学不仅令人着迷,还非常重要。地球上的岩石保存着我们星球的过去以及地质时期气候变化的线索。研究这些岩石,将帮助我们更好地了解今天的气候变化。

关于地球,你最喜欢的小知识是什么?

那就是地球不是一个完美的球体!它的两极略微扁一些。

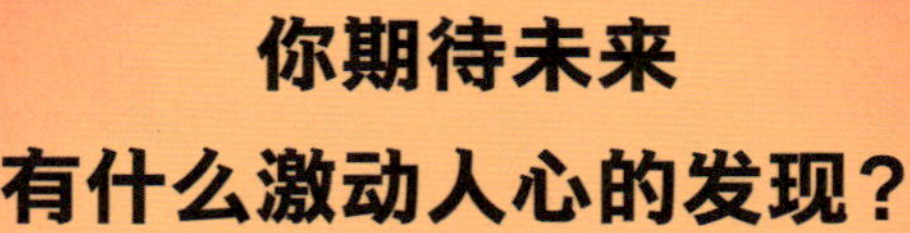

你期待未来有什么激动人心的发现?

我真心希望我们能把地质知识、工程技术和社会公平正义的信念结合起来,共同应对气候危机,为所有人提供安全、廉价、可靠的能源。

工作中,你觉得最棒的是什么?

我可以利用地球科学的知识,来研究如何在地球深处永久储存核废料和二氧化碳等有害物质,以及如何储存和回收地热和氢气等有用的资源。

寻宝游戏

你能在本章中找到以下问题的答案吗？翻到第 306 页，看看你的答案是否正确！

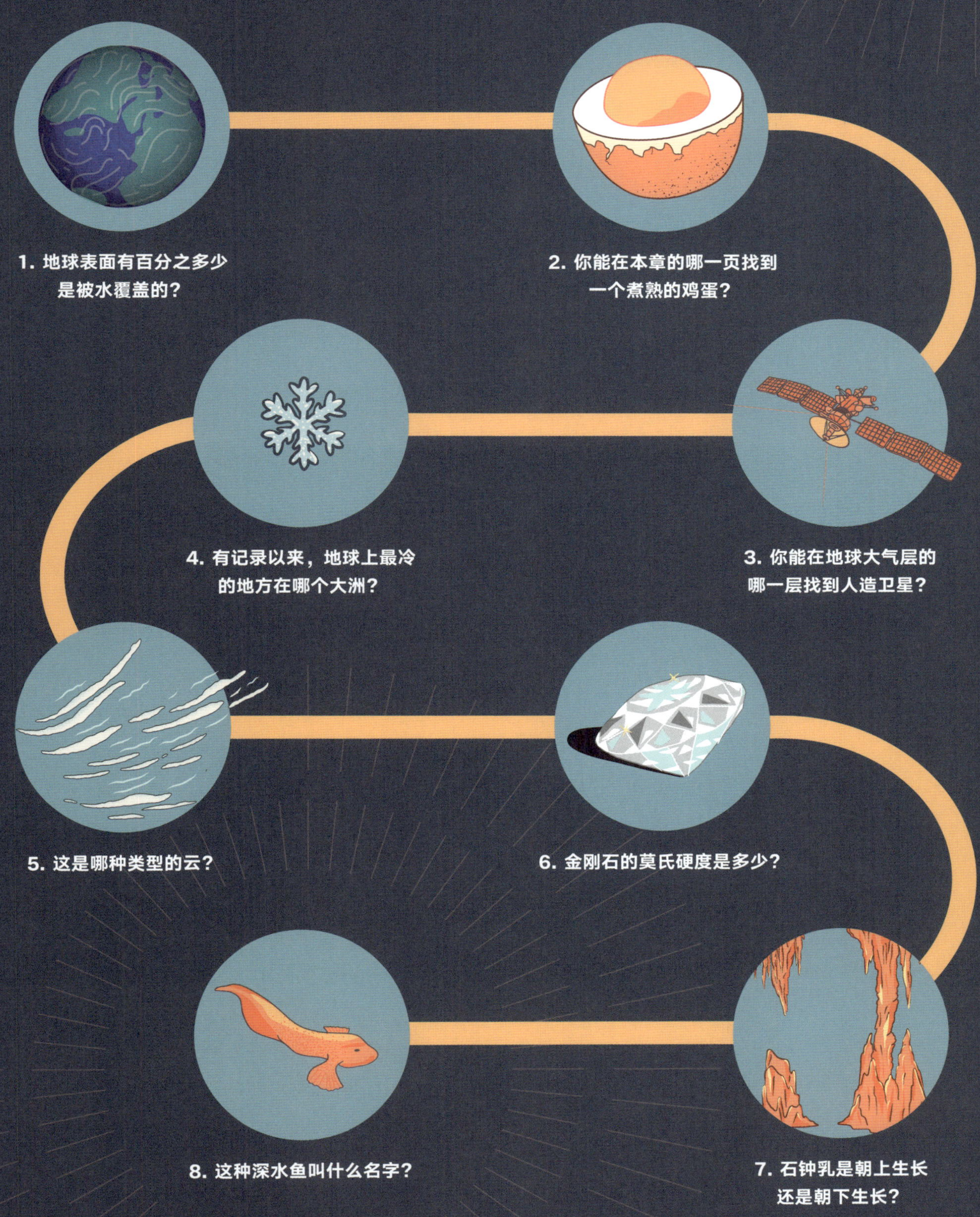

1. 地球表面有百分之多少是被水覆盖的？
2. 你能在本章的哪一页找到一个煮熟的鸡蛋？
3. 你能在地球大气层的哪一层找到人造卫星？
4. 有记录以来，地球上最冷的地方在哪个大洲？
5. 这是哪种类型的云？
6. 金刚石的莫氏硬度是多少？
7. 石钟乳是朝上生长还是朝下生长？
8. 这种深水鱼叫什么名字？

第3章

生态星球

生存与灭绝

地球上的生命起源于大约37亿至35亿年前，最初仅为简单的单细胞微生物。之后的20亿年中，复杂的多细胞生命开始崭露头角。又过了10亿年，首批植物和动物才开始进化。接下来的信息图将为你呈现出此后的历程：有的物种蓬勃发展，有的物种走向灭绝，同时也逐渐诞生新的物种。（如果你想立刻知道恐龙和人类是在何时登上历史舞台的，那就翻到第100~101页去查看吧！）

大陆的演变历程

自地球诞生以来，大陆的形状和位置一直在发生变化。

大灭绝

大灭绝是指地球上75%或更多的物种在短短几百万年间灭绝的历史时期。

物种灭绝的百分比

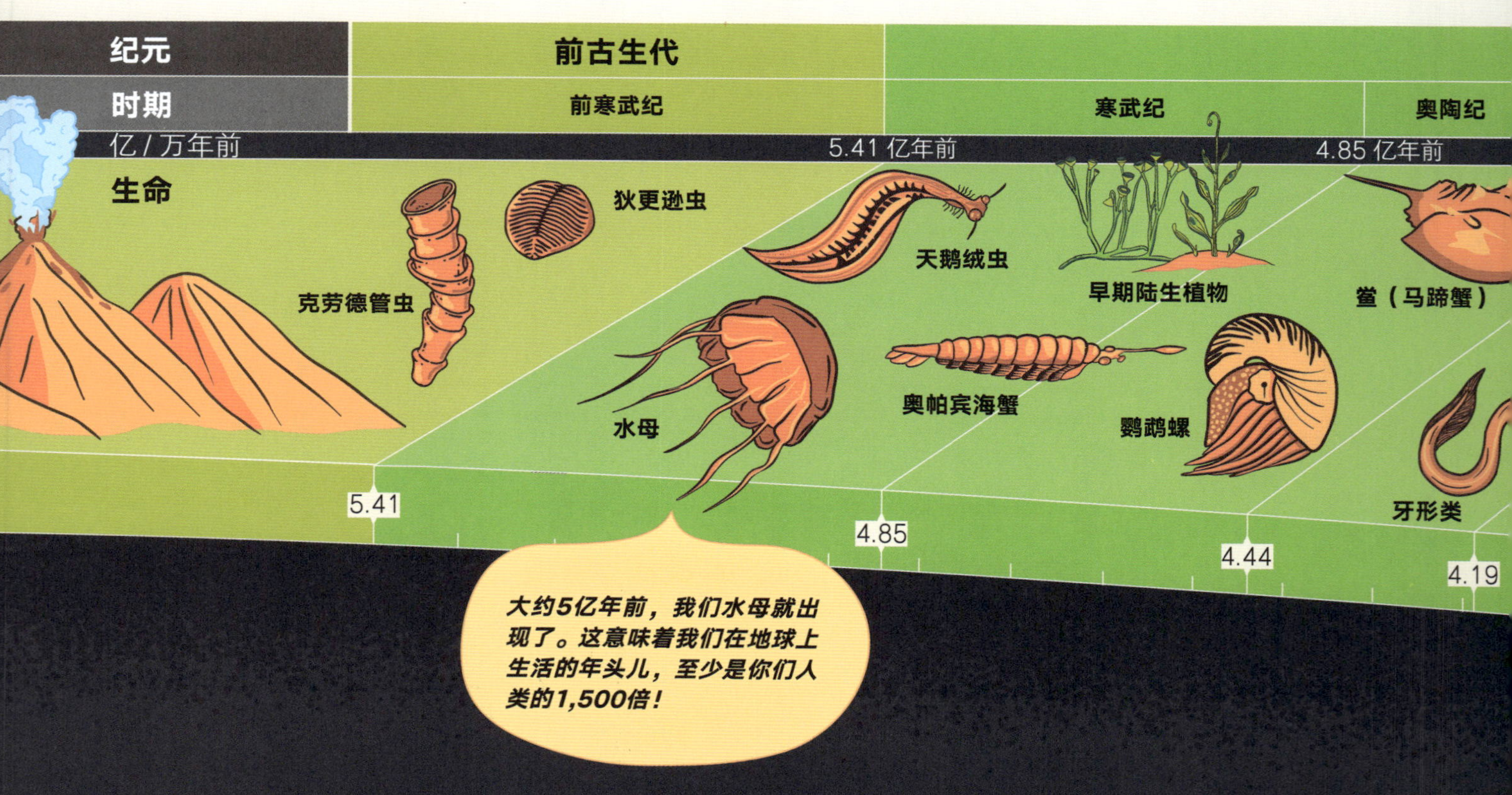

纪元
前古生代
时期
前寒武纪
寒武纪
奥陶纪
亿/万年前
5.41 亿年前
4.85 亿年前
生命
狄更逊虫
克劳德管虫
天鹅绒虫
早期陆生植物
鲎（马蹄蟹）
奥帕宾海蟹
水母
鹦鹉螺
牙形类
5.41
4.85
4.44
4.19
大约5亿年前，我们水母就出现了。这意味着我们在地球上生活的年头儿，至少是你们人类的1,500倍！

翻到下一页，继续！

4.44亿年前

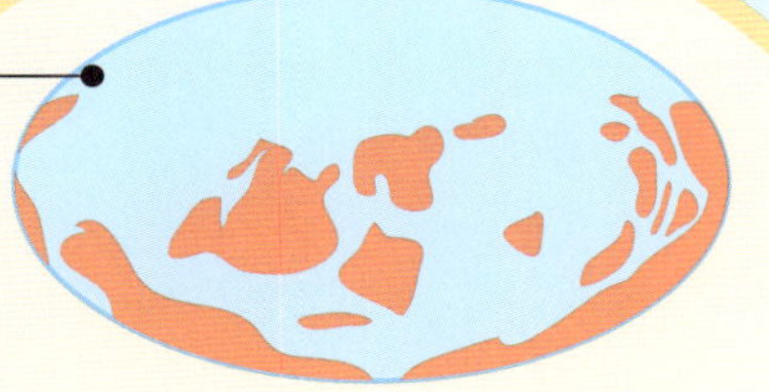

第一次大灭绝

奥陶纪大灭绝是由地球大幅度降温引发的。低温形成的巨大冰川导致海平面下降，紧随其后的则是一段时期的快速升温。

85%的物种灭绝

3.59亿年前

第二次大灭绝

泥盆纪大灭绝可能由多重环境因素引发，其中包括全球变暖和变冷。这些变化导致了海平面的波动，以及海水中氧含量的改变。

75%的物种灭绝

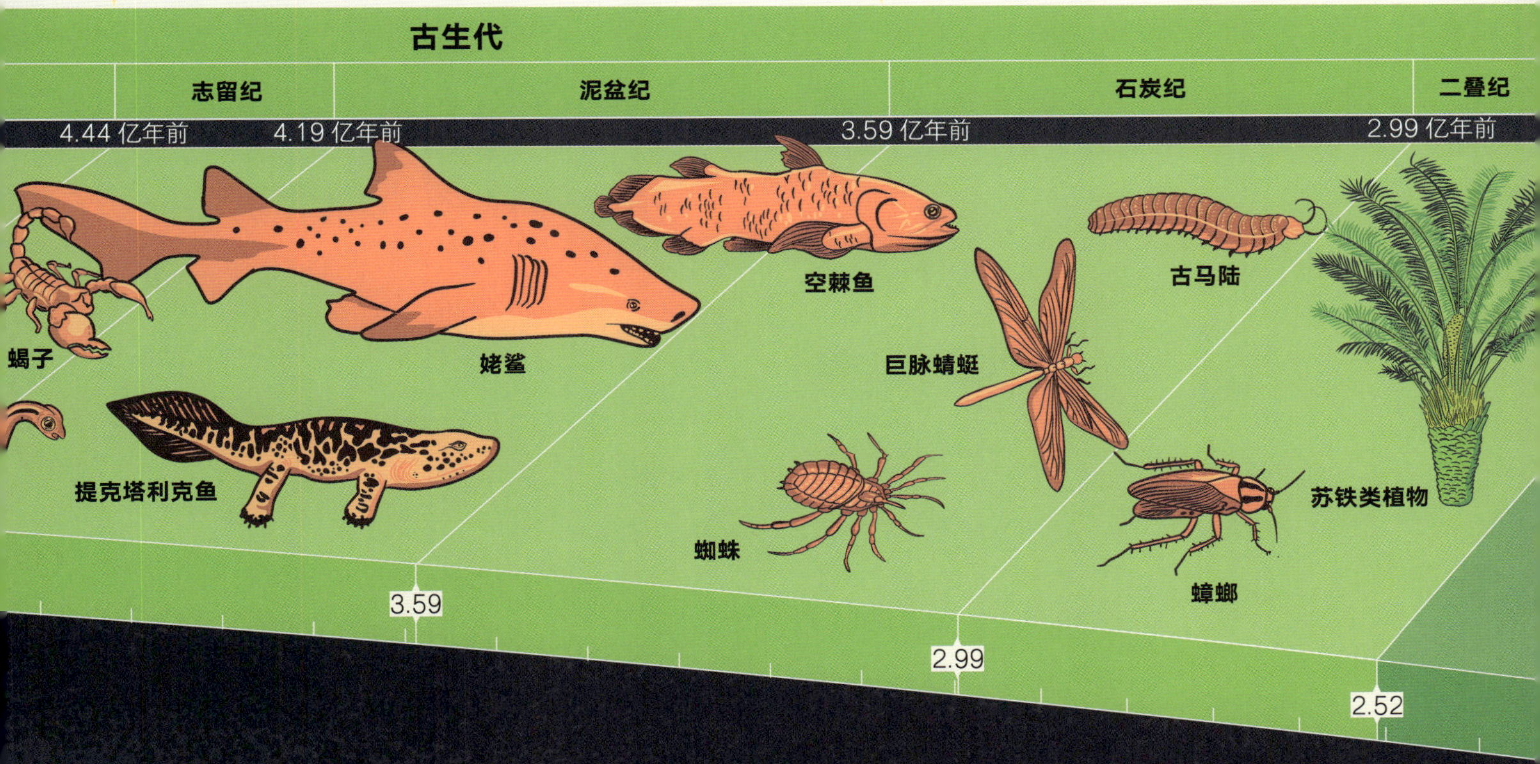

古生代

志留纪 泥盆纪 石炭纪 二叠纪

4.44 亿年前 4.19 亿年前 3.59 亿年前 2.99 亿年前

蝎子 姥鲨 空棘鱼 古马陆 巨脉蜻蜓 提克塔利克鱼 蜘蛛 蟑螂 苏铁类植物

3.59 2.99 2.52

2.52亿年前

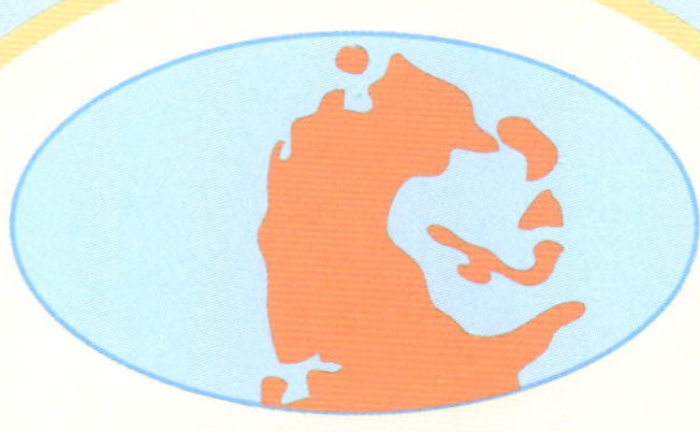

第三次大灭绝

二叠纪-三叠纪灭绝事件可能是地球生命史上最大的灾难。它可能是由大规模的火山爆发引发的。此次灭绝造成了96%的海洋物种和70%的陆地物种的消失。

90%的物种灭绝

2.01 亿年前

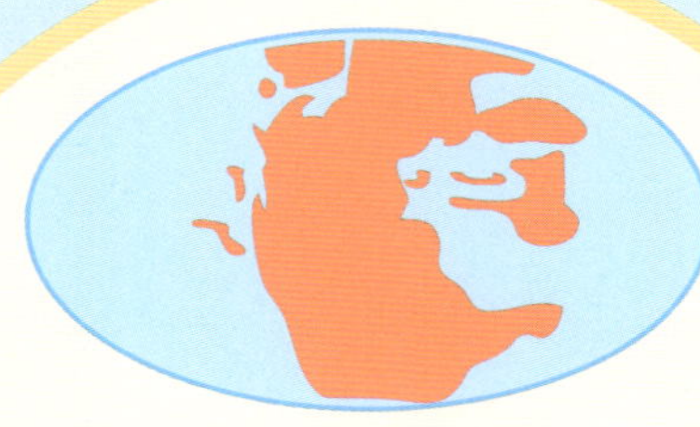

第四次大灭绝

三叠纪-侏罗纪灭绝事件持续了约1,800万年。此次灭绝是由全球气温上升和大气中二氧化碳含量增加引起的。

80%的物种灭绝

中生代

二叠纪 **三叠纪** **侏罗纪** **白垩纪**

2.52 亿年前 2.01 亿年前 1.45 亿年前

无齿龙
始盗龙
始祖鸟
蜜蜂
蛇
鳄鱼祖先
戈壁锥齿兽
辽宁古果

2.01 1.45

我和恐龙几乎是同时出现在地球上的！

6,600万年前

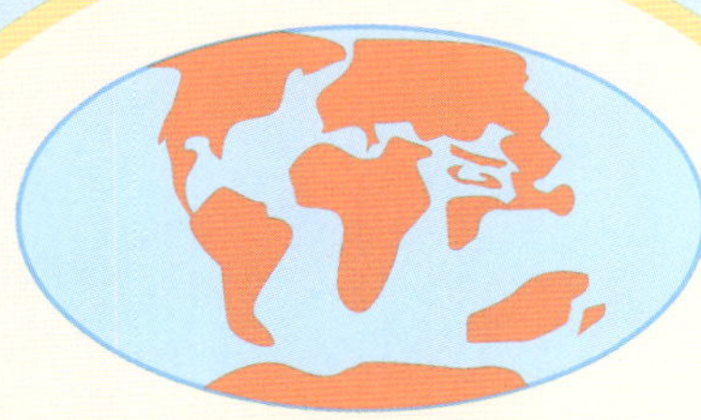

第五次大灭绝

白垩纪-古近纪灭绝事件主要是由一颗巨大的小行星撞击地球引起的。此次灭绝导致约76%的物种死亡，包括所有的恐龙（鸟类除外）。

76%的物种灭绝

新生代

古近纪 | 新近纪 | 第四纪

6,600 万年前　2,300 万年前

三角龙　始祖马　人类　北美剑齿虎　猪　普通爪兽

地球正在经历第六次大灭绝吗

在地球史上，物种灭绝是常态——事实上，在地球上生存过的物种中，超过99% 的物种都已经灭绝了。然而，因为人类的一些行为，如燃烧化石燃料和大规模砍伐森林，当前的物种灭绝速度远超自然进化的速度。现在，我们需要立刻采取行动来减缓这一趋势。

过去 500 年内已灭绝的物种示例	灭绝速度（与第五次大灭绝相比）
奇里基丑角蛙 	**两栖动物** 快了165倍
渡渡鸟 	**鸟类** 快了103倍
阿尔佩白鲑 	**硬骨鱼** 快了65倍
塔斯马尼亚虎（袋狼） 	**哺乳动物** 快了48倍
平塔岛象龟 	**爬行动物** 快了16倍

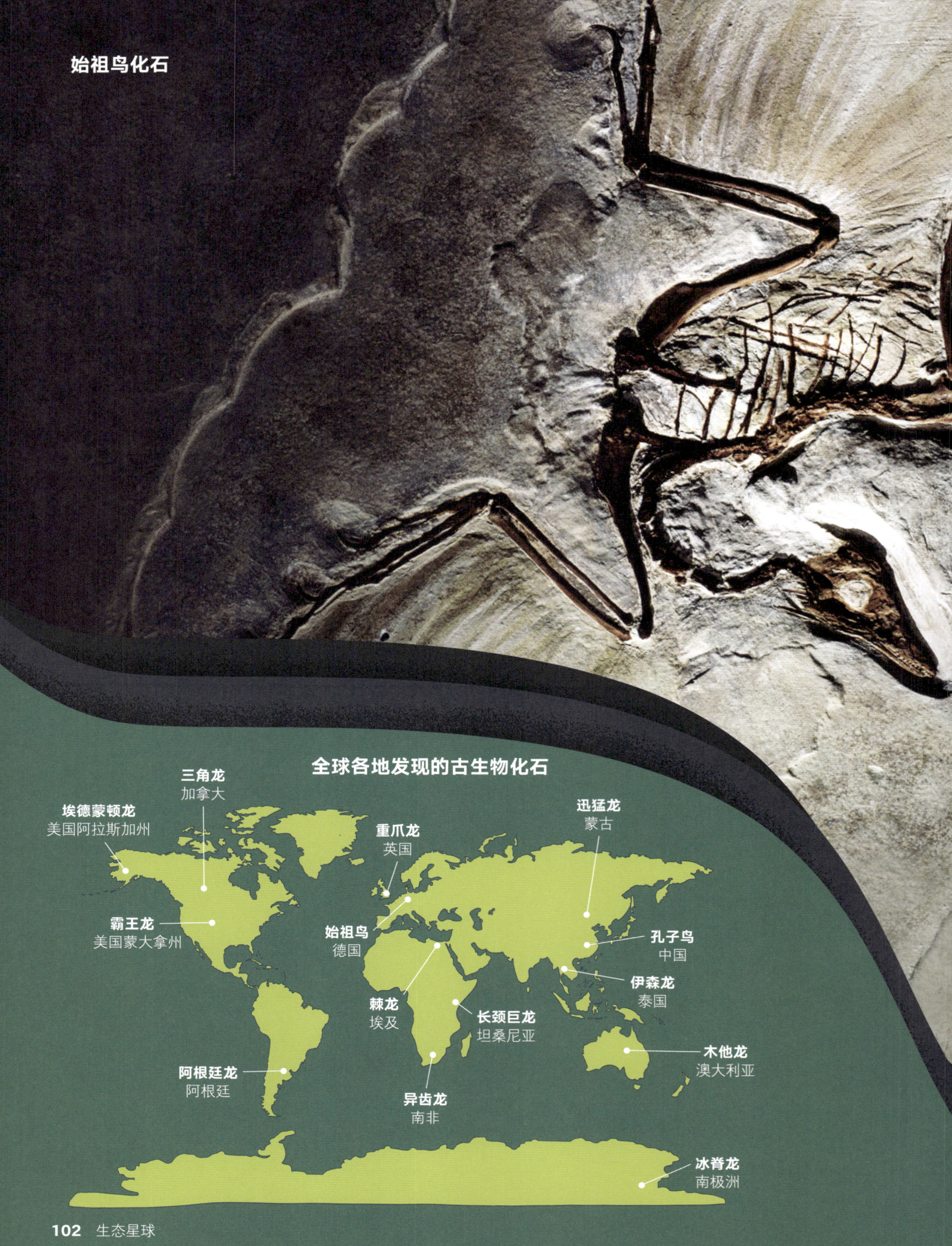
始祖鸟化石
全球各地发现的古生物化石
三角龙
加拿大
埃德蒙顿龙
美国阿拉斯加州
重爪龙
英国
迅猛龙
蒙古
霸王龙
美国蒙大拿州
始祖鸟
德国
孔子鸟
中国
伊森龙
泰国
棘龙
埃及
长颈巨龙
坦桑尼亚
木他龙
澳大利亚
阿根廷龙
阿根廷
异齿龙
南非
冰脊龙
南极洲

关于过去的“蛛丝马迹”

化石是指古生物的遗体、遗物或遗迹埋藏在地下变成的跟石头一样的东西。它们为科学家提供了关于已灭绝动物（如恐龙）的线索，包括生活地点、存在时期及生活习性。在全球七大洲，包括南极洲，都曾经发现过恐龙化石。

地球上的生命

这张信息图展示了地球上不同类别的生物。每片叶子都代表着这类生物中碳的总质量。

细菌
在土壤、岩石中以及海底有着大量的细菌。如果将所有细菌的质量加在一起，它们的总质量将是所有人类质量的1,167倍。
植物
地球上所有植物的总质量是所有人类质量的7,500倍。大部分植物的质量集中在树干、茎、根和叶子上。
真菌
真菌包括蕈菌、酵母菌和霉菌等，主要生长在土壤之中。
古菌
古菌是单细胞微生物，能够在地球上的极端环境中生存，如深海热泉。
原生生物
原生生物包括藻类、原生动物类和原生菌类。
动物
注：地球上所有生物体中都含有大约18%的碳，因此我们可以通过碳的总质量来比较不同类别生物的质量。
比例尺：
10亿吨碳
生物王国
病毒
病毒是指能够导致疾病的微生物。

陆生节肢动物
生活在陆地上的节肢动物，比如昆虫、蜘蛛和蝎子。

家禽和家畜
人类饲养的鸟类和哺乳动物，比如鸡和猪。

海洋节肢动物
海洋生物，比如螃蟹、龙虾和虾。

人类
就是我们！

鱼

野生哺乳动物

节肢动物
这类动物没有内骨骼或脊柱，但它们拥有坚硬的外壳，即外骨骼。

野生鸟类

脊椎动物
拥有脊柱（由脊椎组成）的动物。

软体动物
比如蜗牛。

当我们更仔细地观察动物类生命时，可以清楚地看到人类与其他动物的关系。爬行动物和两栖动物的碳总质量极小，因此无法在这里展现。

环节动物
比如蚯蚓和水蛭。

刺胞动物
比如水母、珊瑚及其他许多海洋生物。

线虫
像蠕虫一样的生物，比如蛔虫和钩虫，有时寄生在动物或植物中。

比例尺：
10亿吨碳

动物王国

大气中，大约2% 的氧气来自**其他物质**
大气中，大约28% 的氧气来自**森林**
大气中，70% 的氧气来自
海洋中的藻类

氧气从哪里来

几乎所有动物都需要氧气来生存。但大气中的氧气到底是从哪里来的呢？绝大部分氧气来自海洋中的微小植物——浮游植物（浮游藻类）。在进行光合作用时，它们会产生氧气（详见下一页）。浮游植物如此之多，以至于卫星都能从太空中捕捉到它们的多彩身影。

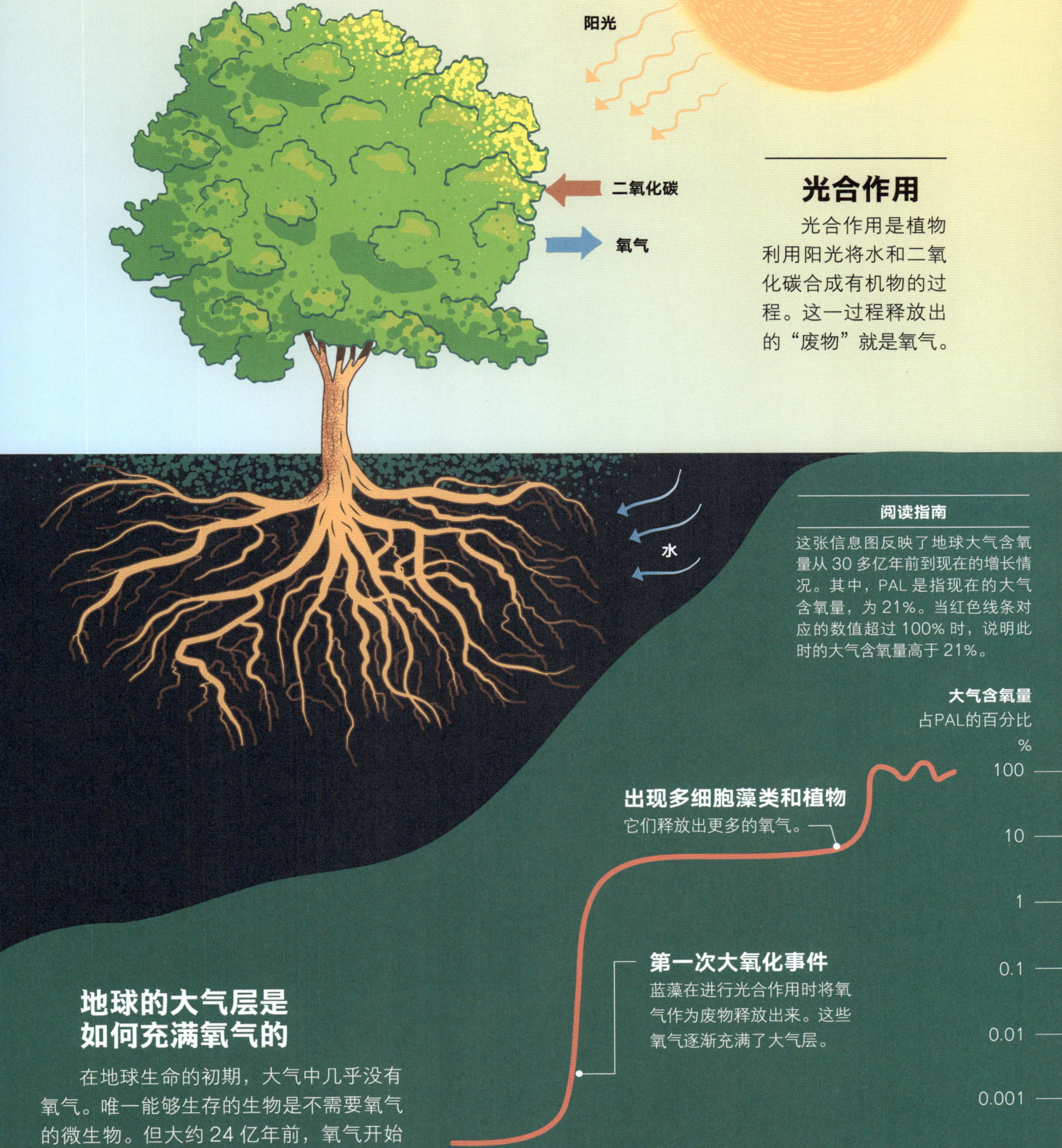
阳光
二氧化碳
氧气
水
大气含氧量
占PAL的百分比
%
100
10
1
0.1
0.01
0.001
0.0001
3
2
1
0
时间 10亿年前
出现多细胞藻类和植物
它们释放出更多的氧气。
第一次大氧化事件
蓝藻在进行光合作用时将氧气作为废物释放出来。这些氧气逐渐充满了大气层。

光合作用

光合作用是植物利用阳光将水和二氧化碳合成有机物的过程。这一过程释放出的“废物”就是氧气。

阅读指南

这张信息图反映了地球大气含氧量从30多亿年前到现在的增长情况。其中，PAL是指现在的大气含氧量，为21%。当红色线条对应的数值超过100%时，说明此时的大气含氧量高于21%。

地球的大气层是如何充满氧气的

在地球生命的初期，大气中几乎没有氧气。唯一能够生存的生物是不需要氧气的微生物。但大约24亿年前，氧气开始在大气中积聚，科学家认为这是由一种能够进行光合作用的细菌（如蓝藻）导致的。

巨大的树木

据科学家估测，地球上的树木超过 3 万亿棵。这意味着地球上的树木比银河系中的恒星还要多。这里列举了一些地球上长得最粗、最高的树。

世界上最粗的树

树的粗细是通过其直径来测量的。直径就是从树干的一侧，经过树的中心到达另一侧的直线长度。这里展示的树干是按比例绘制的。为了让你真实地感受到树干的周长（边缘的长度），这张信息图展示了每根树干需要多少个手拉手的孩子才能将其环抱住。

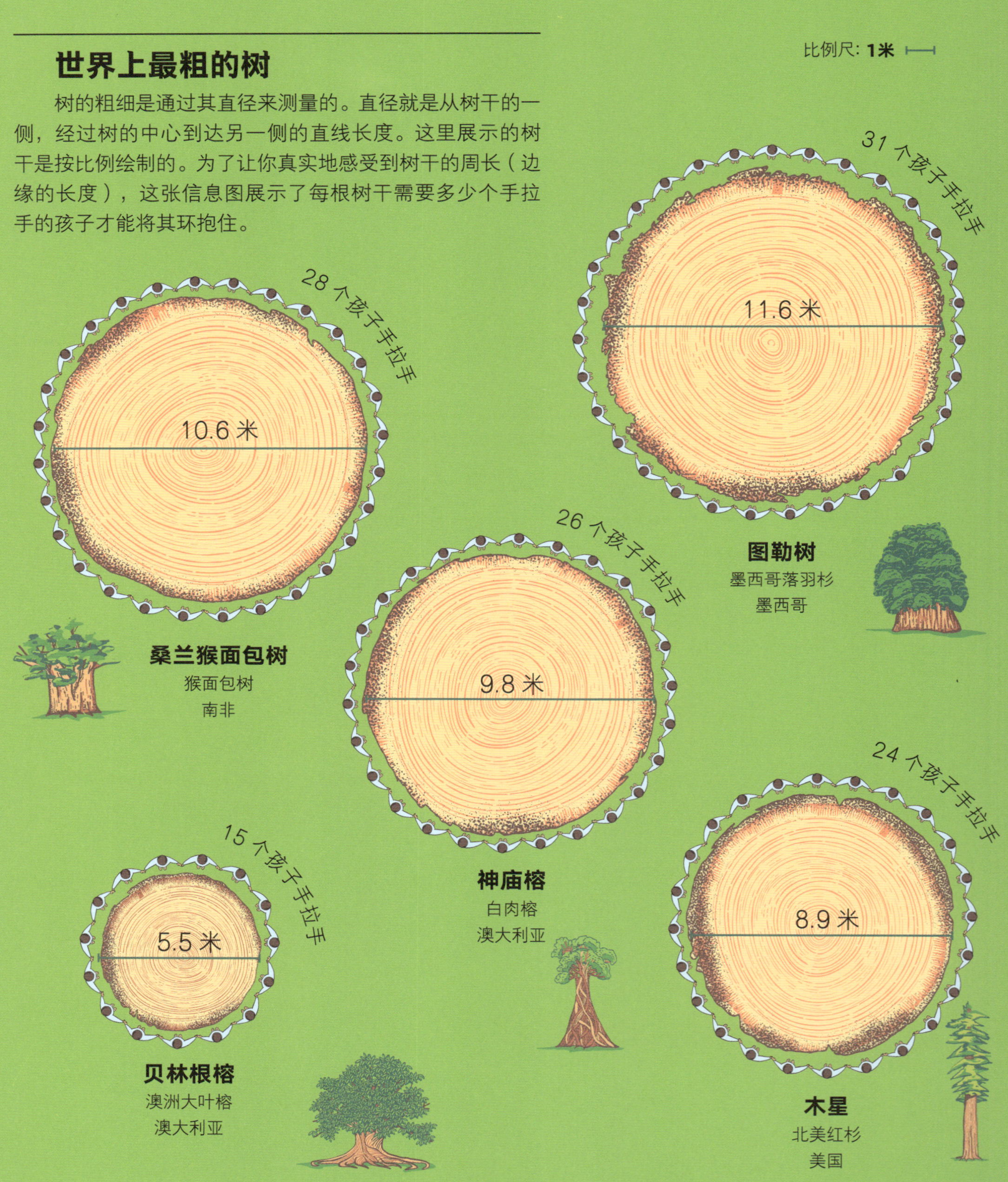
比例尺：1米
31 个孩子手拉手
11.6 米
图勒树
墨西哥落羽杉
墨西哥
28 个孩子手拉手
10.6 米
桑兰猴面包树
猴面包树
南非
26 个孩子手拉手
9.8 米
神庙榕
白肉榕
澳大利亚
15 个孩子手拉手
5.5 米
贝林根榕
澳洲大叶榕
澳大利亚
24 个孩子手拉手
8.9 米
木星
北美红杉
美国

世界上最高的树

世界上已知最高的树是一棵位于美国加利福尼亚州北部的北美红杉。这棵树在2006年被发现，名气越来越大，如今已经有了专属的昵称——亥伯龙神。为了保护它不受伤害，亥伯龙神的确切位置被严格保密。

高度
米
120
110
100
90
80
70
60
50
40
30
20
10
0
哎呀，看得我脖子疼。
亥伯龙神
北美红杉
美国
116.1米
梅纳拉
黄柳桉
马来西亚
100.8米
百夫长
杏仁桉
澳大利亚
100.5米
德尔纳杉
花旗松
美国
99.7米
乌鸦之塔
北美红杉
美国
96.7米

叶子大发现

就像观察雪花一样，当我们近距离观察一片叶子时，总能发现更多的细节。这是一份关于常见叶片特征及其辨识方法的指南。

叶形

观察叶子时，首先需要识别的是叶子的整体形状。以下是一些最常见的形状。

针形
形状如针

渐尖
顶端逐渐变尖

芒尖
带有刺状尖端

心形
形似心脏，裂缝中有叶柄

楔形
楔子状，底部较窄

三角形
近似三角形，底部平阔

指状
裂片像手指

椭圆形
近似椭圆形，尖端微小或无尖端

镰刀形
形状如钩子或镰刀

扇形
形状像扇子

戟形
近似三角形，底部有裂片

披针形
两端渐尖

线形
长条形，叶缘两侧平行

浅裂
边缘有深深的凹陷

倒心形
心形，叶柄位于尖端

倒卵形
卵形，底部较窄

钝形
尖端较钝

圆形
近似圆形

卵形
形似鸡蛋，底部较宽

掌状
像有手指的手

鸟足状
掌状，但有凹缺的裂片

羽状全裂
两侧有羽毛状的裂片

肾形
形似肾脏

菱形
近似菱形

匙形
形似汤匙

矛形
形状如矛

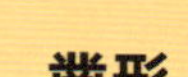
凿形
尖端渐窄，长而细

截形
顶端呈切平状

叶缘

叶子的边缘叫作叶缘。叶缘可能是平滑的，也可能是波浪形的或锯齿状的。

去附近的花园或公园找一片叶子，看看它的叶缘是什么样的吧！

毛缘
带有细小的毛发

圆锯齿状
边缘有圆形的小齿

齿状
边缘有对称的齿

小齿状
边缘有微小的齿

重锯齿状
边缘有不同大小的齿

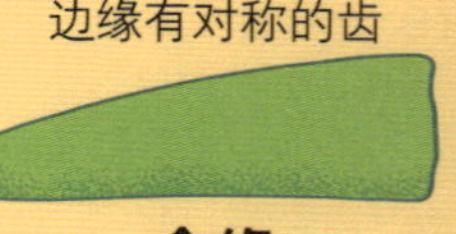
全缘
边缘平滑，没有齿或凹痕

浅裂
边缘有大的圆形凹陷

锯齿状
边缘有较大的齿

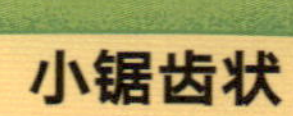
小锯齿状
边缘有较小的齿

微波状
边缘有波浪般的凹痕

尖刺状
带有尖锐、坚硬的刺

波皱状
边缘如波浪般起伏

叶脉

植物内部的叶脉就像我们体内的血管，负责向叶片输送水分和养料。除此之外，它们也起到支撑叶片的作用，使叶子有了一定的形状。叶脉在叶片中的分布样式被称为叶子的脉序。

弧形脉

羽状网脉

叉状脉

纵脉

掌状脉

平行脉

侧出平行脉

网状脉

辐状网脉

叶序

叶子在茎上的排列方式叫作叶序。在一些植物中，大的叶片是由一系列叫“小叶”的较小叶片组成的。

二回羽状复叶
小叶在两侧成对排列

对生
相邻的小叶成对排列

轮生
3片或更多的小叶成环状排列

三回羽状复叶
多组3片小叶

奇数羽状
小叶沿两侧排列，末端有一个小叶

偶数羽状
小叶沿两侧排列，末端有一对小叶

三出复叶
由3片小叶构成

单身复叶
只有一片叶子

互生
小叶交替排列

花儿的力量

大部分的开花植物都依赖动物传粉帮助它们繁殖。蜜蜂、黄蜂、苍蝇、飞蛾、蝴蝶，甚至一些蜥蜴、蝙蝠和狐猴，都是传粉者。它们会吸食花朵香甜的花蜜，并在这个过程中将尘埃般微小的花粉从一朵花带到另一朵花。这个过程叫授粉，对植物长出新种子至关重要。

授粉是怎样开始的

花朵的主要组成部分是雄蕊和雌蕊。蜜蜂等传粉者会将花粉从一朵花的雄蕊带到另一朵花雌蕊的柱头上，花朵经过传粉受精后产生种子。

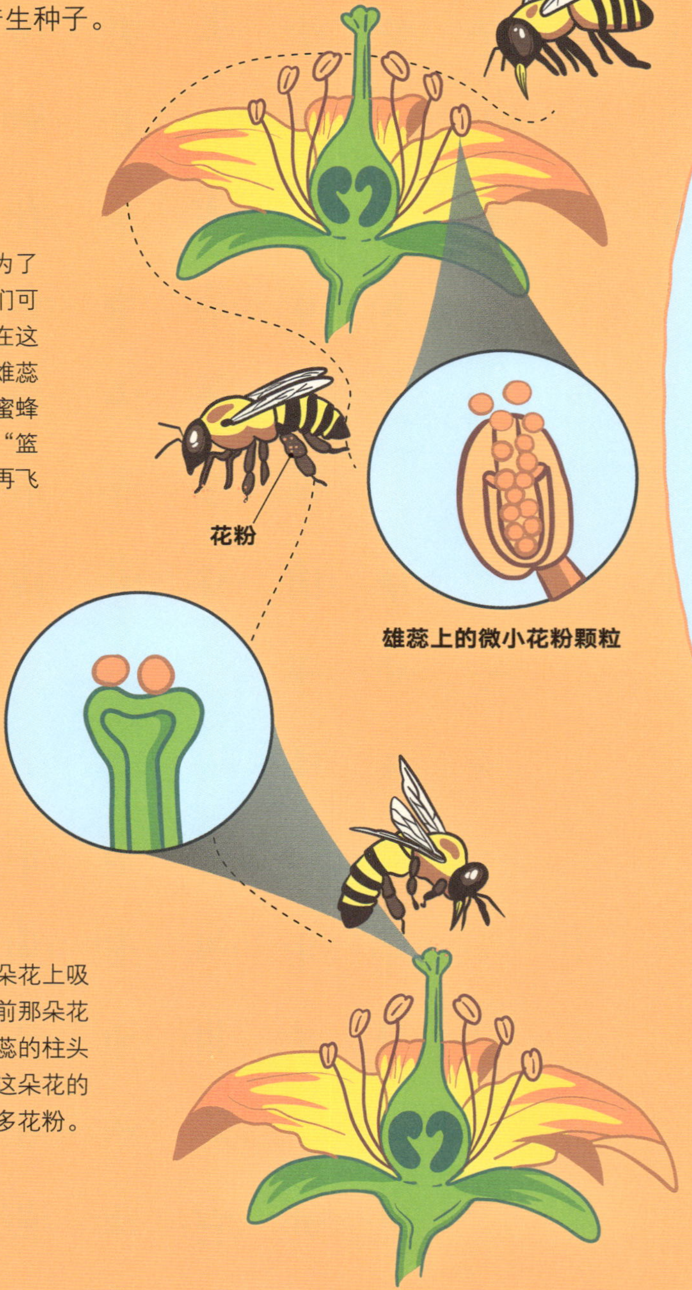

❶ 收集花粉

蜜蜂“拜访”花朵是为了采集香甜的花蜜，它们可以将花蜜酿成蜂蜜。在这个过程中，来自花朵雄蕊上的花粉会“蹭”到蜜蜂身上，挂到其腿上的“篮子”里。然后，蜜蜂再飞向另一朵花。

花粉

雄蕊上的微小花粉颗粒

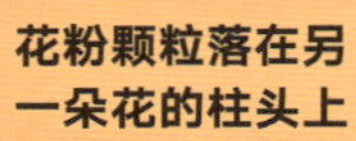
花粉颗粒落在另
一朵花的柱头上

❷ 释放花粉

蜜蜂落在另一朵花上吸食花蜜，将之前那朵花的花粉蹭到雌蕊的柱头上，并从现在这朵花的雄蕊上收集更多花粉。

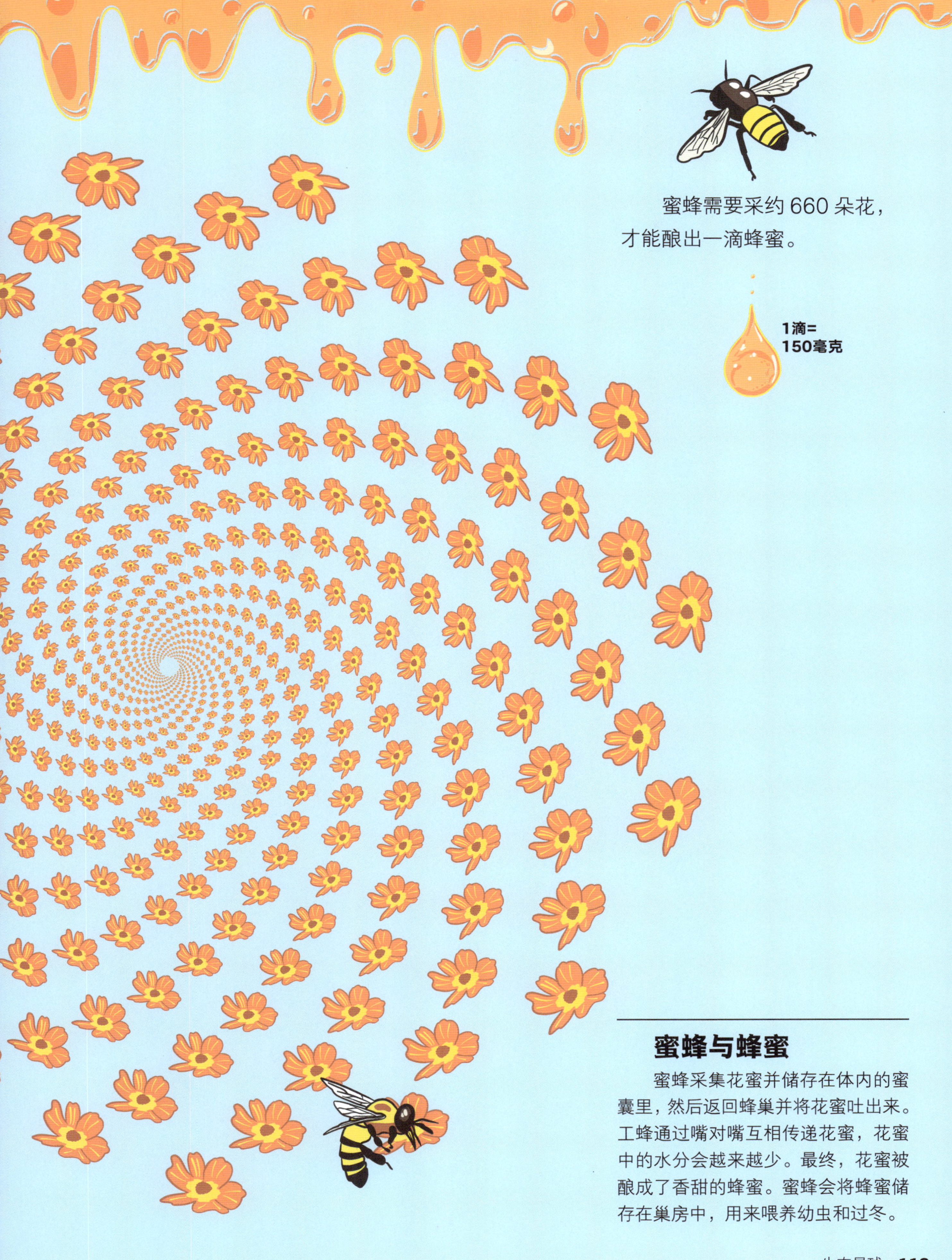

蜜蜂需要采约 660 朵花，才能酿出一滴蜂蜜。

1滴=
150毫克

蜜蜂与蜂蜜

蜜蜂采集花蜜并储存在体内的蜜囊里，然后返回蜂巢并将花蜜吐出来。工蜂通过嘴对嘴互相传递花蜜，花蜜中的水分会越来越少。最终，花蜜被酿成了香甜的蜂蜜。蜜蜂会将蜂蜜储存在巢房中，用来喂养幼虫和过冬。

世界上最大的花

橙褐色与白色相间的大王花，堪称是世界上最大的花。即使是最小的大王花，也有餐盘那么大，而纪录中最大的一朵，其直径甚至超过了 1 米！不仅如此，大王花还带有一种强烈的臭味，这种味道与腐烂的肉类相似，可以吸引苍蝇和甲虫等昆虫。这些昆虫会帮助大王花进行授粉。

大王花
大约 1 米
大玫瑰
用于尺寸对比
大约 17.5 厘米

大小种子“秀”

大多数植物的生命是从种子开始的。每粒种子都包含一株幼小的植物，名为胚胎，它可以发育成完全成熟的植物。一般来说，种子形态各异，大小不一，这是为了更好地扩散以及远离母株。然而，海椰子树却是个例外，它的种子会留在原地，不去其他地方。

1 厘米

蒲公英

单株蒲公英上大约有 150~200 粒种子。这些种子有羽毛状的刚毛，能像降落伞一样帮助它们在空中飘浮，风甚至可以将它们带到 100 千米以外的地方！

比例尺：**1厘米**
蒲公英和海椰子以真实尺寸展示

种子是如何传播的

对于大多数种子来说，远离母株是很重要的。如果种子落在其母株附近生长，新的植物将会与母株争夺光照和水分，这意味着两株植物都不太可能存活。种子的传播方式有很多种，以下是最常见的 5 种方式。

动物

动物会吞食种子，种子也可能粘在动物的羽毛或皮毛上。随后，种子会经由动物的粪便排放到其他地方，或随着动物的移动而掉落。

农业和园艺

农民和园丁收集并种植许多不同类型的种子，以培育新的花卉、水果和其他作物。

风

风可以将种子吹散到空中，比如蒲公英的种子（见上文）。

种荚爆裂

有些植物的种荚在爆裂时，会产生弹射力将种子抛向远处。

水

有些种子，比如椰子的种子，会随着河流或海洋漂流传播。

30.5 厘米

巨型种子的壮丽蜕变

海椰子树是一种罕见的棕榈树，生长在印度洋的塞舌尔群岛。它从一粒种子长成一棵完全成熟的大树需要长达 50 年的时间，开花结果的时间可长达 800 年。这种树的果实巨大，需要数年才能成熟，是所有植物中最大的果实之一。

海椰子树结出的种子是世界上最大、最重的植物种子。单颗种子的重量可高达 25 千克。这种种子不会传播得很远——它无法在水中游移或随风飘荡。它是自然界中为数不多的能够在母株周围生长并从中获益的种子。

海椰子
（确实就是这么大！）

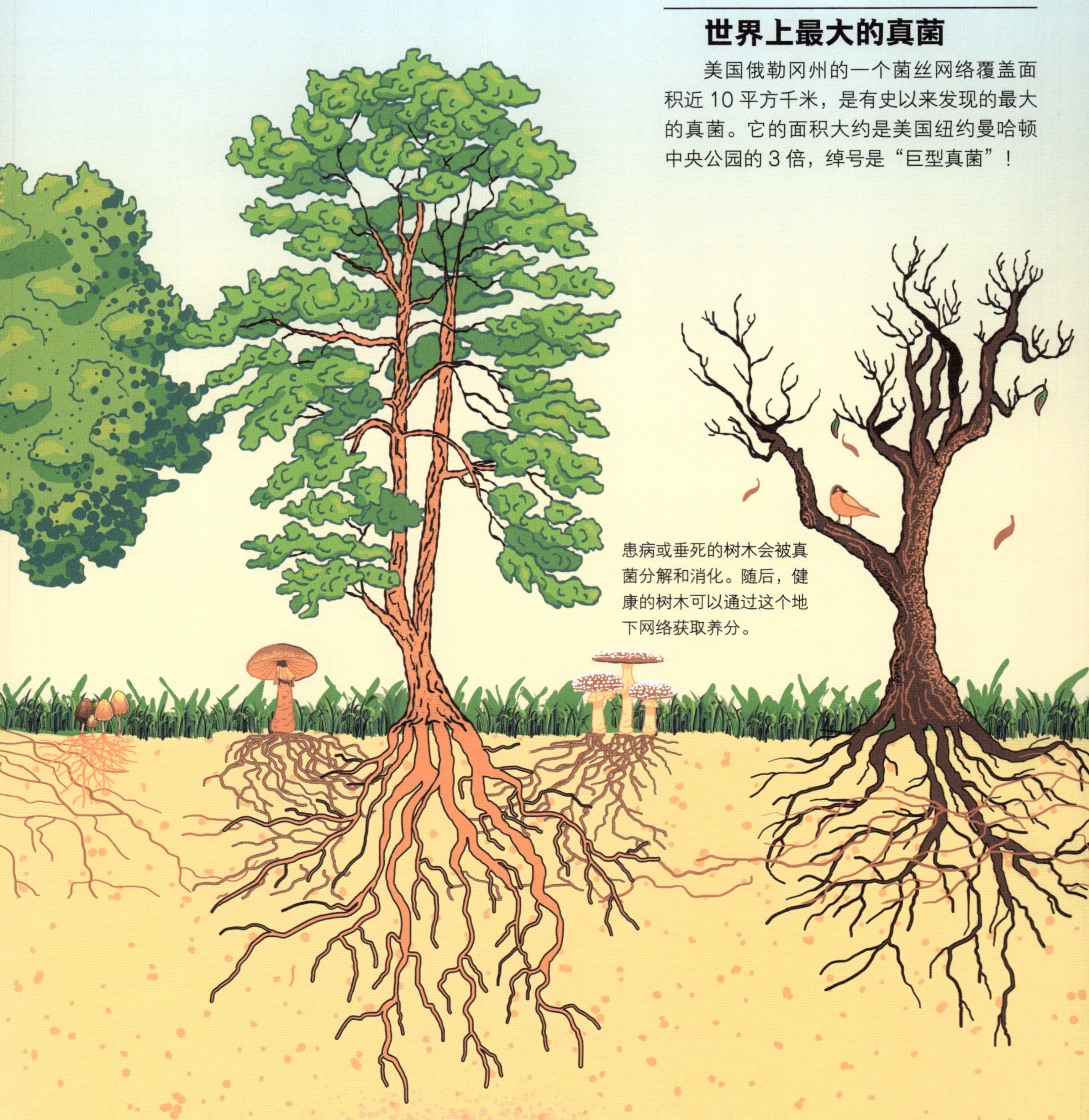

世界上最大的真菌

美国俄勒冈州的一个菌丝网络覆盖面积近 10 平方千米，是有史以来发现的最大的真菌。它的面积大约是美国纽约曼哈顿中央公园的 3 倍，绰号是“巨型真菌”！

患病或垂死的树木会被真菌分解和消化。随后，健康的树木可以通过这个地下网络获取养分。

树联网

你知道植物之间存在着隐秘的联系吗？而这全都要归功于真菌。在土壤深处，真菌附着在树根上生长，形成一个密集的互联网，称为菌丝体。通过这种复杂的地下网络，不同植物之间可以进行水分、养料的转运。

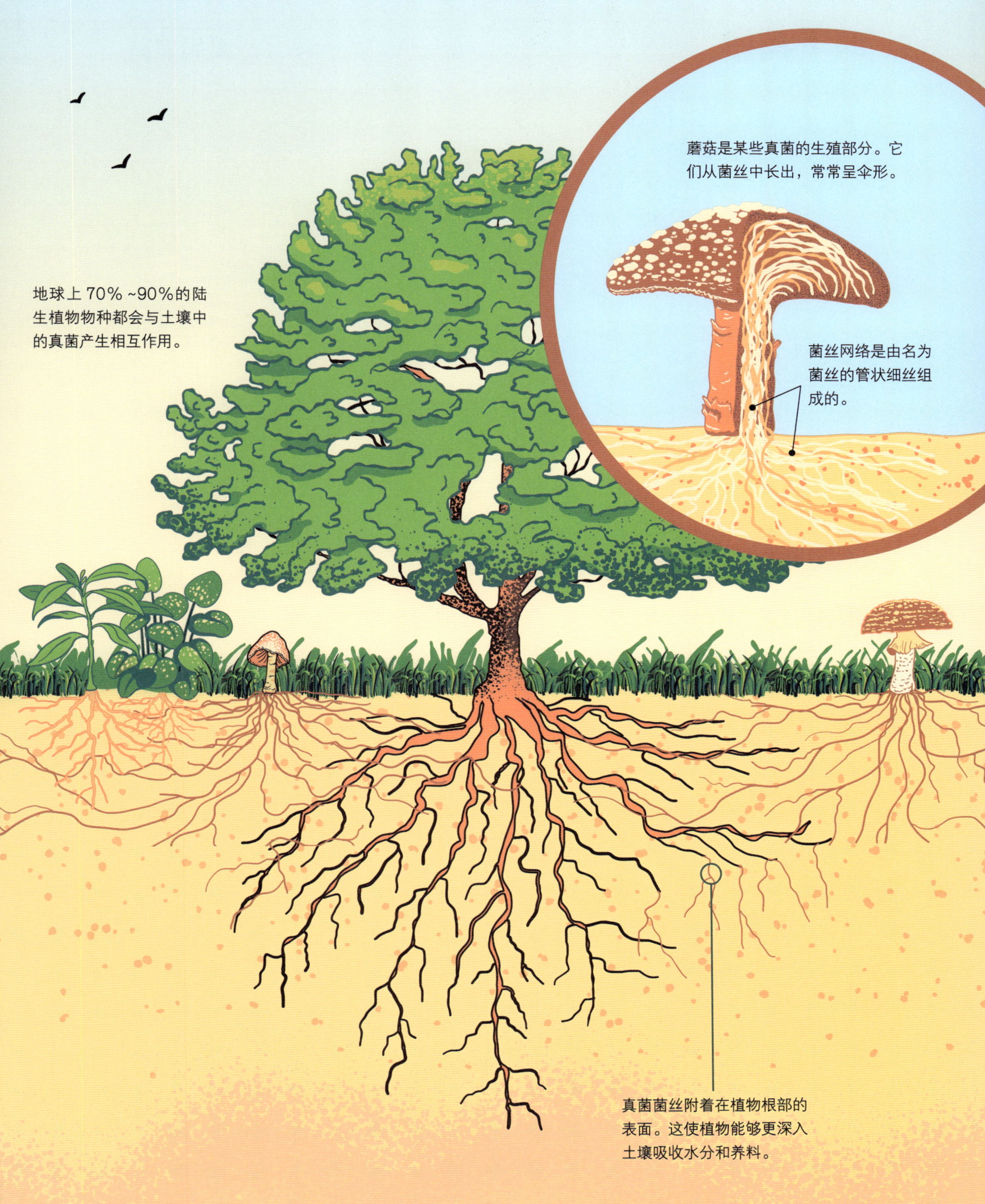
蘑菇是某些真菌的生殖部分。它
们从菌丝中长出，常常呈伞形。
地球上 70% ~90% 的陆
生植物物种都会与土壤中
的真菌产生相互作用。
菌丝网络是由名为
菌丝的管状细丝组
成的。
真菌菌丝附着在植物根部的
表面。这使植物能够更深入
土壤吸收水分和养料。

地下英雄

不起眼的蚯蚓可能是地球上最重要的动物。它们在地下默默维持土壤的健康，使植物能够生长，为包括人类在内的许多动物创造食物。事实上，蚯蚓的数量极其庞大，如果将它们全部卷成一个巨大的球，其质量将是所有人类总质量的 8 倍之多！

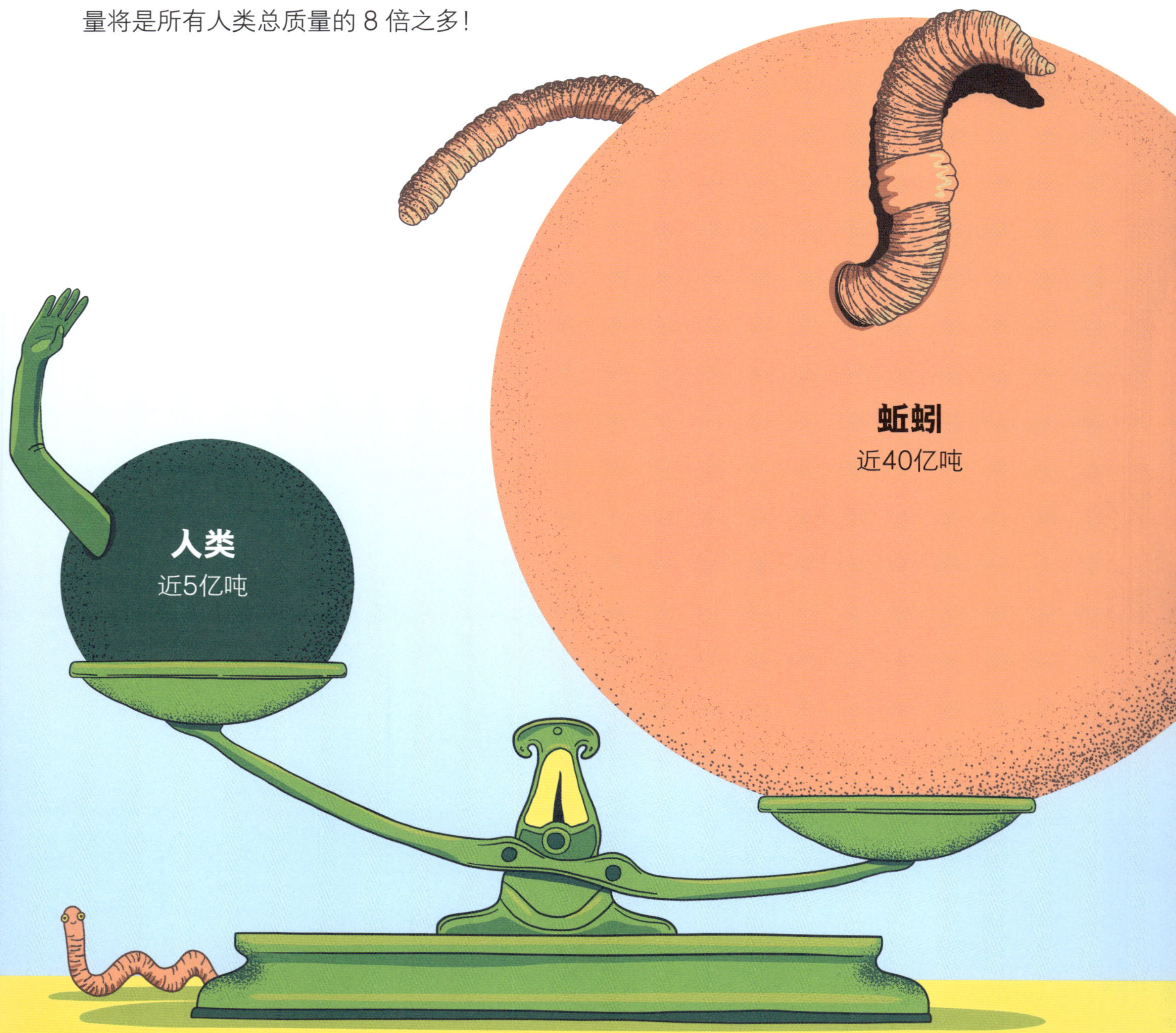
蚯蚓
近40亿吨
人类
近5亿吨

为什么蚯蚓如此重要

蚯蚓有助于维持土壤的健康，以利于植物生长。它们通过以下几种方式来实现这一目标：分解死亡的有机体，比如落叶；挖掘孔道，使土壤能够储存更多的水分，并让植物深入土层；混合土壤，使土壤中的养分均匀分布。此外，蚯蚓也是许多生物的重要食物来源。

蚯蚓的世界

地球上每一个人相对应的蚯蚓数量是
163,440条

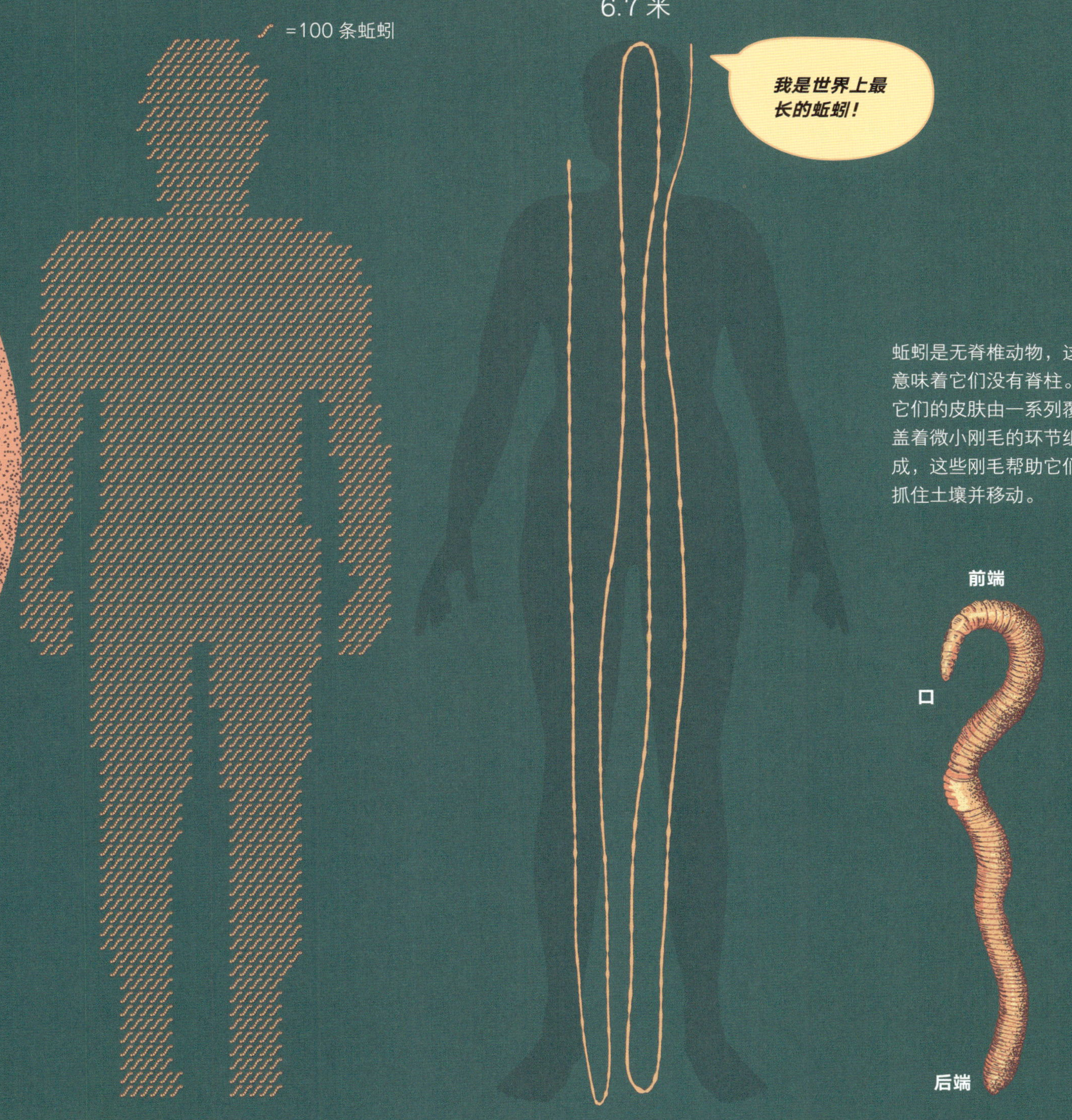

=100 条蚯蚓
6.7 米
我是世界上最长的蚯蚓！
前端
口
后端

蚯蚓是无脊椎动物，这意味着它们没有脊柱。它们的皮肤由一系列覆盖着微小刚毛的环节组成，这些刚毛帮助它们抓住土壤并移动。

数量

地球上大约有 1,300,000,000,000,000 条蚯蚓。平均每一铲土壤中就有 9 条蚯蚓。

大小

世界上最长的蚯蚓是南非巨型蚯蚓，其身长可达惊人的 6.7 米，大约是成年人平均身高的 4 倍。

结构

蚯蚓的消化系统贯穿其整个身体。它们一天的进食量和排便量几乎与自身体重相等。

人类与地球

虽然人类的数量远不及其他种类的动物，但在几千年的历程中，人类已经改变了地球的生态平衡。然而，人类最初是如何遍布全球的呢？许多科学家推测，人类最早出现在大约 30 万年前的非洲。以下是关于早期人类如何迁移到世界的其他地区，以及人口怎样快速增长的信息图。

时间 万年前
30
10
5
1
0
欧洲
亚洲
非洲
大洋洲
1
2
3
5
6

5.5万~4.5万年前

5.人类抵达欧洲

人类可能是从阿拉伯半岛向北、向西迁徙后首次抵达欧洲的。

4万~3.5万年前

6.人类抵达日本

科学家认为，人类可能是乘坐简单的船只，穿过当时连接一座岛屿与大陆的大陆架来到了日本群岛。

30万年前

1.最初的人类

依据人类遗骸的化石证据，科学家推测人类最早出现在大约 30 万年前的非洲。

10万年前

2.人类从非洲向外迁徙

人类从非洲向北迁徙，通过阿拉伯半岛抵达欧洲和亚洲。早期人类可能因多种原因迁徙，包括寻找新的食物、水源和住所，以及逃离冲突。

南极洲是地球上唯一一个人类未曾永久定居的大陆。

南极洲

地球上现在有多少人

地球上的人口总数历经数十万年才达到 10 亿，这一里程碑大约是在 1804 年实现的。然而仅仅 123 年后，也就是 1927 年，人类总数便增长到了 20 亿。在 20 世纪，全球人口持续快速增长。如今，我们这颗星球上生活着大约 80 亿人。

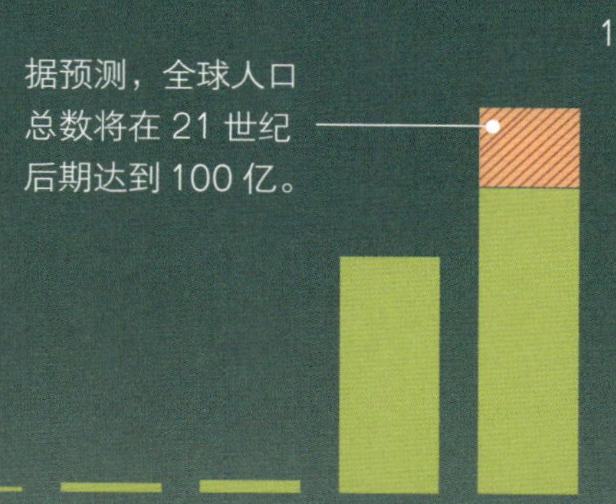

人口
10亿
据预测，全球人口总数将在 21 世纪后期达到 100 亿。
10
8
6
4
2
0

时间 年

公元前10000 公元前9000 公元前8000 公元前7000 公元前6000 公元前5000 公元前4000 公元前3000 公元前2000 公元前1000 0 公元1000 公元2000 现今

白令海

北美洲

南美洲

6万~2万年前

4.人类进入北美洲

人类从亚洲分批迁徙到北美洲，其中有些人可能曾乘船穿越冰冻的海域。从3.8万年前开始，亚洲和北美洲之间出现了一条陆地连接带，它很可能为人们提供了从一个大陆步行到另一个大陆的通道。这片陆地现在已被白令海覆盖。

1.6万~8,000年前

7.人类迁徙至南美洲

人类逐渐向南迁徙，经过中美洲后抵达南美洲。

7万~5万年前

3.人类到达东南亚和澳大利亚

一些史前人类乘船从亚洲出发，大约在5万年前到达澳大利亚，并最终到达太平洋上的所有大岛屿。

1,200年前

8.人类抵达新西兰

大约在1,200年前，人类抵达新西兰群岛。这是人类最后的主要定居点之一。

人类现居何处

地球上生活着大约 80 亿人——下面这幅地图上的尖峰标出了你可以在哪里找到他们。尖峰越高，说明该地区居住的人口越多。你可能会惊讶地发现，与中国和印度相比，北美洲、非洲和俄罗斯的部分地区是那么空旷。你还可以看到有许多人居住在海岸附近，这就是你能在图中看出许多国家和大陆轮廓的原因。

注：这幅地图由阿拉斯代尔·雷绘制，展示了2020年全球人口分布情况。

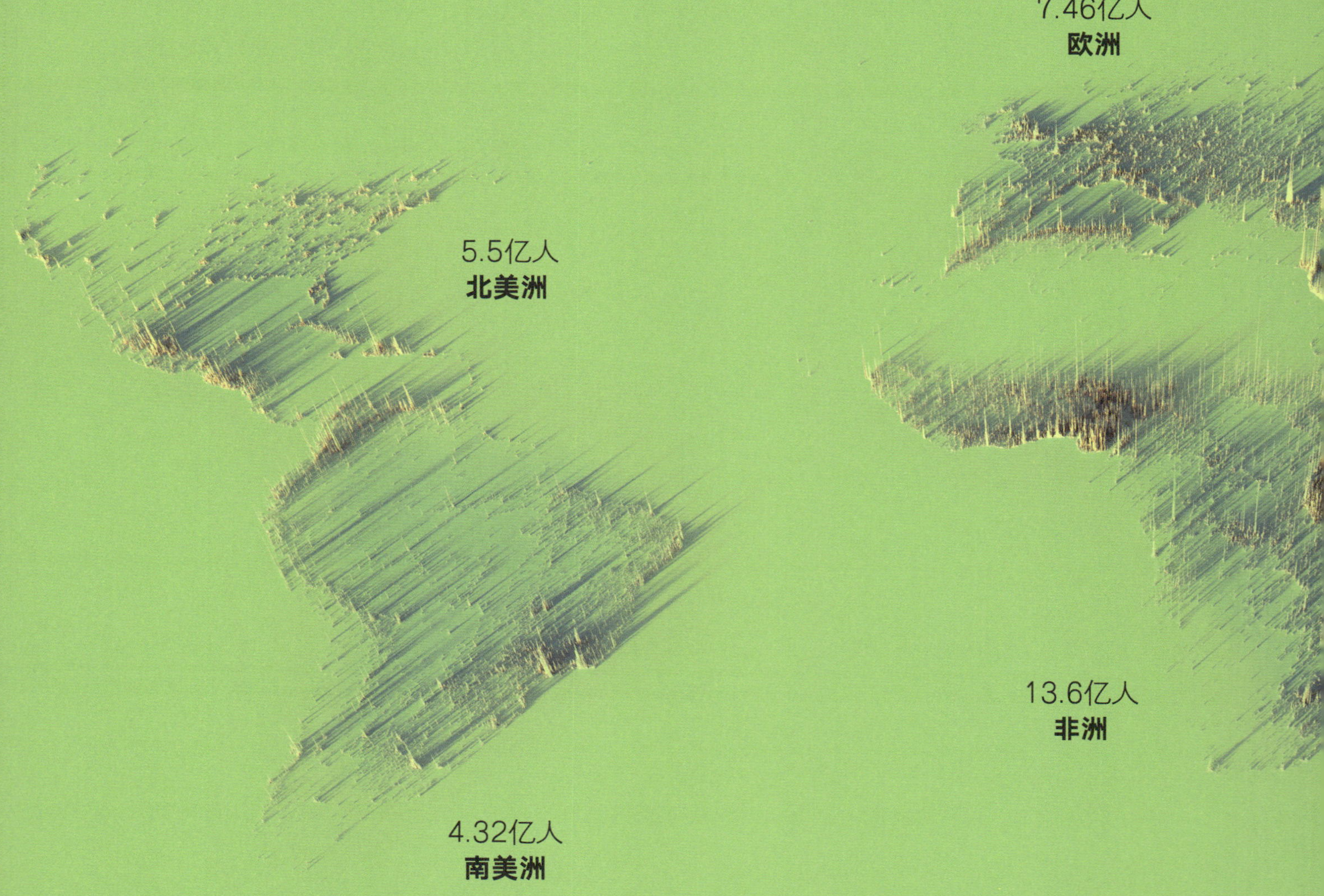
7.46亿人
欧洲
5.5亿人
北美洲
13.6亿人
非洲
4.32亿人
南美洲

如果全世界只有 8 个人

要对 80 亿这个庞大的数字建立概念，有个方法是将其概括为个位数。想象一下，如果全世界只有 8 个人，而不是 80 亿人，那美洲只会有 1 个人居住，非洲和欧洲也是如此。其余 5 个人居住在亚洲和大洋洲。

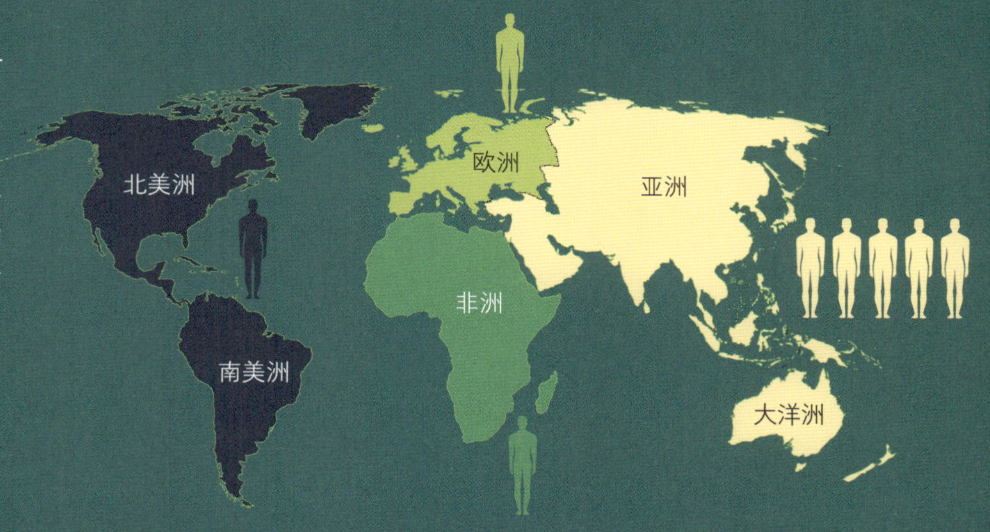

北美洲
欧洲
亚洲
非洲
南美洲
大洋洲

每个人体形象 =10 亿人

上图有助于我们在下面的人口信息图上辨认各大陆的轮廓。

4,400万人
大洋洲

46.6亿人
亚洲

全世界一半的人口都生活在这个圆圈里！

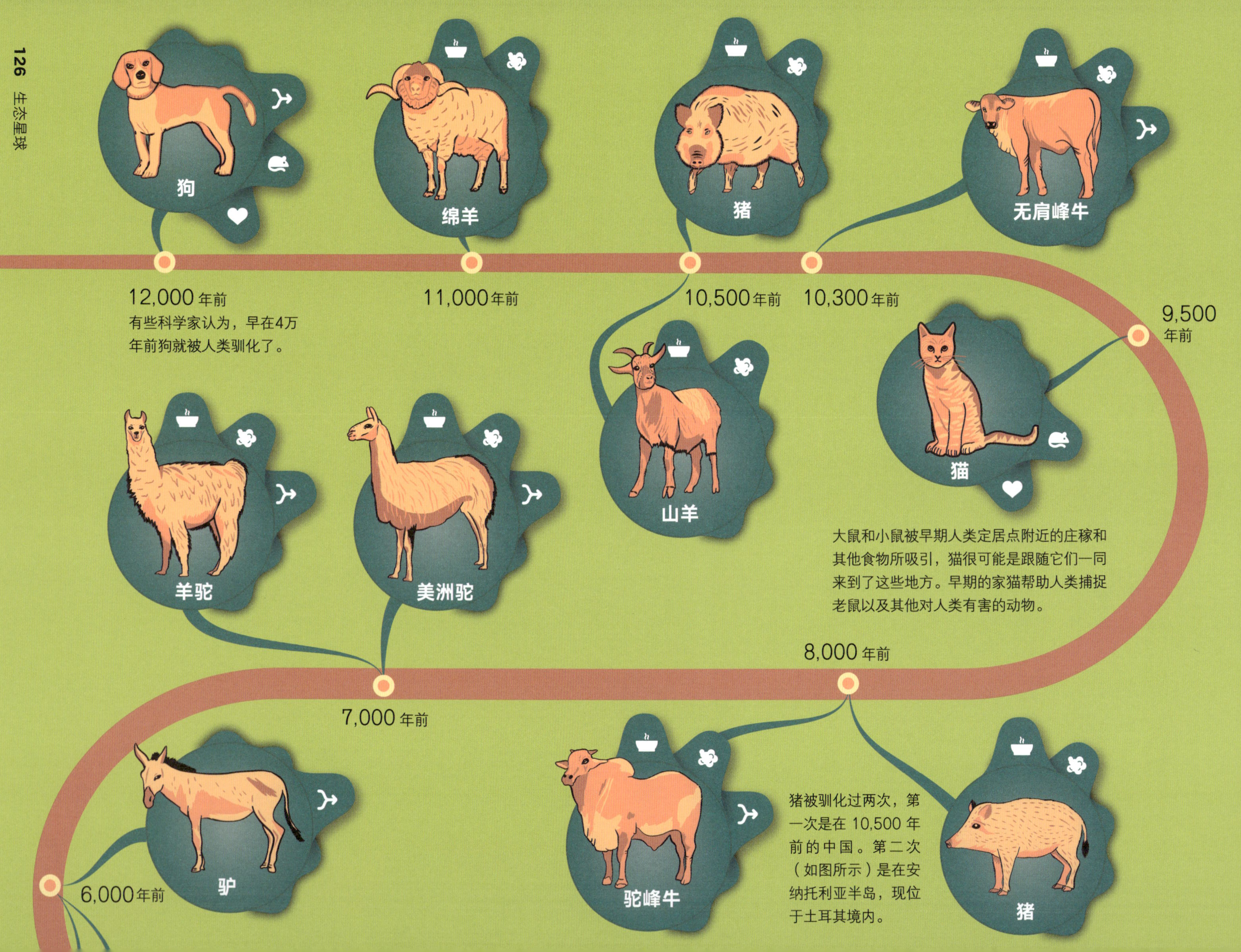
狗
绵羊
猪
无肩峰牛
12,000年前
有些科学家认为，早在4万
年前狗就被人类驯化了。
11,000年前
10,500年前
10,300年前
9,500
年前
山羊
猫
羊驼
美洲驼
大鼠和小鼠被早期人类定居点附近的庄稼和
其他食物所吸引，猫很可能是跟随它们一同
来到了这些地方。早期的家猫帮助人类捕捉
老鼠以及其他对人类有害的动物。
8,000年前
7,000年前
驴
6,000年前
驼峰牛
猪被驯化过两次，第
一次是在 10,500 年
前的中国。第二次
（如图所示）是在安
纳托利亚半岛，现位
于土耳其境内。
猪

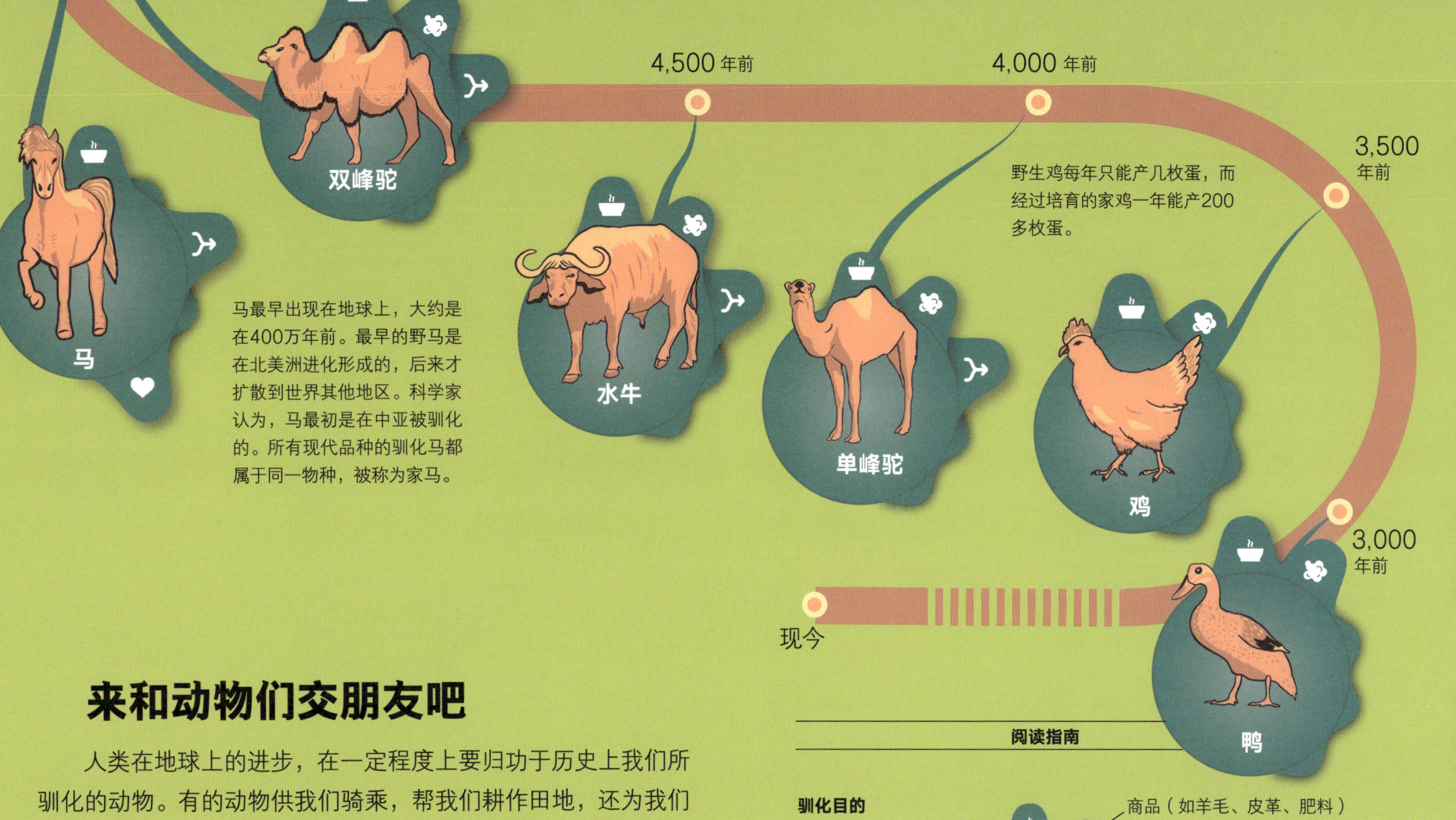

4,500 年前
4,000 年前
3,500 年前
3,000 年前
现今
马
双峰驼
水牛
单峰驼
鸡
鸭

马最早出现在地球上，大约是在400万年前。最早的野马是在北美洲进化形成的，后来才扩散到世界其他地区。科学家认为，马最初是在中亚被驯化的。所有现代品种的驯化马都属于同一物种，被称为家马。

野生鸡每年只能产几枚蛋，而经过培育的家鸡一年能产200多枚蛋。

来和动物们交朋友吧

人类在地球上的进步，在一定程度上要归功于历史上我们所驯化的动物。有的动物供我们骑乘，帮我们耕作田地，还为我们提供食物和衣物。有的动物作为宠物，陪伴着我们。正如你从上面的时间轴中所看到的，人类驾驭并利用自然的历史，可以追溯到至少 12,000 年前。

阅读指南

驯化目的

食物（如肉、奶、蛋）

商品（如羊毛、皮革、肥料）

劳动（如交通运输、牵引农用机械、狩猎）

捕鼠防害（如狩猎、保护家园）

陪伴

鸡的崛起

随着全球人口数量增长到大约 80 亿人，农场动物的数量也有所增加。如今，地球上大约有 400 亿只农场动物，相当于每个人有 5 只农场动物。牛、羊等被驯养的哺乳动物数量，已远远超过野生哺乳动物，展现了人类活动对地球生态平衡所产生的深远影响。

一只鸡，两只鸡……

一名美国人平均一年会吃掉 23 只鸡（还有 1/3 只猪和 1/10 头牛）。为了能够产出更多的肉供人类食用，许多鸡被培育得比其自然状态下长得更快、更壮。

阅读指南

这张信息图展示了过去 60 年间全球农场动物数量的增长情况。其中，家禽（包括鸡、鸭和火鸡）的增长最为显著——现在的数量是 20 世纪 60 年代的 8 倍。

2020年的数量：

- 马：**6,000万**
- 猪：**10亿**
- 家牛和水牛：**17亿**
- 绵羊和山羊：**24亿**
- 家禽：**347亿**

全球农场动物数量

10亿

40
35
30
25
20
15
10
5
0

年 1965 1970 1975 1980 1985 1990 1995 2000 2005 2010 2015 2020

我们鸡占了农场动物的绝大多数！

食肉

随着人口数量的增长，人类对肉类的需求也在增加，尤其是在较富裕和较发达的国家。这张信息图展示了全球农场一年的肉类产量。牛等大型农场动物的个体产肉量要高于鸡等小型动物。

全球肉类产量

马
100万吨

绵羊和山羊
1,600万吨

家牛和水牛
7,200万吨

猪
11,000万吨

家禽（鸡、鸭、火鸡）
13,300万吨

质量盘点

地球上所有驯养哺乳动物的总质量（包括所有农场动物和宠物）是所有野生哺乳动物质量的 15 倍。

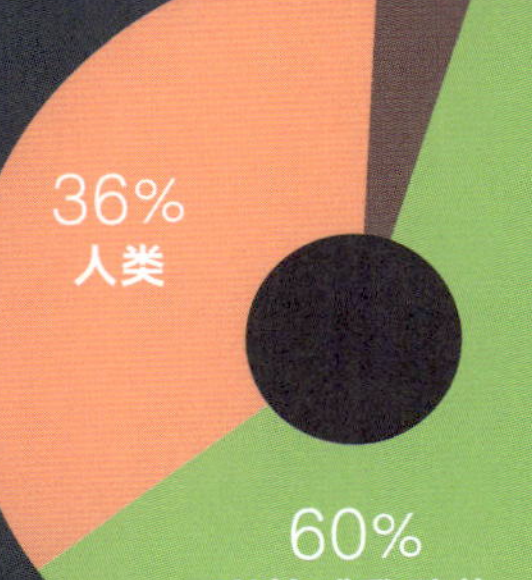
4%
野生哺乳动物
36%
人类
60%
驯养哺乳动物

所有哺乳动物总质量的百分比分布

科学家通常将雨林分为4层：露生层、树冠层、灌木层和地面层。由于各层光照和水量不同，每一层都各有特点。图中还隐藏着你可能在雨林中发现的一些动物。
美洲角雕
露生层
盔犀鸟
红脸蜘蛛猴
华莱士飞蛙
巨嘴鸟
树冠层
蓝闪蝶
灌木层
马来熊
美洲豹
地面层
红腹食人鱼

雨林里的生命

雨林是地球上最重要的生态栖息地之一，具有令人难以置信的生物多样性。尽管雨林只覆盖了地球陆地面积的6%，但它却是超过半数的动植物物种的家园。

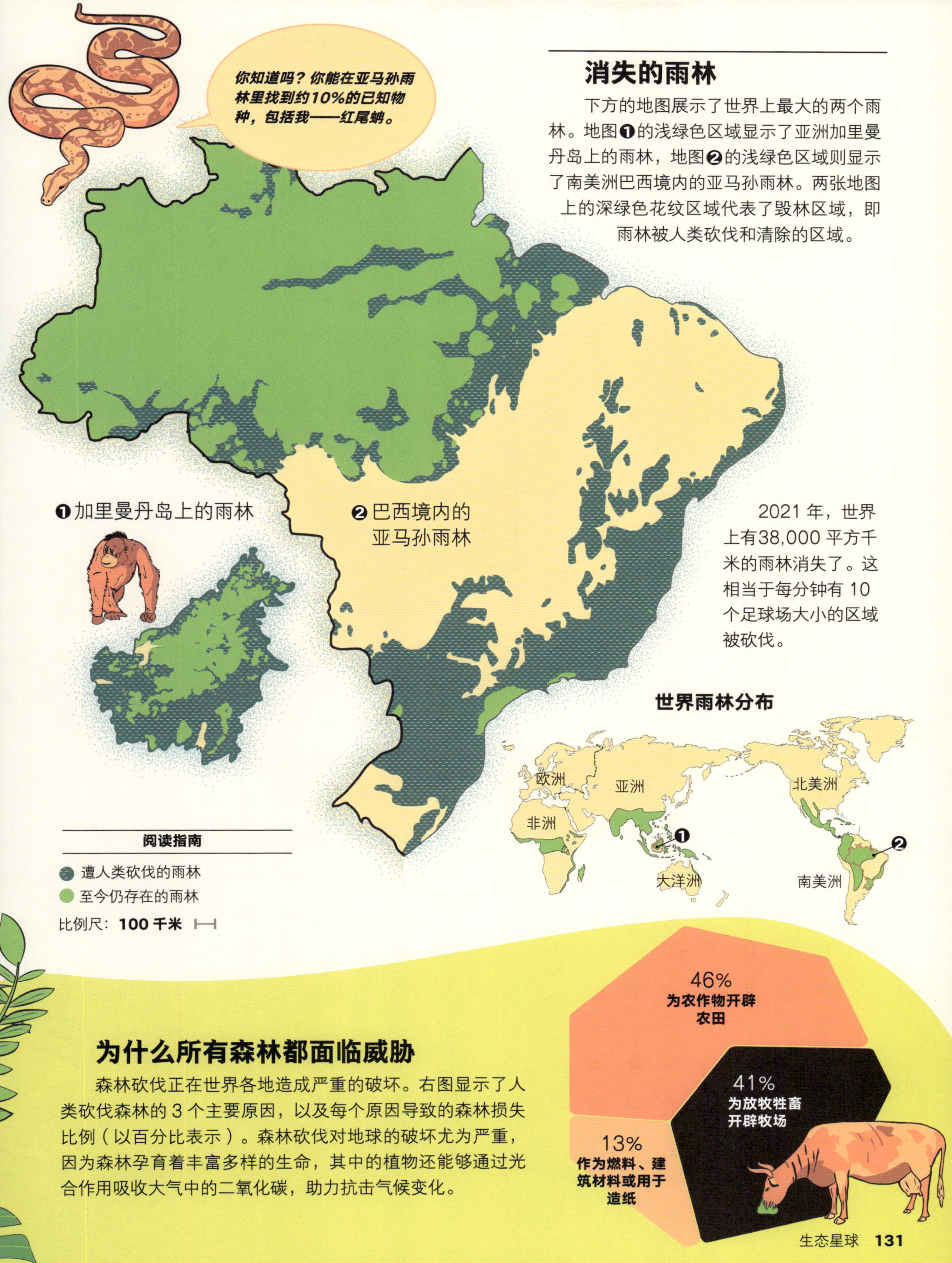

你知道吗？你能在亚马孙雨林里找到约10%的已知物种，包括我——红尾蚺。
❶加里曼丹岛上的雨林
❷巴西境内的亚马孙雨林
阅读指南
遭人类砍伐的雨林
至今仍存在的雨林
比例尺：100 千米
世界雨林分布
欧洲
亚洲
北美洲
非洲
大洋洲
南美洲
46%
为农作物开辟农田
41%
为放牧牲畜开辟牧场
13%
作为燃料、建筑材料或用于造纸

消失的雨林

下方的地图展示了世界上最大的两个雨林。地图❶的浅绿色区域显示了亚洲加里曼丹岛上的雨林，地图❷的浅绿色区域则显示了南美洲巴西境内的亚马孙雨林。两张地图上的深绿色花纹区域代表了毁林区域，即雨林被人类砍伐和清除的区域。

2021 年，世界上有38,000 平方千米的雨林消失了。这相当于每分钟有 10 个足球场大小的区域被砍伐。

为什么所有森林都面临威胁

森林砍伐正在世界各地造成严重的破坏。右图显示了人类砍伐森林的 3 个主要原因，以及每个原因导致的森林损失比例（以百分比表示）。森林砍伐对地球的破坏尤为严重，因为森林孕育着丰富多样的生命，其中的植物还能够通过光合作用吸收大气中的二氧化碳，助力抗击气候变化。

能源

几百年来，人类一直依赖于燃烧石油、煤炭和天然气等化石燃料来产生热能和电力。然而，我们需要摆脱对这些燃料的依赖——不仅因为它们终有一天会耗尽，还因为燃烧化石燃料会向大气释放有害气体，加速地球升温，导致气候变化。好消息是，太阳能光伏电站、风力发电站和其他可再生能源，可以在不伤害大气层的情况下发电。

煤炭

44,473太瓦时

煤炭是一种易碎的黑色化石矿物，我们可以燃烧它来发电。

石油

51,170太瓦时

石油是一种存在于地下深处的液体矿物，常用于供暖，并被提炼成汽油，为汽车、飞机和其他交通工具提供动力。

不可再生能源

60,000 50,000 40,000 30,000 20,000 10,000 0

可再生能源

全球能源产量

太瓦时

传统生物质能

11,111太瓦时

木材、谷物甚至动物的粪便，都可以通过燃烧来产生热能并生成电力。这个过程也会产生气体排放，但这些排放可以被新长出的生物质（如植物、微生物等）抵消，因为它们能吸收大气中的温室气体——二氧化碳。

水能

11,183太瓦时

通过在河流上筑坝，以及利用海洋波浪和潮汐的能量，我们可以用水能发电。

净零排放

越来越多的国家承诺实现“净零排放”，避免我们赖以生存的地球遭受气候变化的最坏影响。“净零排放”一词意味着通过行动减少大气中的二氧化碳和其他温室气体，以此平衡和抵消人类活动产生的有害排放。

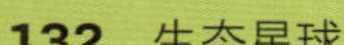

未来的能源

为了实现“净零排放”，我们需要减少煤炭、天然气和石油发电的比例，并增加太阳能、风能和水能发电的比例。

天然气

40,375太瓦时

天然气是一种从地下开采并用来供暖和发电的气态化石燃料。

核能

7,031太瓦时

核能是通过核反应从原子核释放的能量。我们可以利用这种能量来发电。（虽然核能不会释放有害排放物，但是因为它依赖不可再生的核燃料来产生能量，所以仍然被归类为不可再生能源。此外，核能发电的过程还会产生危险的核废料。）

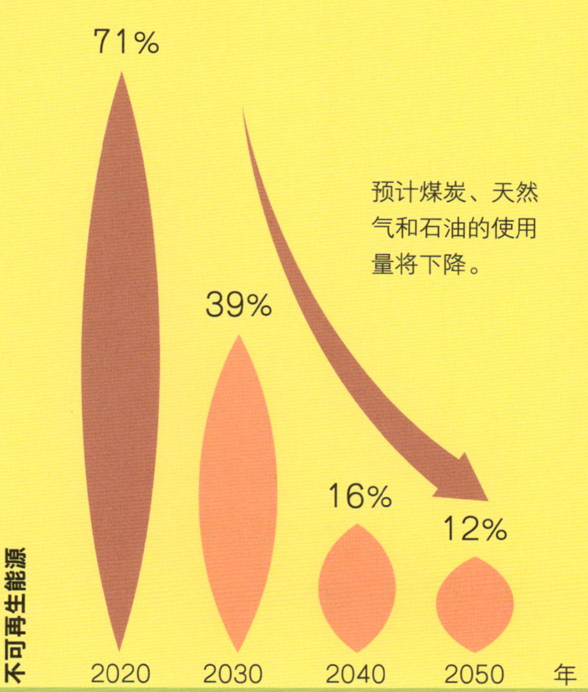
在总发电量中的占比
71%
39%
16%
12%
预计煤炭、天然气和石油的使用量将下降。
不可再生能源
2020
2030
2040
2050
年

风能

4,872太瓦时

通过建造大型风力发电机，我们可以从风中获取能量。

太阳能

2,702太瓦时

太阳能光伏板可以将太阳光中的能量转化为电能。

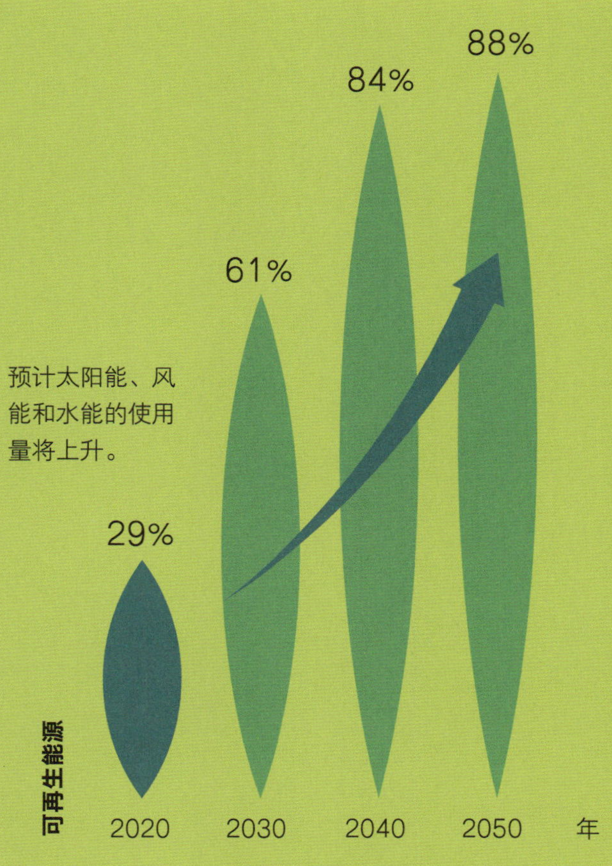
88%
84%
61%
预计太阳能、风能和水能的使用量将上升。
29%
可再生能源
2020
2030
2040
2050
年

1860
1890
1920

1950 1980 2010 年

地球温度变变变！

这张信息图展示了 1850 年至 2023 年的全球气温变化。图表里的每个条纹都代表着某一年的平均温度。以 1961 年至 2010 年的地球平均温度为基线，蓝色条纹表示比平均温度低的年份，红色条纹表示比平均温度高的年份。我们可以清楚地看到，近 20 年红色条纹明显增多，表明地球平均温度正以令人担忧的速度上升。

缩小的冰雪世界

北极是地球上升温最快的区域。在那里，气温的增速几乎是全球其他地区的 4 倍。每年夏季，北极海冰都会融化到科学家称之为“最小”的尺寸。直到寒冷的天气到来，海洋重新结冰时，海冰才会再度变大。这张地图显示了北极海冰 2020 年的最小尺寸与 1979 年的最小尺寸（如地图上的红色轮廓所示）对比，我们可以清楚地看到北极海冰范围缩小了多少。

海冰融化后，我必须游得更远才能找到食物。
太平洋

也许用不了多久，夏季的北极就完全没有冰了。科学家认为，这种情况最快可能在 2030 年出现。

缩小的北极海冰

上方的半球图展示了自 1979 年以来北极海冰的最小面积。下方的白色图表显示了同一时期北极海冰覆盖的总面积。

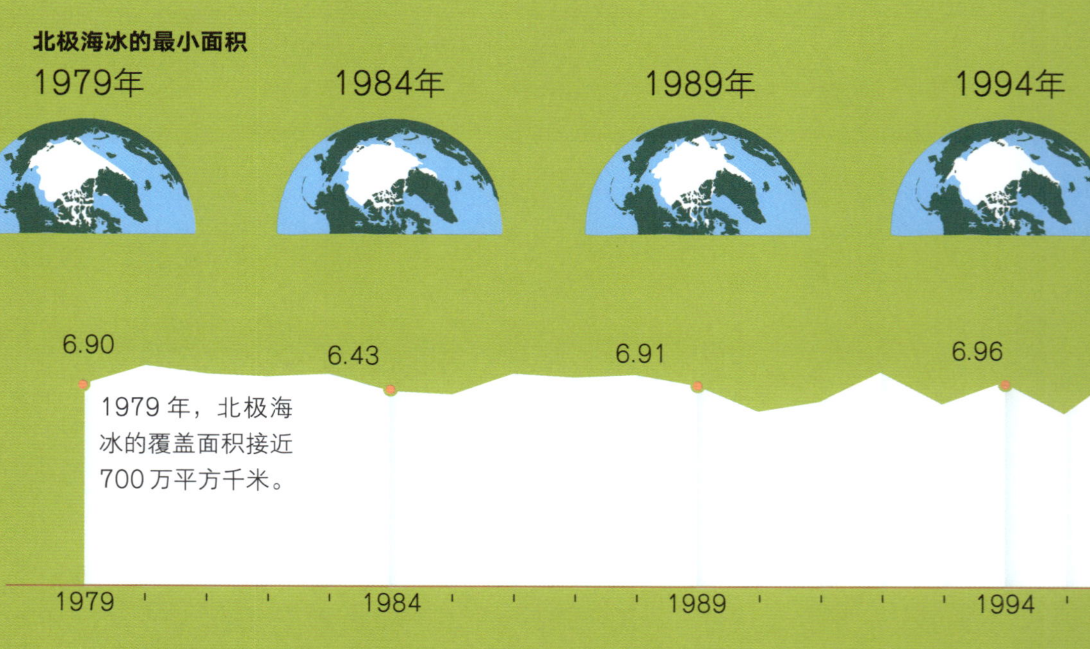
北极海冰的最小面积
1979年
1984年
1989年
1994年
6.90
6.43
6.91
6.96
1979
1984
1989
1994

1979 年，北极海冰的覆盖面积接近 700 万平方千米。

地球上有两个冰盖：一个在北极，叫格陵兰冰盖；另一个在南极，叫南极冰盖。

北极
俄罗斯
巴伦支海
1979年北极
海冰的大小
2020年北极
海冰的大小
挪威海
冰岛
格陵兰岛
大西洋
巴芬湾
美国
阿拉斯加
加拿大
1999年
2004年
2009年
2014年
2019年
北极海冰
100万平方千米
8
6
4
2
0
5.76
5.79
5.12
5.03
4.19
1999
2004
2009
2014
2019
年

陷入危机的动物们

受气候变化和人类活动的影响，目前有超过 44,000 个物种正面临灭绝的风险。我们称这些物种为濒危物种。值得庆幸的是，一些保护项目正在帮助部分濒危物种恢复数量。

濒危物种

这张信息图展示了多种野生动物的数量估测，以及它们的数量是在减少还是增加。图中动物的大小代表其现有的数量，即图示越小，现存量就越少。在评估一个物种的危险程度时，科学家会考虑多个因素，包括现有的数量、几代时间内种群数量减少和栖息地丧失等。

极危

1,000
墨西哥钝口螈

14,000
苏门答腊猩猩

316,000
西部大猩猩
西部大猩猩的种群数量在3代时间（66年）内减少了超过80%。

濒危

3,200
老虎

415,000
非洲象
非洲草原和森林中的大象种群在3代时间（75年）内减少了60%。

易危

39,000
狮子

68,000
长颈鹿

近危

10,000
白犀

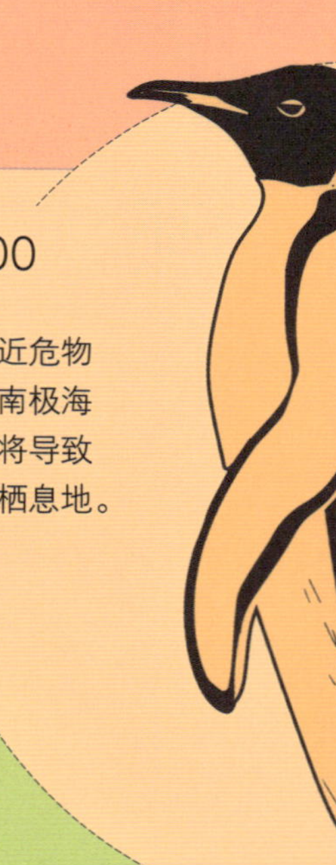

513,000
帝企鹅
帝企鹅被视为近危物种，这是因为南极海冰的快速融化将导致它们失去繁殖栖息地。

无危

减少
本页中的动物种群数量正在**减少**。

处于危险中的生物

这张信息图表展示了不同类别的动物中有多少比例正濒临灭绝。比如，41% 的两栖动物正处于灭绝的边缘。这尤其令人担忧，因为两栖动物是指示种。这类物种对环境中的变化（如污染）非常敏感，因此它们数量的减少是生态系统遭到破坏的早期信号。

两栖动物
41%

鲨鱼和鳐鱼
37%

造礁珊瑚
36%

哺乳动物
26%

爬行动物
21%

鸟
12%

阅读指南

动物的濒危程度

极危
濒危
易危
近危
无危

动物数量是在增加还是减少？

减少
增加
稳定

动物数量估测

1,000
10,000
100,000
数据已取整

你可以在下一页看到我的照片。

443
蓝岩鬣蜥

1,000
大熊猫

1,000
黄耳锥尾鹦鹉

130,000
河马

81,000
北海狮

1,200,000
河狸
20世纪初，河狸仅存大约1,200只。多亏了人们的保护工作，现在河狸的数量已经增长到大约120万只。

增加

本页中的动物种群数量维持稳定或正在**增加**。

保护行动进行中

蓝岩鬣蜥是人类保护行动取得积极成效的生动例子。虽然这种独特的鬣蜥仍然处于濒危状态，但其种群数量已从2000 年初仅有的 10~25 只增长到如今的 443 只——这一切都要归功于至关重要的保护工作。

约20只
2000年的种群数量

443只
现今的种群数量

=10 只蓝岩鬣蜥

与专家面对面

克里斯托弗·费尔南德斯

(Christopher Fernandez)

生态学家

你是什么时候知道自己想研究生态学的？

我一直热爱户外活动，而我的家乡美国加利福尼亚州就拥有非常多样的气候和植物。当我了解到植物和真菌之间的重要关系，以及它们如何相互帮助获取养分时，我被深深吸引了。于是，我决定专攻菌根生态学。

关于生态学，你最喜欢的小知识是什么？

大多数植物利用阳光、水和二氧化碳，进行光合作用，为自己制造“食物”。令我震惊的是，植物会将高达20%的碳分配给与其相连的真菌，而不是全部自用。这个例子很好地说明了，地球上的生物是如何构成一个复杂但又相互联系的系统的。

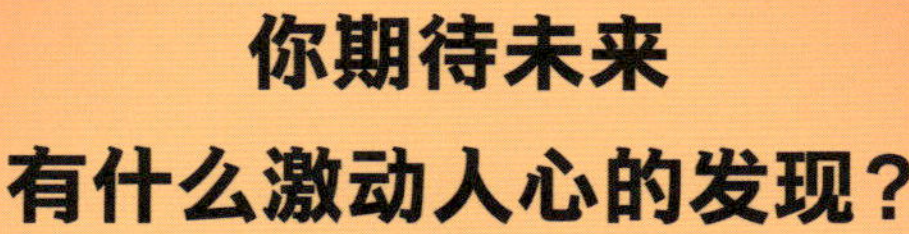

你期待未来有什么激动人心的发现？

我很期待我们在研究微生物（如土壤中的微生物）方面的技术能有所发展，尤其是在使用DNA测序技术的情况下。当我们知道这些神秘的微生物正在做什么时，我们的保护工作将得到极大的帮助。

工作中，你觉得最棒的是什么？

最棒的是我的研究为人类认识自然世界做出了贡献，而且我每天都能与年轻一代的科学家分享这些知识和我的热情。

寻宝游戏

你能在本章中找到以下问题的答案吗？翻到第 306 页，看看你的答案是否正确！

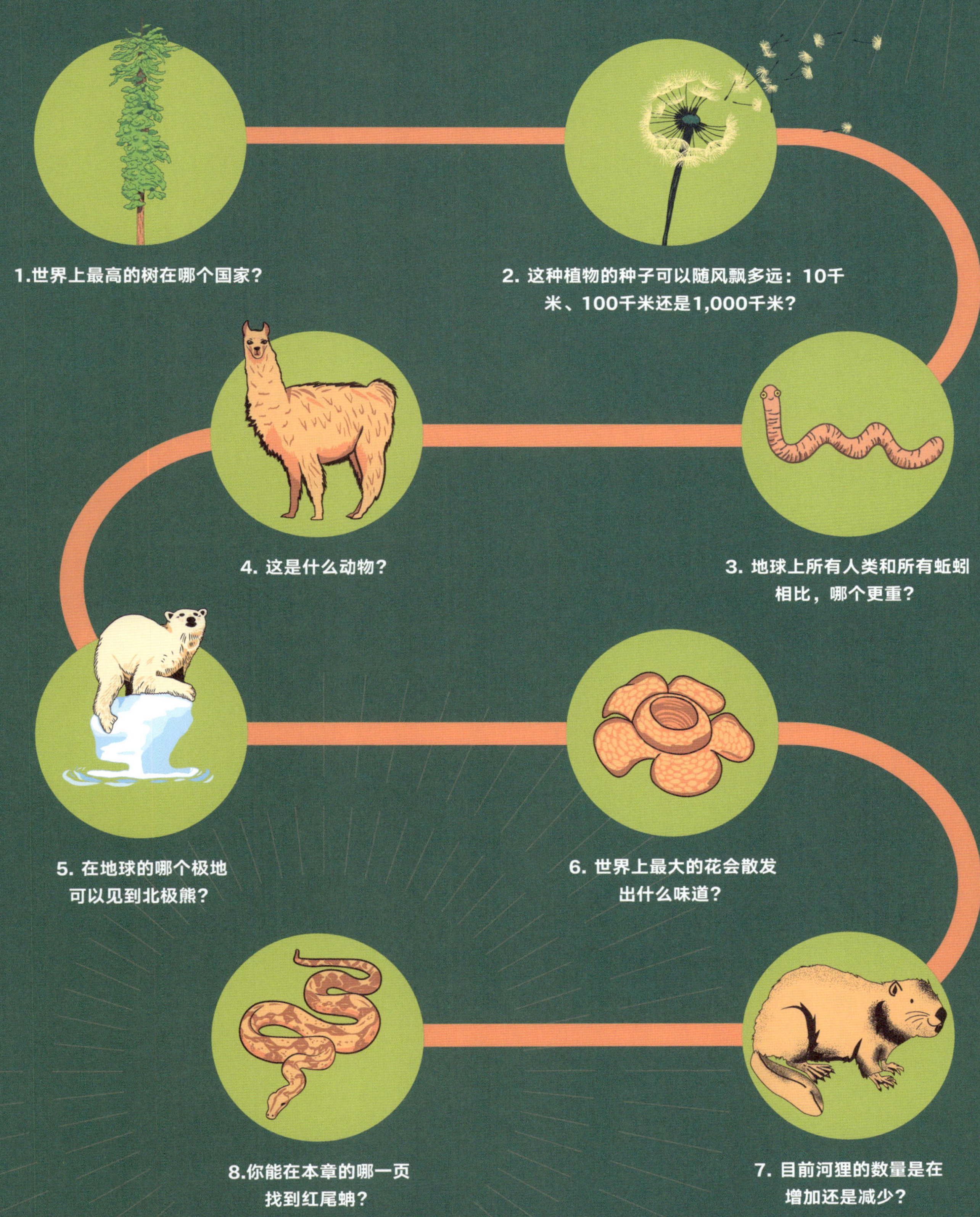

1.世界上最高的树在哪个国家？
2. 这种植物的种子可以随风飘多远：10千米、100千米还是1,000千米？
3. 地球上所有人类和所有蚯蚓相比，哪个更重？
4. 这是什么动物？
5. 在地球的哪个极地可以见到北极熊？
6. 世界上最大的花会散发出什么味道？
7. 目前河狸的数量是在增加还是减少？
8.你能在本章的哪一页找到红尾蚺？

第4章 动物世界

科学家估计，地球上有 350,000 到 400,000 种甲虫。这意味着每 4 种已知的动物物种中就有一种是甲虫！

地球上有多少种动物

迄今为止，科学家已经发现了约 1,600,000 种动物。然而，一些科学家估计地球上的动物物种总数约为 8,000,000 种。这意味着地球上还有数百万种未被发现的动物物种，它们隐匿在某个角落，等待被科学家发现！

约8,000,000种

全球动物物种总数

地球上到底有多少种动物？这仍然是科学领域的未解之谜。8,000,000种只是一个估计的数量，或许还有更多。造成这种不确定性的原因之一是许多物种在未被科学家命名之前就已经灭绝了。

在这8,000,000种中，只有不到20%被科学家描述并命名。

约1,600,000种

已知动物

超过1,521,000种

无脊椎动物

无脊椎动物是指没有脊柱的动物。地球上的大多数动物都是无脊椎动物，而其中又有一大部分（近70%！）是昆虫。

超过74,000种

脊椎动物

脊椎动物是指具有脊柱的动物。哺乳动物，包括人类在内，都属于脊椎动物。

微小的生物

你见过最小的动物是什么？不管那些动物有多小，与这两页的动物相比也仍然可能是庞然大物，因为它们是地球上最小的一些动物。

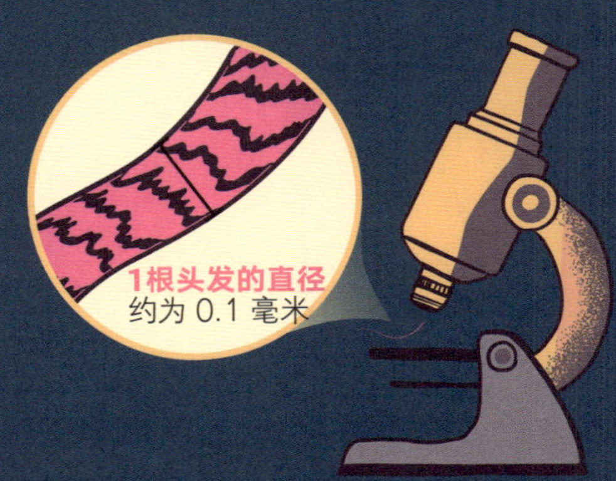
1根头发的直径
约为 0.1 毫米

比例尺：**0.1毫米**
图示中的动物已经放大了 100 倍

微型动物

如果按照实际尺寸画出这些动物，你可就需要用显微镜才能看到它们啦！因此，我们将它们放大了 100 倍。

缨小蜂
体长0.14毫米

这是目前已知最小的成体昆虫。其幼虫寄生在其他昆虫的卵中并从中觅食。

略大于1根头发的宽度

凹马螺
直径0.3毫米

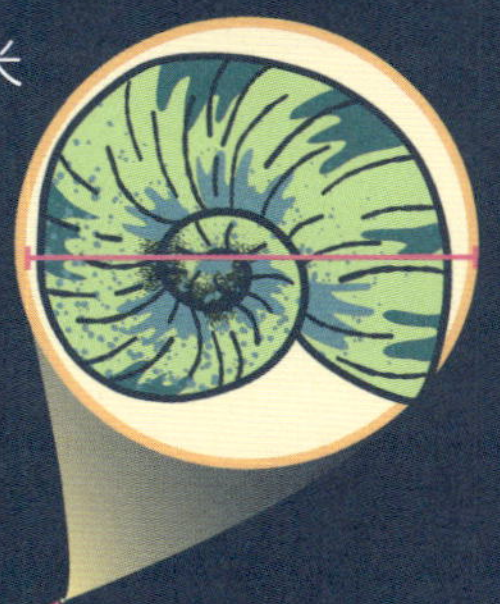

相当于3根头发的宽度

弗拉德洞穴蜘蛛
体长0.43毫米

这种微小的蜘蛛仅发现于葡萄牙的几处洞穴中，是欧洲最小的蜘蛛。

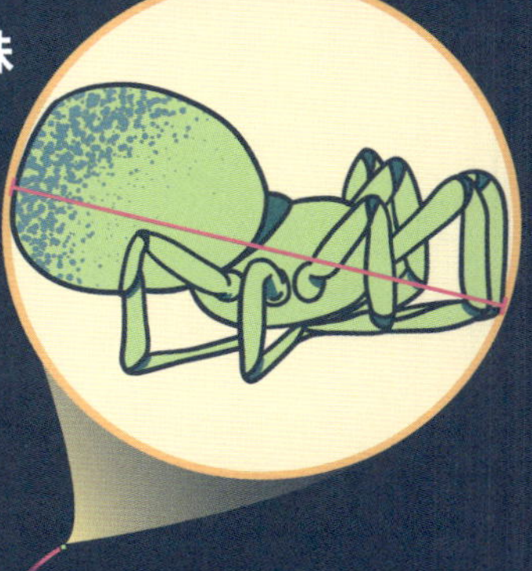

略大于4根头发的宽度

越南洞穴蜗牛
直径0.6毫米

相当于6根头发的宽度

这是世界上最小的陆地蜗牛，生活在越南的一处洞穴中。

水熊虫
体长1毫米

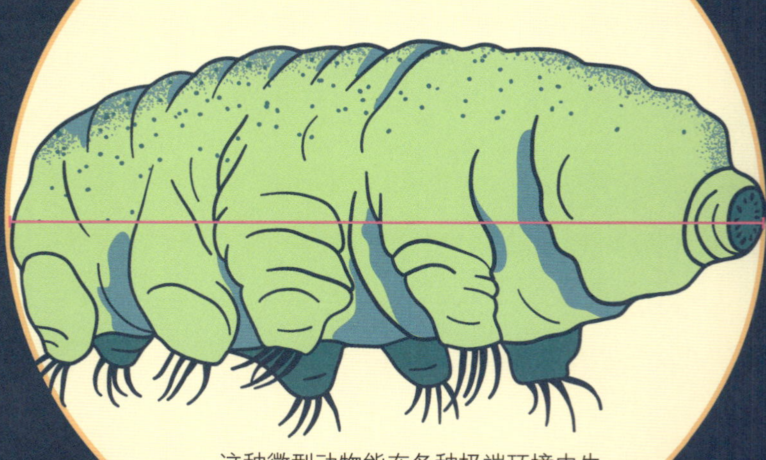

这种微型动物能在各种极端环境中生存，不论是沙漠还是深海热泉。

相当于10根头发的宽度

最小的成员

这里展示了一些小到令人惊讶的生物。尽管它们非常小，但我们无须借助显微镜就能看到它们。图中就是它们真实的大小。

比例尺：**1 厘米**
图示中的动物按照实际大小呈现

最小的两栖动物
阿马乌童蛙（微蛙）

体长0.8厘米

这种蛙体形极小。科学家不得不从雨林地面铲起大量的叶子和土壤，并细心筛查，才能发现这些跳跃的小家伙！

最小的鱼
微鲤

体长0.8厘米

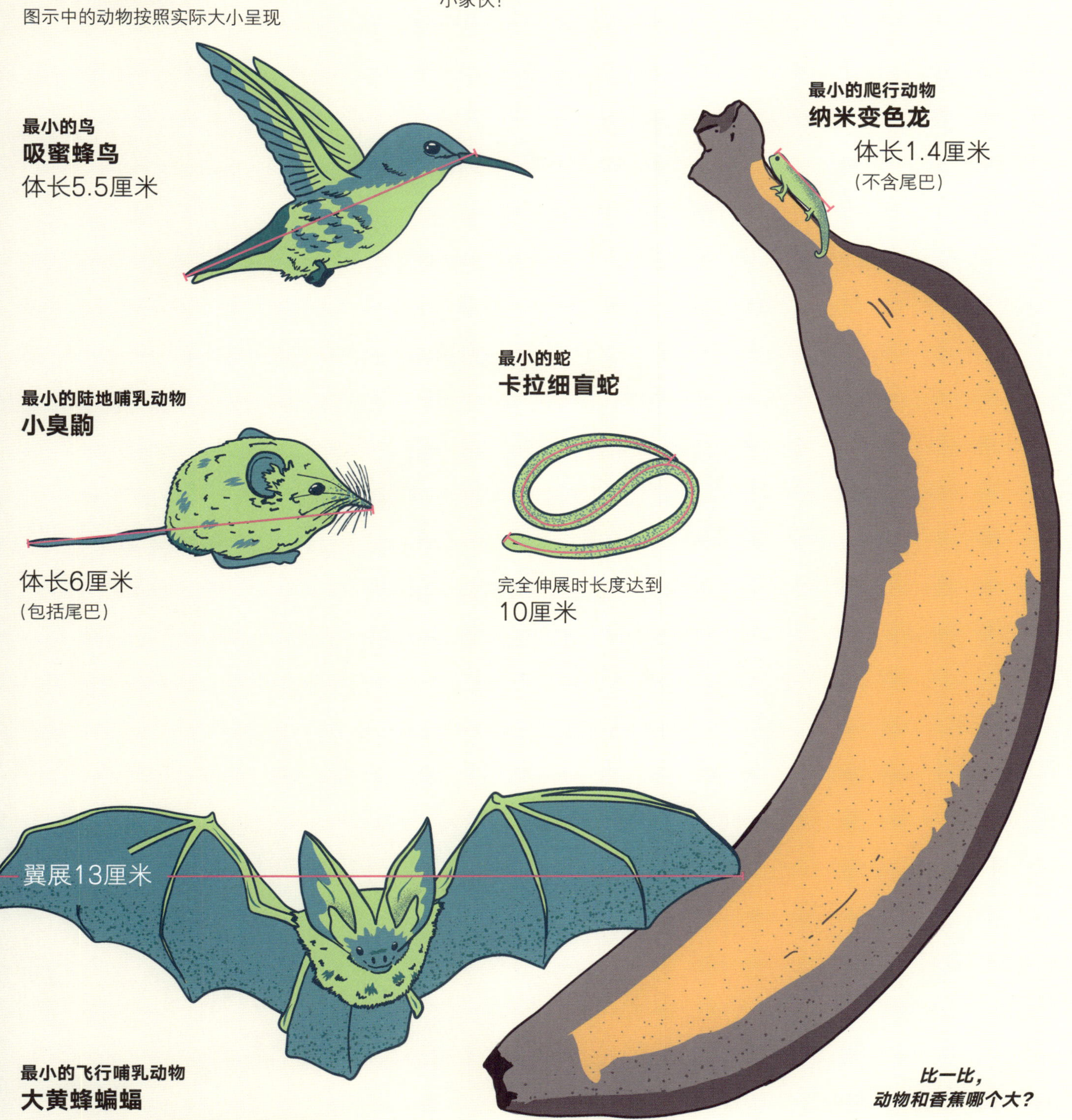

最小的鸟
吸蜜蜂鸟
体长5.5厘米
最小的爬行动物
纳米变色龙
体长1.4厘米
（不含尾巴）
最小的陆地哺乳动物
小臭鼩
体长6厘米
（包括尾巴）
最小的蛇
卡拉细盲蛇
完全伸展时长度达到
10厘米
翼展13厘米

最小的飞行哺乳动物
大黄蜂蝙蝠

这种微型蝙蝠仅分布在泰国和缅甸的一些石灰岩洞穴中，体重不到 2 克。

比一比，动物和香蕉哪个大？

陆地与天空中的巨兽

如今，地球上最重的陆地动物是大象，最高的陆地动物是长颈鹿。然而在史前时代，曾有比它们更大的动物在陆地漫游，在天空飞翔。在接下来的信息图中，你将看到动物王国中的“巨人”，以及它们之间的体形对比，其中不仅包括现存的，还有那些早已灭绝的。

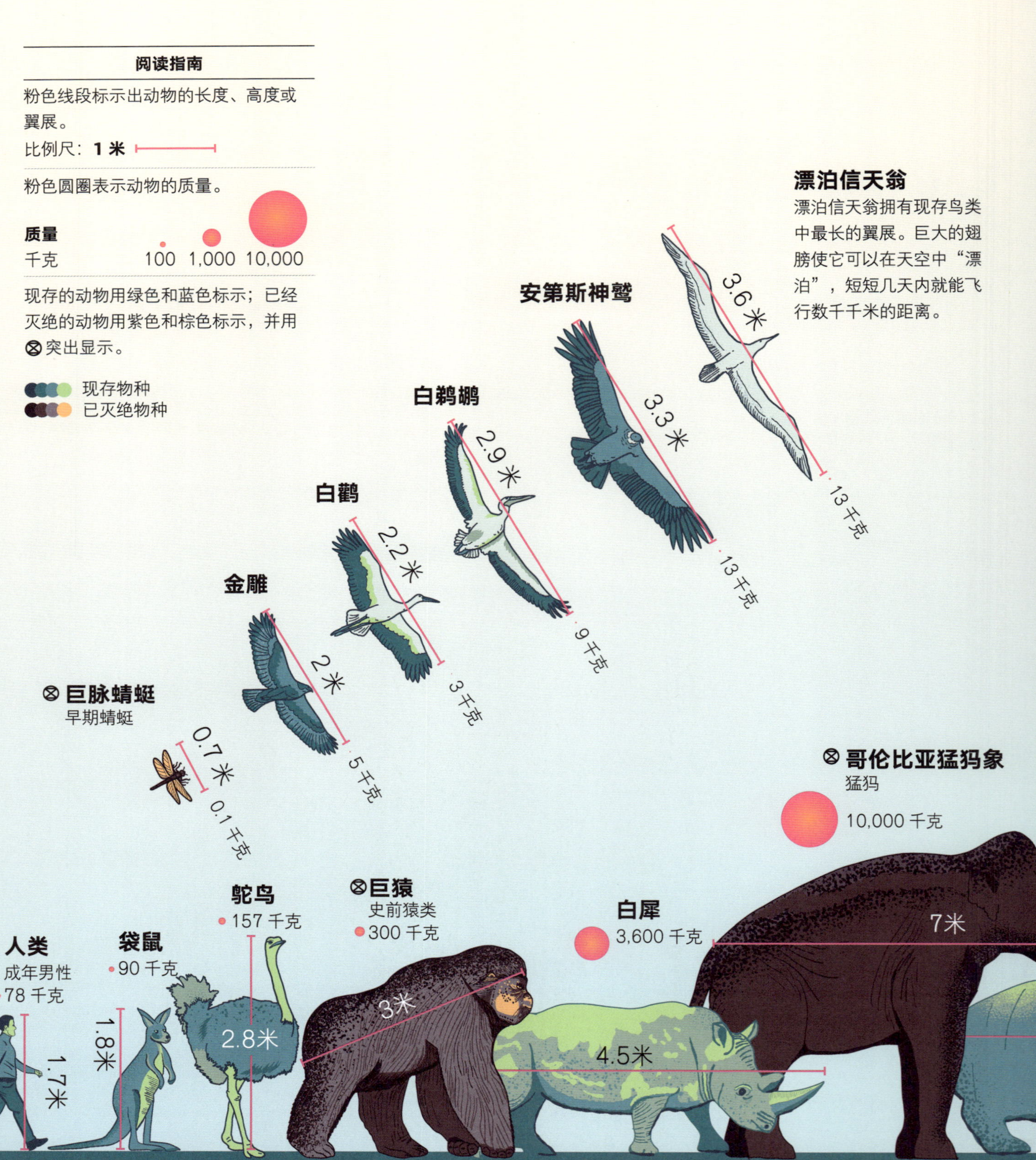

阅读指南
粉色线段标示出动物的长度、高度或翼展。
比例尺：**1 米**
粉色圆圈表示动物的质量。
质量
千克
100 1,000 10,000
现存的动物用绿色和蓝色标示；已经灭绝的动物用紫色和棕色标示，并用⊗突出显示。
现存物种
已灭绝物种
漂泊信天翁
漂泊信天翁拥有现存鸟类中最长的翼展。巨大的翅膀使它可以在天空中“漂泊”，短短几天内就能飞行数千千米的距离。
3.6 米
13 千克
安第斯神鹫
3.3 米
13 千克
白鹈鹕
2.9 米
9 千克
白鹳
2.2 米
3 千克
金雕
2 米
5 千克
⊗ 巨脉蜻蜓
早期蜻蜓
0.7 米
0.1 千克
⊗ 哥伦比亚猛犸象
猛犸
10,000 千克
7米
白犀
3,600 千克
4.5米
⊗巨猿
史前猿类
300 千克
3米
鸵鸟
157 千克
2.8米
袋鼠
90 千克
1.8米
人类
成年男性
78 千克
1.7米

翻到下一页，
继续！
⊗阿根廷巨鹰
史前鸟类，是已
知最大的飞禽。
⊗风神翼龙
翼龙
⊗伪齿鸟
史前鸟类
7米
10米
6.4米
72千克
250千克
40千克
长颈鹿
1,930 千克
非洲象
6,048 千克
⊗巨犀
犀牛的无角亲戚
20,000 千克
河马
3,200 千克
5.5米
7.4米
7.3米
5.1米

⊗ 哈特兹哥翼龙
翼龙
250 千克
12米
39.7米
⊗ 霸王龙
兽脚类恐龙
8,800 千克
13米
⊗ 三角龙
角龙类恐龙
7,100 千克
8.5米
9米
绿水蚺
227 千克

⊗ 腕龙
蜥脚类恐龙
28,700 千克
⊗ 无畏龙
蜥脚类恐龙
59,300 千克
⊗ 阿根廷龙
蜥脚类恐龙
75,000 千克
25米
26米
哥伦比亚猛犸象
巨猿
阿根廷巨鹰
伪齿鸟
巨犀
风神翼龙
霸王龙
三角龙
哈特兹哥翼龙
无畏龙
阿根廷龙
腕龙
巨脉蜻蜓
300
250
200
150
100
50
0
100 万年前

我们在哪里发现了恐龙化石？翻到第 102 页找出答案。

这些已经灭绝的动物生活在什么时期

这张信息图展示了这些已经灭绝的动物在地球上的生存时期。图中的粉红色块代表每种动物在地球上存在的时间段，以 100 万年为计量单位。

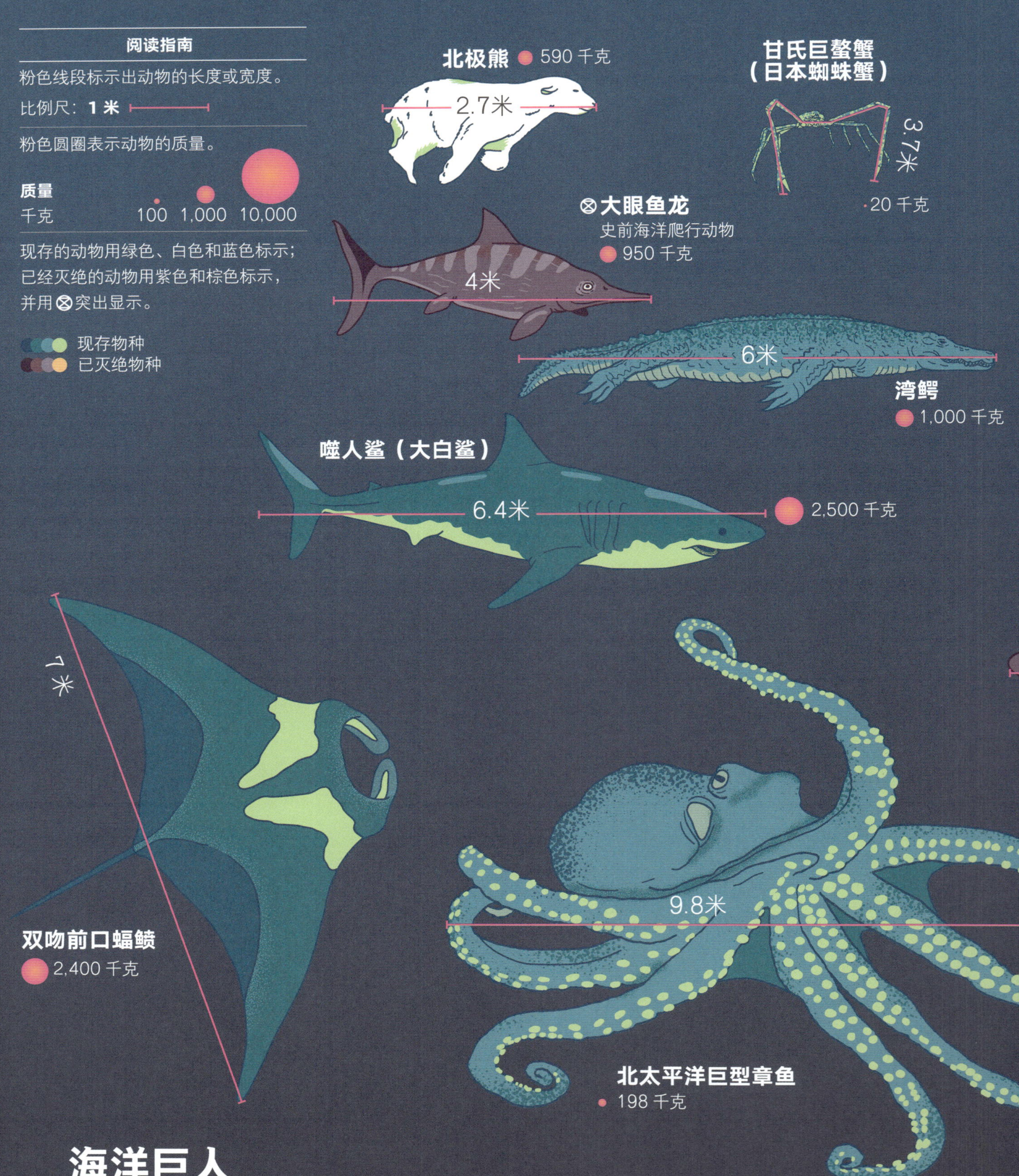
阅读指南
粉色线段标示出动物的长度或宽度。
比例尺：**1 米**
粉色圆圈表示动物的质量。
质量
千克
100 1,000 10,000
现存的动物用绿色、白色和蓝色标示；
已经灭绝的动物用紫色和棕色标示，
并用⊗突出显示。
现存物种
已灭绝物种
北极熊 590 千克
2.7米
甘氏巨螯蟹
（日本蜘蛛蟹）
3.7米
20 千克
⊗大眼鱼龙
史前海洋爬行动物
950 千克
4米
6米
湾鳄
1,000 千克
噬人鲨（大白鲨）
6.4米
2,500 千克
7米
双吻前口蝠鲼
2,400 千克
9.8米
北太平洋巨型章鱼
198 千克

海洋巨人

海洋是数十亿生物的家园，其中不乏体形巨大者。这里介绍了一些水下生物之最，从生活在日本太平洋沿岸的甘氏巨螯蟹到体形无匹的蓝鲸。你知道吗？蓝鲸的心脏可是有一辆小汽车那么大呢！

翻到下一页，
继续！
虎鲸
9,800 千克
9.8米
我的牙齿很小，而且我对吃人完全不感兴趣。
姥鲨
4,500 千克
12.3米
呼，安全了！
⊗上龙
史前海洋爬行动物
12.7米
19,200 千克
13米
⊗薄片龙
史前海洋爬行动物
2,000 千克
13米
大王乌贼
200 千克

18.8米
21米
24米
25米
33米

鲸鲨
14,000 千克
萨斯特鱼龙
史前海洋爬行动物
80,000 千克
抹香鲸
50,000 千克
巨齿鲨
史前鲨鱼
65,000 千克
蓝鲸
150,000 千克

大多数食肉动物都有裂齿，用来切割坚韧的筋腱，撕裂肉类。

晚餐吃什么

动物可以根据它们的食性被分为 3 大类：以其他动物为食物的动物被称为食肉动物，比如老虎、鲨鱼和猛禽等；以植物和藻类为食物的动物被称为食草动物，比如大象、陆龟和长颈鹿等；既吃肉又吃植物的动物则被称为杂食动物，包括熊、猴子、松鼠、猪，以及人类。

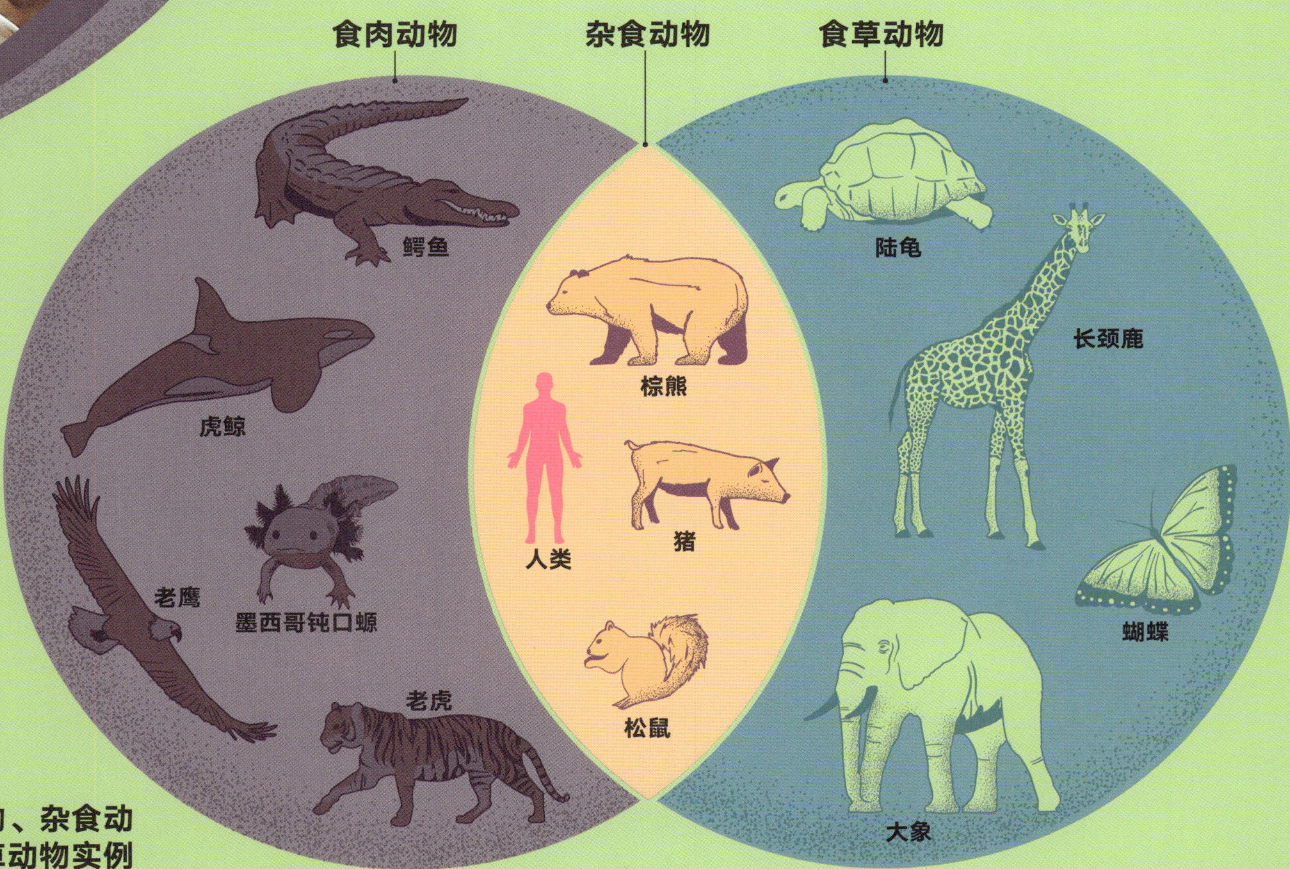
食肉动物
杂食动物
食草动物
鳄鱼
虎鲸
老鹰
墨西哥钝口螈
老虎
棕熊
人类
猪
松鼠
陆龟
长颈鹿
蝴蝶
大象

食肉动物、杂食动物与食草动物实例

有进必有出

所有动物都通过进食来获取食物中的蛋白质、碳水化合物、脂肪和维生素。然而，并不是食物里所有成分都能被吸收，这就是为什么我们要排便——为了把没用的东西排出去。体形大的动物需要摄入更多的能量和营养，因此食量更大。这也意味着它们的便便尺寸更大！

便便的规律

虽然不同动物的便便大小、形状和数量各不相同，但大部分哺乳动物，无论是小猫还是大象，平均需要 12 秒的时间完成排便。

我们兔子不仅喜欢吃干草和绿色蔬菜，还会吃自己的便便！这样我们就可以再次消化食物，从中吸收更多营养。

90克 **兔子** 100克

人类

每日进食量 1.3千克

每日排便量 128克

5千克 **狮子** 650克

阅读指南

左边的黄色堆表示每种动物平均每天的进食量，而右边的粉红色堆则表示其排便量。

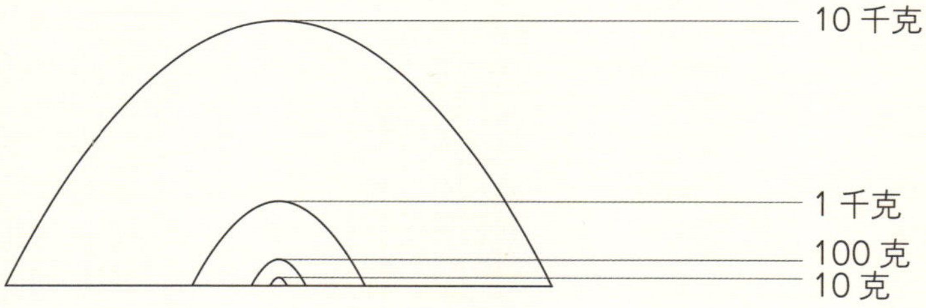

10 千克

1 千克

100 克

10 克

世界上最大的便便

蓝鲸是世界上最大的动物，它的便便也是最大的。有幸见过蓝鲸便便的科学家说，它闻起来有点儿像狗屎，质地则像面包屑。

蓝鲸每天会吃超过**3,600千克**的磷虾。
磷虾

我的食物中99%都是
竹子，而我每天要排
便多达40次！
23千克
大熊猫
23千克

非洲草原象

150 千克

150 千克

吃高纤维食物的动物，比如兔子、大熊猫和大象，难以完全消化它们摄入的食物。因此，许多食物成分会和其他废物混合，一起随便便排出。

蓝鲸一次可以排出 **200 升**便便。它的便便大到从飞机上都能看到。

舌头与尾巴

你想拥有像猴子那样卷曲的尾巴吗？或者一条像大食蚁兽一样的长舌头？许多动物都依靠它们的舌头和尾巴来完成各种重要任务，如捕捉猎物或保持平衡。以下是动物王国里一些尺寸最大、最长的舌头和尾巴。

50厘米
长颈鹿
0.1倍 = 舌头长度是其体长的1/10
河马
0.1倍
36厘米
马来熊
0.2倍
25厘米
巨地穿山甲
0.2倍
25厘米
绿啄木鸟
0.3倍
10厘米
大食蚁兽
0.3倍
我一天可以吞掉30,000只白蚁哟！
60厘米
花蜜长舌蝠
1.5倍
8.5厘米
玫瑰鼻变色龙
2.5倍
11.6厘米
舌头长度与体长的比例
舌头长度
阅读指南
舌头或尾巴长度与体长的比例：
1倍 = 相当于其体长的一倍（尾巴长度不计）
比例尺：10 厘米

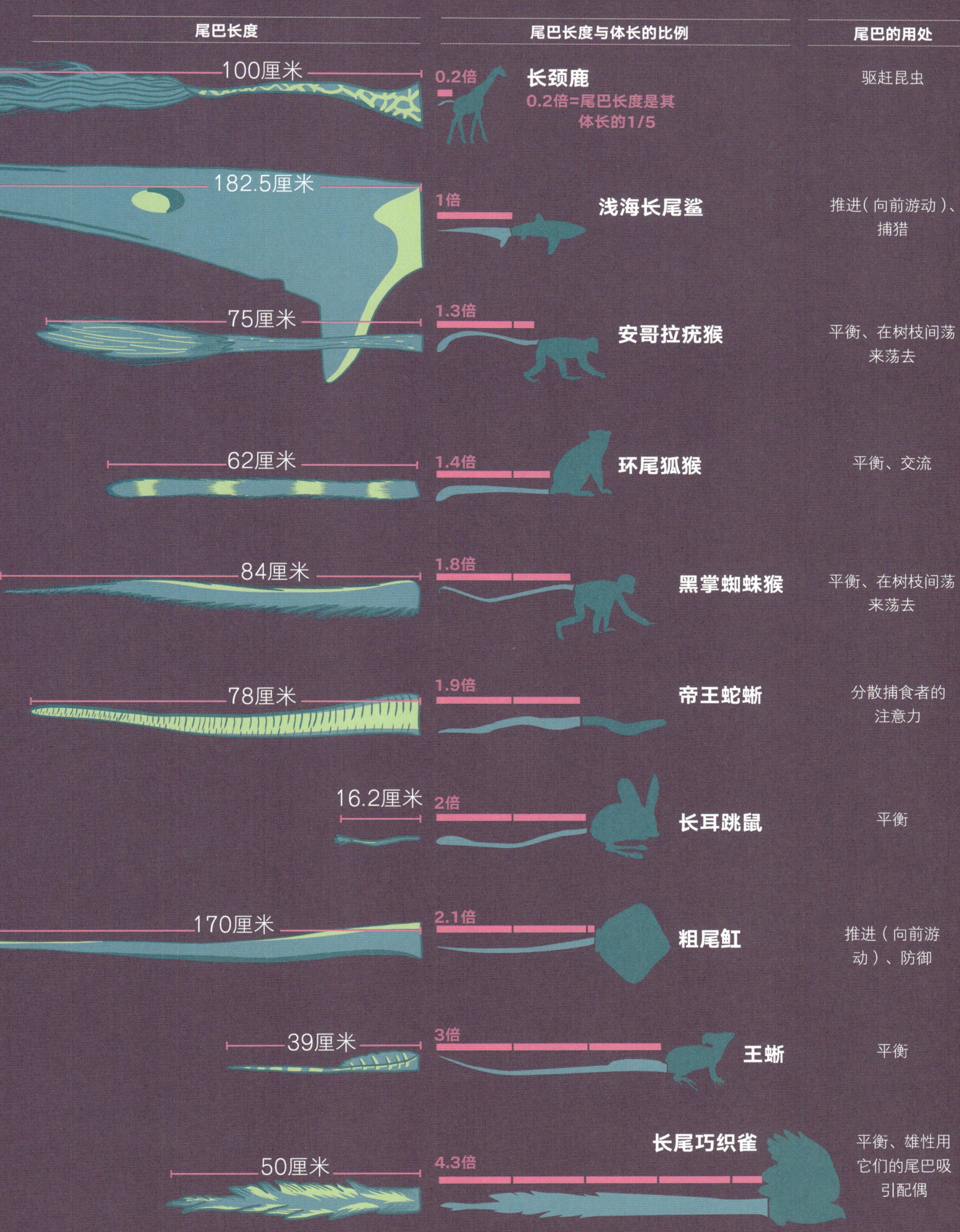

尾巴长度
尾巴长度与体长的比例
尾巴的用处
100厘米
0.2倍
长颈鹿
0.2倍=尾巴长度是其体长的1/5
驱赶昆虫
182.5厘米
1倍
浅海长尾鲨
推进（向前游动）、捕猎
75厘米
1.3倍
安哥拉疣猴
平衡、在树枝间荡来荡去
62厘米
1.4倍
环尾狐猴
平衡、交流
84厘米
1.8倍
黑掌蜘蛛猴
平衡、在树枝间荡来荡去
78厘米
1.9倍
帝王蛇蜥
分散捕食者的注意力
16.2厘米
2倍
长耳跳鼠
平衡
170厘米
2.1倍
粗尾魟
推进（向前游动）、防御
39厘米
3倍
王蜥
平衡
长尾巧织雀
50厘米
4.3倍
平衡、雄性用它们的尾巴吸引配偶

蝴蝶和海星的对称线
轴对称
辐射对称

对称性

几乎所有动物都具备某种对称性，这意味着它们的身体可以被分成相同的两份或几份。比如，蝴蝶表现出的是轴对称，即身体的左右两侧互为镜像。而海星则展现了辐射对称，它们的身体以中心为基准，拥有多条对称线，像个车轮似的。在所有动物中，仅有海绵被认为是非对称的，它们的身体没有任何对称特征。

地球上最强壮的动物

哪种动物更强壮，是大象还是蚂蚁？当然，大象可以举起的物体的质量肯定更大，但或许更公正的评判方式是将动物自身的体重纳入考量，算出各种动物能扛起的质量和它们的体重之比。这样一来，小而有力的动物，比如蚂蚁和甲虫，可要比大猩猩、熊和大象更强壮！

1倍

美洲角雕

美洲角雕可以负重 7.5 千克，约等于自身体重（**1 倍**）。

1倍

棕熊

棕熊可以负重 250 千克，约等于自身体重（**1 倍**）。

1.5倍

非洲象

非洲象可以负重 9,000 千克，是自身体重（6,000 千克）的 **1.5 倍**。

2倍

老虎

老虎可以负重 400 千克，是自身体重（200 千克）的 **2 倍**。

2倍

麝牛

麝牛可以负重 570 千克，是自身体重（285 千克）的 **2 倍**。

4倍

大猩猩

大猩猩可以负重 640 千克，是自身体重（160 千克）的 **4 倍**。

人类有多强壮

创下世界纪录的举重选手塔玛拉 · 沃尔科特可以举起 291 千克，大约是她体重（134 千克）的 2 倍。

2倍

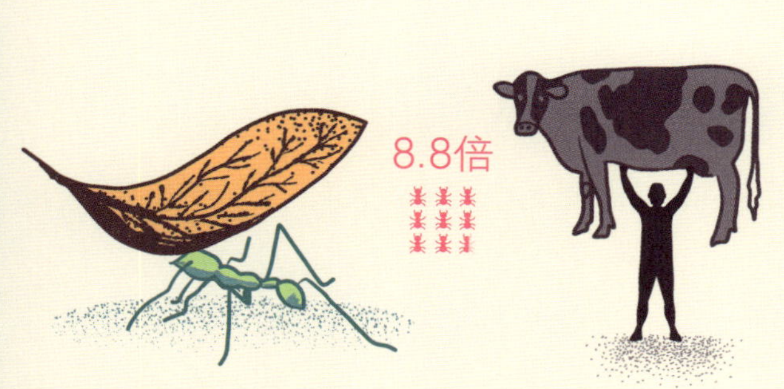
8.8倍

100倍

切叶蚁

这种蚂蚁特别了不起，可以扛起相当于自身体重（0.02 克）**8.8 倍**的质量。这相当于**一个人扛起一头牛**！

犀金龟（独角仙）

犀金龟可以扛起相当于自身体重（2.4 克）**100 倍**的质量。这相当于**一个人扛起一头大象**！

530倍

甲螨

这种螨虫可以推动相当于自身体重（0.0001 克）**530 倍**的质量，这就像**一个人拉动一头腕龙一样强大**！

1,141倍

牛头嗡蜣螂

牛头嗡蜣螂可以推动相当于自身体重（0.09 克）**1,141 倍**的质量，这就好比**一个人能拉动一辆坦克一样强大**！

地球上最快的动物

牙买加运动员尤塞恩 · 博尔特是世界上跑得最快的人，他可以在短短 9 秒多的时间里跑完 100 米。虽然在人类中他是世界纪录保持者，但与其他地上跑、水中游和天上飞的动物相比，他的速度其实并不算快。以下是动物王国中速度最快的动物。

飞得最快

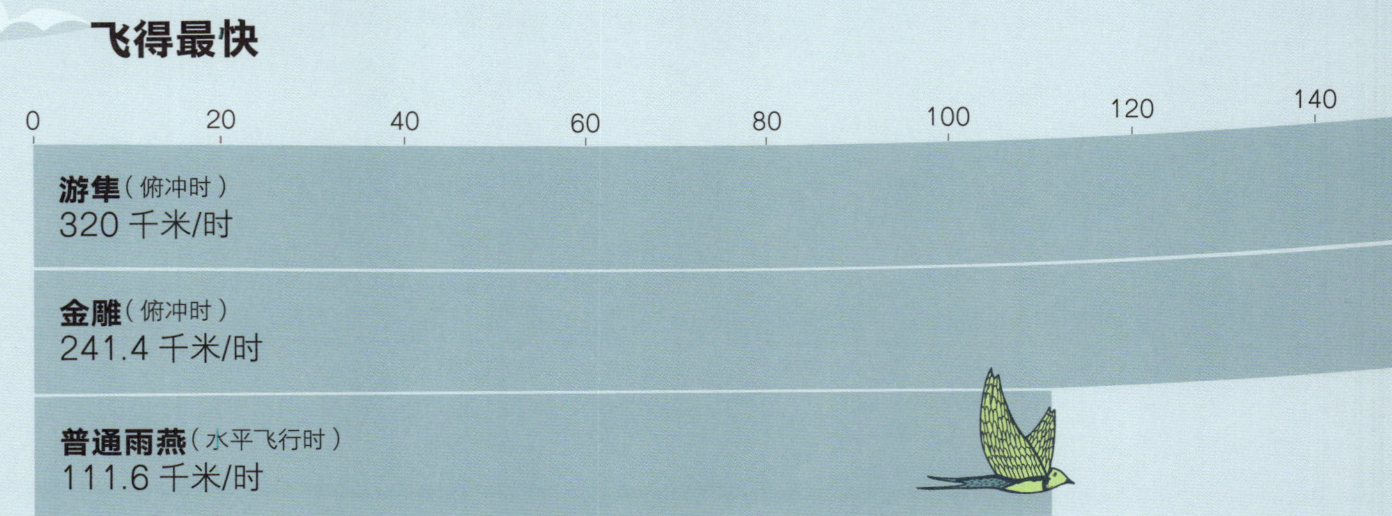

0
20
40
60
80
100
120
140
游隼（俯冲时）
320 千米/时
金雕（俯冲时）
241.4 千米/时
普通雨燕（水平飞行时）
111.6 千米/时

游得最快

印度枪鱼是世界上游得最快的鱼。

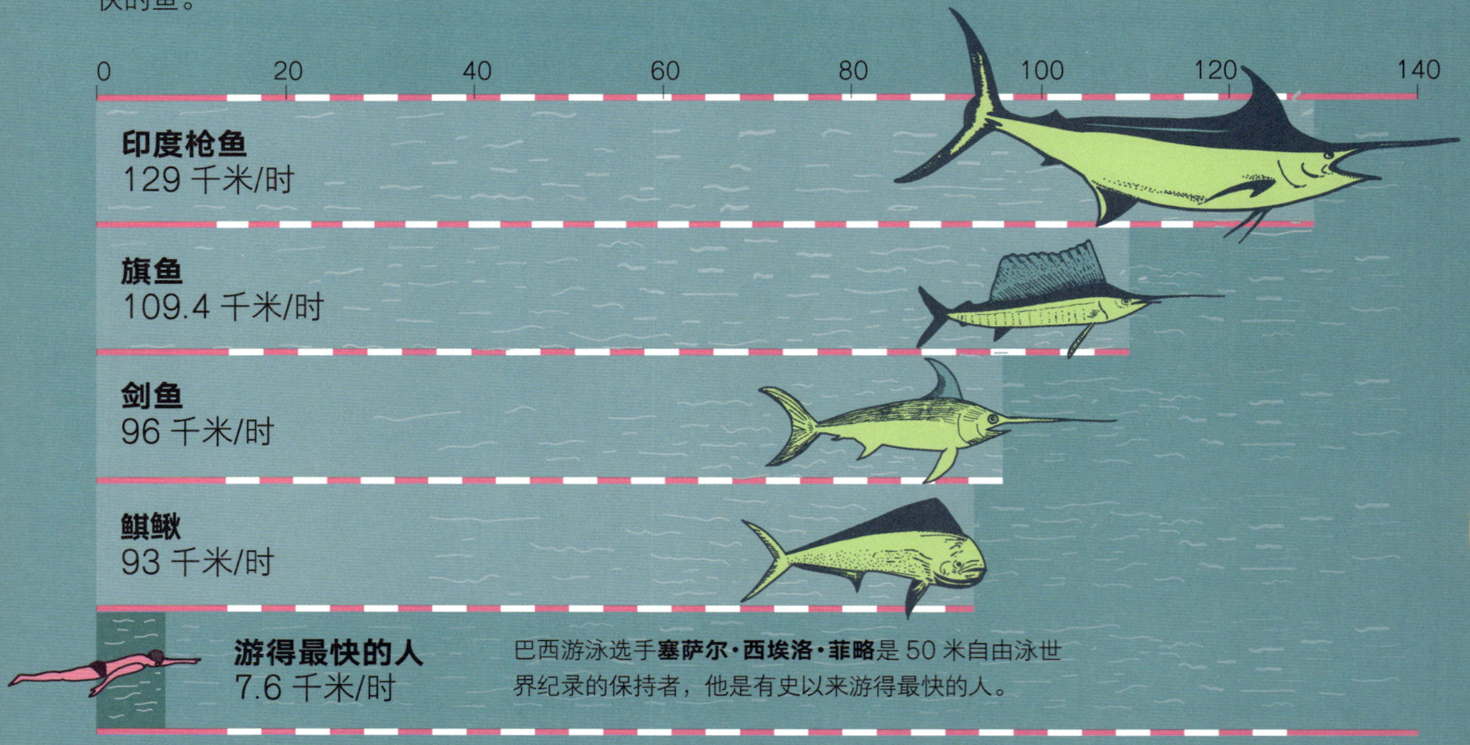

0 20 40 60 80 100 120 140

印度枪鱼
129 千米/时

旗鱼
109.4 千米/时

剑鱼
96 千米/时

鲯鳅
93 千米/时

游得最快的人
7.6 千米/时

巴西游泳选手**塞萨尔·西埃洛·菲略**是 50 米自由泳世界纪录的保持者，他是有史以来游得最快的人。

想了解那些速度惊人的机械，请翻到第 264 页。

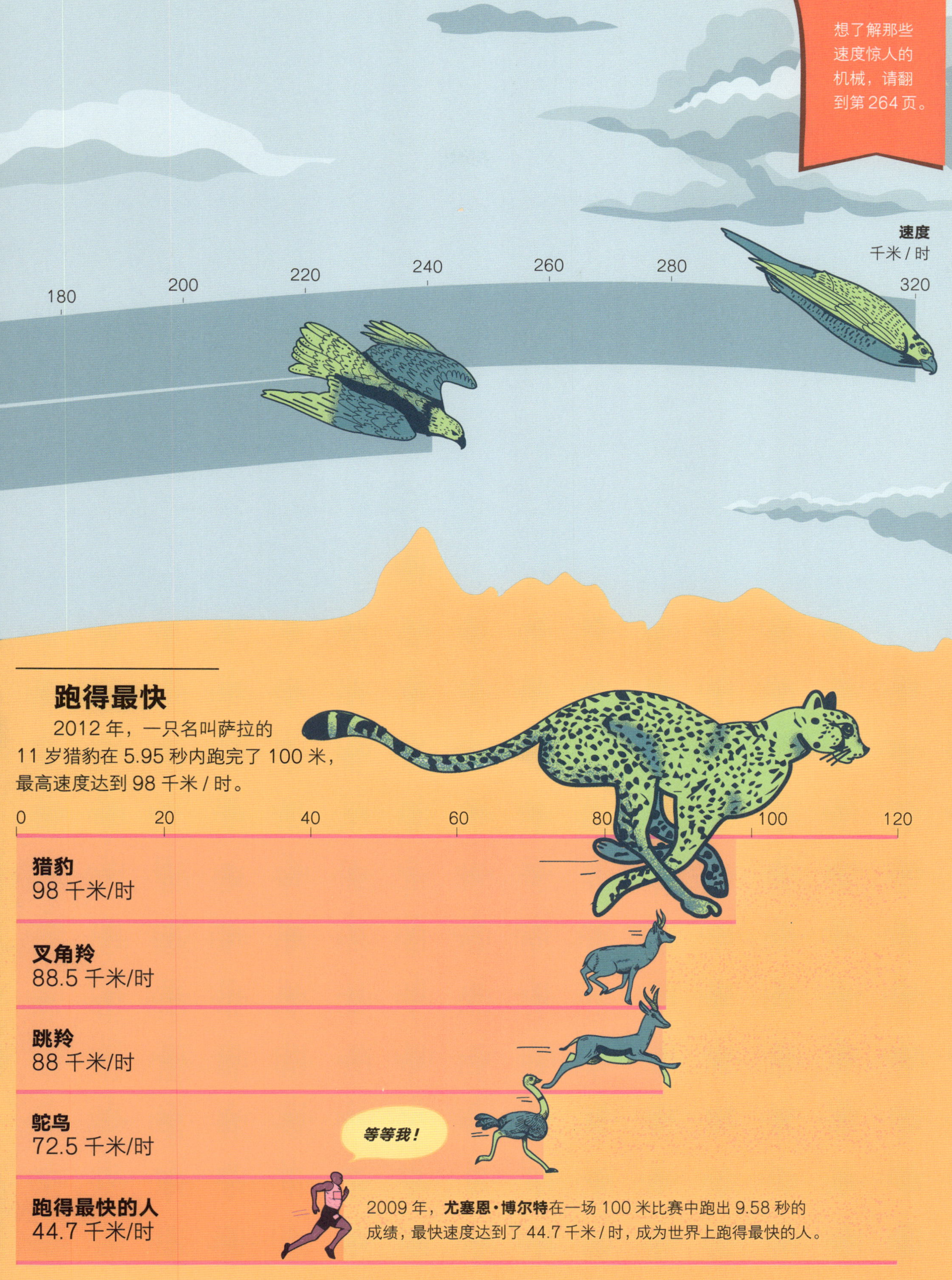
速度
千米 / 时
180
200
220
240
260
280
320
0
20
40
60
80
100
120
猎豹
98 千米/时
叉角羚
88.5 千米/时
跳羚
88 千米/时
鸵鸟
72.5 千米/时
等等我！
跑得最快的人
44.7 千米/时

跑得最快

2012 年，一只名叫萨拉的 11 岁猎豹在 5.95 秒内跑完了 100 米，最高速度达到 98 千米 / 时。

2009 年，**尤塞恩·博尔特**在一场 100 米比赛中跑出 9.58 秒的成绩，最快速度达到了 44.7 千米 / 时，成为世界上跑得最快的人。

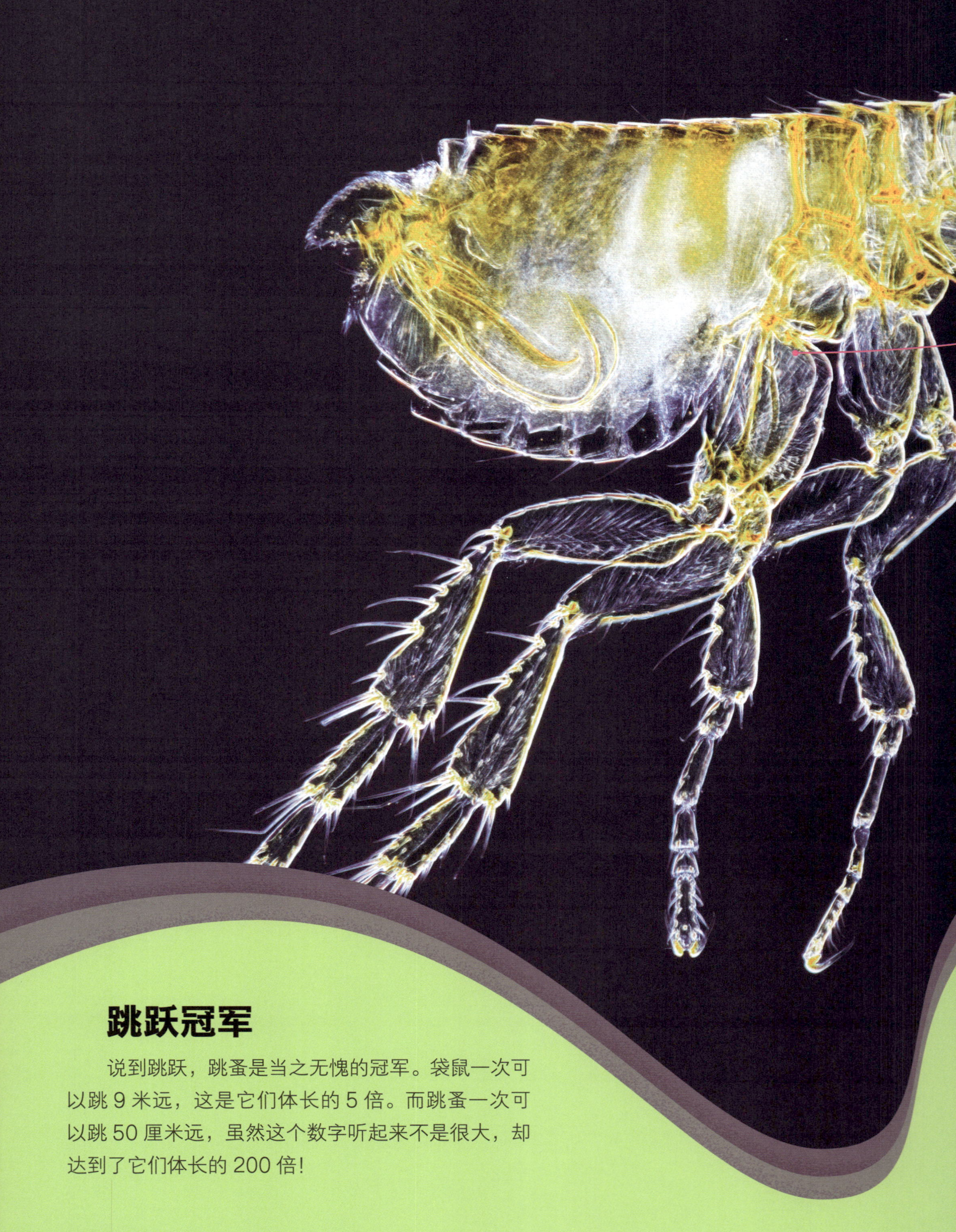

跳跃冠军

说到跳跃，跳蚤是当之无愧的冠军。袋鼠一次可以跳 9 米远，这是它们体长的 5 倍。而跳蚤一次可以跳 50 厘米远，虽然这个数字听起来不是很大，却达到了它们体长的 200 倍！

跳蚤能跳得如此远，不仅仅依靠它腿上的肌肉。跳蚤的胸腔内有一种叫作“弹性蛋白”的橡胶状物质。当跳蚤弯曲后腿准备跳跃时，胸腔肌肉随之收缩，这个动作则会压缩弹性蛋白；随后，它发力跳起，弹性蛋白就会像压缩的弹簧一样反弹，助力跳蚤跳到50厘米外的地方。

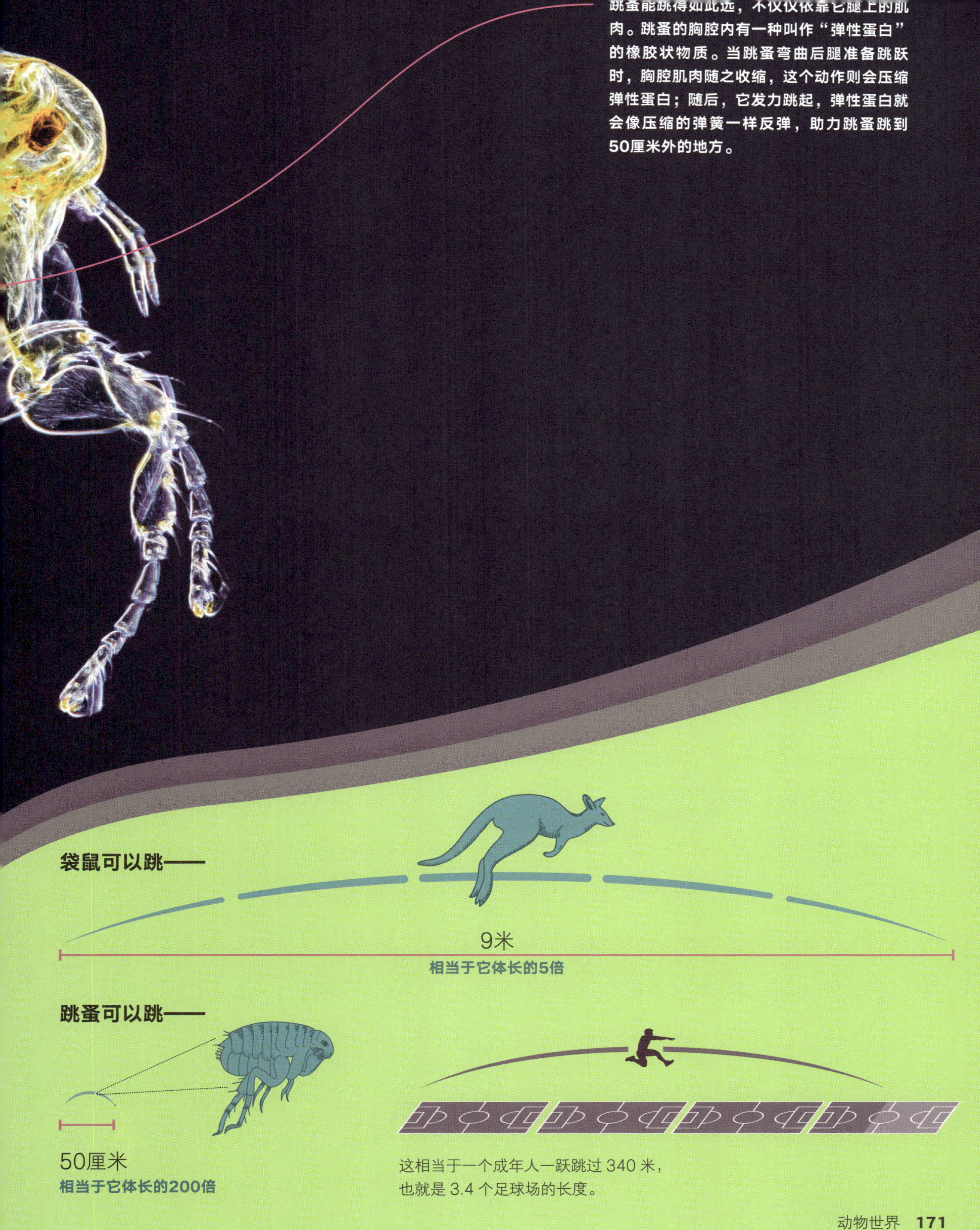

袋鼠可以跳——
9米
相当于它体长的5倍
跳蚤可以跳——
50厘米
相当于它体长的200倍
这相当于一个成年人一跃跳过 340 米，
也就是 3.4 个足球场的长度。

极限生存

不论是酷热的撒哈拉沙漠还是寒冷的南极冰盖，都有一些动物能够在这类极端环境中生存并繁衍。这里介绍了一些能在地球上最高、最低、最热、最冷的地方生存的动物。

炎热与严寒

这张信息图上半部分的动物可以在极端高温中生存，下半部分的动物则更喜欢生活在极端寒冷中。水熊虫比它们都顽强，在这两种环境中都能活得游刃有余！

水熊虫
地球上的任何地方，包括沙漠和深海海沟
151°C

耳廓狐
非洲北部的沙漠
40°C

骆驼
非洲和亚洲的干旱地区
49°C

箭蚁
非洲撒哈拉沙漠
54°C

庞贝虫
海底火山附近的热泉
79°C

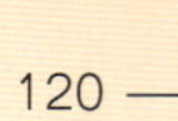

温度
°C
热
160
120
80
40
0
淡水的冰点
-40
-80
-120
-160
-200
冷

-20°C
阿拉斯加林蛙
北美洲

当阿拉斯加林蛙进入冬眠状态时，它的身体能够连续冻结长达7个月之久！

-47°C
帝企鹅
南极

-70°C
北极熊
北极

-70°C
北极灯蛾
北极

-200°C

高处与深处

这张信息图上半部分的动物习惯于在高海拔地区生活，下半部分的动物则生活在地下深处或深海底部。

高度 & 深度
米

高度

12,000
10,000
8,000
6,000
4,000
2,000
海平面
-2,000
-4,000
-6,000
-8,000
-10,000

深度

黑白兀鹫
非洲东部
11,300米

雪豹
亚洲的高山地带
5,800米

牦牛
亚洲喜马拉雅山脉
6,100米

黄背叶耳鼠
南美洲安第斯山脉
6,700米

水熊虫
6,000米

-1,100米
洞穴蜈蚣
欧洲克罗地亚的一个洞穴

-1,300米
魔鬼蠕虫
南非

-3,600米
最深处的陆地蠕虫
在南非的陶托那金矿中发现的一种陆地蠕虫

-4,700米

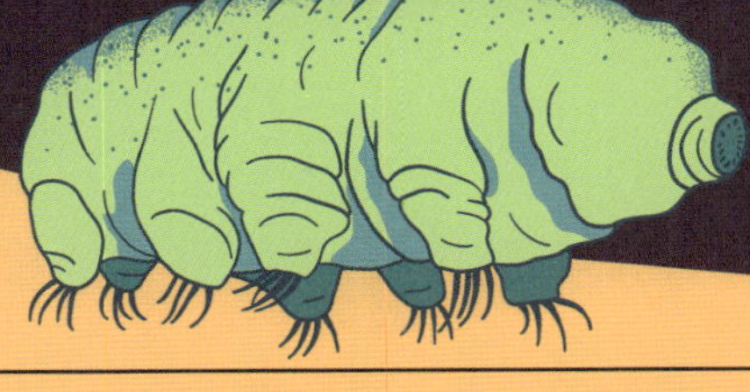

水熊虫——了不起的生存者

水熊虫虽然只是一种体长约 1 毫米的微型动物，但它是地球上最为坚韧的生物之一。它们可以在高温、低温、极端的压力、缺乏水或氧气，甚至是太空的真空环境下存活。在恶劣的环境中，水熊虫能够进入“隐生状态”。在这种状态下，它们会脱水并用特殊蛋白质和糖类保护自己的细胞。

-11,000米
海参
太平洋
马里亚纳海沟

企鹅有多大

现存体形最大的企鹅品种是帝企鹅，其身高可达 1.3 米。然而，在大约 40,000,000 年前，有一种体形更大的企鹅——卡氏古冠企鹅，曾生活在南极洲的冰原上。科学家估计，现已灭绝的卡氏古冠企鹅的身高可能达到 1.6 米，体重为 115 千克，几乎是普通成年人体重的 2 倍！

白眉企鹅是现存体形第三大的企鹅。这张照片捕捉到它们跃上南极冰盖的身影。

企鹅身高
高度
米
1.5
1
0.5
0
卡氏古冠企鹅
1.6 米
伊卡企鹅
1.5 米
秘鲁巨型企鹅
0.9 米
威马奴企鹅
0.9 米
帝企鹅
1.3 米
王企鹅
0.95 米
白眉企鹅
0.75 米
秘鲁企鹅
0.7 米
加拉帕戈斯企鹅
0.53 米
12 岁儿童
（1.5 米）
已灭绝的物种
现存物种
用于高度对比

壮丽的迁徙

动物迁徙是指动物根据季节变化，从一个地方迁移至另一个地方的行为。在哺乳动物、爬行动物、鸟类、昆虫和鱼类中，都有一些物种会因为各种原因进行迁徙，比如觅食、交配或生育后代。从这张地图上我们可以看到，有些动物每年迁徙的距离长达数万千米。

北美洲
亚洲
大洋洲
南 极 洲
灰鲸
座头鲸
座头鲸
座头鲸
座头鲸
座头鲸
座头鲸
座头鲸
黑脉金斑蝶
棱皮龟
斑尾塍鹬
斑尾塍鹬

灰鲸

灰鲸每年都会完成一次总长达22,500千米的往返迁徙。它们在北极的夏季觅食地与墨西哥沿海的暖水海域之间来回迁移。在墨西哥的暖海中，雌鲸会产下它们的后代。灰鲸的迁徙距离在所有哺乳动物中是最长的。

棱皮龟

棱皮龟是现存体形最大的海龟，它们在太平洋和大西洋中各有不同的迁徙路线，每年会迁徙数千千米。它们主要以水母为食。

斑尾塍鹬

在2022年，一只斑尾塍鹬创下了鸟类无间断迁徙的最长纪录——连续飞行11天1小时之久，全程没有停歇。

黑脉金斑蝶
北美洲的黑脉金斑蝶主要分为两大群体。一群每年会在落基山脉和南加利福尼亚州之间迁徙，另一群则在加拿大与墨西哥中部之间迁徙。这些蝴蝶利用太阳导航。而在阴天时，它们体内的“罗盘”仍会帮助它们保持正确的方向。
座头鲸
座头鲸分布在地球的各大洋中 。它们在夏季时于极地地区（北极和南极）觅食，然后在冬季时迁徙到靠近赤道的地方。
座头鲸
欧洲
亚洲
棱皮龟
座头鲸
座头鲸
黑脉金斑蝶
斑腹沙锥
斑腹沙锥
科学家认为斑腹沙锥在长距离飞行的鸟类中是飞行速度最快的。他们曾记录一只斑腹沙锥的超级旅程，它在仅三天半的时间里便飞越了 6,800 千米，从北欧抵达撒哈拉以南的非洲地区。
非洲
北极燕鸥
黄体短平口鲇
南美洲
北极燕鸥
北极燕鸥
黄体短平口鲇
身长 2 米的黄体短平口鲇，拥有所有鱼类中最为漫长的淡水迁徙之旅，它们从安第斯山脉游至亚马孙河口，然后再次回返。
北极燕鸥
北极燕鸥往返于北极圈与南极洲之间，以每年飞行 96,000 千米的环球旅程创下了动物迁徙距离的最长纪录。
座头鲸
阅读指南
飞行路线
斑尾塍鹬
黑脉金斑蝶
北极燕鸥
斑腹沙锥
游泳路线
棱皮龟
座头鲸
灰鲸
黄体短平口鲇
南 极 洲

超感官

动物通过它们的感官来感知周围的世界，以帮助它们寻找食物和水源、进行导航以及躲避捕食者。然而，它们不仅具备人类拥有并熟悉的感官，有些动物还拥有相当特殊的感官，使它们能够以我们难以想象的方式体验这个世界。

回声定位

通过感知自己发出的高频声波的反射情况，一些动物（如蝙蝠、海豚和鲸）能够在黑暗中探测物体。

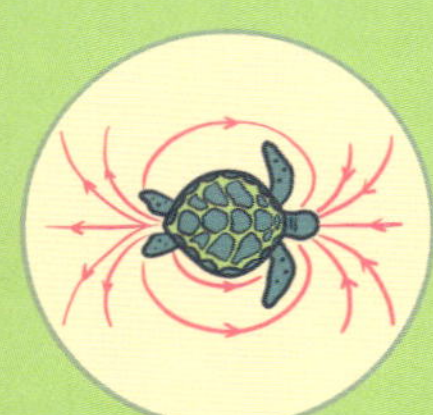

磁感应

像鲑鱼、鳗鱼和海龟等洄游动物可以利用地球的磁场，在长距离航行中不迷失方向。

电感应

包括鲨鱼、魟鱼和鸭嘴兽在内的捕食者能够探测到猎物肌肉所发出的电信号，并在黑暗中捕猎它们。

紫外视觉

许多鸟类、蜜蜂和蜘蛛可以看到紫外光，而这种光对于人眼来说几乎是不可见的。这种本领让它们能够以更微妙的方式感知这个世界。

气压感应

泥鳅是一种具有独特感知力的鱼类。它们头部的特殊骨结构使其能够敏锐地察觉到压力的微妙变化，比如暴风雨前下降的气压。

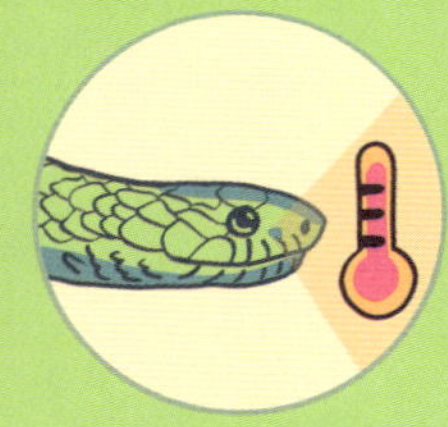

热视觉

一些蛇能在黑暗中捕猎。它们可以利用眼睛下方的“颊窝”侦测到 1 米外的恒温动物所释放的热量。

在这幅图中，双髻鲨正通过它的电感应能力，探测藏于下方海床中的鱼所释放出的电磁能。双髻鲨独有的头部形状让它能够在游泳时广泛探索海底，寻找猎物。

变形金刚

有些生物是变身高手。它们能改头换面，从而帮助自己躲避危险、更隐蔽地捕猎、调节体温、吸引伴侣，或仅仅是为了交流。拟态章鱼就是其中的佼佼者，它能迅速变换形态，轻松地模拟出其他海洋生物的模样。

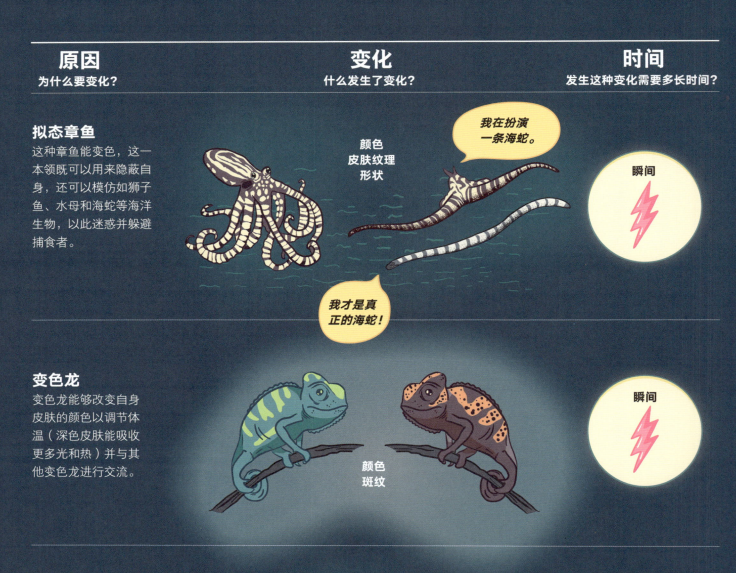

原因 为什么要变化？	变化 什么发生了变化？	时间 发生这种变化需要多长时间？
拟态章鱼 这种章鱼能变色，这一本领既可以用来隐蔽自身，还可以模仿如狮子鱼、水母和海蛇等海洋生物，以此迷惑并躲避捕食者。	颜色 皮肤纹理 形状	瞬间
变色龙 变色龙能够改变自身皮肤的颜色以调节体温（深色皮肤能吸收更多光和热）并与其他变色龙进行交流。	颜色 斑纹	瞬间
乌贼 乌贼可以改变自身皮肤的颜色、斑纹和纹理，这样就能和周围的环境完美融合。雄性乌贼还会通过变色来吸引雌性乌贼，同时与其他雄性竞争。	颜色 斑纹 皮肤纹理	瞬间

我在扮演一条海蛇。

我才是真正的海蛇！

河豚

河豚可以像皮球一样变大，它们吸水膨胀后的体积甚至可以超过原来的2倍。这种突然的膨胀是为了吓跑捕食者。

现在没有人敢来惹我了！
大小
数秒

黄金龟甲虫

这种甲虫能够改变身体的颜色，因为它们外壳上的微小凹槽可以储存一定的液体，它们通过改变液体的分布来影响光线的反射。在遇到危险时，它们会利用这种变色技能来吓跑捕食者。

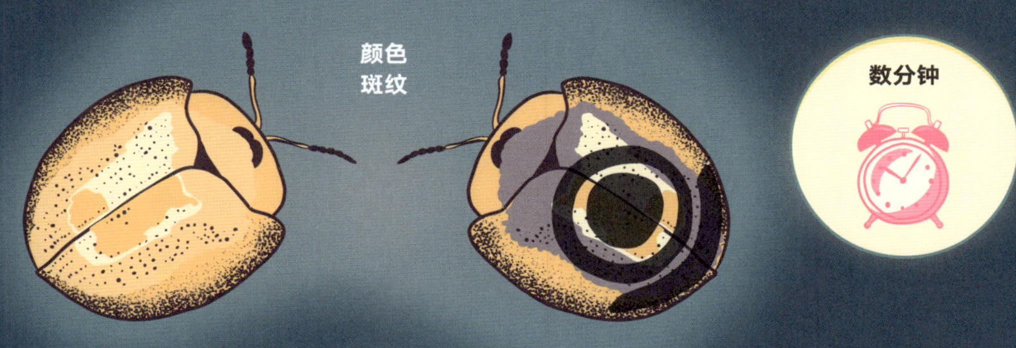
颜色
斑纹
数分钟

厄瓜多尔变形雨蛙

这种罕见的雨蛙大约只有人类的指甲那么大。它们能够在短短几分钟内将皮肤的纹理从光滑变为多刺。科学家认为，这种外观上的变化有助于雨蛙更好地融入遍布苔藓的雨林环境中。

皮肤纹理
数分钟

北极狐

北极狐在夏季会换上短而薄的棕色或灰色毛，在冬季时则换上厚重的白毛，使自己能够与雪白的冬季栖息地融为一体。这项特殊技能让它们成为隐秘的猎手，同时也难以被捕食者发现。

颜色
数周

“人类杀手”

你认为哪种动物对人类危害最大？如果你的答案是饥饿的鲨鱼或有毒的蜘蛛，那就大错特错了！因为对人类来说，最致命的动物其实是微小的蚊子。

蚊子为何如此致命

蚊子并不会直接杀害人类，但它们会在叮咬和吸血的过程中，在动物和人类之间传播危险的疾病。其中最致命的疾病是疟疾，虽然这种疾病现在只流行于世界部分地区，但每年仍能夺去数十万人的生命。

蛔虫
60,000
当这些寄生虫在人的小肠内活动时，会引起蛔虫病。这种病有致命风险。

蛇
50,000

狗
25,000
这类死亡案例大多数是因为狗将狂犬病传染给了人类。

舌蝇
10,000
这类死亡案例大多是因为人类被舌蝇叮咬后感染上一种微小的寄生虫——锥体虫，这种虫是导致非洲昏睡病的元凶。

阅读指南

这张信息图通过粉色圆圈的大小、浅粉色圆点的数量两种方式，展示了各种动物每年致死的人数。每个浅粉色圆点代表1,000人。粉色圆圈越大，浅粉色圆点越多，表示该动物每年致死的人数越多。

河马
1,750

鳄鱼
1,000

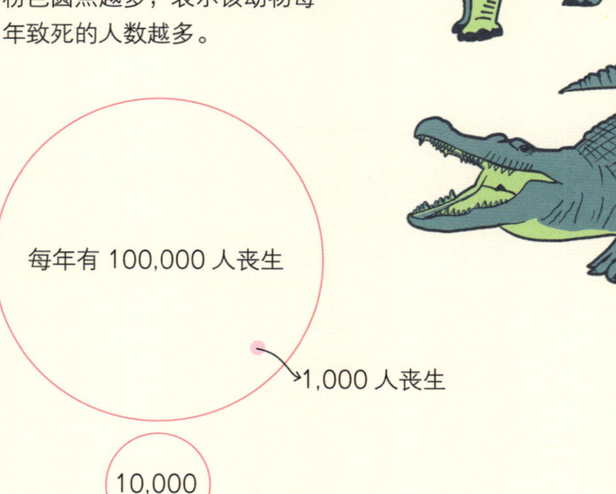

每年有 100,000 人丧生
1,000 人丧生
10,000
1,000
100
1

大象
300

狮子
100

人类
500,000

每年有数十万人因为战争和其他形式的暴力冲突而丧命。这让我们人类成为地球上最为致命的哺乳动物。

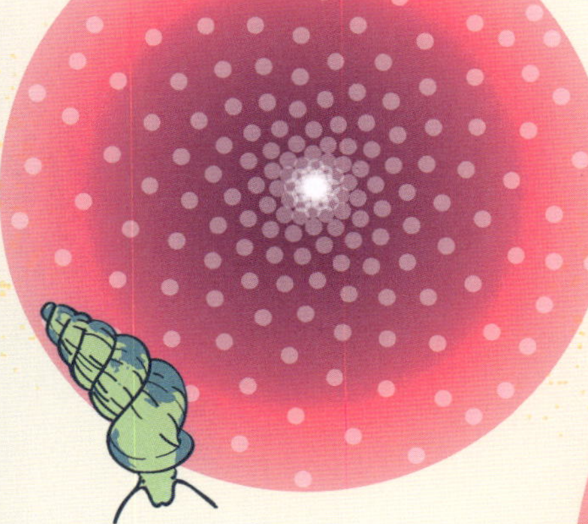

钉螺
200,000

钉螺携带有可以传染给人类的寄生虫，这些寄生虫会引起一种可能致命的疾病——血吸虫病。全球每年都有近 2.5 亿人感染血吸虫病。

我们蚊子能传播多达15种疾病，包括疟疾、黄热病和寨卡病毒病。

蚊子
725,000

这类死亡案例大多是蚊子将疟疾传染给人类所致。

鲨鱼
5

虽然平均每年有 5 人丧命于鲨鱼之口，但是因为鳍、牙齿或是出于娱乐目的而被人类捕杀的鲨鱼却超过 1 亿条。

大大小小的蛋

鸟蛋内含有构成生命的所有要素，被誉为“宇宙中最完美的创造”。然而，产卵并不是鸟类专属的能力，爬行动物、两栖动物、鱼类、昆虫，甚至某些哺乳动物也都会产卵。

常见鸟蛋的大小

鸟儿在既脆弱又坚硬的蛋壳里开启生命的旅程。这些蛋壳的颜色仅来源于两种色素：红棕色素和蓝绿色素。

家养金丝雀

吸蜜蜂鸟

欧乌鸫

棕鸟

小嘴乌鸦

鸡

金雕

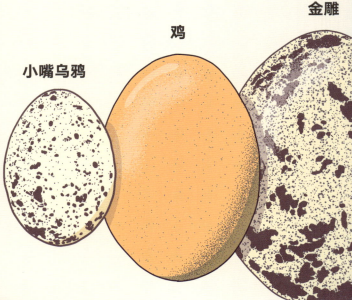

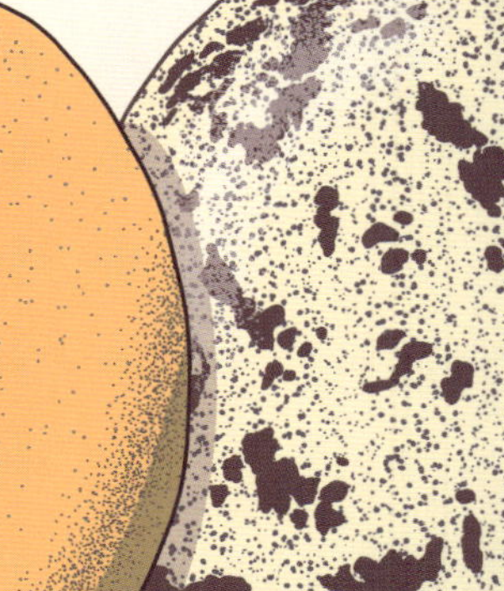

比例尺：**1 厘米**

蛋以实际大小呈现

不止鸟类会产卵

爬行动物的卵坚韧又有弹性，而鱼类和青蛙的卵则常常被胶状保护膜所包裹，浮在水中。

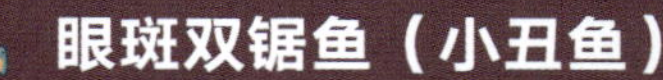

眼斑双锯鱼（小丑鱼）

小丑鱼是海水鱼缸中的热门鱼种，雌性小丑鱼能一次性产下多达 1,500 颗卵。

普通章鱼

雌性章鱼能产下多达 500,000 颗米粒大小的卵，并陪伴它们长达 5 个月的时间，直到它们孵化。不幸的是，雌性章鱼往往会在最后一颗卵孵化后不久迎来自己的死亡。

非洲巨蛙

非洲巨蛙是现存最大的蛙类，它们的卵直径大约 4 毫米，与其他蛙的卵大小相当。非洲巨蛙一次能产下数千颗卵。

比例尺：**1 厘米**

卵以实际大小呈现

竹节虫

马来西亚的竹节虫所产下的卵非常大，以至于当地人会把它们当作食物。

金翅木蜂

金翅木蜂的卵是最大的昆虫卵之一。

鸭嘴兽

鸭嘴兽是地球上仅有的两种卵生哺乳动物之一。另一种是针鼹，也叫作刺食蚁兽。

棱皮龟

雌性棱皮龟为了产卵会进行长途迁徙。它们会在夜间爬到特定的海滩产卵，并在一生中多次回到这些海滩。

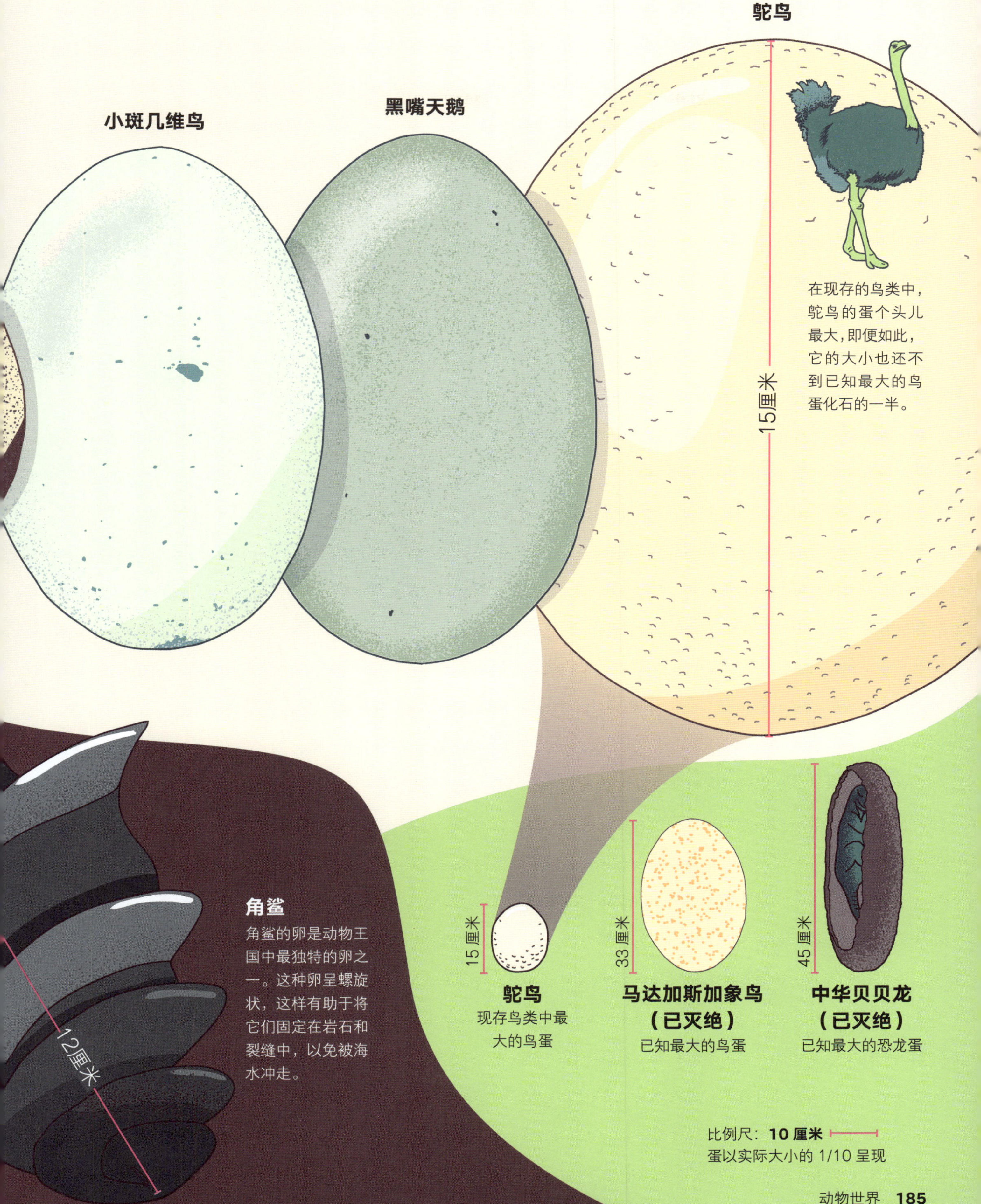

小斑几维鸟

黑嘴天鹅

鸵鸟

15厘米

在现存的鸟类中，鸵鸟的蛋个头儿最大，即便如此，它的大小也还不到已知最大的鸟蛋化石的一半。

角鲨

角鲨的卵是动物王国中最独特的卵之一。这种卵呈螺旋状，这样有助于将它们固定在岩石和裂缝中，以免被海水冲走。

12厘米

15厘米

鸵鸟

现存鸟类中最大的鸟蛋

33厘米

马达加斯加象鸟（已灭绝）

已知最大的鸟蛋

45厘米

中华贝贝龙（已灭绝）

已知最大的恐龙蛋

比例尺：**10 厘米**

蛋以实际大小的 1/10 呈现

动物需要睡多久

所有人类都需要睡眠，对大多数动物来说，睡眠也是生活中非常重要的部分。然而，如图所示，有些动物的睡眠时间非常短，而有些简直可以说是“睡眠之王”！

阅读指南

每个时钟上都有两个圆圈，分别代表 12 个小时，总计组成一天的 24 小时。**粉色部分**表示每种动物每天的平均睡眠时间。

长颈鹿站着睡觉，通常每天只睡几十分钟，并且几乎不闭眼睛。有时，它们会倚靠在树上或其他长颈鹿身上来支撑自己。

长颈鹿
40分钟

非洲象
2小时

马
3小时

牛
4小时

山羊
5小时

海豚和鲸等水生哺乳动物的睡眠方式与人类不同。我们在睡觉时整个大脑都会进入睡眠状态，而海豚则是一半大脑休息，另一半保持半清醒状态，确保自己能够继续呼吸。有趣的是，海豚睡觉的时候甚至还会睁着一只眼睛！

瓶鼻海豚
8小时

黑猩猩
9小时30分钟

狗
12小时

松鼠
14小时40分钟

猫
15小时

老虎
16小时

狮子
18小时

蟒蛇
18小时

棕蝠
20小时

Zzzzzzzz

树袋熊
20小时

树袋熊每天要吃超过 1 千克树叶。大量地进食和消化会消耗它们很多能量，所以它们需要长时间的睡眠来恢复体力。

人类的睡眠

人类在不同的生命阶段有不同的睡眠需求。新生儿可能每天要睡 16 小时，而成年人通常只需要睡 8 小时就足够了。

新生儿
16小时

成年人
8小时

生命时钟

不同动物的平均寿命相差巨大，这取决于很多因素，其中就包括它们的体形大小。比如，昆虫和啮齿动物这样的小型动物，也许只能活几天、几周、几个月或几年。而一些大型哺乳动物、爬行动物和鱼类，可以活数十年乃至上百年！

动物寿命有多长？

在下图中，你可以看到不同动物的平均寿命。

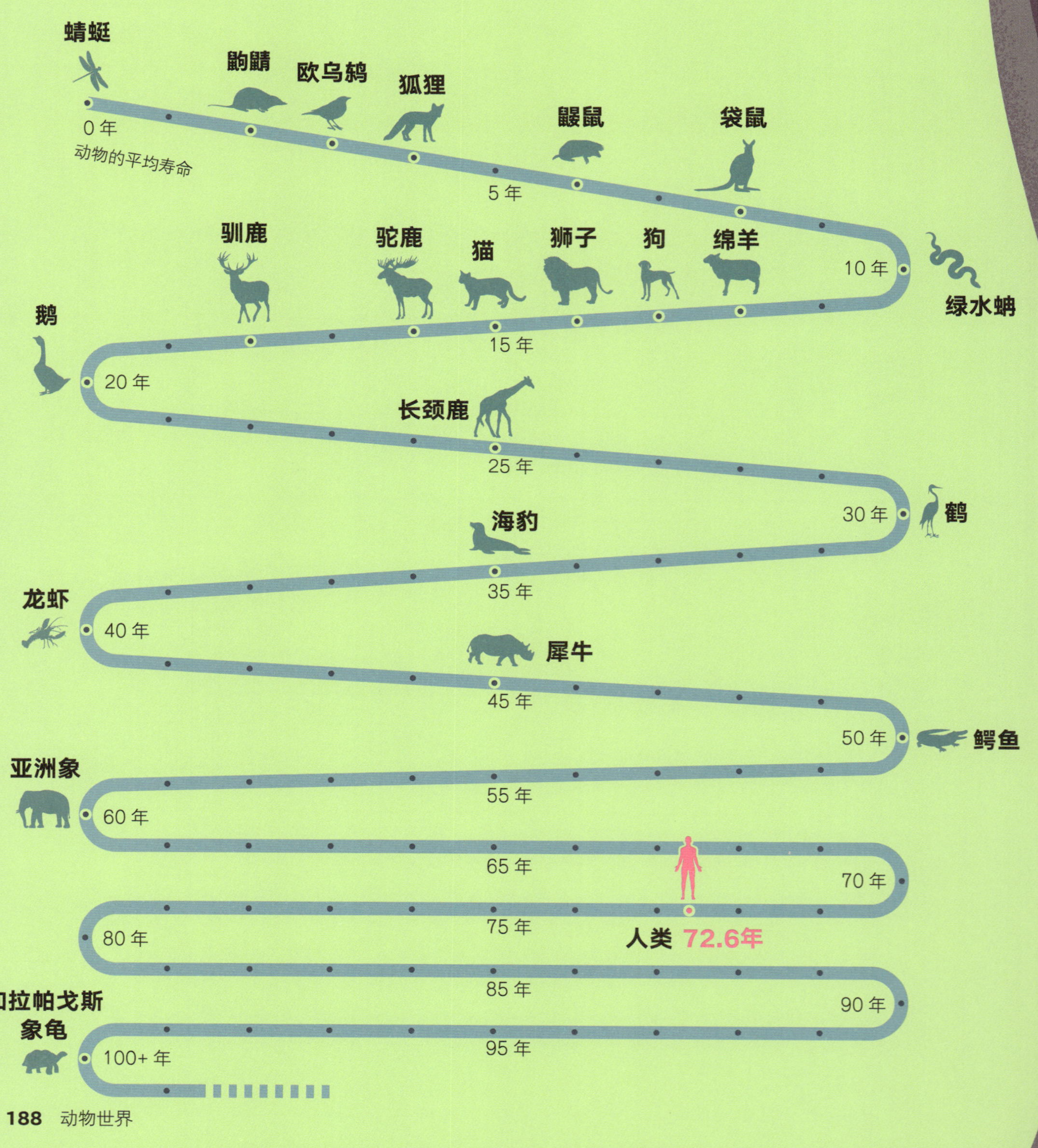

蜻蜓
0 年
动物的平均寿命
鼩鼱
欧乌鸫
狐狸
5 年
鼹鼠
袋鼠
10 年
绿水蚺
驯鹿
驼鹿
猫
狮子
狗
绵羊
15 年
鹅
20 年
长颈鹿
25 年
30 年
鹤
海豹
35 年
龙虾
40 年
犀牛
45 年
50 年
鳄鱼
亚洲象
55 年
60 年
65 年
70 年
75 年
80 年
人类 72.6年
85 年
90 年
加拉帕戈斯
象龟
95 年
100+ 年

翻到第 138 页，去看看哪些动物已被列为濒危物种。

陆龟是地球上寿命最长的陆地动物之一。有记录的最年长的陆龟是一只巨型亚达伯拉象龟，它于2006年在印度加尔各答去世，享年225岁。它的名字叫阿德维塔，意为“独一无二”。

与专家面对面

米兰达·洛威 (Miranda Lowe)

动物学家、策展人

是什么激发了你对动物的兴趣？

我从小就热爱大自然、野生动植物摄影。和家人一同参观博物馆和绿地公园的经历，激发了我对动物的兴趣。去汉普郡的新森林国家公园和伦敦的英国皇家植物园（邱园）时，我会带着相机，拍摄许多花卉、鸟类和马的照片。透过相机的镜头，我能近距离观察大自然。

跟我们聊聊你的工作吧！

我负责管理英国自然历史博物馆的海洋无脊椎动物（如螃蟹、虾等）的历史收藏，确保它们在未来100年甚至更长时间内能够为科学研究提供资料。我会使用显微镜观察海洋中微小动物的详细结构，然后撰写科学论文和其他文章。我专门研究甲壳动物和刺胞动物，旨在帮助世界各地的人们更好地了解环境科学。我还会与我的同事、其他科学家和艺术家合作，共同参与展览设计，让大众有机会积极地与自然界互动。

你期待未来有什么激动人心的发现？

自20世纪50年代以来，由于气候变化的影响，地球上已经失去了一半的珊瑚礁。因此，我很期待目前正在进行的一些研究。这些研究正在探索将健康的珊瑚移植到濒临死亡的珊瑚礁上，以帮助它们恢复。如果这个方法有效，将有助于拯救那些为众多动物提供家园的珊瑚礁。

关于动物，你最喜欢的小知识是什么？

水母没有大脑和肺，也没有心脏，可它们已经在海洋中漂浮了大约5亿年！这意味着它们比恐龙活得还要久。

寻宝游戏

你能在本章中找到以下问题的答案吗？翻到第 306 页，看看你的答案是否正确！

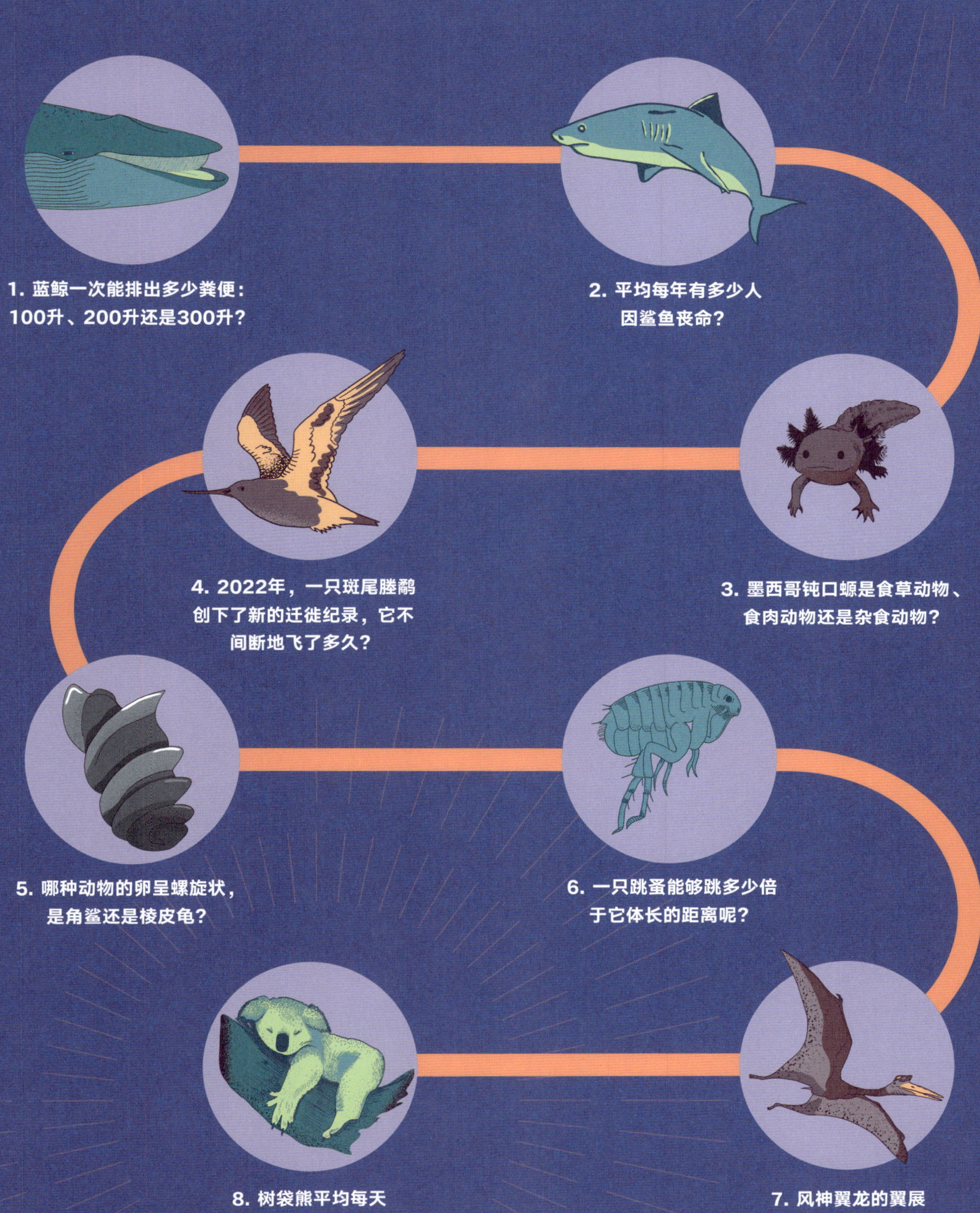

1. 蓝鲸一次能排出多少粪便：
100升、200升还是300升？
2. 平均每年有多少人
因鲨鱼丧命？
3. 墨西哥钝口螈是食草动物、
食肉动物还是杂食动物？
4. 2022年，一只斑尾塍鹬
创下了新的迁徙纪录，它不
间断地飞了多久？
5. 哪种动物的卵呈螺旋状，
是角鲨还是棱皮龟？
6. 一只跳蚤能够跳多少倍
于它体长的距离呢？
7. 风神翼龙的翼展
有多少米？
8. 树袋熊平均每天
睡多少小时？

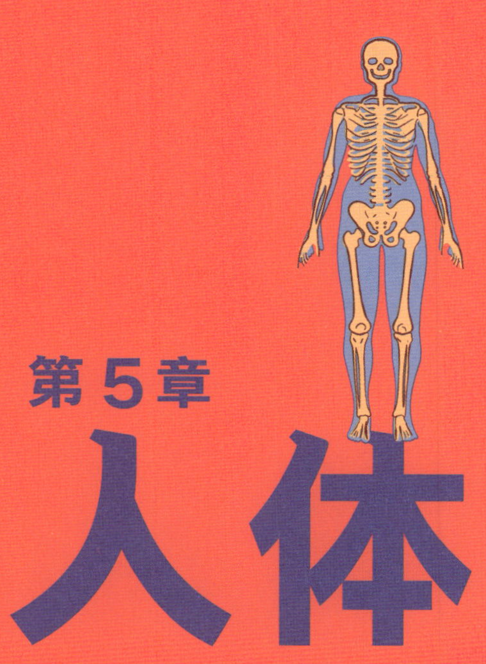

第 5 章

人体

人体的基本单位

人体是一个极其复杂的生命体，由超过 30 万亿个微小的细胞组成。细胞是构成身体的基本单位，它们结合在一起形成组织和器官。而这些组织和器官又是更大系统的一部分，让你的身体能够运动、吃饭、睡觉……还有读这本书！这里展示了身体的不同部分如何互相配合，创造出一个活生生的、会呼吸的人——那就是你。

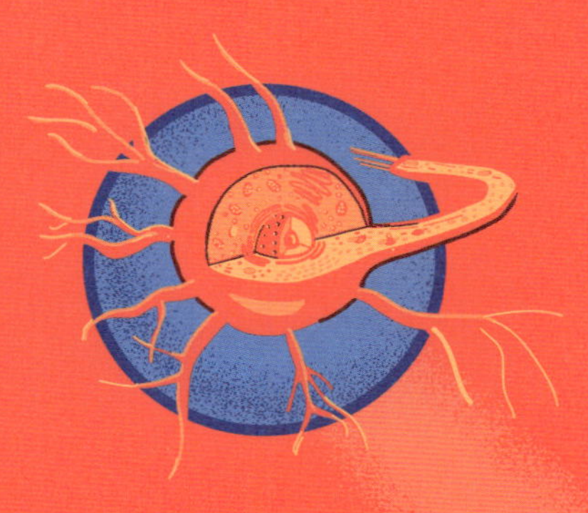

细胞

所有生物都是由细胞组成的。大多数细胞都非常小——你可以在针尖上放下大约 10,000 个人类细胞。人体内有 200 多种不同类型的细胞，从提供结构支撑到生产和储存能量，它们各司其职。这里展示的细胞是一个神经元，它们存在于大脑和脊髓中。

组织

除了部分能独立工作的细胞外，其他细胞需要组合在一起成为组织。人体有 4 种主要组织：结缔组织——支持其他组织，将它们连接在一起；神经组织（如图所示）——在身体的不同部位之间传递信息；肌肉组织——帮助身体运动；上皮组织——形成表皮或内膜，比如皮肤的外层。

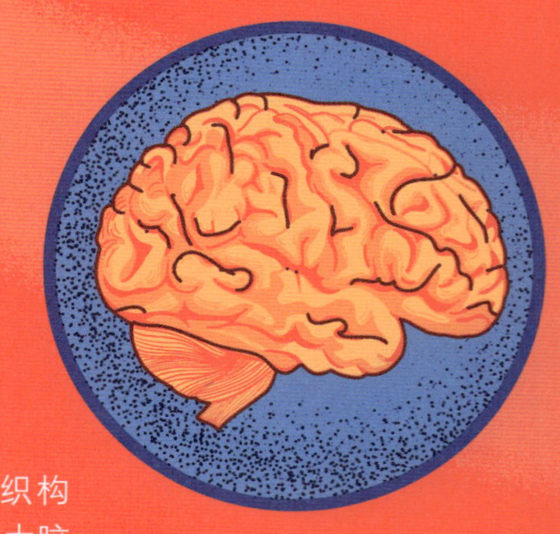

器官

器官由不同类型的组织构成，共同完成特定的工作。大脑（如图所示）、肺和心脏是人体非常重要的 3 个器官。比如，心脏的主要工作是向全身输送血液（见第 201 页）。

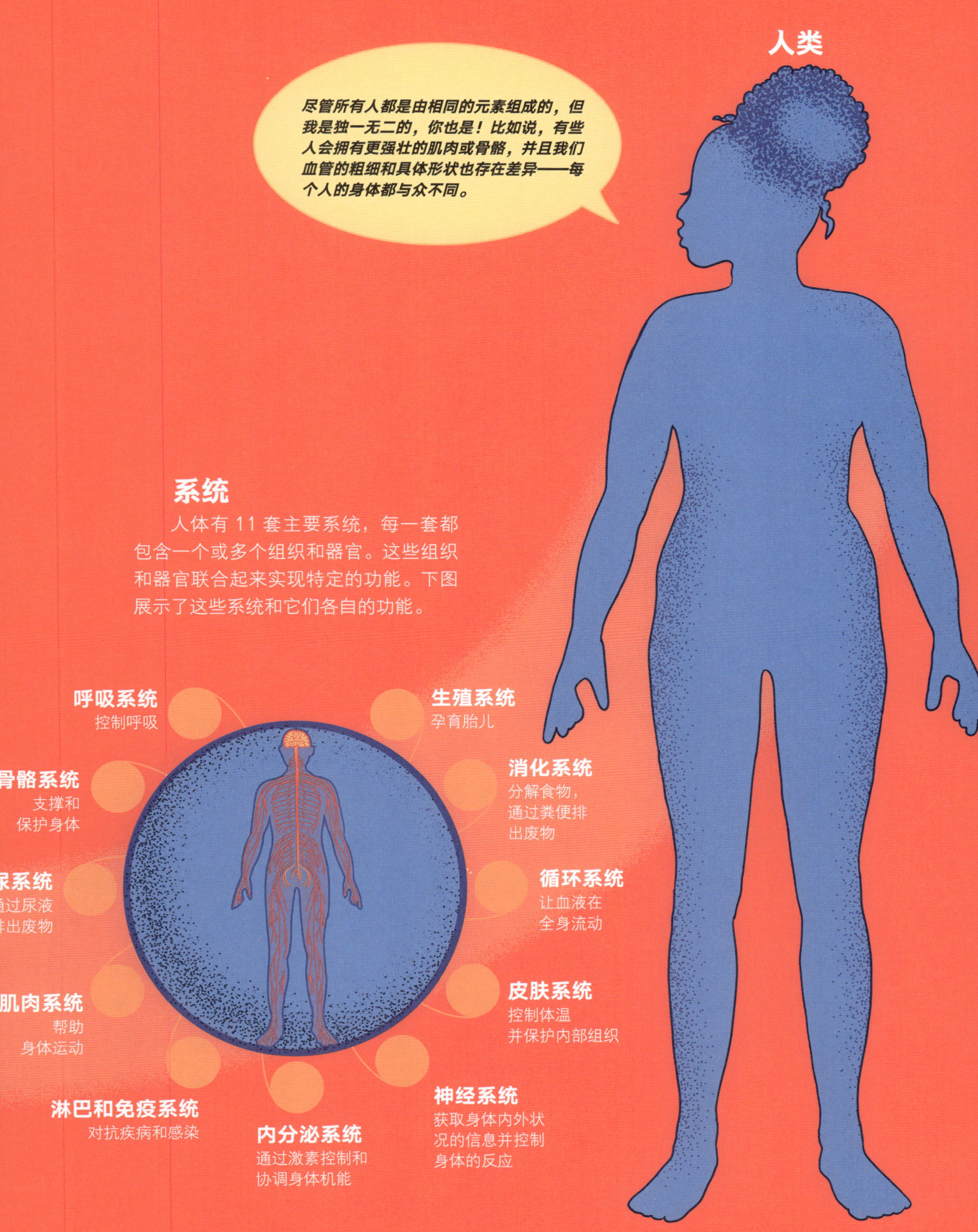
人类
尽管所有人都是由相同的元素组成的，但我是独一无二的，你也是！比如说，有些人会拥有更强壮的肌肉或骨骼，并且我们血管的粗细和具体形状也存在差异——每个人的身体都与众不同。
系统
人体有 11 套主要系统，每一套都包含一个或多个组织和器官。这些组织和器官联合起来实现特定的功能。下图展示了这些系统和它们各自的功能。
呼吸系统
控制呼吸
生殖系统
孕育胎儿
骨骼系统
支撑和保护身体
消化系统
分解食物，通过粪便排出废物
泌尿系统
通过尿液排出废物
循环系统
让血液在全身流动
肌肉系统
帮助身体运动
皮肤系统
控制体温并保护内部组织
淋巴和免疫系统
对抗疾病和感染
内分泌系统
通过激素控制和协调身体机能
神经系统
获取身体内外状况的信息并控制身体的反应

我们的骨骼

骨骼有几个重要的功能：支撑身体，保护体内柔软的器官，与肌肉配合让身体可以运动。在这里，我们要数一数人体的所有骨骼，并重点介绍一些特殊骨骼。

人有多少块骨头

一个成年人的骨骼系统通常包括 206 块骨头。

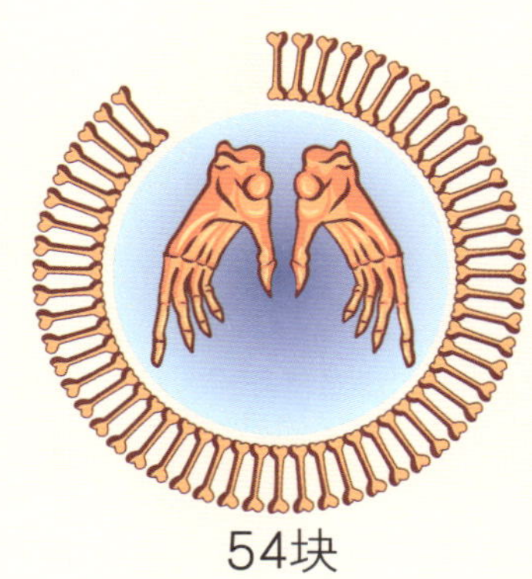

54块
手

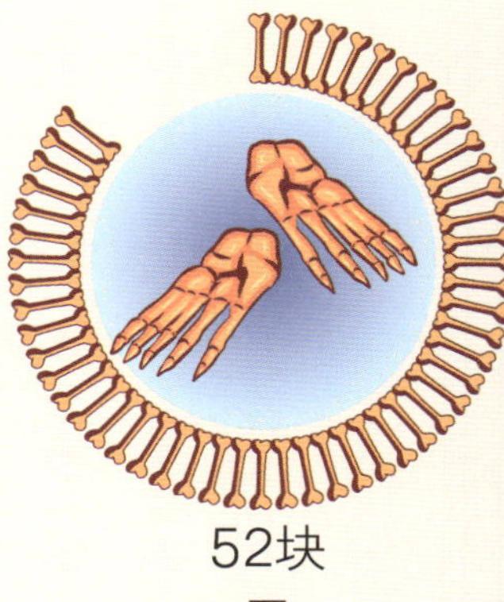

52块
足

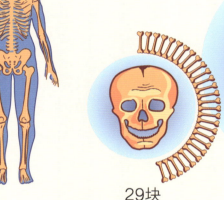

你知道全身大约一半的骨头都集中在手和脚上吗？

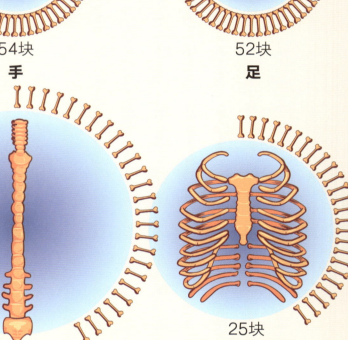

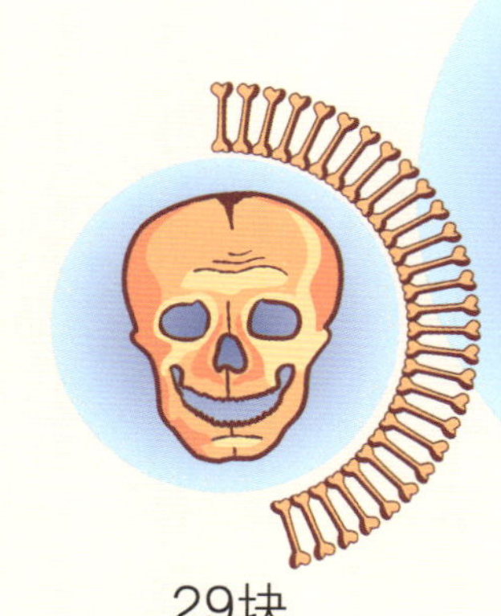

29块
头部

26块
脊柱（含颈椎）

25块
胸骨和肋骨

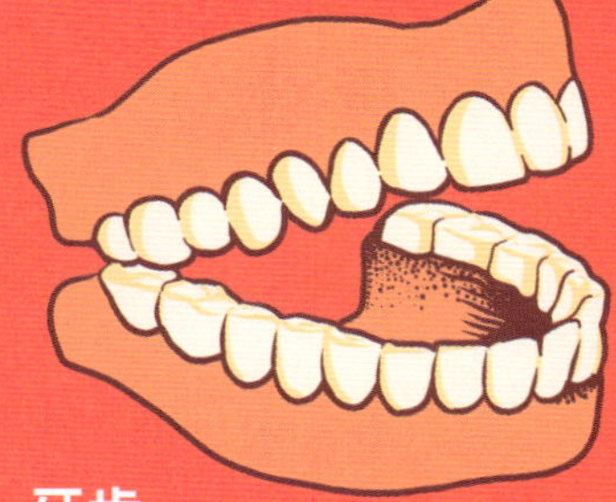

牙齿

虽然牙齿与骨头的结构相似，但它们不是骨头。你有两副牙齿：一副是 20 颗在童年时期脱落的乳牙，另一副是 32 颗替代乳牙的恒牙（见第 199 页）。覆盖并保护牙齿的牙釉质，是人体内最坚硬的物质。

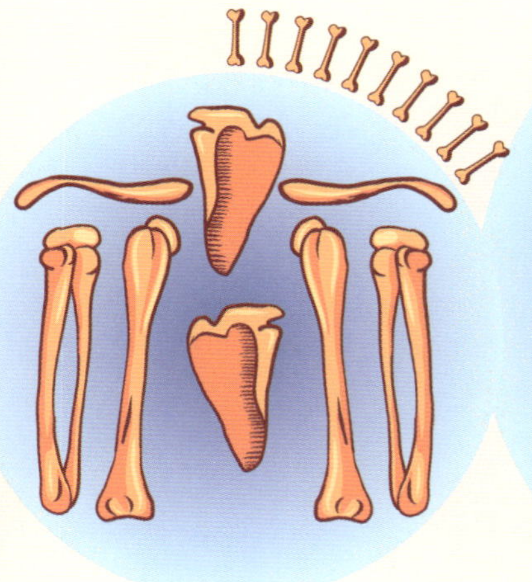

10块
胳膊和肩

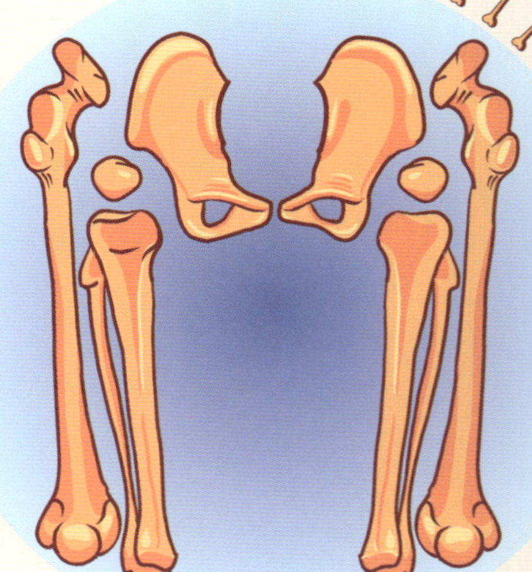

10块
腿和髋

不同寻常的骨头

骨头扮演着不同的角色，所以有不同的形状和大小。这里有 4 个特例。

锤骨
砧骨
3 毫米
镫骨

最小的

听小骨

锤骨、砧骨和镫骨合称为听小骨，是人体内最小的骨头。它们位于人耳中，将声音的振动由外耳传递到内耳。镫骨是三者之中最小的，它可以轻松地放在你的指尖上。

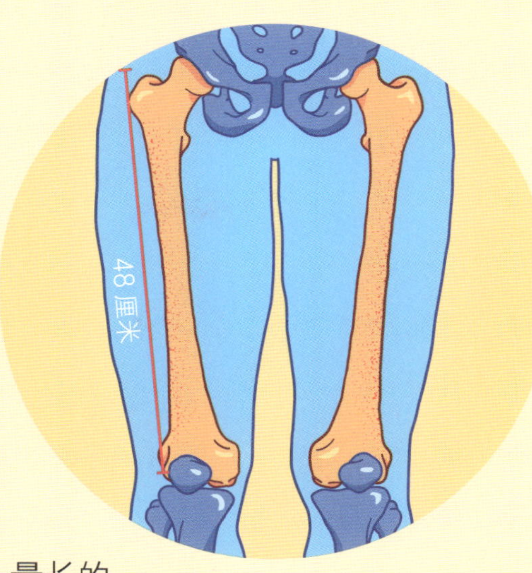
48 厘米

最长的

股骨

股骨，也叫大腿骨，连接臀部和膝盖。它是人体内最长、最粗壮的骨头。

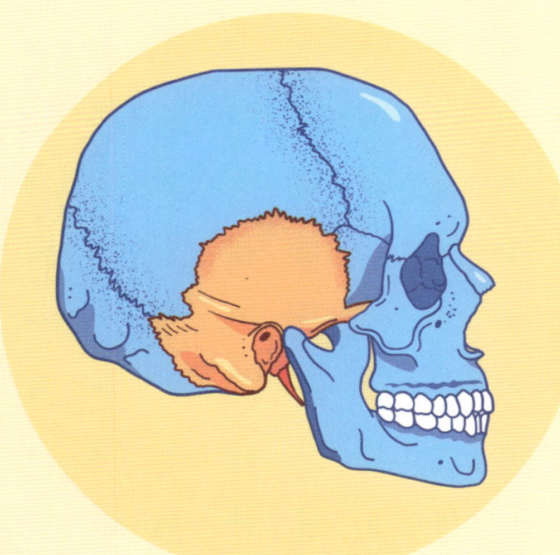

最坚硬的

颞骨岩部

颞骨岩部是位于颅骨两侧的颞骨的一部分，主要作用是保护内耳。它是人体内最坚硬的骨头。

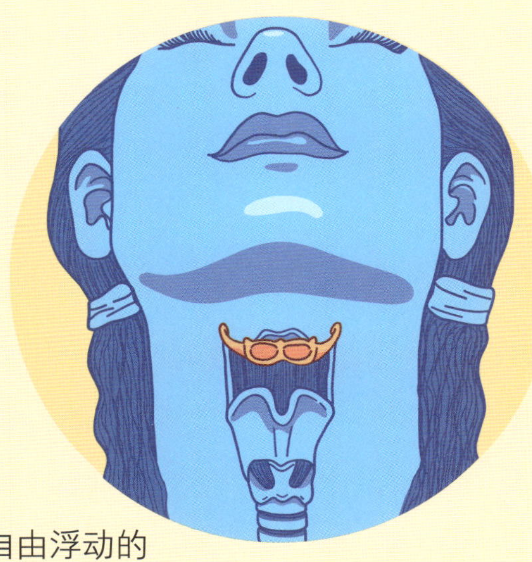

自由浮动的

舌骨

舌骨是舌头下方的一块 U 形小骨头，能帮助你说话、呼吸和吞咽。它由肌肉和一种叫作韧带的结缔组织固定。舌骨的特别之处在于，它不直接与其他骨头相连。

X 射线

X 光机产生的 X 射线能穿过人体。X 射线是一种人类看不见的光线，可以轻易穿过皮肤、肌肉等柔软的部分，但会被骨骼等坚硬的部分阻挡。使用 X 光机对人体进行拍摄，就能形成显示人体内部轮廓的黑白照片，其中较亮、较白的区域代表骨骼。

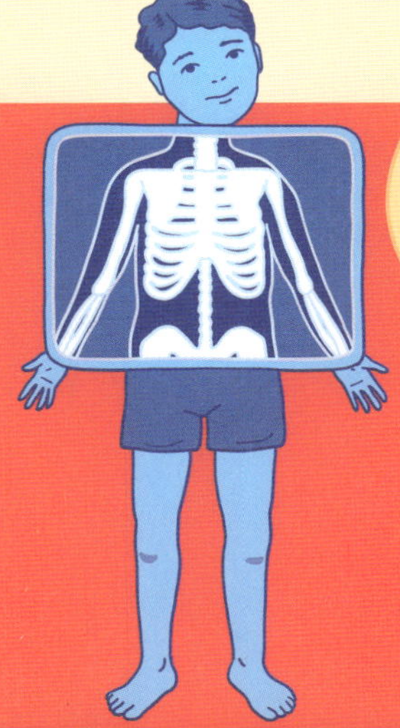

翻过这一页，看看人的头部在X光机中是什么样子！

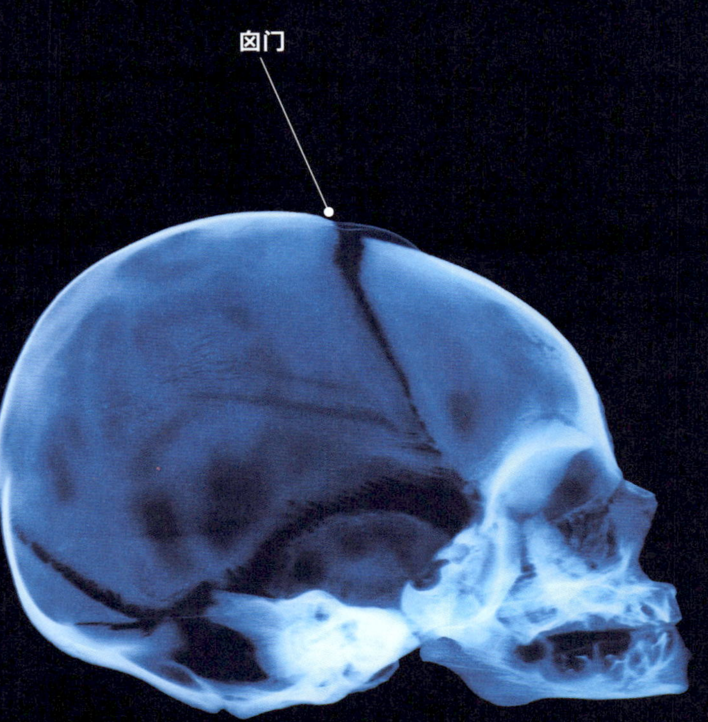
囟门

新生儿的头骨

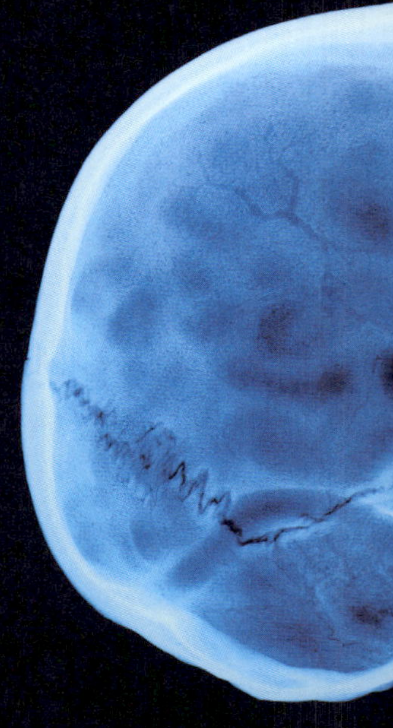

小学生的头骨

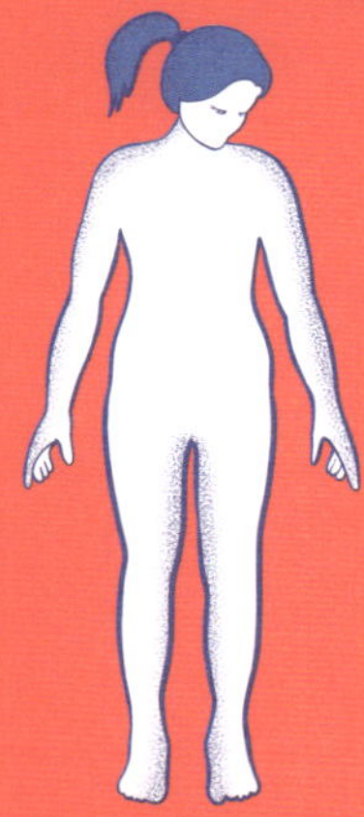

成年人全身有
206 块
骨头

婴儿全身大约有
300 块
骨头

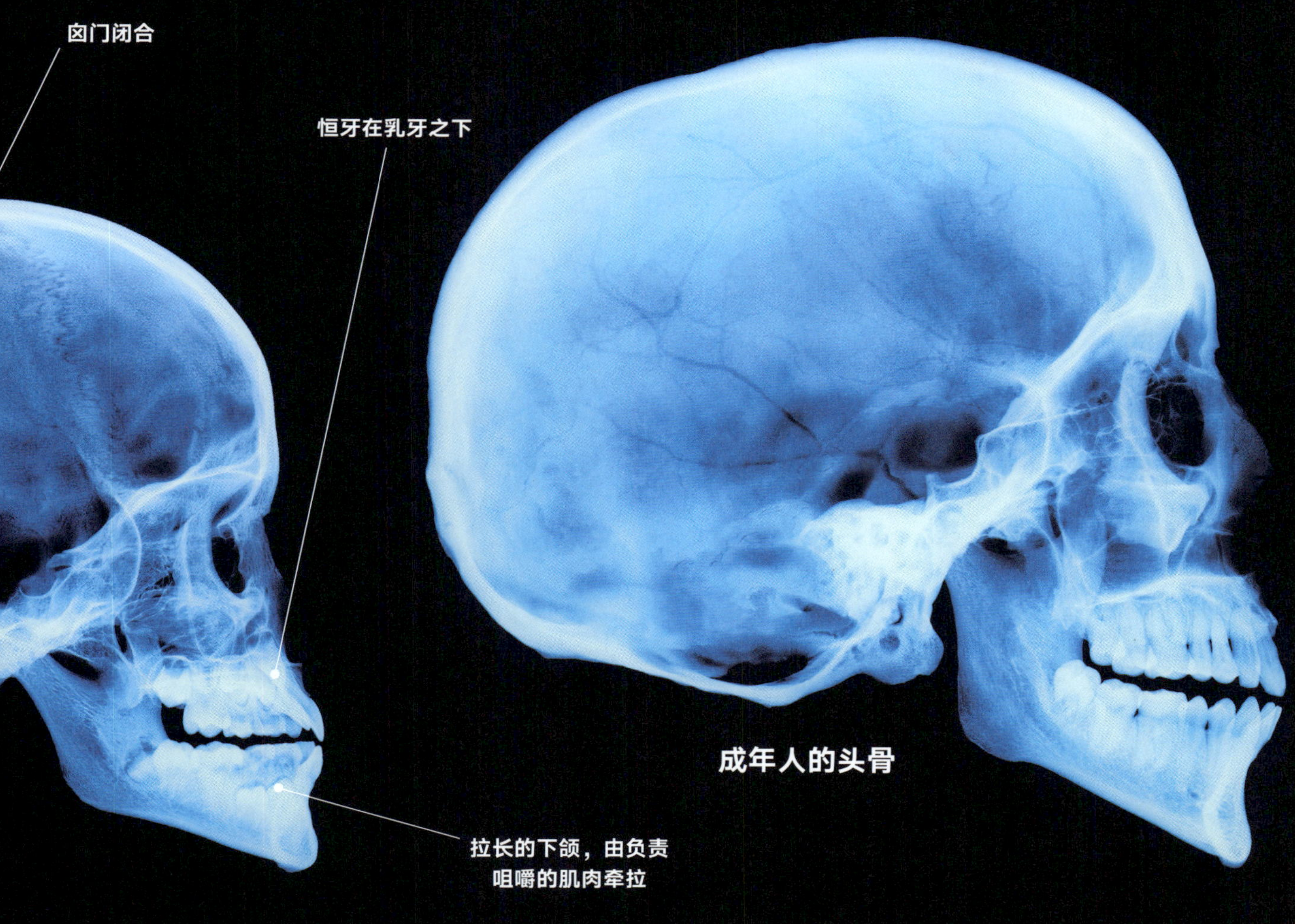
囟门闭合
恒牙在乳牙之下
成年人的头骨
拉长的下颌，由负责
咀嚼的肌肉牵拉

生长的头骨

这些 X 光片展示了人类从出生到成年头骨生长发育的情况。新生儿的头骨上有叫作囟门的缝隙，这种未闭合的结构在宝宝出生受到挤压时，骨头边缘重叠，头部就会变窄，从而顺利通过妈妈狭窄的产道；当宝宝的大脑在颅内飞速生长的时候，头骨又可以随之变大。当宝宝长到两岁左右时，这些缝隙就会合拢。人体内的很多骨头都有这种情况，这也是成年人的骨头比儿童少的原因。

最大的肌肉在哪里

从跑步、跳跃到呼吸和消化食物，肌肉可以帮你完成各种重要的事情。人体共有639 块肌肉，它们的大小、形状和强度因功能的不同而不同。以下是人体中最具特点的几种肌肉。

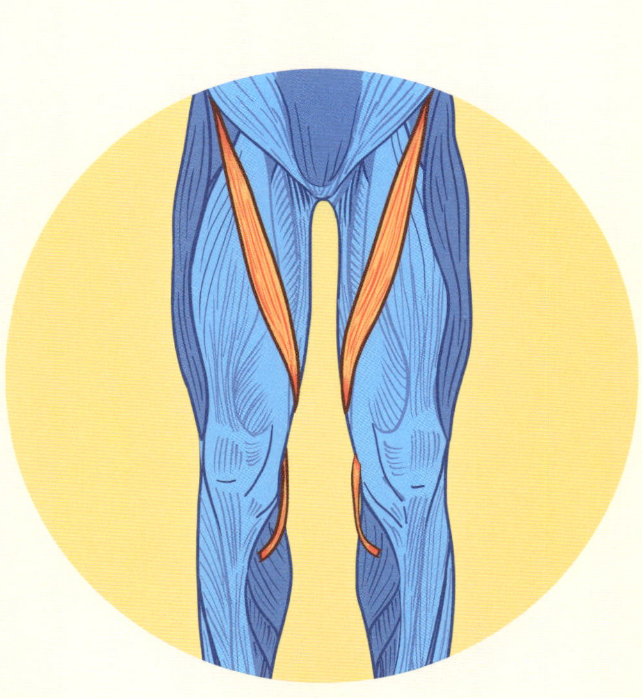

最长的

缝匠肌

缝匠肌沿着大腿延伸，长度可达 60 厘米。它帮你控制髋关节和膝关节的运动。

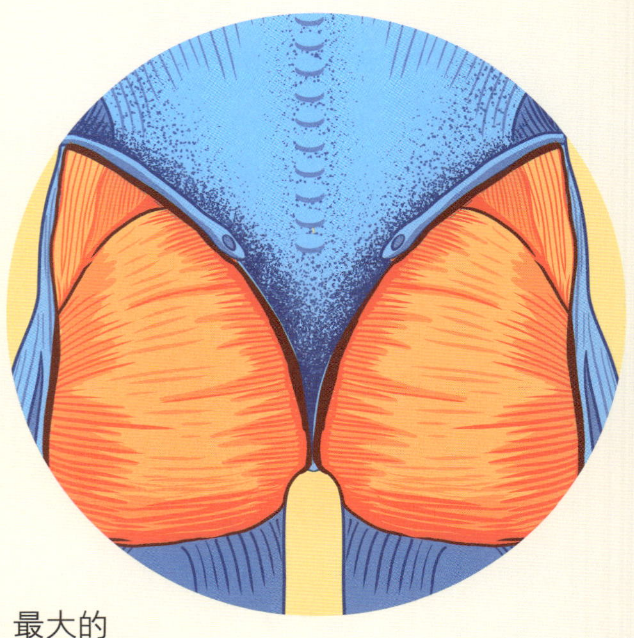

最大的

臀大肌

人体最大的肌肉名为臀大肌，也就是位于臀部的肌肉。臀大肌帮你直立身体。当你爬楼梯时，就能感觉到它在起作用。

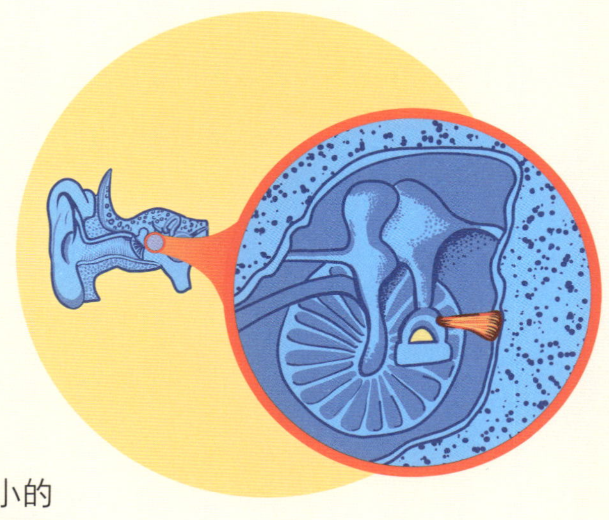

最小的

镫骨肌

镫骨肌位于中耳内部，长度从 1 毫米到 9 毫米不等，是人体中最小的肌肉。它负责控制镫骨的振动，而镫骨是人体中最小的骨头（见第 197 页）。

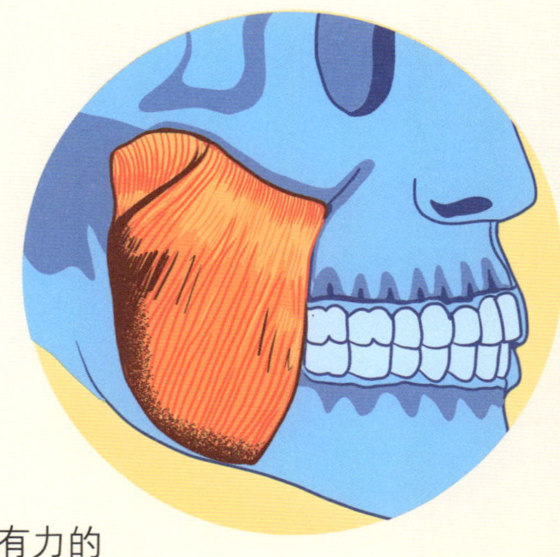

最有力的

咬肌

咬肌的主要任务是在你咀嚼食物时负责拉紧下颌。它是人体中最有力的肌肉之一，可以帮你获得巨大的咬合力。

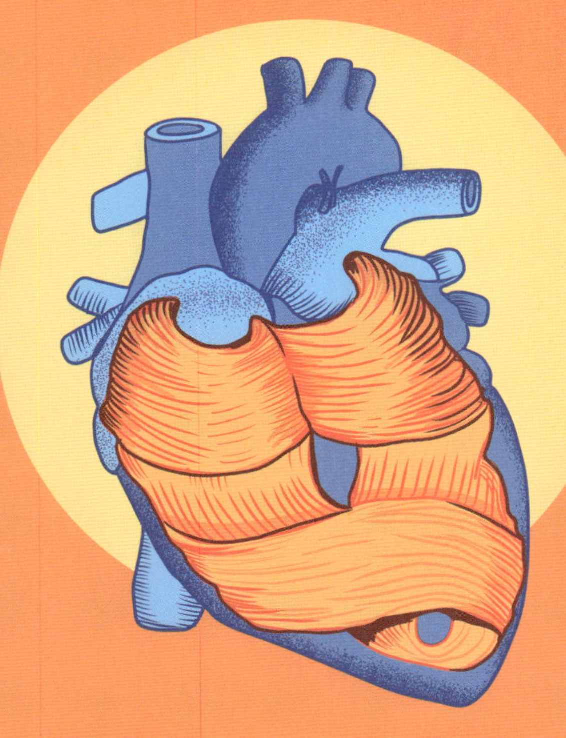

充满弹性的

心肌

心肌是人体中最辛苦的肌肉之一。心脏每天可以向循环系统输送超过 7,000 升血液。在人的一生中，心脏平均跳动次数多达 3,000,000,000 次。

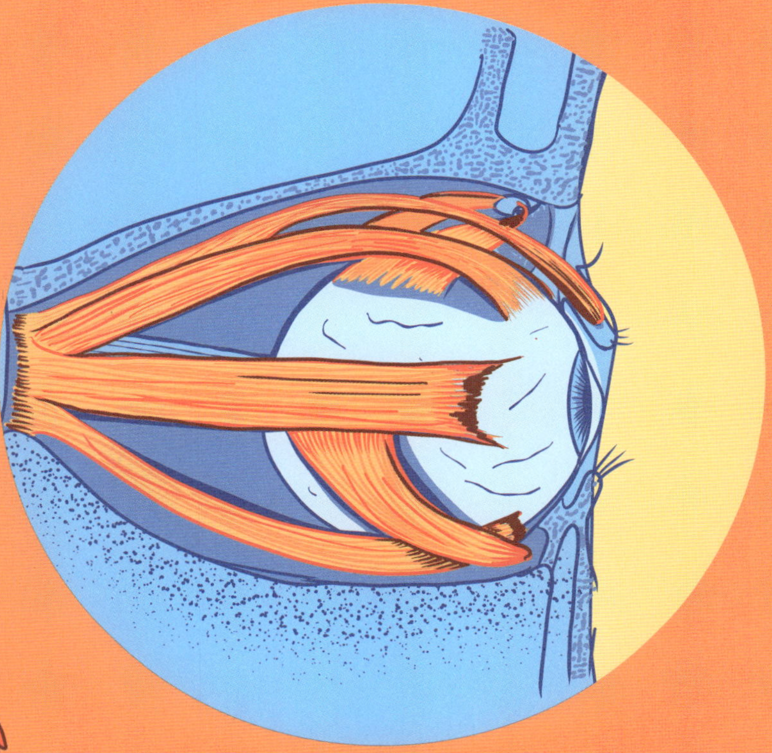

快速移动的

眼外肌

这一组肌肉共 6 块，它们控制着眼球的运动。在你阅读这本书的 1 个小时中，这些肌肉就会做出大约 10,000 次调整动作。

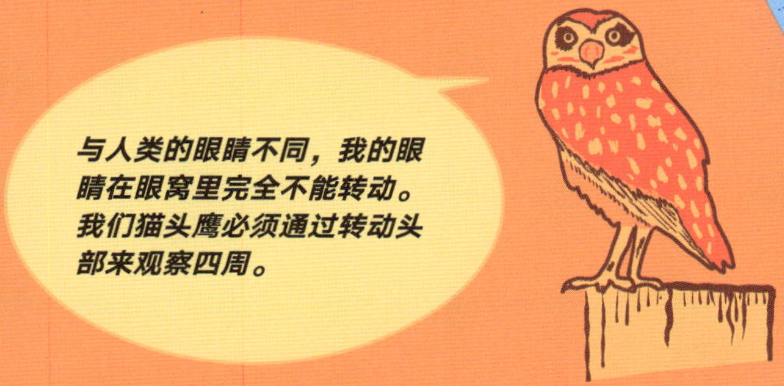

与人类的眼睛不同，我的眼睛在眼窝里完全不能转动。我们猫头鹰必须通过转动头部来观察四周。

高度灵活的

舌肌

舌肌由 8 块相互交织的肌肉组成，这种结构让舌头具有几乎可以转向任何方向的特殊能力。舌头的结构和大象的鼻子、章鱼的触手十分相似。

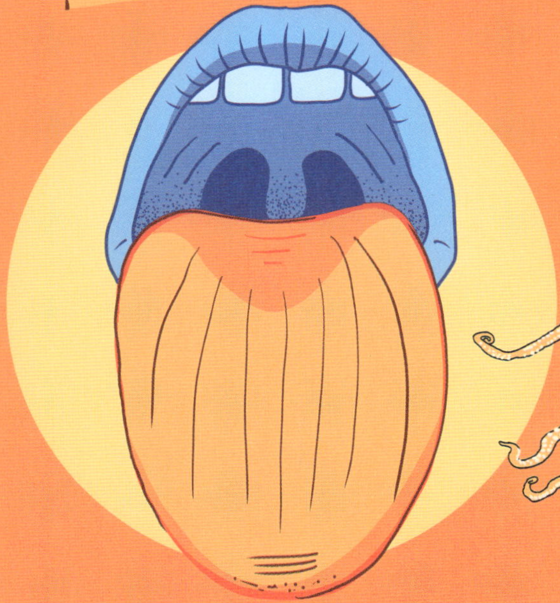

我有8条肌肉发达的触手。想象一下我有多灵活！

深呼吸

你的身体做任何事情都需要氧气，不论是肌肉运动、消化食物还是生长，抑或是思考。你从空气中获得氧气，肺负责将氧气交换到血液中，随后血液将氧气带到身体需要的地方。我们把参与这个过程的器官合称为呼吸系统，下面就是它的工作原理。

吸气

空气进入你的身体，要经过4个主要步骤——在信息图中标记为1~4。吸气时，你的身体从空气中获取氧气。

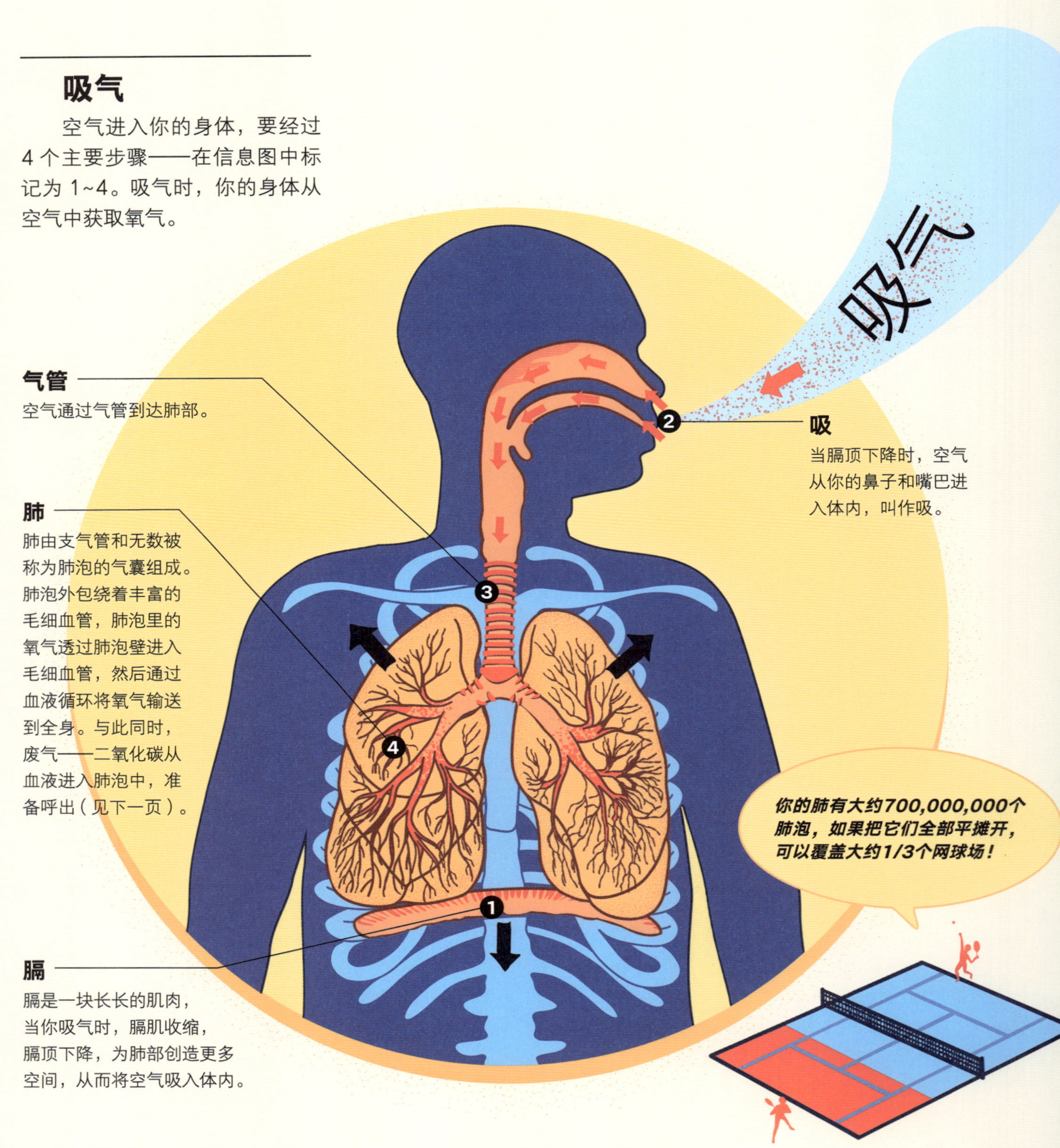

吸气
气管
空气通过气管到达肺部。
吸
当膈顶下降时，空气从你的鼻子和嘴巴进入体内，叫作吸。
肺
肺由支气管和无数被称为肺泡的气囊组成。肺泡外包绕着丰富的毛细血管，肺泡里的氧气透过肺泡壁进入毛细血管，然后通过血液循环将氧气输送到全身。与此同时，废气——二氧化碳从血液进入肺泡中，准备呼出（见下一页）。
你的肺有大约700,000,000个肺泡，如果把它们全部平摊开，可以覆盖大约1/3个网球场！
膈
膈是一块长长的肌肉，当你吸气时，膈肌收缩，膈顶下降，为肺部创造更多空间，从而将空气吸入体内。

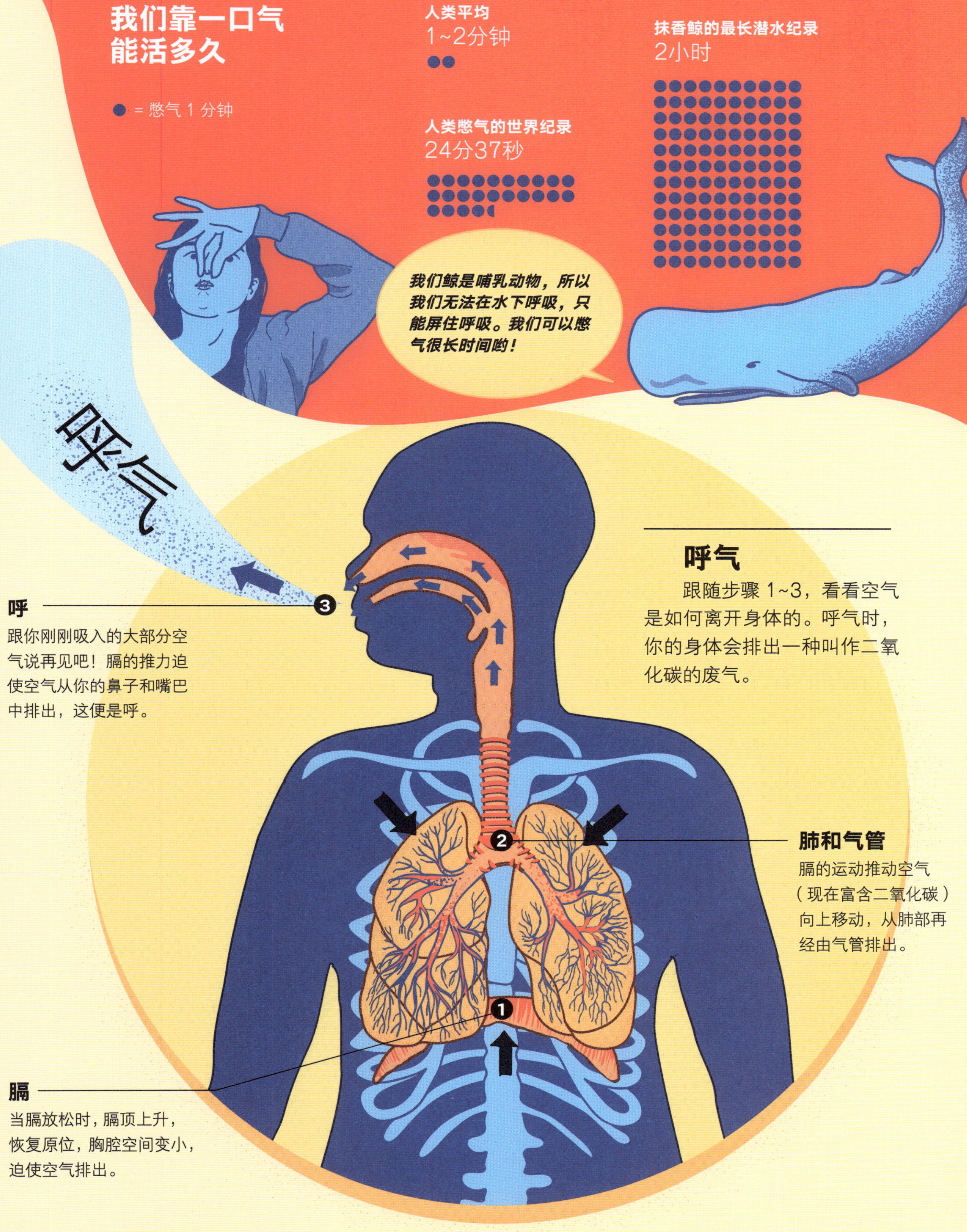
我们靠一口气
能活多久
= 憋气 1 分钟
人类平均
1~2分钟
人类憋气的世界纪录
24分37秒
抹香鲸的最长潜水纪录
2小时
我们鲸是哺乳动物，所以我们无法在水下呼吸，只能屏住呼吸。我们可以憋气很长时间哟！
呼气
呼
跟你刚刚吸入的大部分空气说再见吧！膈的推力迫使空气从你的鼻子和嘴巴中排出，这便是呼。
呼气
跟随步骤 1~3，看看空气是如何离开身体的。呼气时，你的身体会排出一种叫作二氧化碳的废气。
肺和气管
膈的运动推动空气（现在富含二氧化碳）向上移动，从肺部再经由气管排出。
膈
当膈放松时，膈顶上升，恢复原位，胸腔空间变小，迫使空气排出。

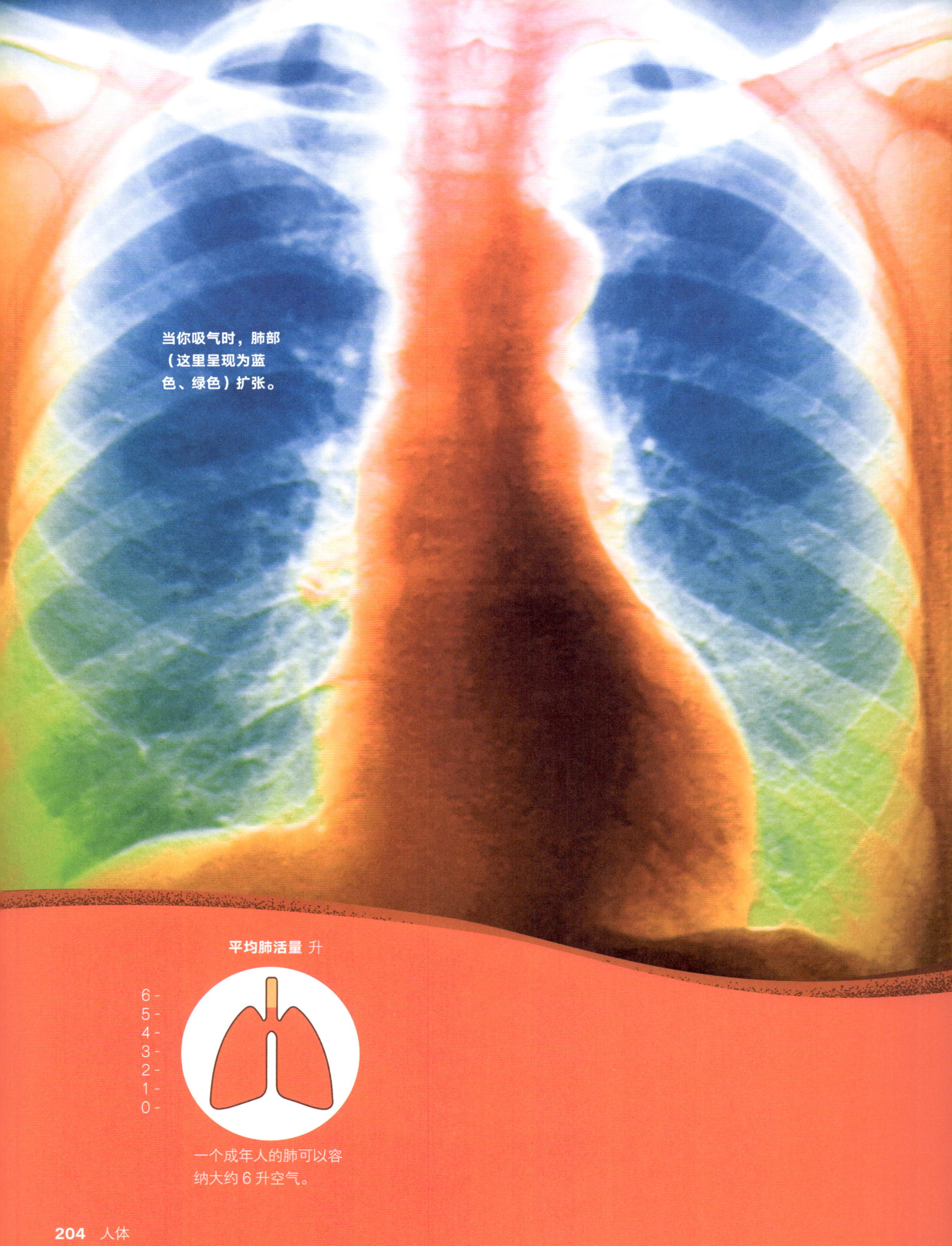
当你吸气时，肺部
（这里呈现为蓝
色、绿色）扩张。
平均肺活量 升
6
5
4
3
2
1
0
一个成年人的肺可以容
纳大约 6 升空气。

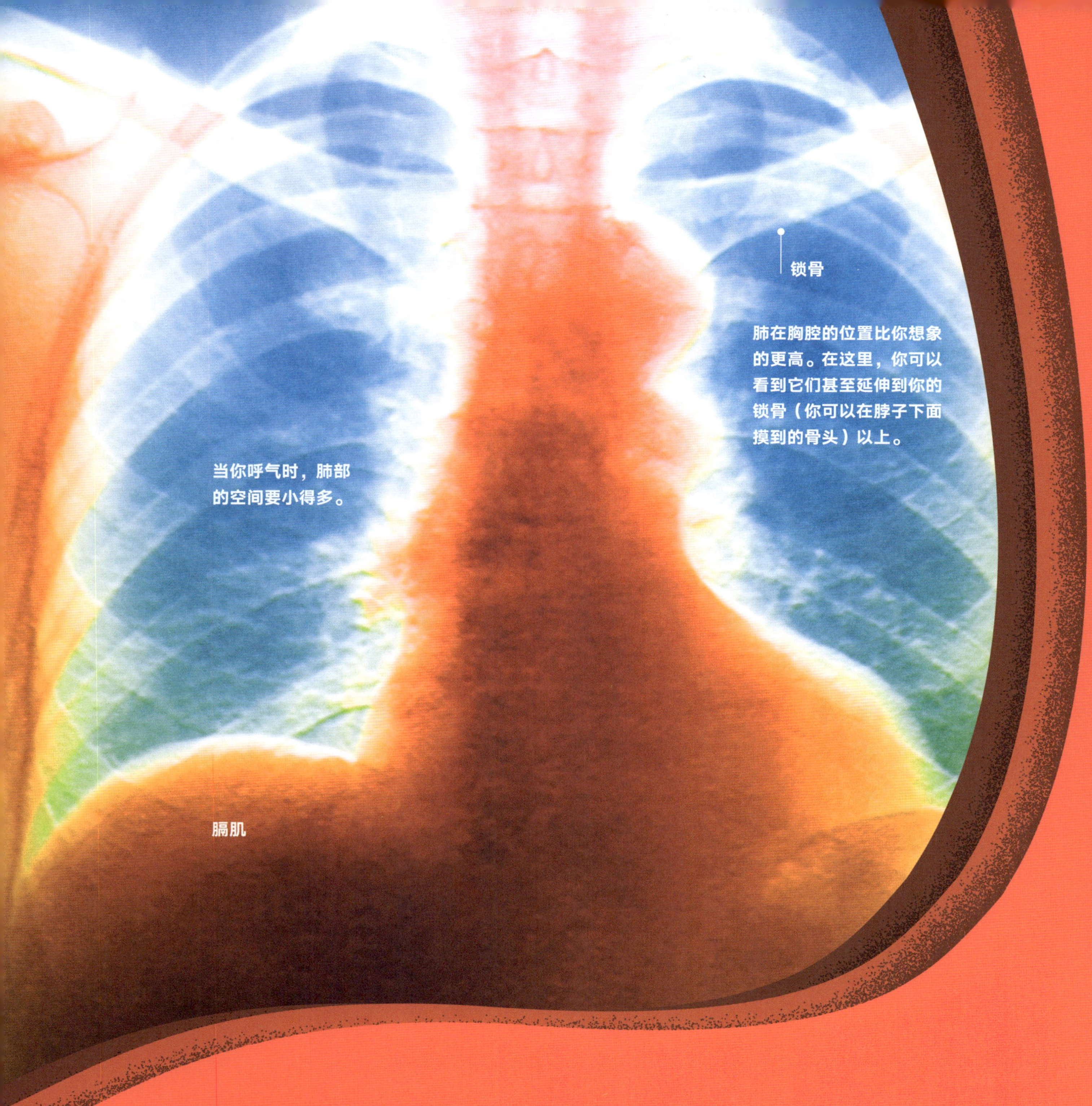

锁骨

肺在胸腔的位置比你想象的更高。在这里，你可以看到它们甚至延伸到你的锁骨（你可以在脖子下面摸到的骨头）以上。

当你呼气时，肺部的空间要小得多。

膈肌

吸气，呼气

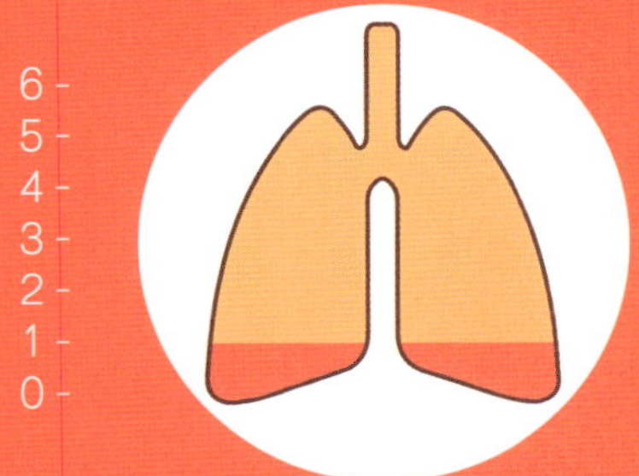

6
5
4
3
2
1
0

即使在完全呼气后，仍有大约 1.2 升空气留在肺里。

这些彩色 X 光片展示了在吸气和呼气时，你体内发生的事情。在左侧的 X 光片中，膈肌收缩下降，为空气进入肺部提供了空间（当你吸气时）。在右侧的 X 光片中，膈肌上升呈圆弧形，迫使空气从肺部排出（当你呼气时）。

血液如何在体内循环

你的心脏加上你体内所有的血管被合称为循环系统。就像复杂的道路网一样，循环系统的工作是将血液输送到身体的各个部位，输送氧气和营养物质，并清除废物。

动脉

动脉负责将血液从心脏输送出去，因此必须又粗又结实才能承受心脏跳动产生的压力。主动脉是人体内最粗的血管。动脉中的血液是鲜红色的，因为它刚刚从肺部吸收了大量氧气。

静脉

血液在向器官和肌肉输送氧气之后，通过静脉回到心脏。静脉内的血压较低，因此静脉比动脉更细、更脆弱。静脉里的血液其实是深红色而非蓝色的——那只是光线带来的错觉。

毛细血管

最细、最纤弱的血管是毛细血管。它们是连接动脉和静脉的微小管道，能够将血液、氧气和营养物质输送给体内的细胞。

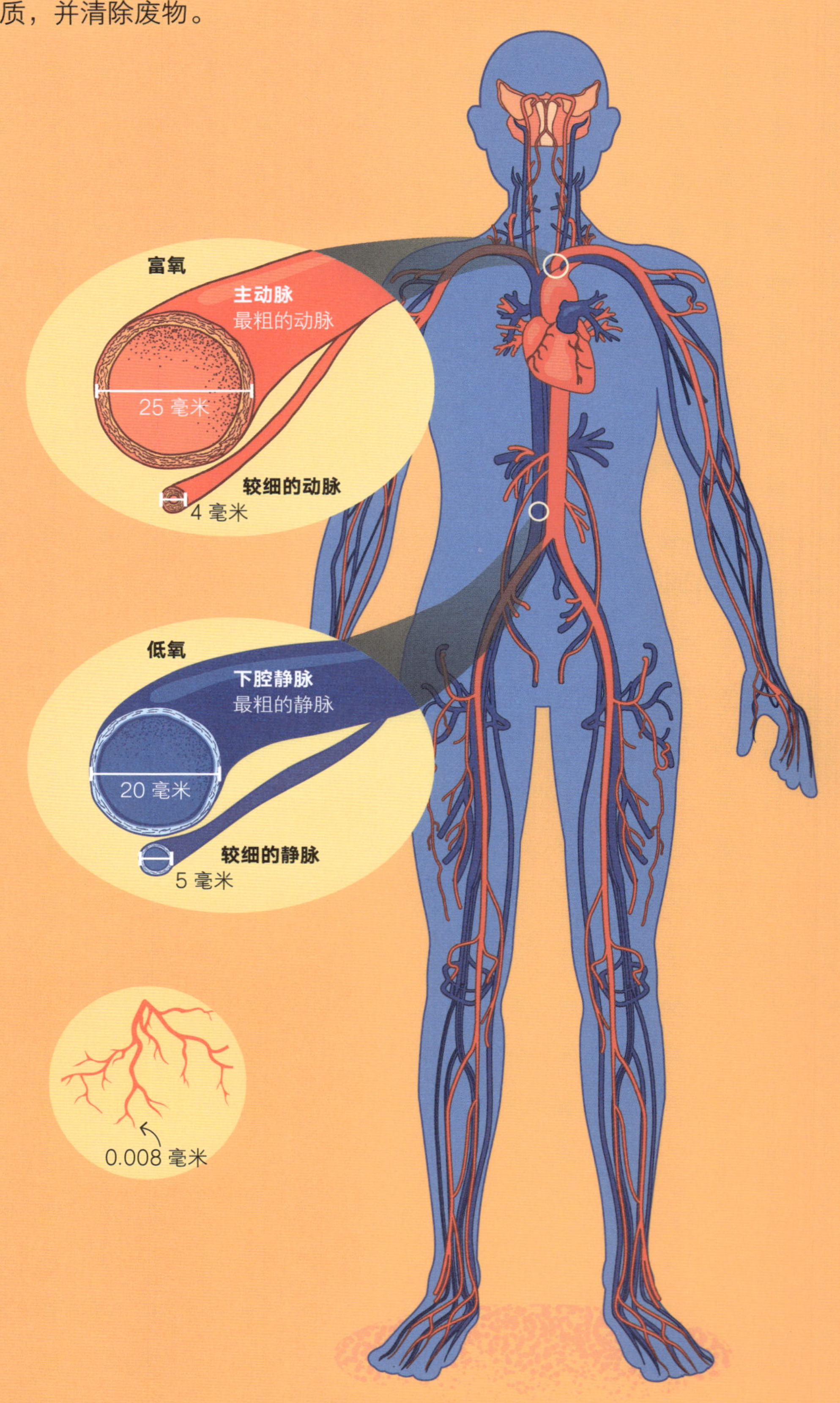
富氧
主动脉
最粗的动脉
25 毫米
较细的动脉
4 毫米
低氧
下腔静脉
最粗的静脉
20 毫米
较细的静脉
5 毫米
0.008 毫米

血液由哪些成分组成

平均而言，血液占人体总重的 8% 左右。循环系统中的血液量和人的体形大小有关。一个成年人体内大约有 5 升血液，以下是它的成分。

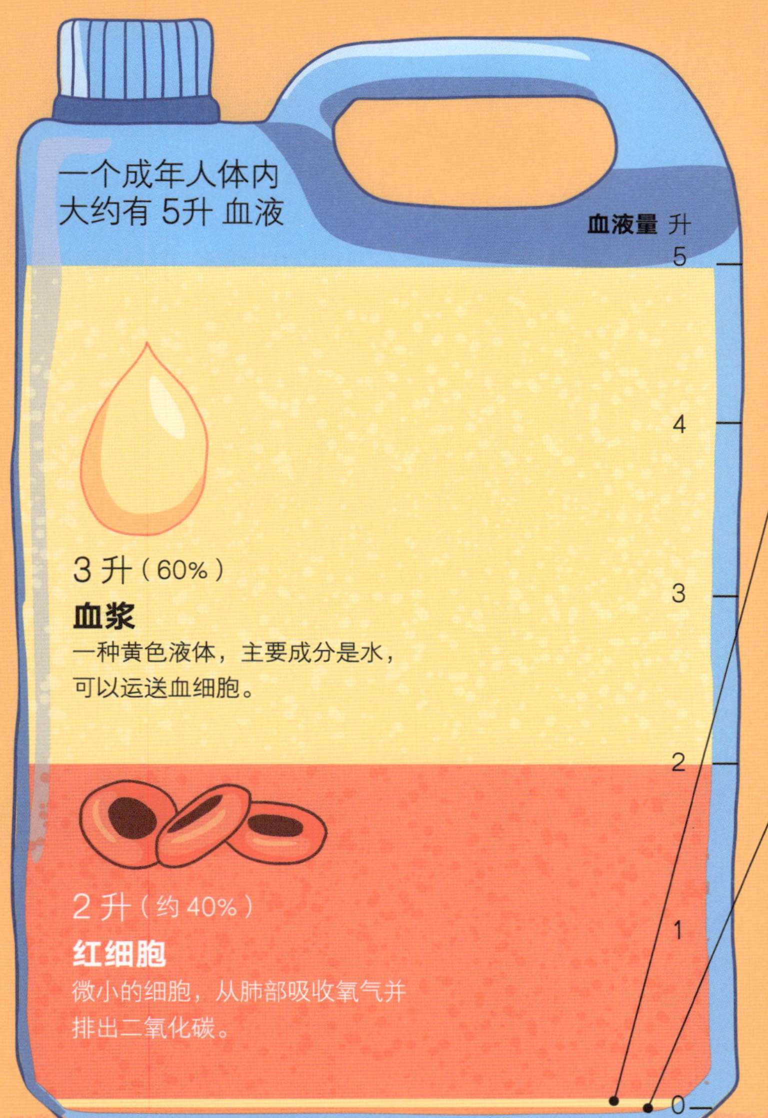

一个成年人体内
大约有 5升 血液
血液量 升
5
4
3
2
1
0
3 升（60%）
血浆
一种黄色液体，主要成分是水，
可以运送血细胞。
2 升（约 40%）
红细胞
微小的细胞，从肺部吸收氧气并
排出二氧化碳。

<0.02 升（少于 0.5%）

白细胞

一种负责攻击有害细菌和病毒的保护性细胞，从而预防疾病。

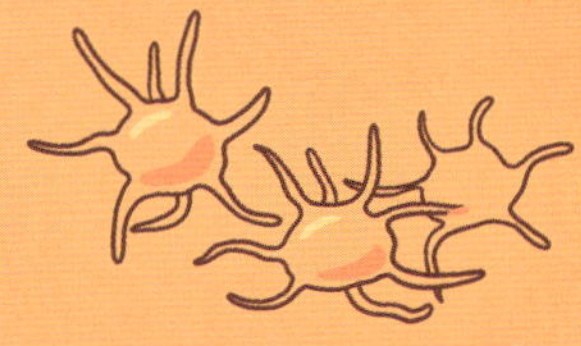

<0.02 升（少于 0.5%）

血小板

血小板可以让血液变得黏稠。当你被划伤需要止血时，血小板会促使血液凝结成块。

如果把你身体里所有血管首尾相连，长度将超过 100,000 千米——这足以绕地球 2.5 圈！

血管长度

100,000~150,000千米

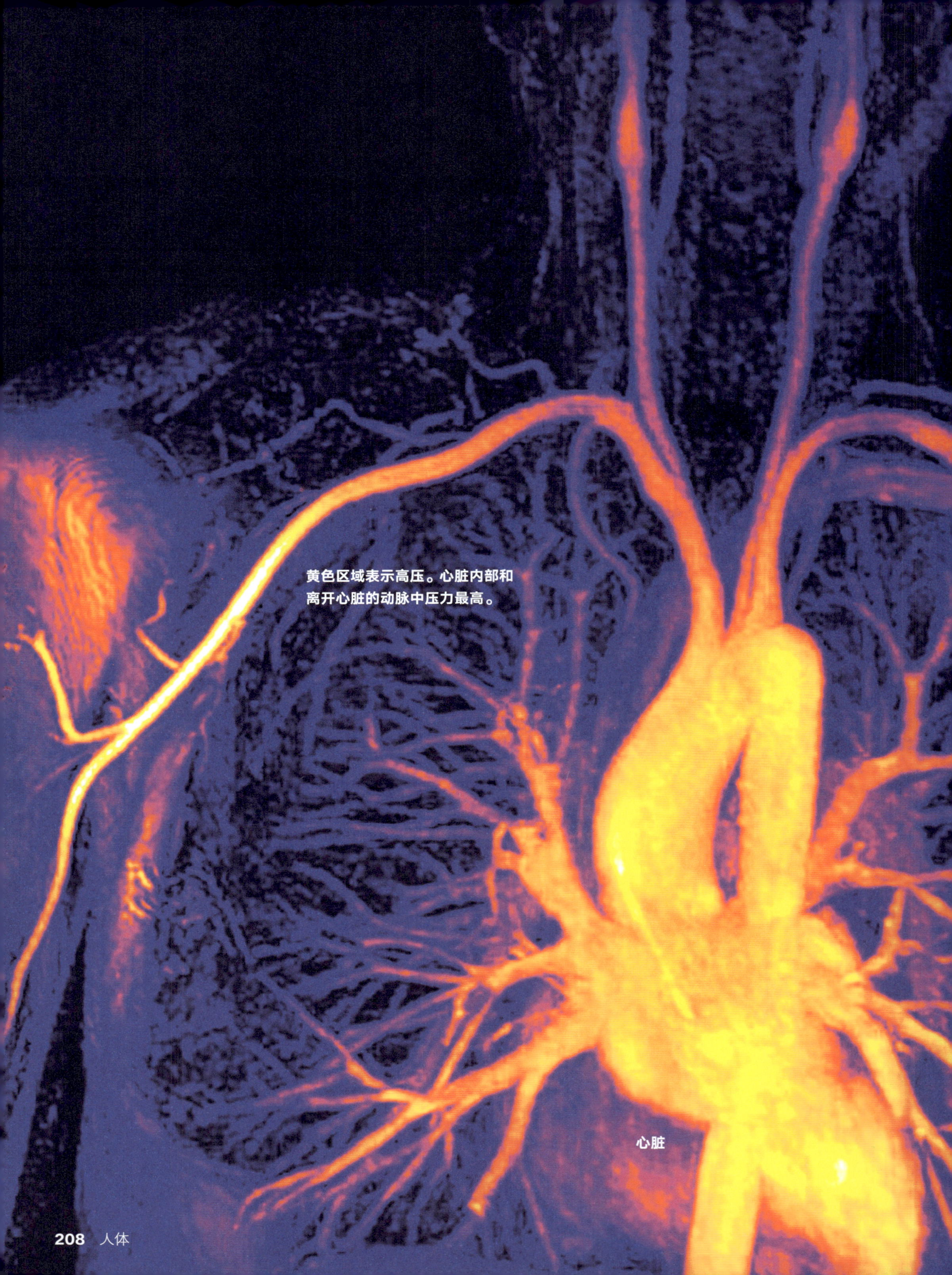
心脏

黄色区域表示高压。心脏内部和离开心脏的动脉中压力最高。

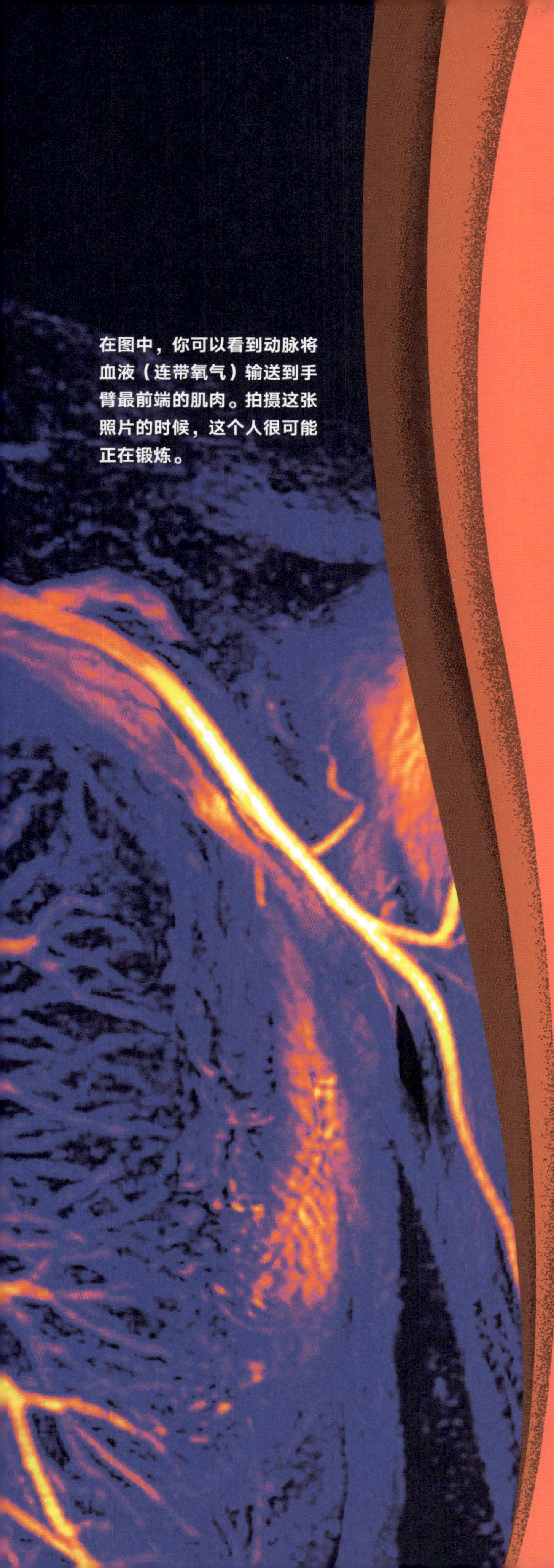

怦！怦！怦！

这张图展示了血管从心脏延伸出来的样子。当你运动时，心脏会更用力、更快地收缩，因为你的肌肉需要从血液中获取氧气。这就是锻炼身体时心率（心脏跳动的速度）增加的原因。

在图中，你可以看到动脉将血液（连带氧气）输送到手臂最前端的肌肉。拍摄这张照片的时候，这个人很可能正在锻炼。

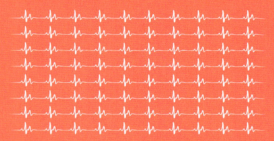

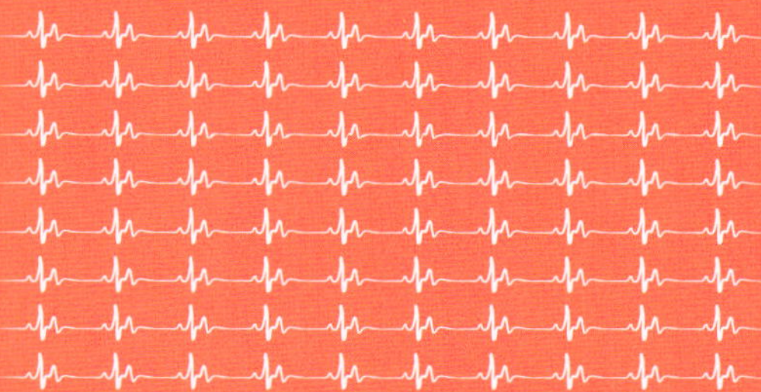

成年人的静息心率通常为每分钟60～100次。

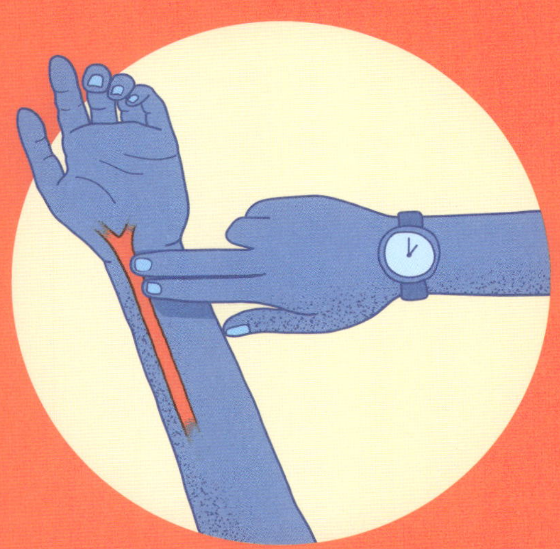

你可以把两根手指搭在手腕上，数数1分钟脉搏跳动的次数来计算你的心率。

吃，然后消化

当你吃饭时，食物需要大约24小时才能通过整条消化道。消化道如同一条长长的弯曲的管道，从口腔开始，到肛门结束。在这里，让我们跟随食物，完成一趟人体内的史诗之旅。

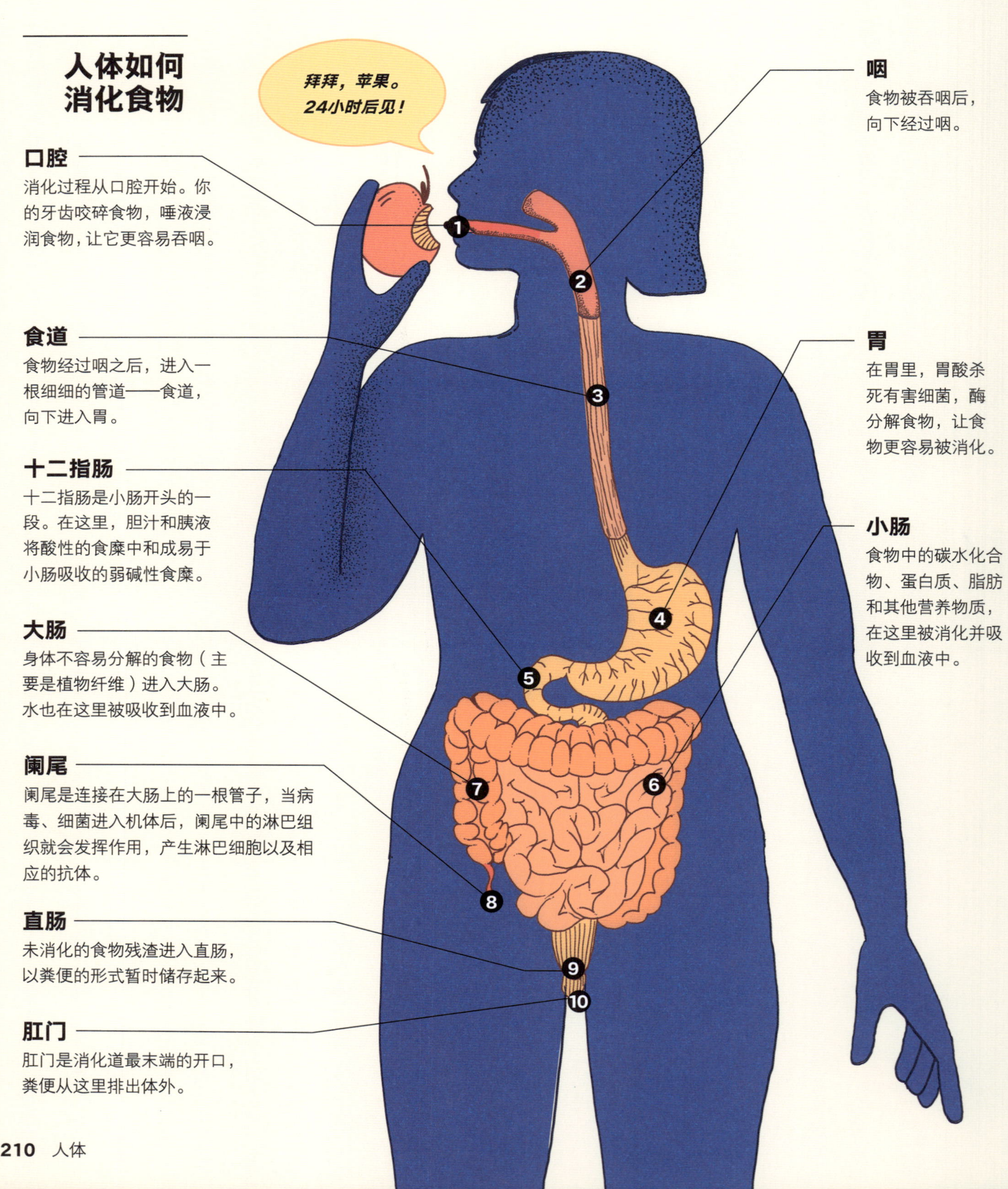

人体如何消化食物
拜拜，苹果。
24小时后见！
口腔
消化过程从口腔开始。你的牙齿咬碎食物，唾液浸润食物，让它更容易吞咽。
食道
食物经过咽之后，进入一根细细的管道——食道，向下进入胃。
十二指肠
十二指肠是小肠开头的一段。在这里，胆汁和胰液将酸性的食糜中和成易于小肠吸收的弱碱性食糜。
大肠
身体不容易分解的食物（主要是植物纤维）进入大肠。水也在这里被吸收到血液中。
阑尾
阑尾是连接在大肠上的一根管子，当病毒、细菌进入机体后，阑尾中的淋巴组织就会发挥作用，产生淋巴细胞以及相应的抗体。
直肠
未消化的食物残渣进入直肠，以粪便的形式暂时储存起来。
肛门
肛门是消化道最末端的开口，粪便从这里排出体外。
咽
食物被吞咽后，向下经过咽。
胃
在胃里，胃酸杀死有害细菌，酶分解食物，让食物更容易被消化。
小肠
食物中的碳水化合物、蛋白质、脂肪和其他营养物质，在这里被消化并吸收到血液中。
1
2
3
4
5
6
7
8
9
10

消化道有多长

为了在体内占用更小的空间，大部分消化道蜷缩在一起，好像一大团面条。然而，如果你把一个成年人的消化道全部伸展开来，它的长度将超过9米，大约是3层楼的高度！

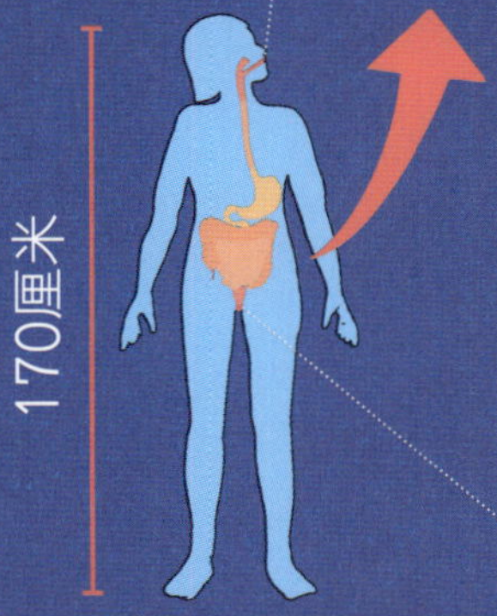

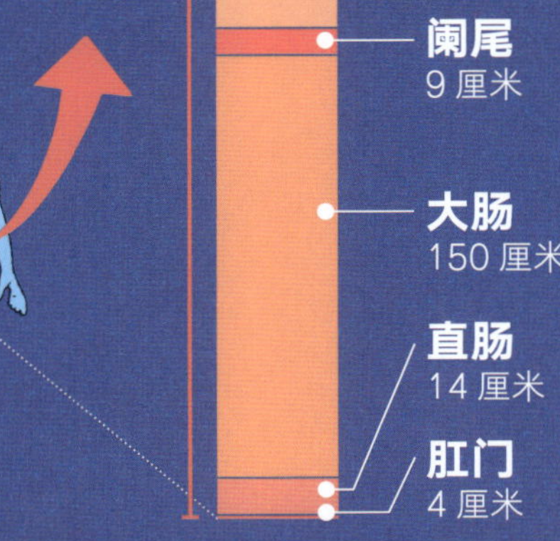

170厘米
929厘米
口腔
10厘米
咽
13厘米
食道
25厘米
胃
34厘米
小肠
670厘米
（含十二指肠）
阑尾
9厘米
大肠
150厘米
直肠
14厘米
肛门
4厘米

你分泌了多少鼻涕

鼻涕可能很恶心，但它实际上是非常重要且有用的东西。鼻涕是一种由鼻子里的腺体产生的黏液，能吸附灰尘和有害细菌，还能帮助你闻到气味。口腔也会分泌黏液，形成唾液。唾液浸润食物，让它更易于咀嚼和吞咽。你的胃也会产生黏液，以保护胃黏膜免受胃酸的侵蚀。如果把所有这些黏液集中在一起，就会成为这里展示的样子。

一天分泌的黏液

你的身体每 24 小时会分泌大约 5 杯黏液。

鼻子分泌的大部分鼻涕都流进了咽喉，咕咚！
马克杯容量
0.3 升

一生分泌的黏液

你的身体在一生中分泌的黏液可以装满 209 个浴缸。

你的身体一直在分泌黏液，即使是睡觉的时候！

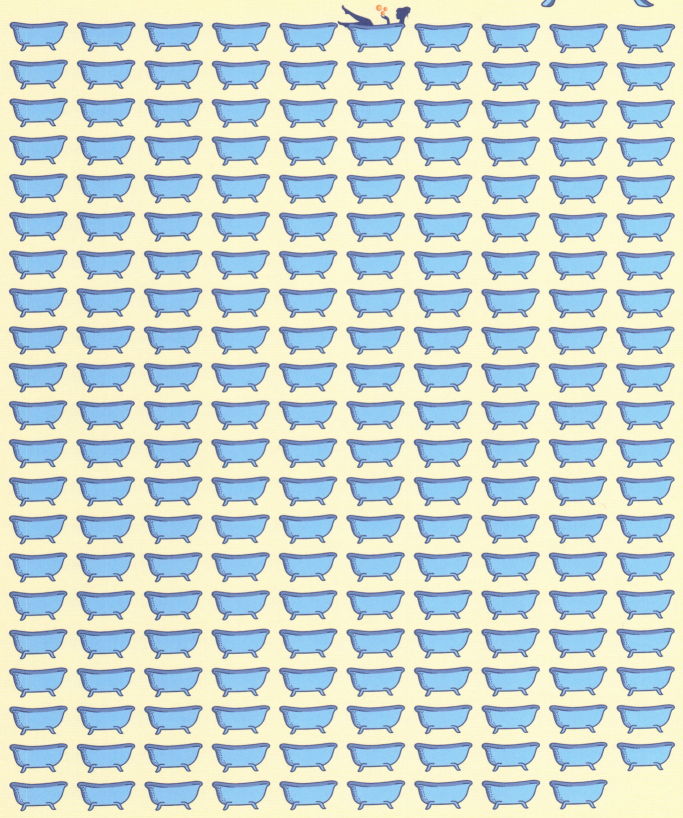

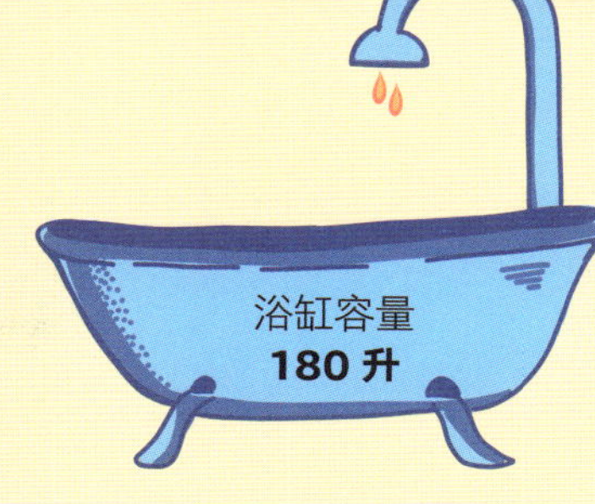
浴缸容量
180 升

便便与屁

在食物消化过程的最后，会产生一团臭烘烘的棕色废物，它们最终会被排出体外。这种废物的科学名称是粪便，但你可能也会叫它——便便！

便便里有什么

一个成年人平均每天排出 100~250 克便便。便便大部分由水构成，这就是便便质地像泥巴一样的原因。便便中的固体物质由死去的细菌、死去的细胞、身体无法消化的东西（如纤维素，在甜玉米粒的外壳中就有这种物质）以及一些蛋白质、脂肪和其他废物组成。细菌代谢产生的各种物质，包括硫化氢、粪臭素、氨、乙酸等，让便便有了特殊的味道。影响便便颜色的主要因素则是胆汁中的胆红素。

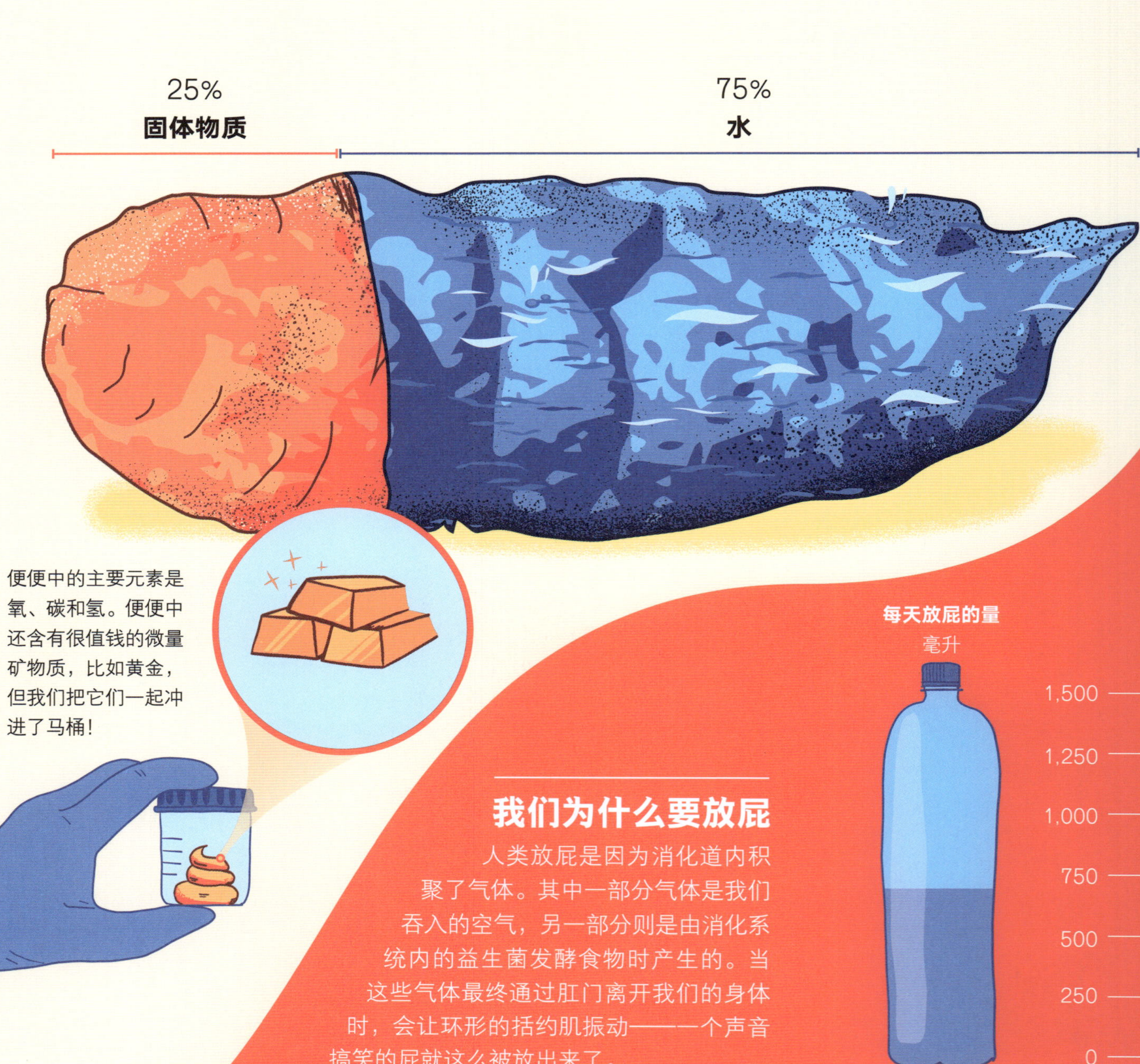

25%
固体物质
75%
水
每天放屁的量
毫升
1,500
1,250
1,000
750
500
250
0

便便中的主要元素是氧、碳和氢。便便中还含有很值钱的微量矿物质，比如黄金，但我们把它们一起冲进了马桶！

我们为什么要放屁

人类放屁是因为消化道内积聚了气体。其中一部分气体是我们吞入的空气，另一部分则是由消化系统内的益生菌发酵食物时产生的。当这些气体最终通过肛门离开我们的身体时，会让环形的括约肌振动——一个声音搞笑的屁就这么被放出来了。

人平均每天会释放大约 700 毫升的屁。

7 类便便

英国布里斯托大学的科学家总结出一套标准，根据粪便的外观和软硬将人类粪便分为 7 类，被称为“布里斯托大便分类法”。

想知道什么动物吃自己的便便吗？请翻到第 160 页。

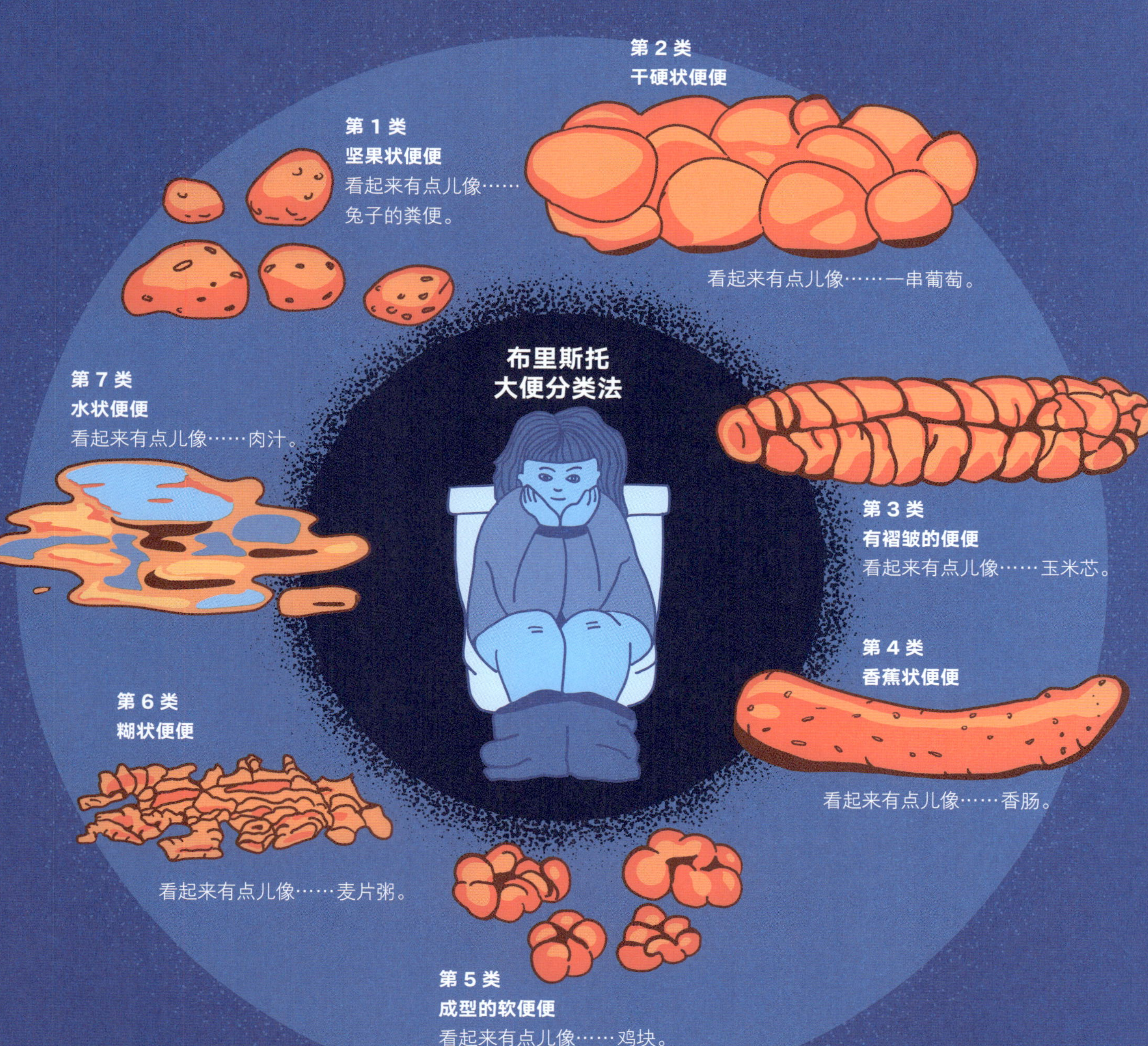
布里斯托
大便分类法
第 1 类
坚果状便便
看起来有点儿像……
兔子的粪便。
第 2 类
干硬状便便
看起来有点儿像……一串葡萄。
第 3 类
有褶皱的便便
看起来有点儿像……玉米芯。
第 4 类
香蕉状便便
看起来有点儿像……香肠。
第 5 类
成型的软便便
看起来有点儿像……鸡块。
第 6 类
糊状便便
看起来有点儿像……麦片粥。
第 7 类
水状便便
看起来有点儿像……肉汁。

小便的奇妙之处

小便是身体排出多余水分和毒素的一种方式。人的尿液来自血液，而不是消化系统。这里展示了尿液从肾脏出发，到达膀胱，再走向厕所的旅程。

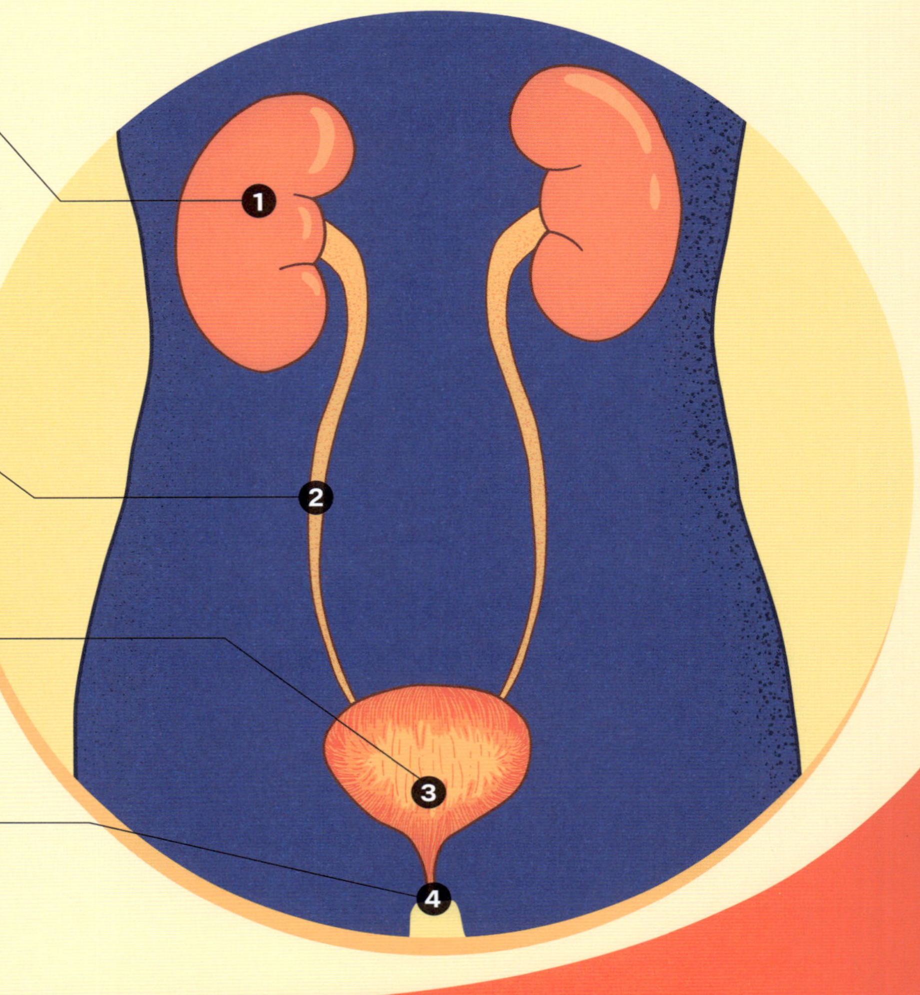
1
2
3
4

肾脏

当你喝下一杯水的时候，它会被消化系统吸收，进入血液。肾脏负责保持血液清洁，能够过滤掉血液中的有害物质和身体不需要的多余水分，将它们变成尿液。

输尿管

输尿管是将尿液从肾脏输送到膀胱的管道。每个肾脏都有一根输尿管。

膀胱

这是你体内储存尿液的器官，就像一个袋子。当你的膀胱充满尿液时，它就会告诉大脑：你需要去厕所了。

尿道

尿液通过这一通道离开你的身体。尿道周围有尿道括约肌，可以控制排尿。

你有多少尿液

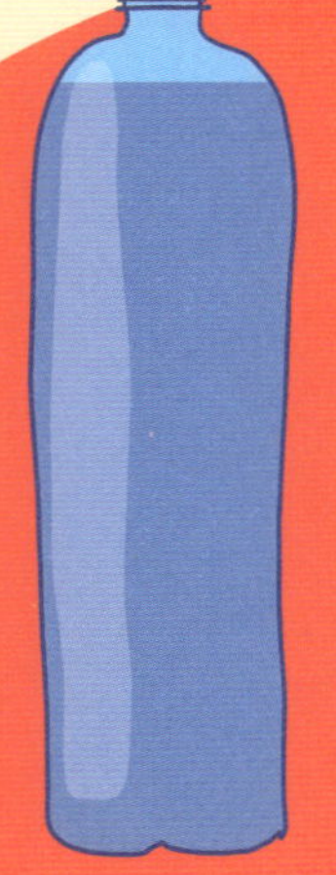

每天排出的尿液

人平均一天排出的尿液量，可以装满一个大水瓶，大约 1.4 升。

一生排出的尿液

人一生累计排出的尿液量，可以装满一辆大型油罐车——大约 38,000 升！

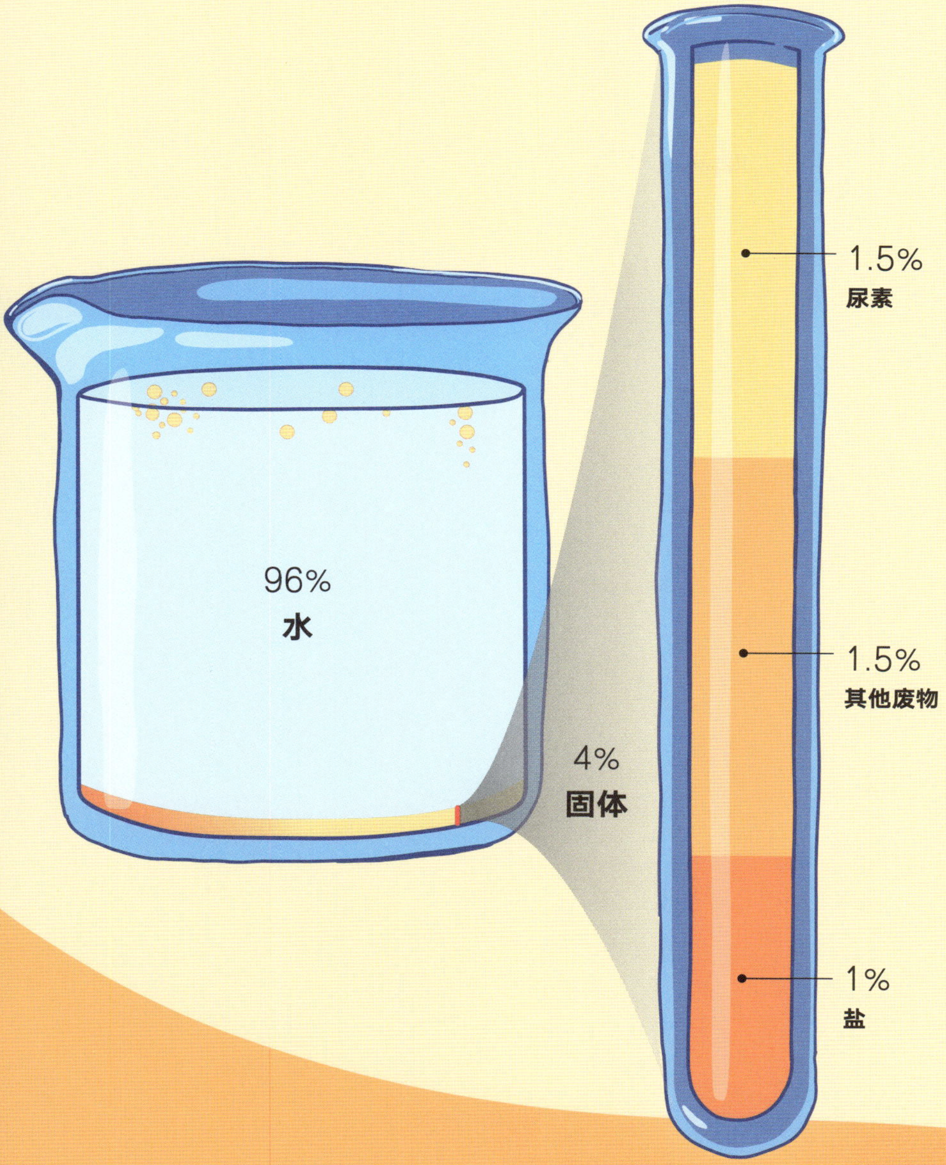

96%
水

4%
固体

1.5%
尿素

1.5%
其他废物

1%
盐

尿液中有什么

尿液中绝大部分——大约 96% 是水。剩下的 4% 由尿素（消化系统产生的废物）、盐和其他废物组成，如左图所示。在其他废物中，有一种叫作尿胆素的黄色色素。它来自你的血液，使尿液呈现黄色。其他废物中还有氨，它是尿液特殊气味的来源。

“排尿法则”

人类排尿的时长通常在 20~30 秒。大象和其他许多哺乳动物排尿的时长与人类大致相同——尽管大象的膀胱比人类大 100 倍！

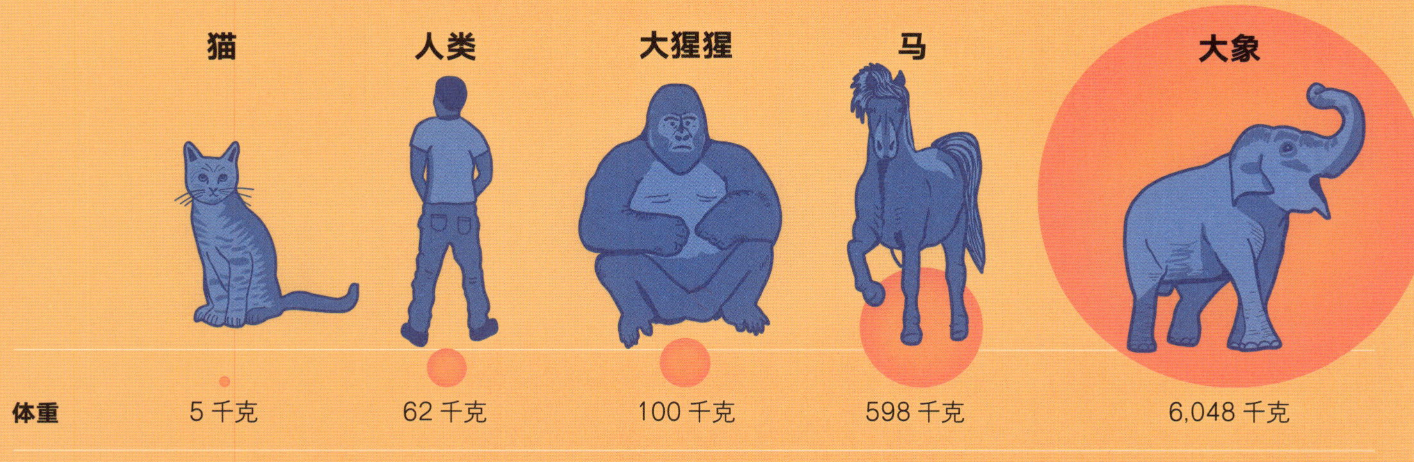

猫
人类
大猩猩
马
大象
体重
5 千克
62 千克
100 千克
598 千克
6,048 千克

小便时长 20~30秒

皮肤有什么用

皮肤通过触觉将你的身体与周围环境联系起来，同时也保护身体免受外界伤害。如果放大观察表皮以下的部分，我们就能发现其构造有多巧妙。

皮肤之下

下图展示了人体皮肤从表层到最深处的横截面。通过放大横截面，你可以看到每层皮肤更多的细节特征。

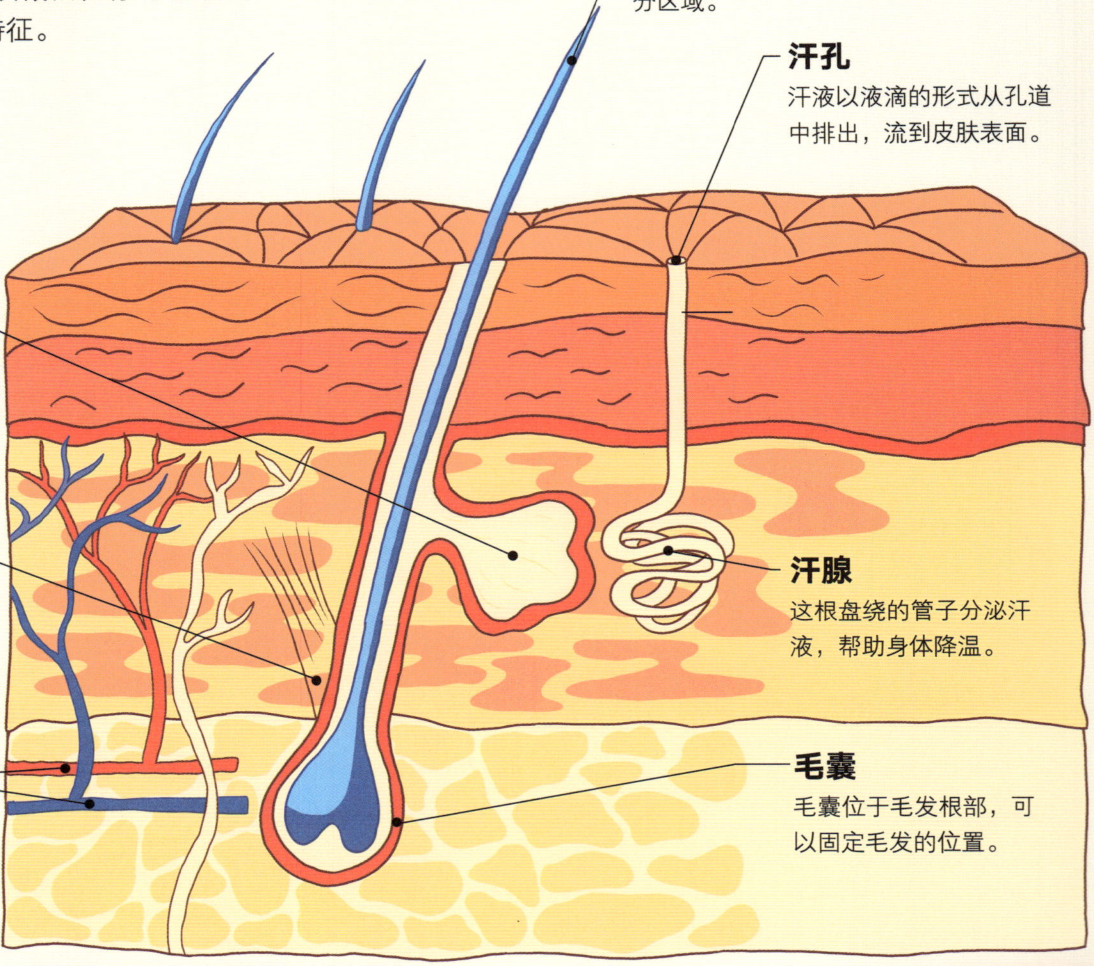

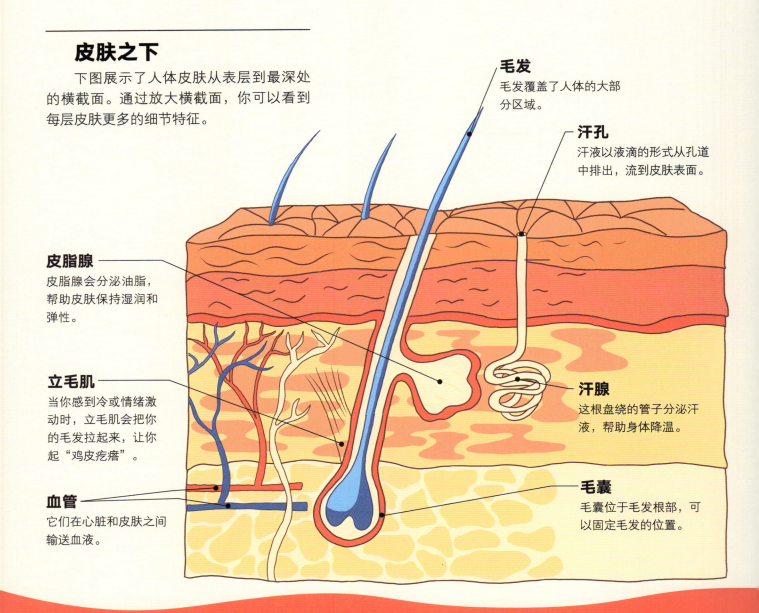

毛发
毛发覆盖了人体的大部分区域。

汗孔
汗液以液滴的形式从孔道中排出，流到皮肤表面。

皮脂腺
皮脂腺会分泌油脂，帮助皮肤保持湿润和弹性。

立毛肌
当你感到冷或情绪激动时，立毛肌会把你的毛发拉起来，让你起“鸡皮疙瘩”。

汗腺
这根盘绕的管子分泌汗液，帮助身体降温。

血管
它们在心脏和皮肤之间输送血液。

毛囊
毛囊位于毛发根部，可以固定毛发的位置。

皮肤对人体有什么作用

你的皮肤具有相当多的功能，从保护身体免受有害细菌的侵害到感知压力和温度等。这里列出了最重要的 6 种。

保护
皮肤可以抵御细菌入侵和其他伤害，还可以起到一定的保湿作用。

调节体温
出汗有助于身体降温，而毛发可以让身体保持温暖和干燥。

你的皮肤有多大

皮肤是人体最大的器官。它既是最重的，也是表面积最大的。这张图显示了把成年人和儿童的皮肤展开之后，它们所覆盖的表面积。

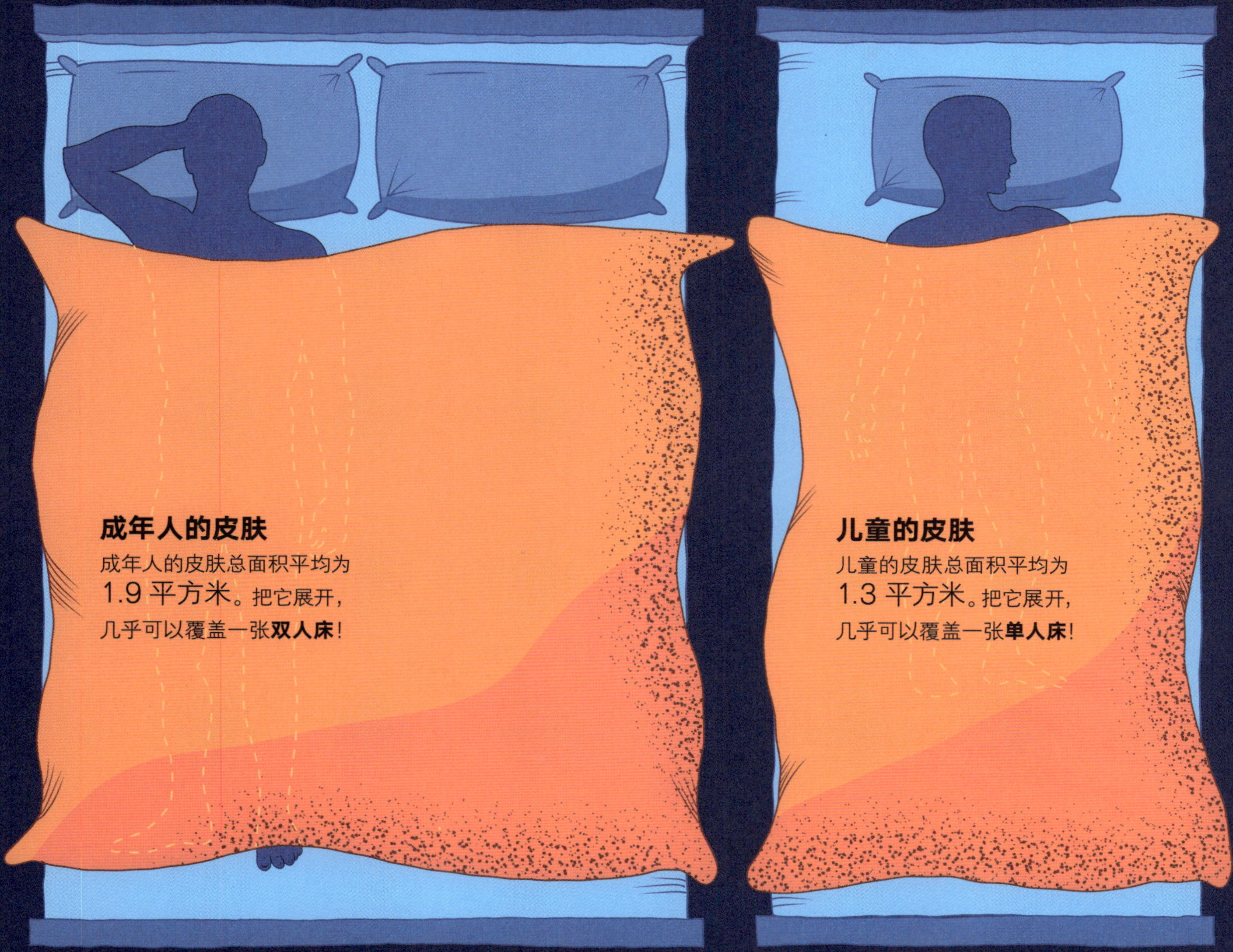

成年人的皮肤

成年人的皮肤总面积平均为1.9平方米。把它展开，几乎可以覆盖一张**双人床**！

儿童的皮肤

儿童的皮肤总面积平均为1.3平方米。把它展开，几乎可以覆盖一张**单人床**！

沟通

皮肤可以透露情绪，比如脸红代表激动或紧张。

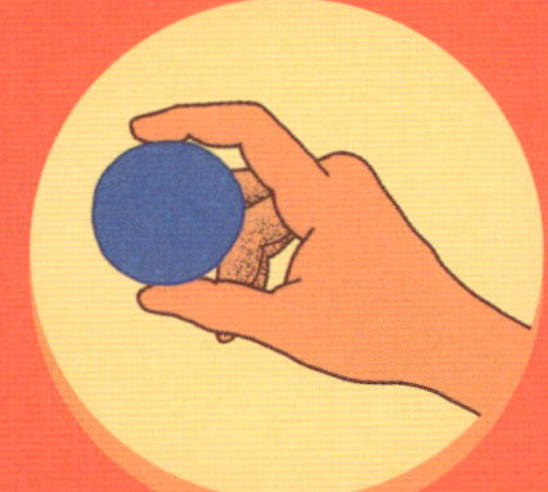

防滑

通过指纹和分泌汗液，皮肤帮助你抓握物体。

合成维生素D

皮肤在阳光的照射下，能合成维生素D。

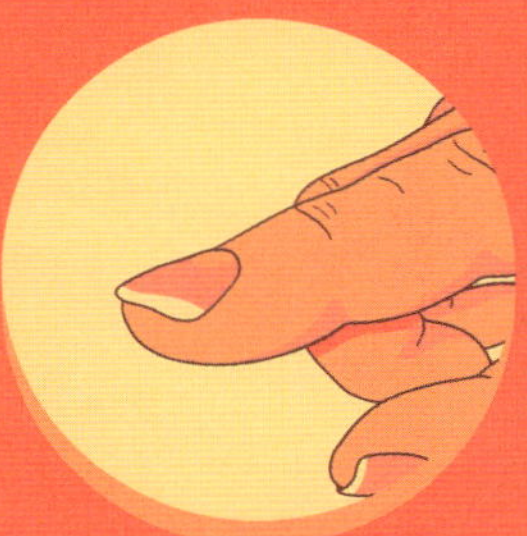

感知

通过触觉，皮肤会告诉大脑你所处的环境。

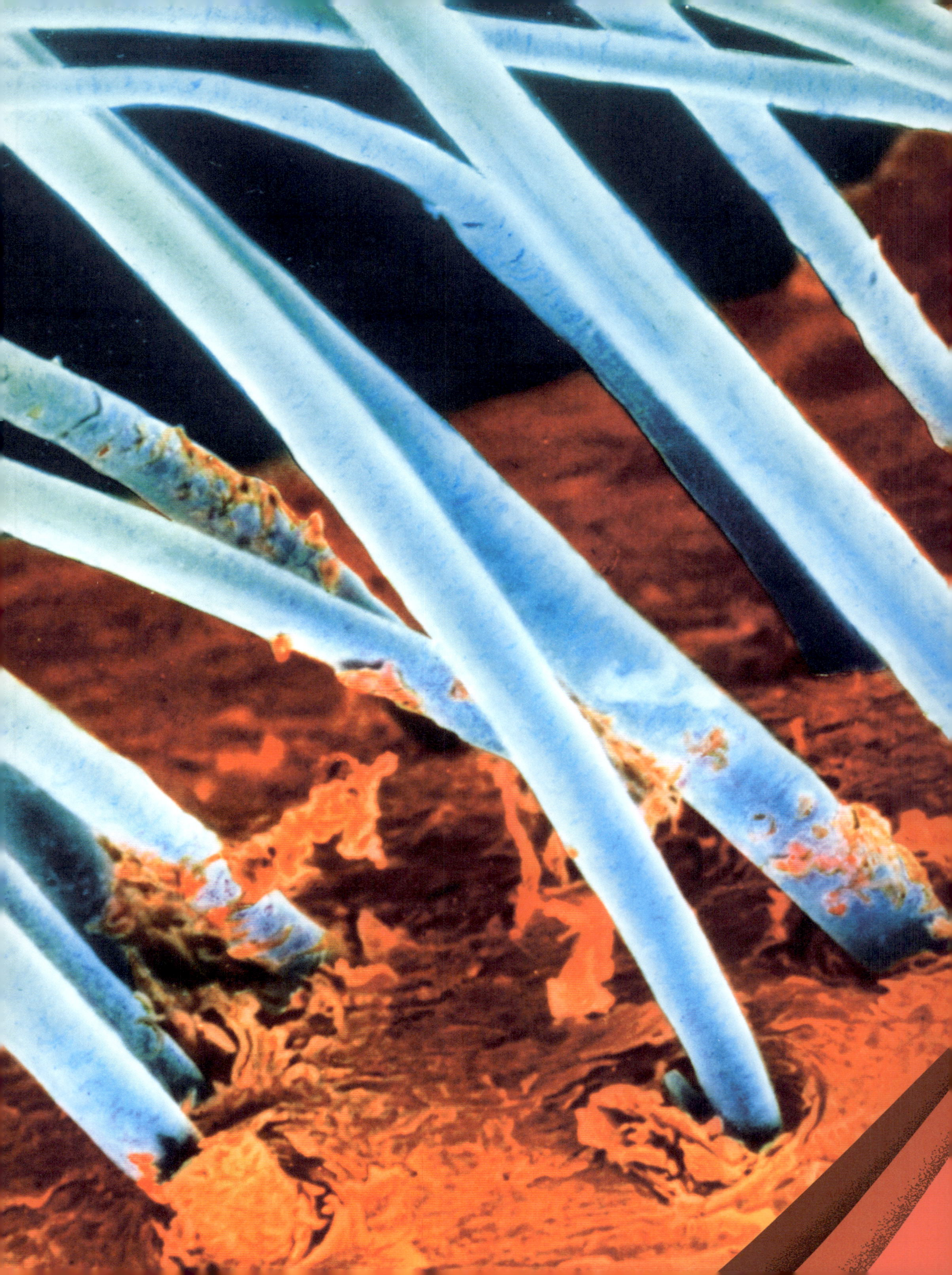

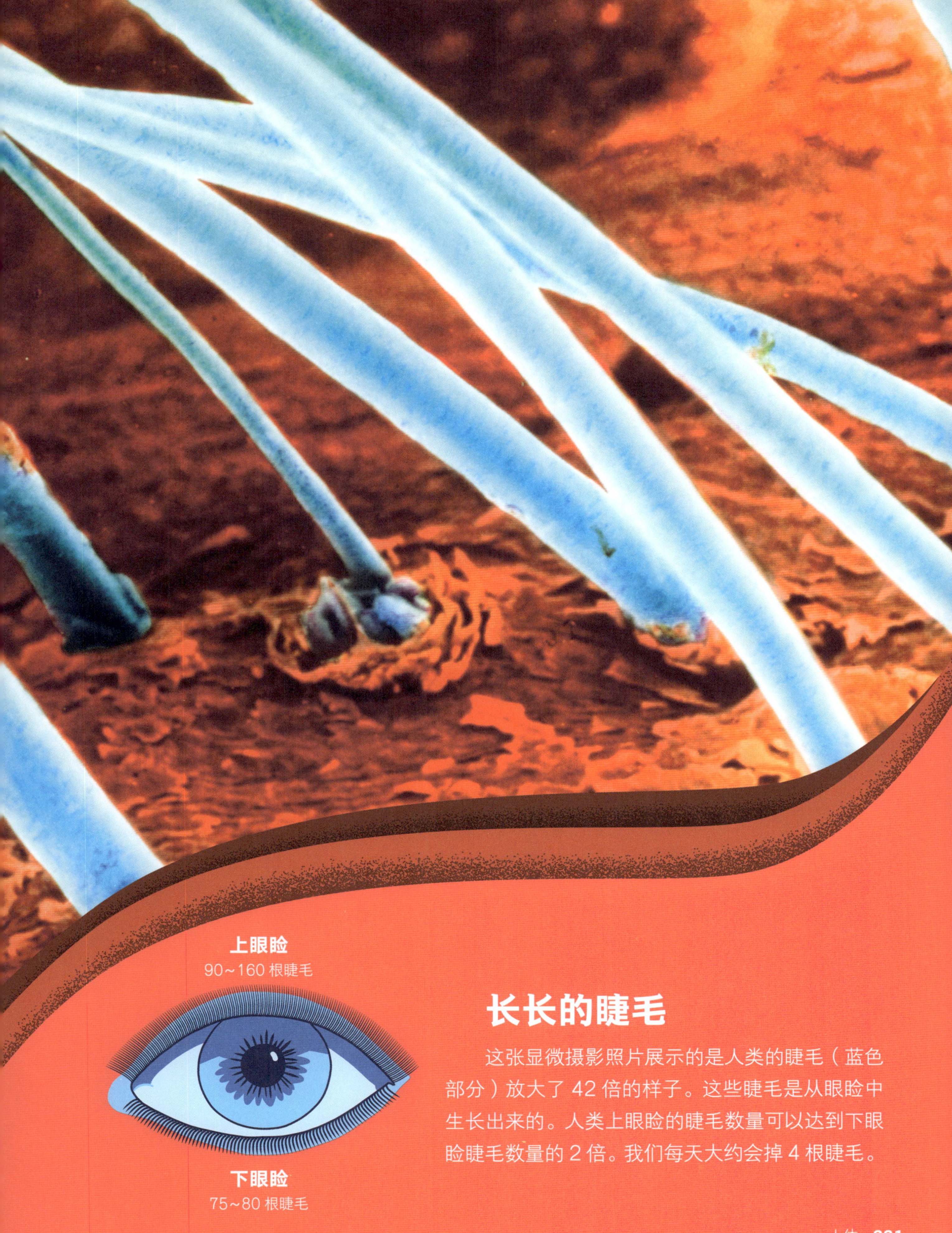
上眼睑
90~160 根睫毛
下眼睑
75~80 根睫毛

长长的睫毛

这张显微摄影照片展示的是人类的睫毛（蓝色部分）放大了 42 倍的样子。这些睫毛是从眼睑中生长出来的。人类上眼睑的睫毛数量可以达到下眼睑睫毛数量的 2 倍。我们每天大约会掉 4 根睫毛。

你能听到吗

耳朵能听到空气中的振动，可谓是振动的探测器。振动的速度（或称为频率）是不同的：高音的振动速度快，比如哨声；低音的振动速度慢，比如火车的隆隆声。

1,000,000
超高音
100,000
10,000
1,000
100
10
0
人类的听觉范围
听觉范围 赫兹
超低音
人类
20,000 赫兹
20 赫兹
蛇
1,000 赫兹
80 赫兹
鱼类
7,000 赫兹
16 赫兹
鸟类
12,900 赫兹
30 赫兹
亚洲象
16,000 赫兹
16 赫兹
蛾
60,000 赫兹
20,000 赫兹

我们用“赫兹”这个科学单位来描述声音的频率。赫兹用来计量每秒完成周期性运动或变化的次数。

我能听到老鼠发出的尖锐声音，这样我就能猎捕它们了！

家猫

85,000 赫兹

48 赫兹

蟋蟀

100,000 赫兹

2,000 赫兹

白鲸

150,000 赫兹

4,000 赫兹

鼠海豚

160,000 赫兹

250 赫兹

蝙蝠

182,000 赫兹

5,000 赫兹

声音的例子

狗哨

狗哨发出的声音频率比较高，人类和羊都无法听到，只有狗可以听到。狗哨可以用来训练狗完成任务，比如在不惊扰羊群的情况下牧羊。

23,000~50,000 赫兹

救护车警笛

救护车和警车的警笛声的频率在我们听觉范围的中间位置，这样可以保证我们能清楚地听到声音，及时让路！

500~1,500 赫兹

地震

我们不需要耳朵，就能听到地震逼近的“声音”——我们的骨骼和身体能感受到它的振动。

0.01~10 赫兹

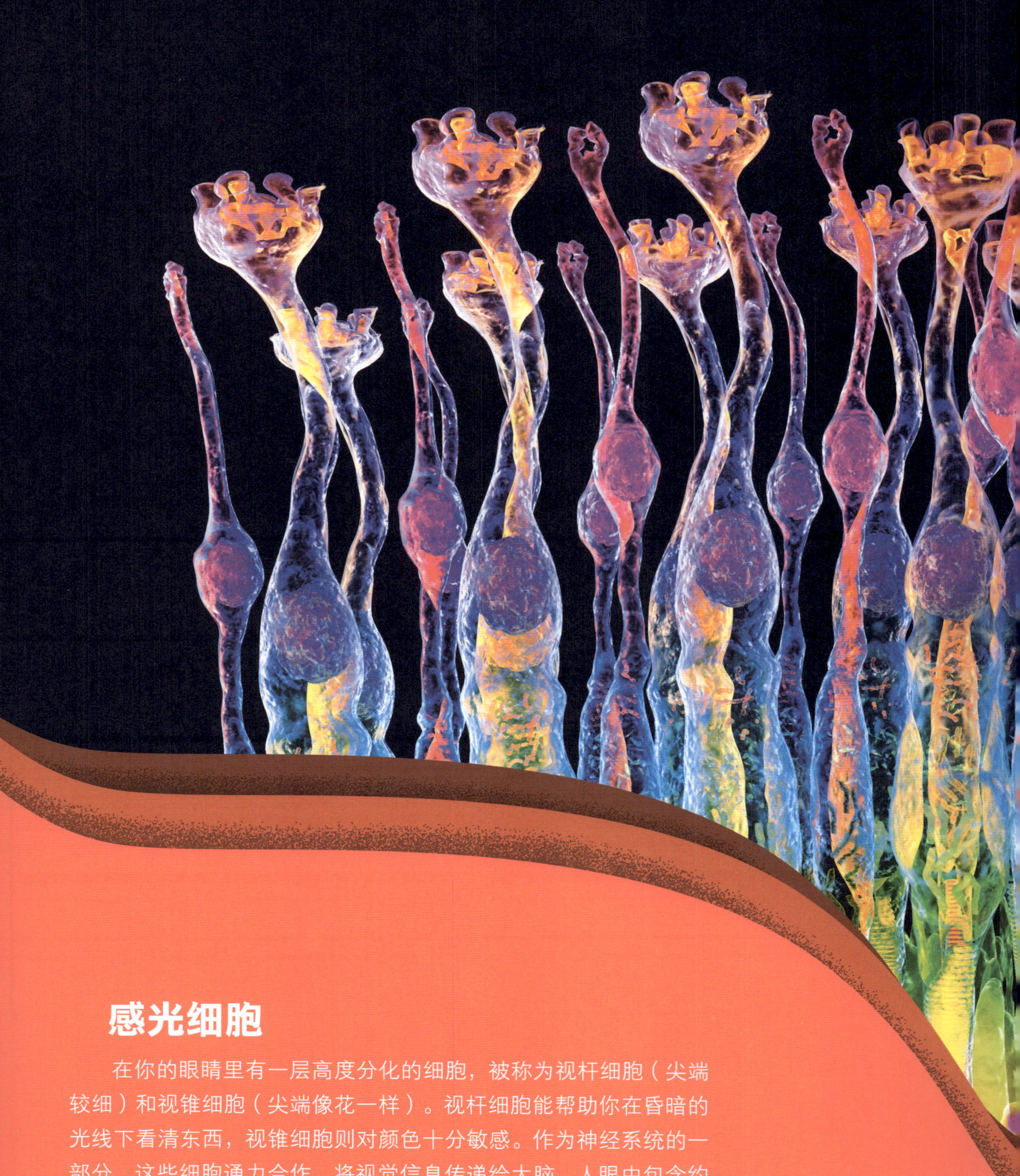

感光细胞

在你的眼睛里有一层高度分化的细胞，被称为视杆细胞（尖端较细）和视锥细胞（尖端像花一样）。视杆细胞能帮助你在昏暗的光线下看清东西，视锥细胞则对颜色十分敏感。作为神经系统的一部分，这些细胞通力合作，将视觉信息传递给大脑。人眼中包含约130,000,000 个视杆细胞和约 7,000,000 个视锥细胞。

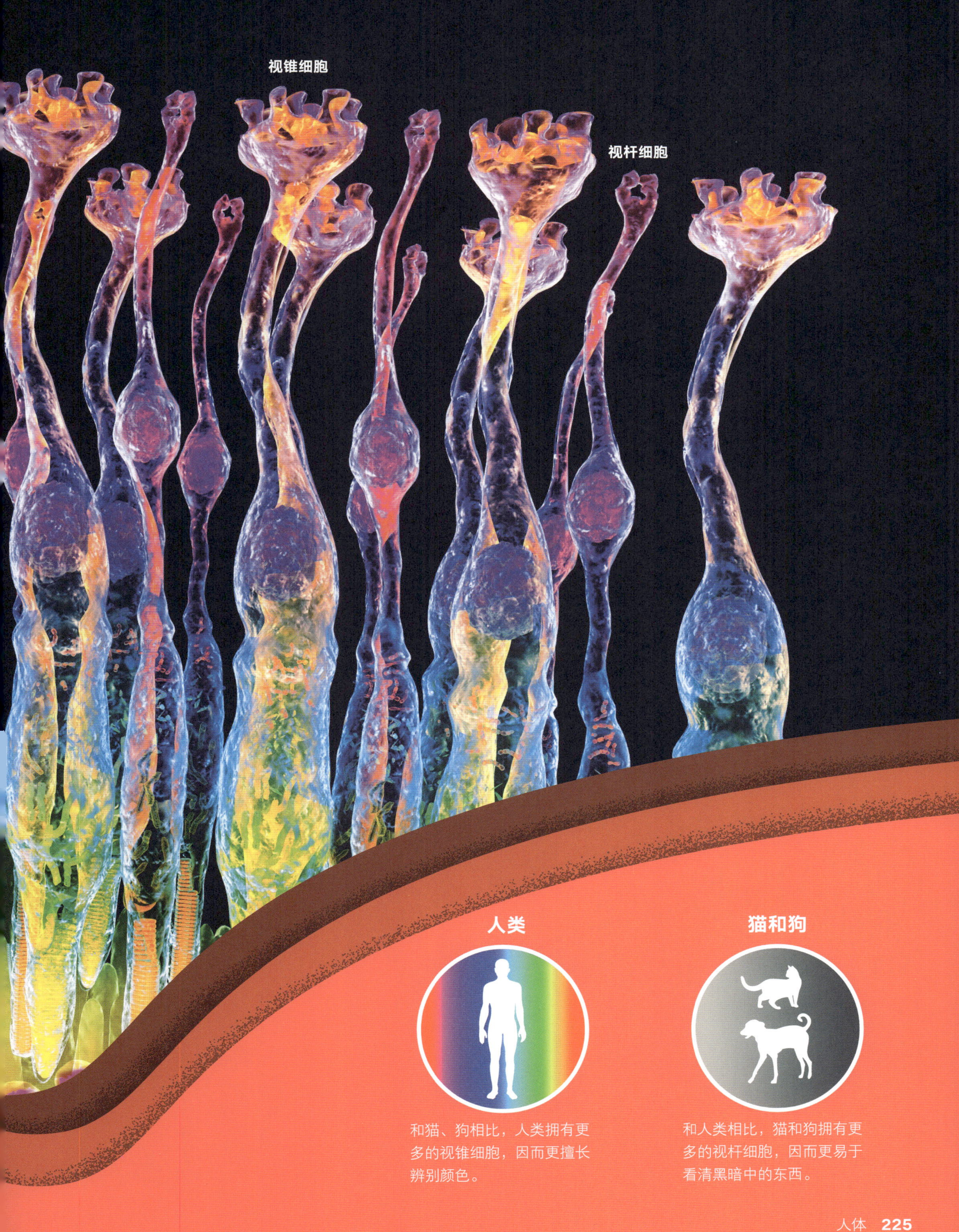
视锥细胞
视杆细胞
人类
猫和狗

和猫、狗相比，人类拥有更多的视锥细胞，因而更擅长辨别颜色。

和人类相比，猫和狗拥有更多的视杆细胞，因而更易于看清黑暗中的东西。

人体的控制中心

大脑从你的各个感官中获取信息并进行处理，使你可以判断并做出决策。几个世纪以来，大脑的工作原理对人类来说一直是个谜。但科学家现在已经知道，大脑的不同区域负责不同的事情。这张图片展示了大脑各部分的分工。

大脑的结构

大脑由 3 个主要部分组成，如下图所示：位于前部的前脑、位于中间的中脑以及位于后部的后脑。大脑的这些部分还可以被划分为更小的区域，称作脑叶。右图展示了前脑和后脑中的脑叶，每种脑叶都用不同的颜色标示出来，区框里的图片说明了各种脑叶的功能。

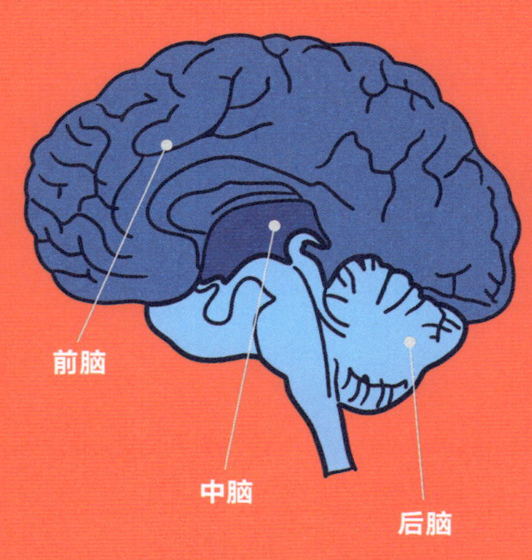
前脑
中脑
后脑

额叶

解决问题

演讲

嗅觉

→气味进入

→食物进入

←语言输出

运动
触觉和压力
感知身体周围
的环境
顶叶
味觉
语言
你好
喂
再见
处理图像
听觉
阅读
枕叶
颞叶
辨识人脸
平衡和协调
小脑

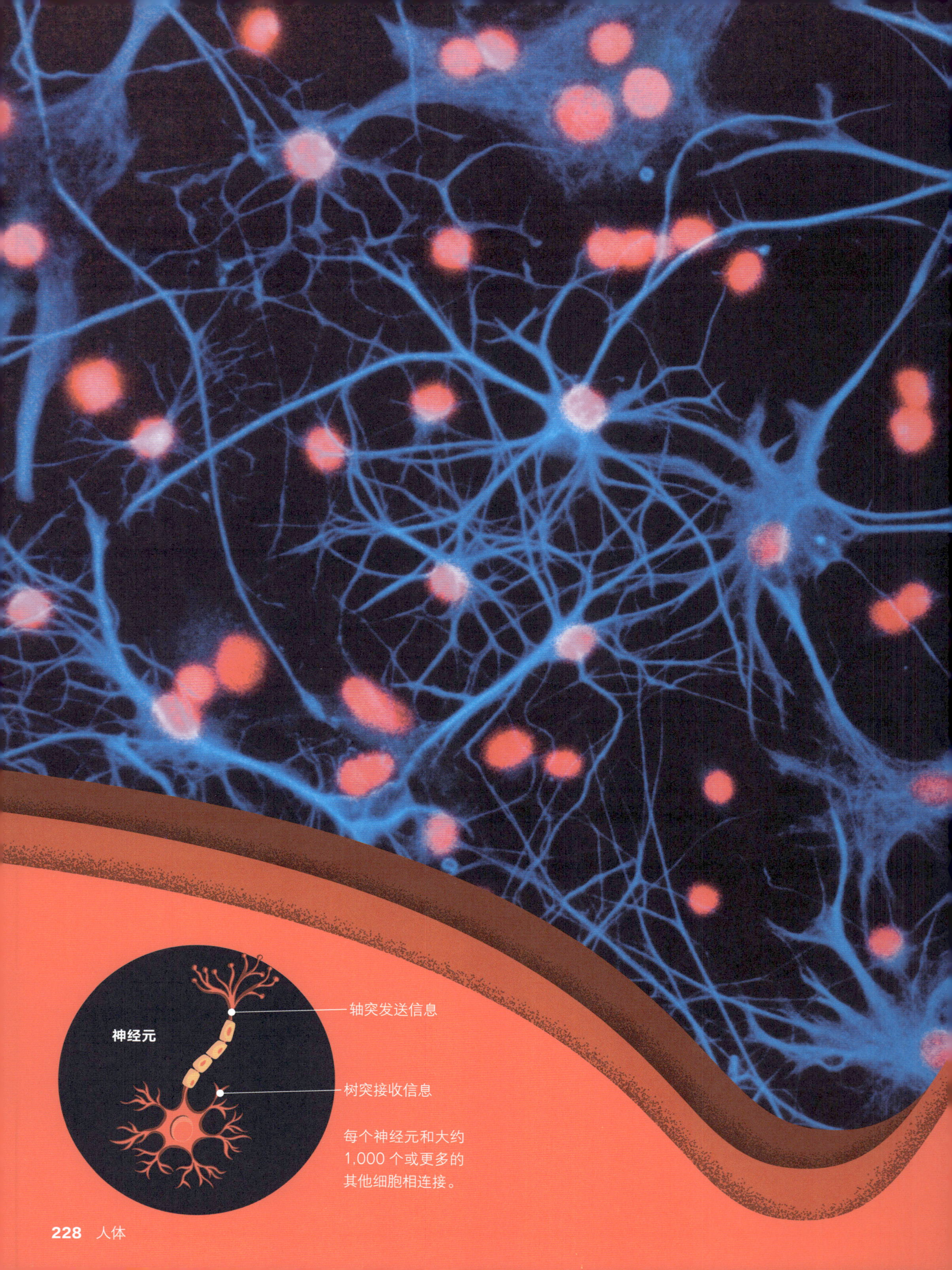
神经元
轴突发送信息
树突接收信息
每个神经元和大约
1,000 个或更多的
其他细胞相连接。

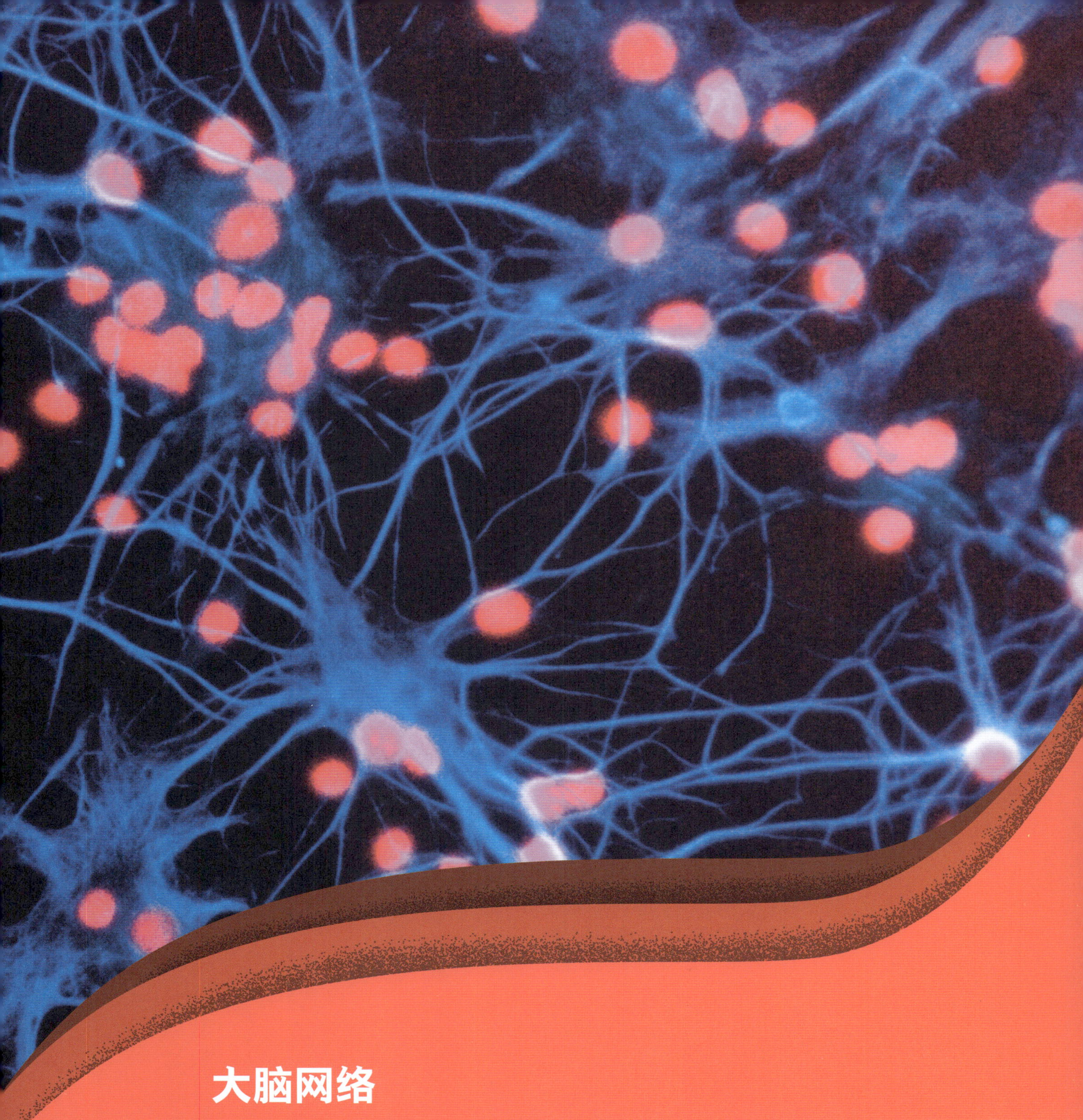

大脑网络

这张图看起来像科幻电影中的画面，但它实际上是大脑内部的照片！这张放大后的图像所展示的神经元，是大脑内的信息载体。每个神经元都由一个细胞体及其分支结构组成。这些分支结构就像树枝一样，从细胞体向外伸展出来。神经元通过复杂的轴突和树突网络与大约 1,000 个或更多其他细胞相连接，可以发送和接收信息。随着你的成长和学习，你大脑中的网络和神经通路会不断发生变化。

人类有多聪明

相对于身体的大小来说，人类的大脑真的很大，和其他与人类体形相近的哺乳动物的大脑相比，就更是如此。科学家认为这可以解释为什么人类可以读书和下棋，而其他动物却不能。但大脑的尺寸可能只是一些动物比其他动物更聪明的众多原因之一。

科学家使用“脑化指数”来衡量哺乳动物的智商。脑化指数是根据脑重与体重的比值计算出来的，脑化指数越高，就表示动物越聪明。人类的脑化指数是 7，是哺乳动物中最高的，说明人类是哺乳动物中最聪明的。这也意味着，同等体重下，人类的大脑是普通哺乳动物大脑的 7 倍重。

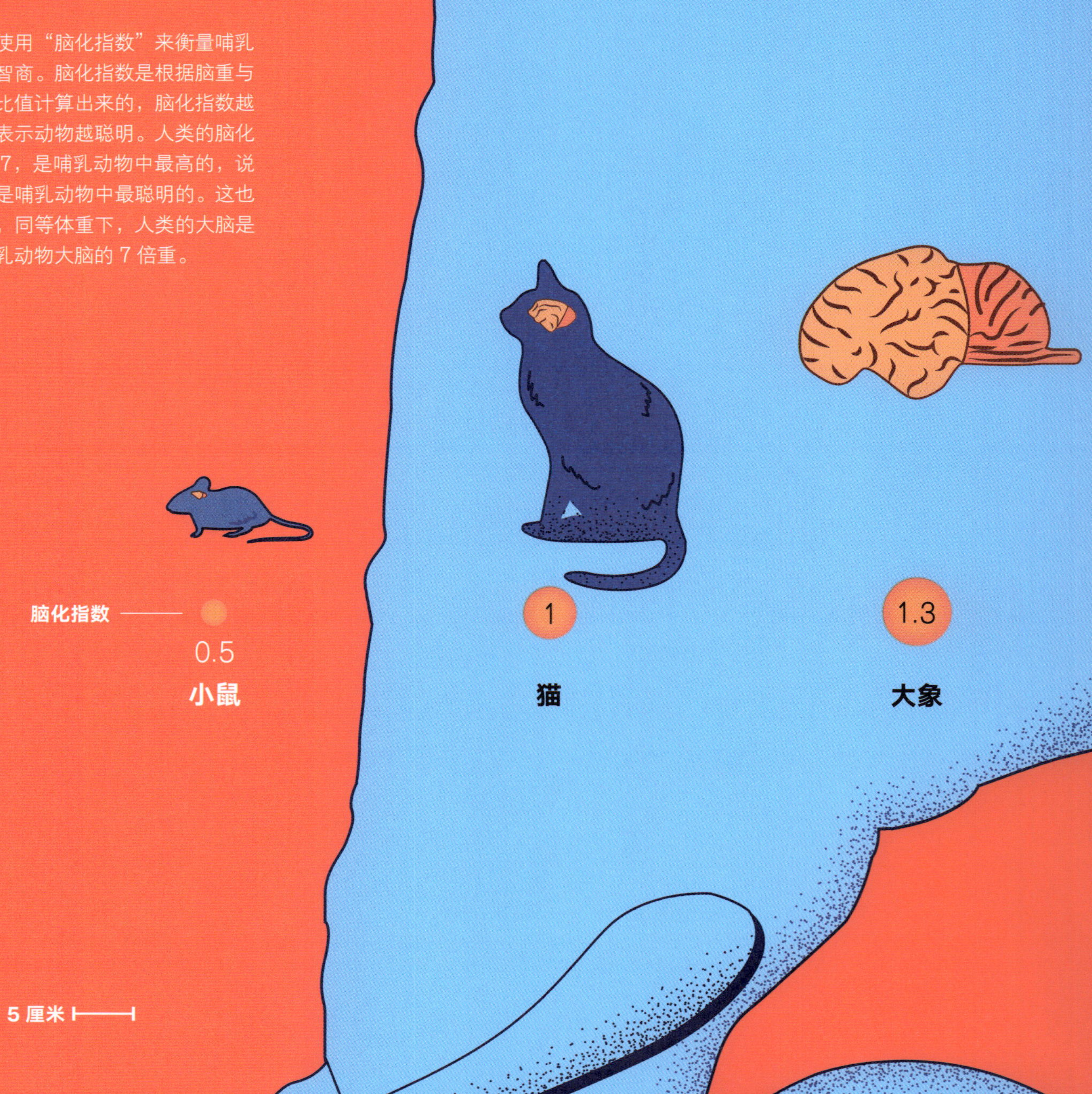

脑化指数
0.5
小鼠
1
猫
1.3
大象

比例尺：**5 厘米**

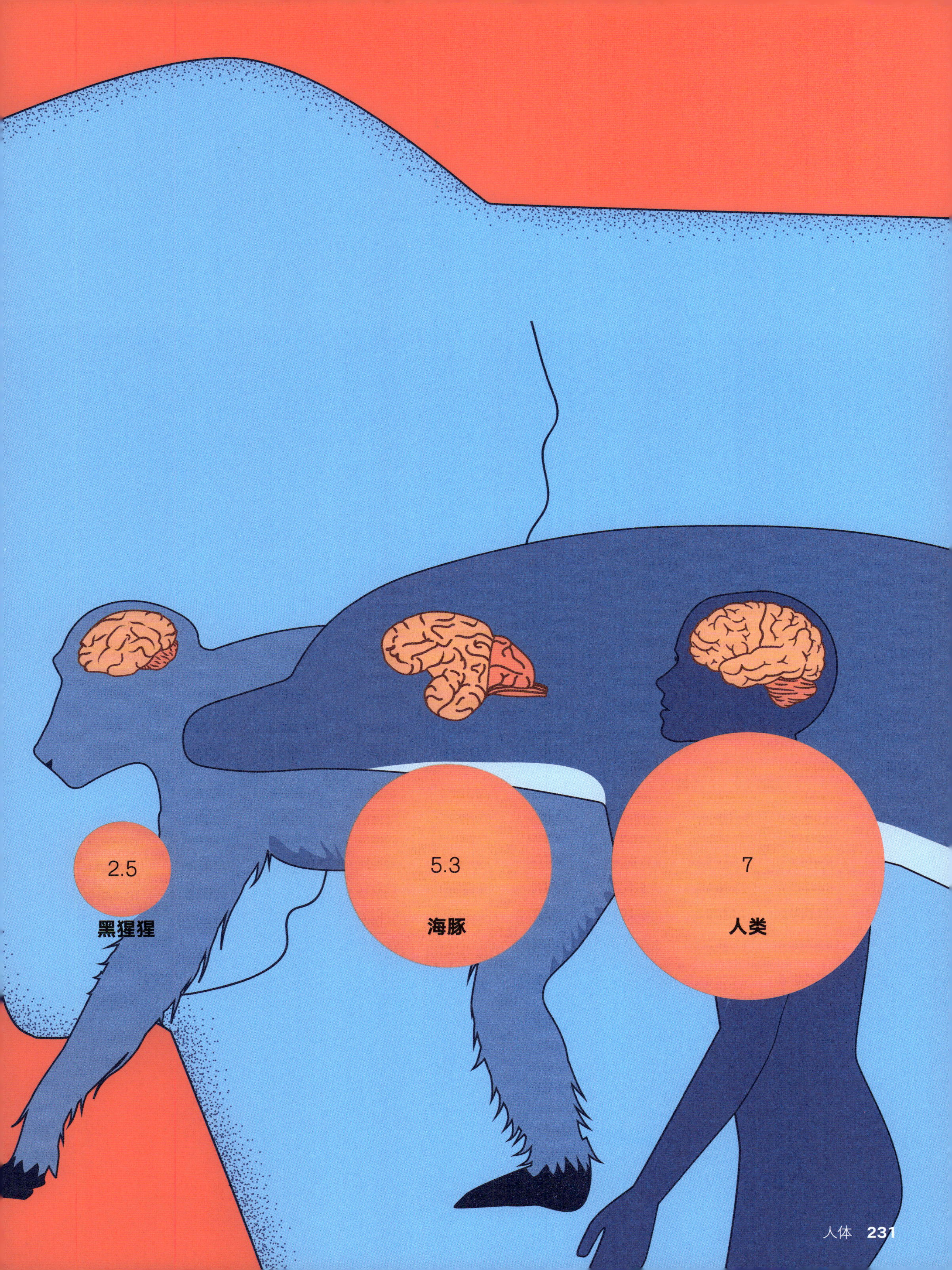
2.5
黑猩猩
5.3
海豚
7
人类

什么是 DNA

DNA（脱氧核糖核酸）存在于所有生物的细胞中。DNA 是一组遗传密码，告诉生物体如何发育和生长，并控制它们的外观和功能。从眼睛的颜色到肺的功能，DNA 控制着人类的一切。

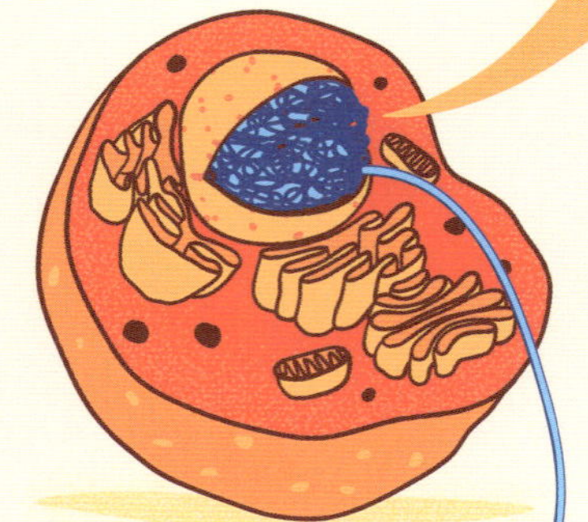

细胞内部

每条 DNA 链在显微镜下都很小，并且紧密地包裹在一起，有点儿像一个羊毛球。如果将一个细胞中的 DNA 展开，它能延伸大约 2 米长。

DNA的结构

每个 DNA 都包含两条紧密相连的链，形成梯子一样的外形，并扭曲成螺旋状。这种结构被称为双螺旋结构。

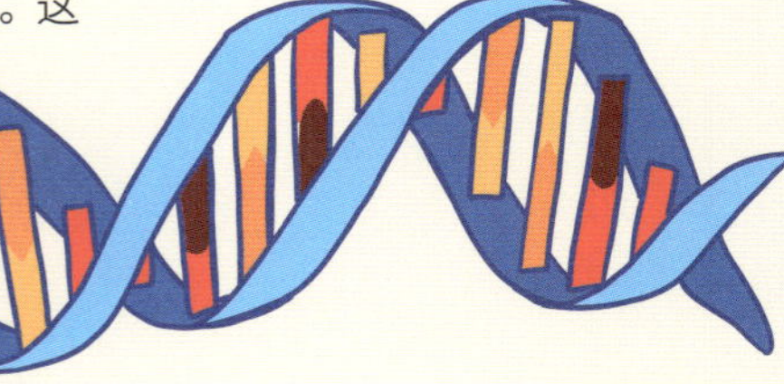

碱基

DNA 有 4 种不同的碱基：

- 腺嘌呤 **A**
- 鸟嘌呤 **G**
- 胸腺嘧啶 **T**
- 胞嘧啶 **C**

这 4 种碱基构成了梯子的梯级，它们在每条 DNA 链中以不同的组合形式，不断重复出现。碱基的顺序很重要，因为它们会形成一套编码，告诉细胞要制造什么类型的蛋白质。正是这些蛋白质之间的差异，创造了所有生物以及身体各部分之间的差异。

你的 DNA 有多长

一个细胞中展开的 DNA 有 2 米长。如果将你身体里所有 DNA 全部展开，并首尾相连，可以连成一根巨大的绳子，它有多长呢？答案是 108,000,000,000 千米，大约是地球到木星距离的 172 倍。

629,000,000 千米

木星

远亲

同一物种的成员大部分 DNA 是相同的。比如说，你体内 99.9% 的 DNA 遗传密码也存在于其他人身上。这里展示了我们和其他生物共有的 DNA 比例。

阅读指南

仔细观察镜子中人类的剪影。每个剪影中深蓝色部分的大小，表示人类与面对镜子的动物、植物共享 DNA 的百分比。

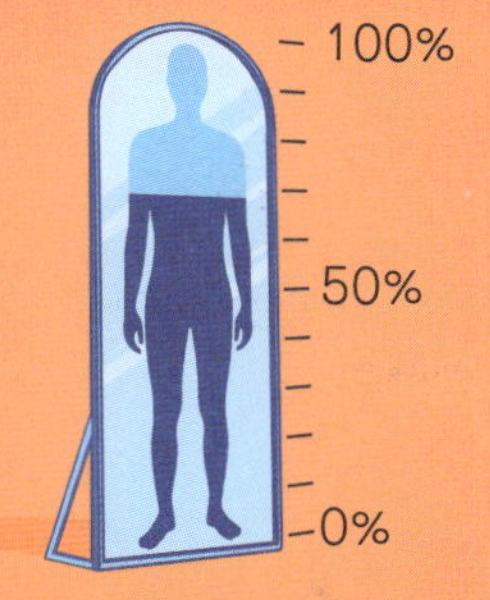
100%
50%
0%

共享DNA的百分比

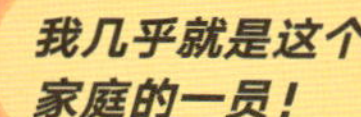
我几乎就是这个家庭的一员！

另一个人
99.9%

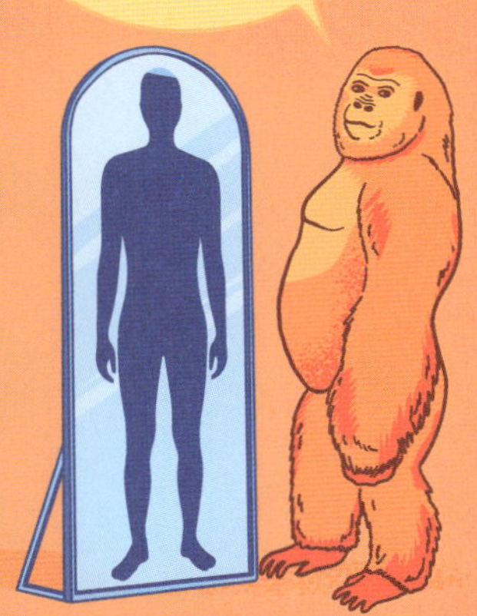

大猩猩
98%

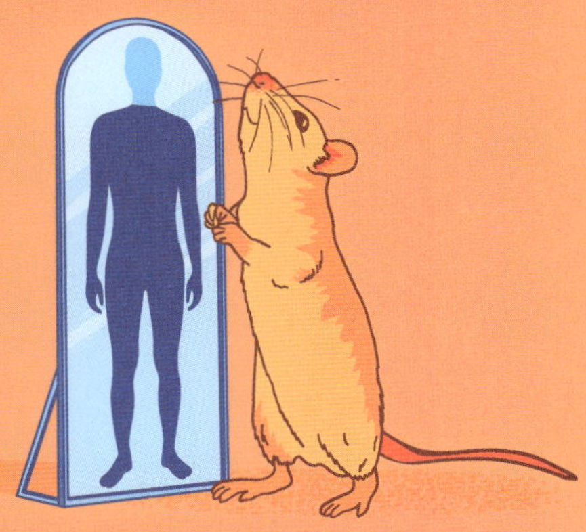

小鼠
85%

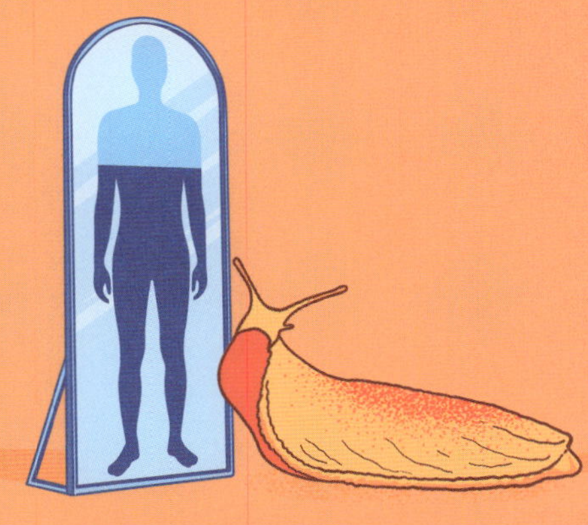

蛞蝓（鼻涕虫）
70%

鸡
60%

苹果
40%

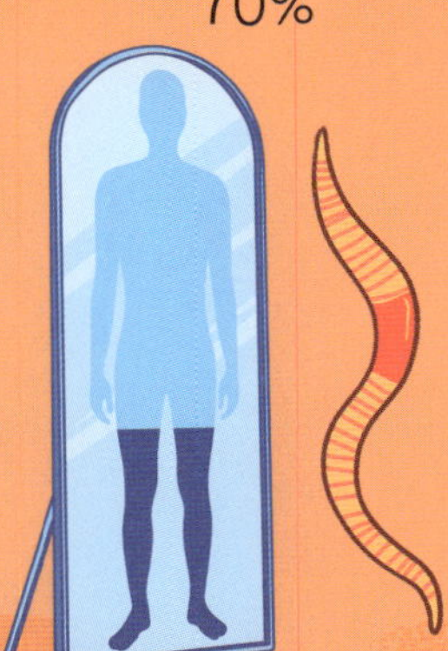

蛔虫
38%

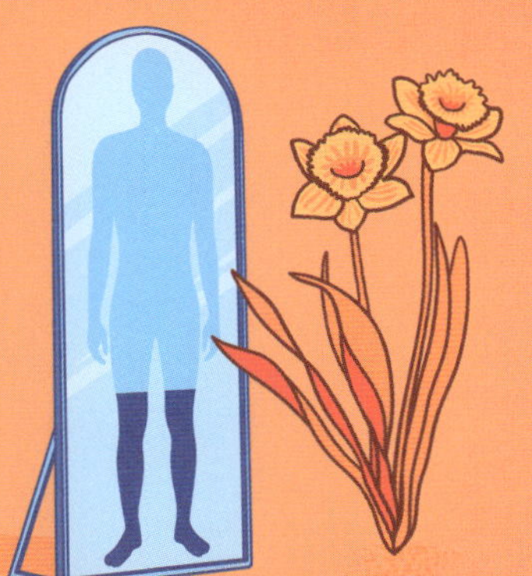

水仙花
35%

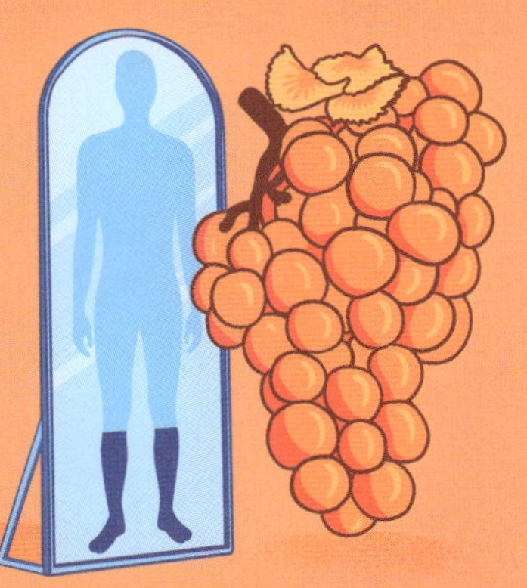

葡萄
24%

你的身体多大了

你有没有注意到你的身体始终在变化？身体的某些部分，比如头发和指甲，永远不会停止生长。随着时间的推移，身体大部分部位的细胞都会老化和受损，并被新的细胞替代。根据细胞在体内的位置，这一再生过程可能每隔几天就会发生一次，也可能需要数年的时间。所以，你的身体比你想象的要年轻。

3米
一生中指甲生长的长度

头发和指甲

如果你不再修剪头发或指甲，会发生什么？它们会继续生长！生长！再生长！你的头发将长得像一辆公共汽车那么长，你的指甲也会长得很长很长，并卷曲成螺旋状。不过，如果你把螺旋状的指甲伸展开，它们可能会碰到天花板！

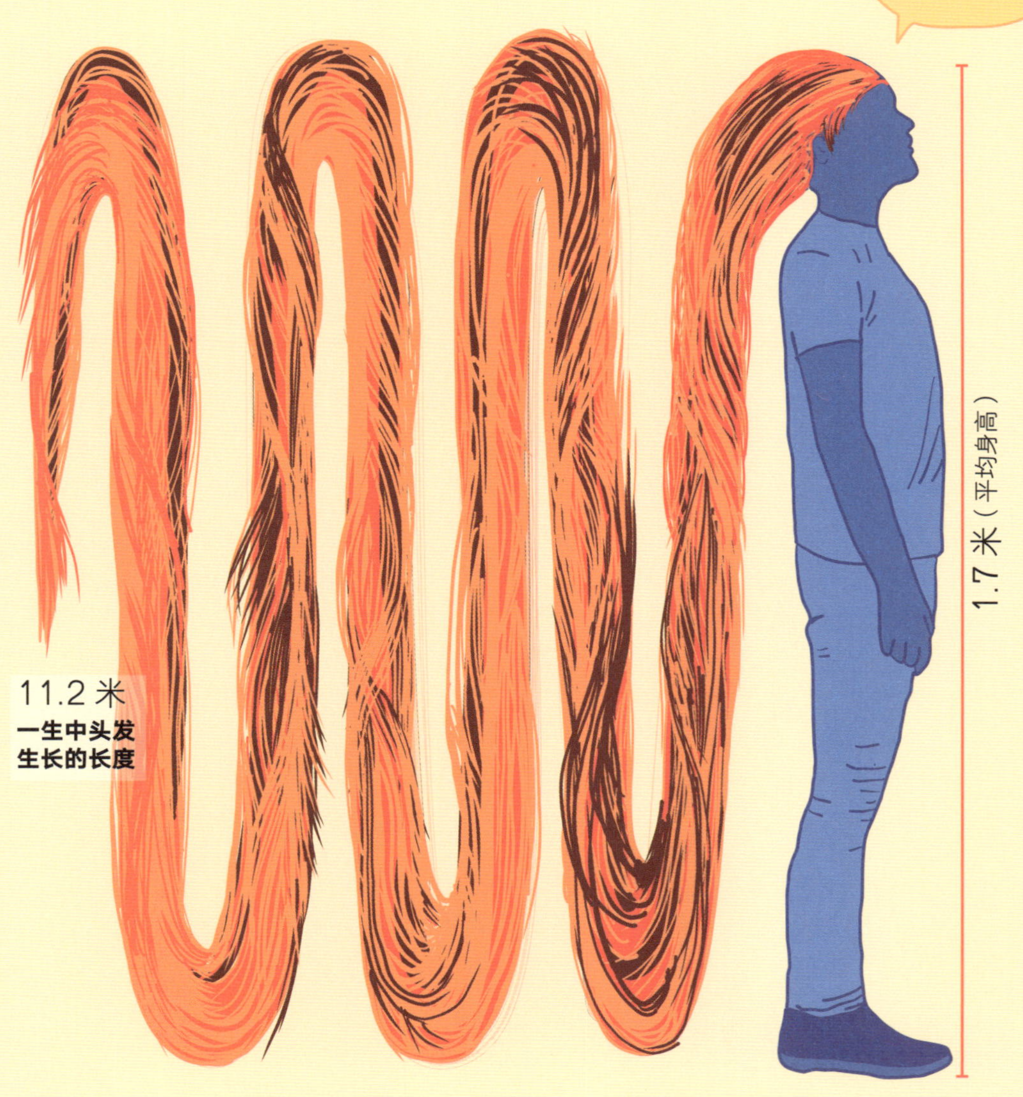

哇，我真的需要理发了。
1.7 米（平均身高）
11.2 米
一生中头发生长的长度

新的身体，旧的大脑

你体内有多少细胞会伴随你一生？答案是：出奇地少。事实上，唯一从出生到死亡始终和你相伴的是大脑。

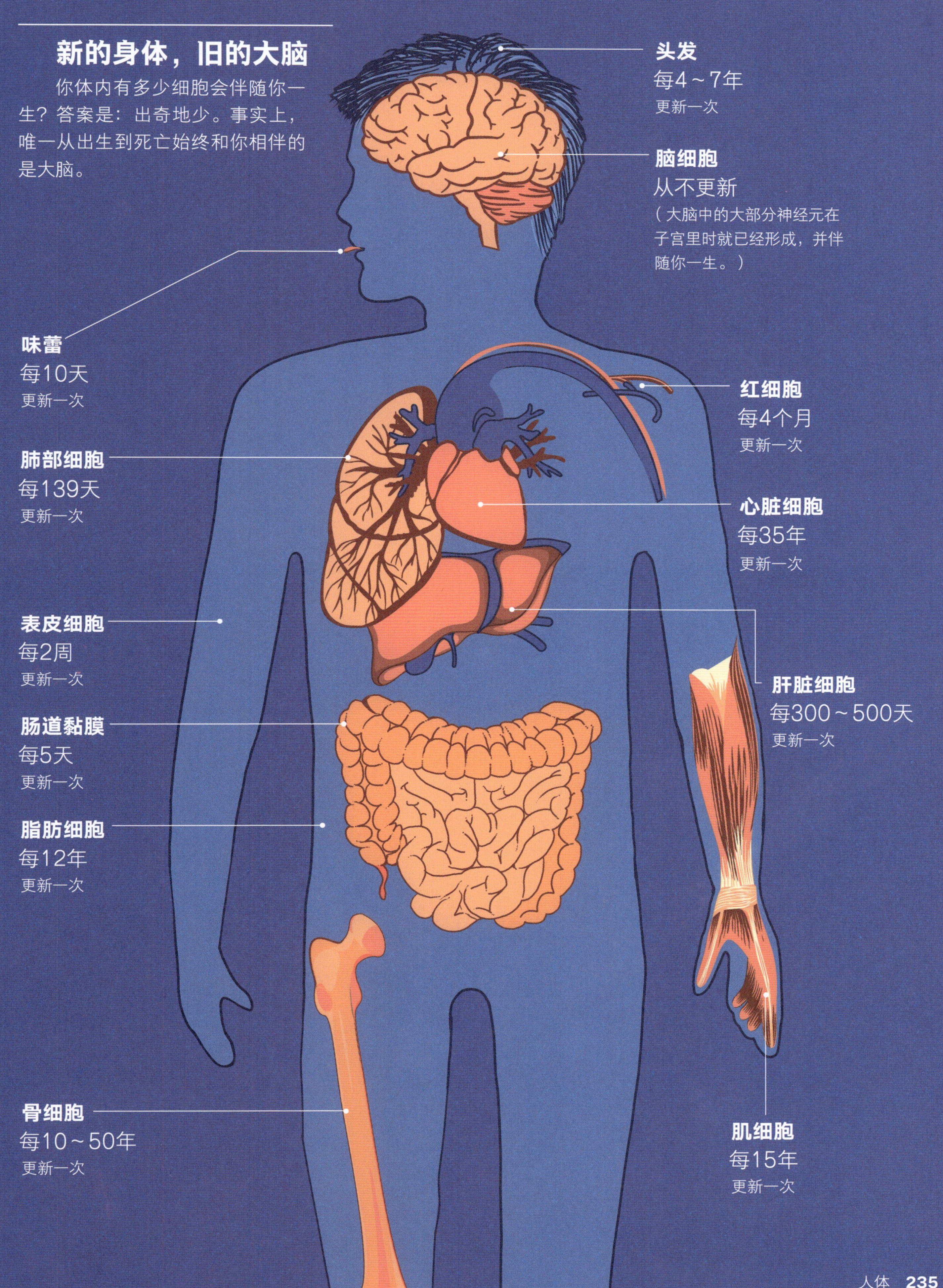

头发
每4～7年
更新一次
脑细胞
从不更新
（大脑中的大部分神经元在子宫里时就已经形成，并伴随你一生。）
味蕾
每10天
更新一次
红细胞
每4个月
更新一次
肺部细胞
每139天
更新一次
心脏细胞
每35年
更新一次
表皮细胞
每2周
更新一次
肝脏细胞
每300～500天
更新一次
肠道黏膜
每5天
更新一次
脂肪细胞
每12年
更新一次
骨细胞
每10～50年
更新一次
肌细胞
每15年
更新一次

胎儿长大需要多长时间

在你出生之前，你的身体就已经发生了很多变化。你会在母亲的子宫里发育和成长，这个过程叫作妊娠。在这里，你可以看到胎儿如何在母亲体内成长，以及人类平均 9 个多月的怀孕时间和其他哺乳动物相比有何不同。

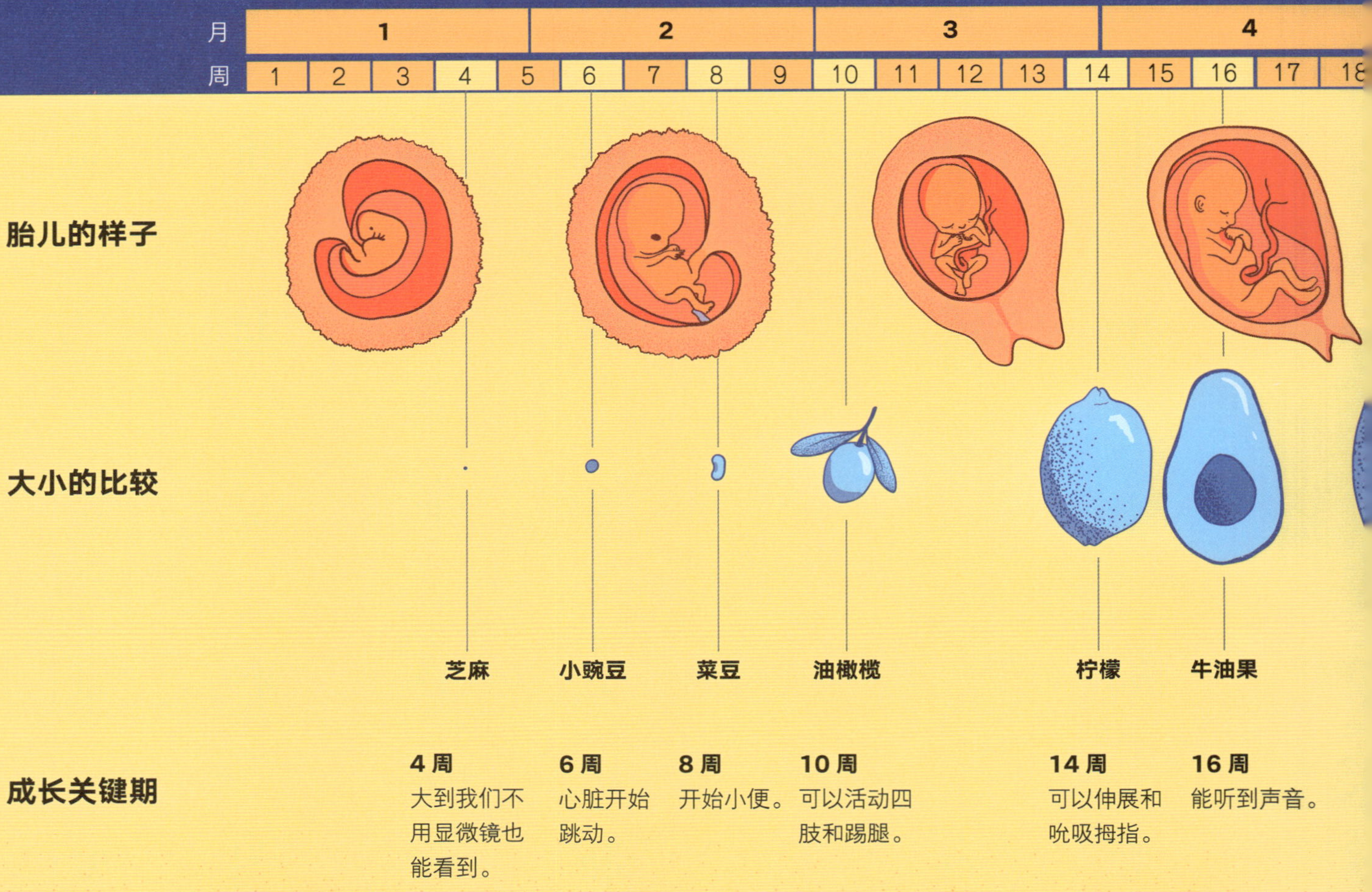

月	1				2				3					4			
周	1	2	3	4	5	6	7	8	9	10	11	12	13	14	15	16	17	18

胎儿的样子

大小的比较

	4 周	6 周	8 周	10 周	14 周	16 周
大小的比较	芝麻	小豌豆	菜豆	油橄榄	柠檬	牛油果
成长关键期	大到我们不用显微镜也能看到。	心脏开始跳动。	开始小便。	可以活动四肢和踢腿。	可以伸展和吮吸拇指。	能听到声音。

其他哺乳动物呢

▭ =1 周妊娠期

体形较大的哺乳动物往往比体形较小的哺乳动物有更长的妊娠期。比如，一头印度象的怀孕时间会持续近两年！

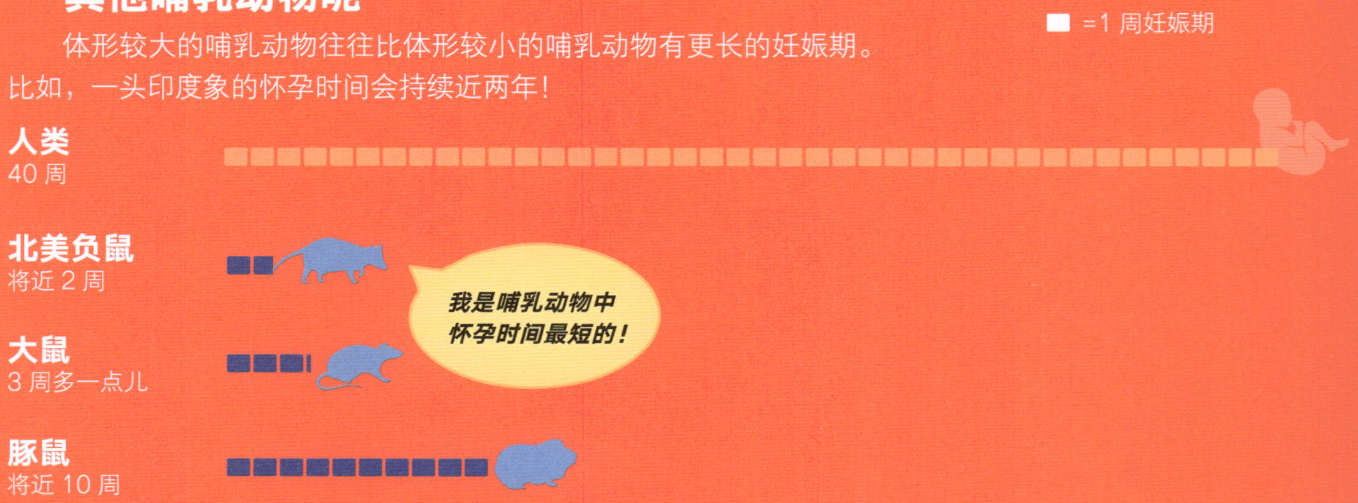

人类
40 周

北美负鼠
将近 2 周

我是哺乳动物中
怀孕时间最短的！

大鼠
3 周多一点儿

豚鼠
将近 10 周

全世界每秒钟有多少婴儿出生？请翻到第 246 页。

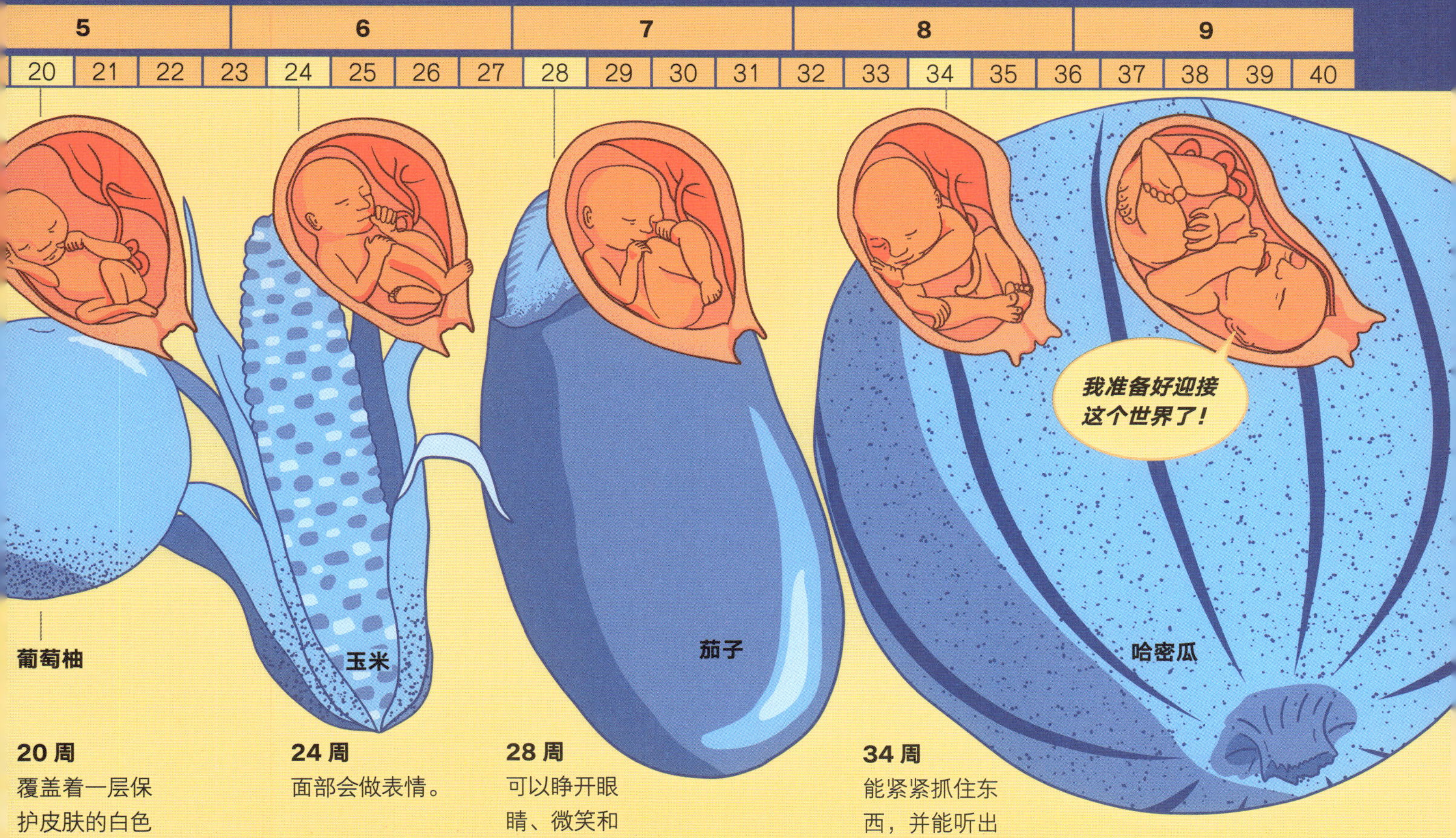

5				6				7				8				9				
20	21	22	23	24	25	26	27	28	29	30	31	32	33	34	35	36	37	38	39	40

葡萄柚

玉米

茄子

我准备好迎接这个世界了！

哈密瓜

20 周
覆盖着一层保护皮肤的白色油脂。

24 周
面部会做表情。

28 周
可以睁开眼睛、微笑和哭泣。

34 周
能紧紧抓住东西，并能听出妈妈的声音。

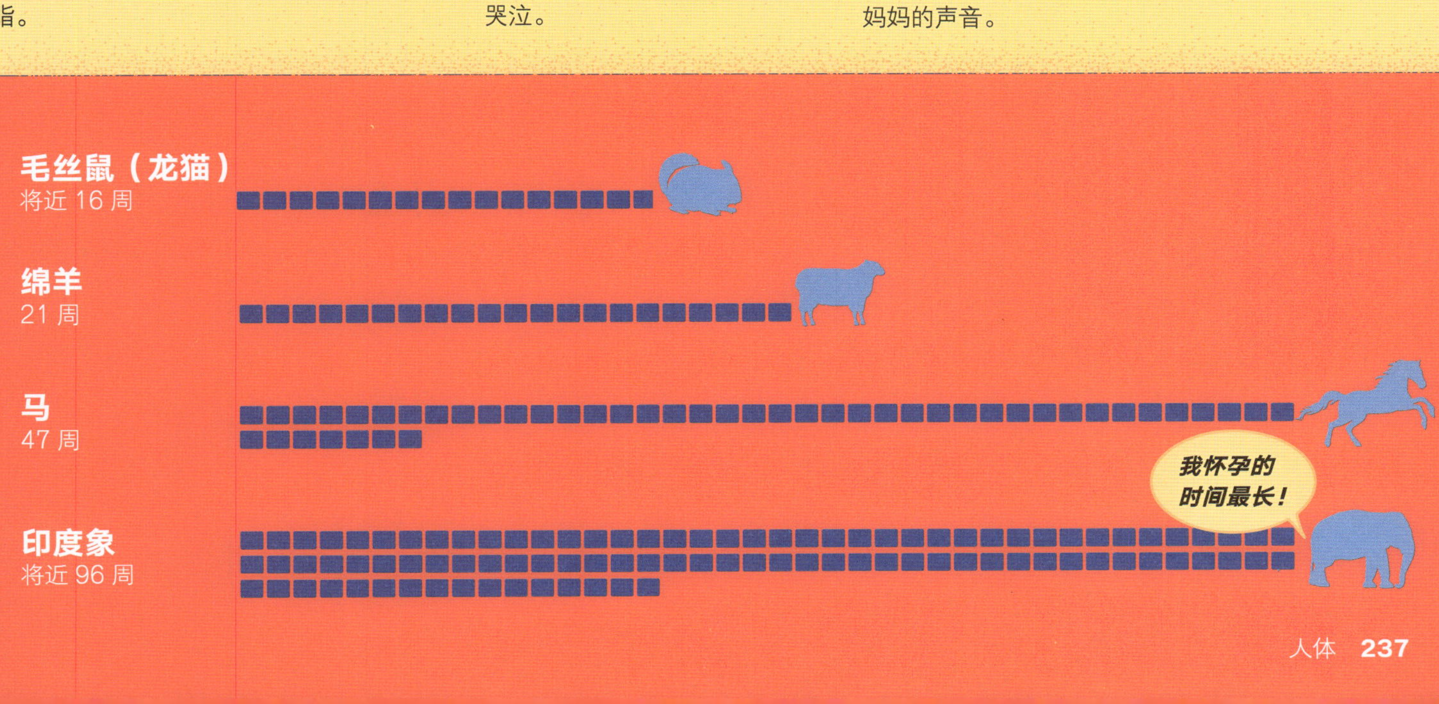
毛丝鼠（龙猫）
将近 16 周
绵羊
21 周
马
47 周
我怀孕的时间最长！
印度象
将近 96 周

与专家面对面

克莱尔·史密斯(Claire Smith)

解剖学家

你是什么时候知道自己想研究人体的？

当我还是个孩子的时候，我经常跳舞，于是就想要更多地了解人体以及它是如何运动的。比如，我腿上因跳舞而酸痛的肌肉叫什么？

关于人体，你最喜欢的小知识是什么？

当你还是一个胚胎的时候，你的眼睛位于现在耳朵的地方，也就是头的侧面。随着脸部的发育，眼睛会逐渐向脸的正前方移动。

你期待未来有什么激动人心的发现？

我期待我们可以更多地认识导致癌症的原因以及如何预防癌症。

工作中，你觉得最棒的是什么？

我最喜欢的是和医学生一起工作，尤其是看到他们解剖人体的那一刻。这是他们训练的一部分，可以让他们从一个全新的角度看待和理解人体。

寻宝游戏

你能在本章中找到以下问题的答案吗？翻到第 306 页，看看你的答案是否正确！

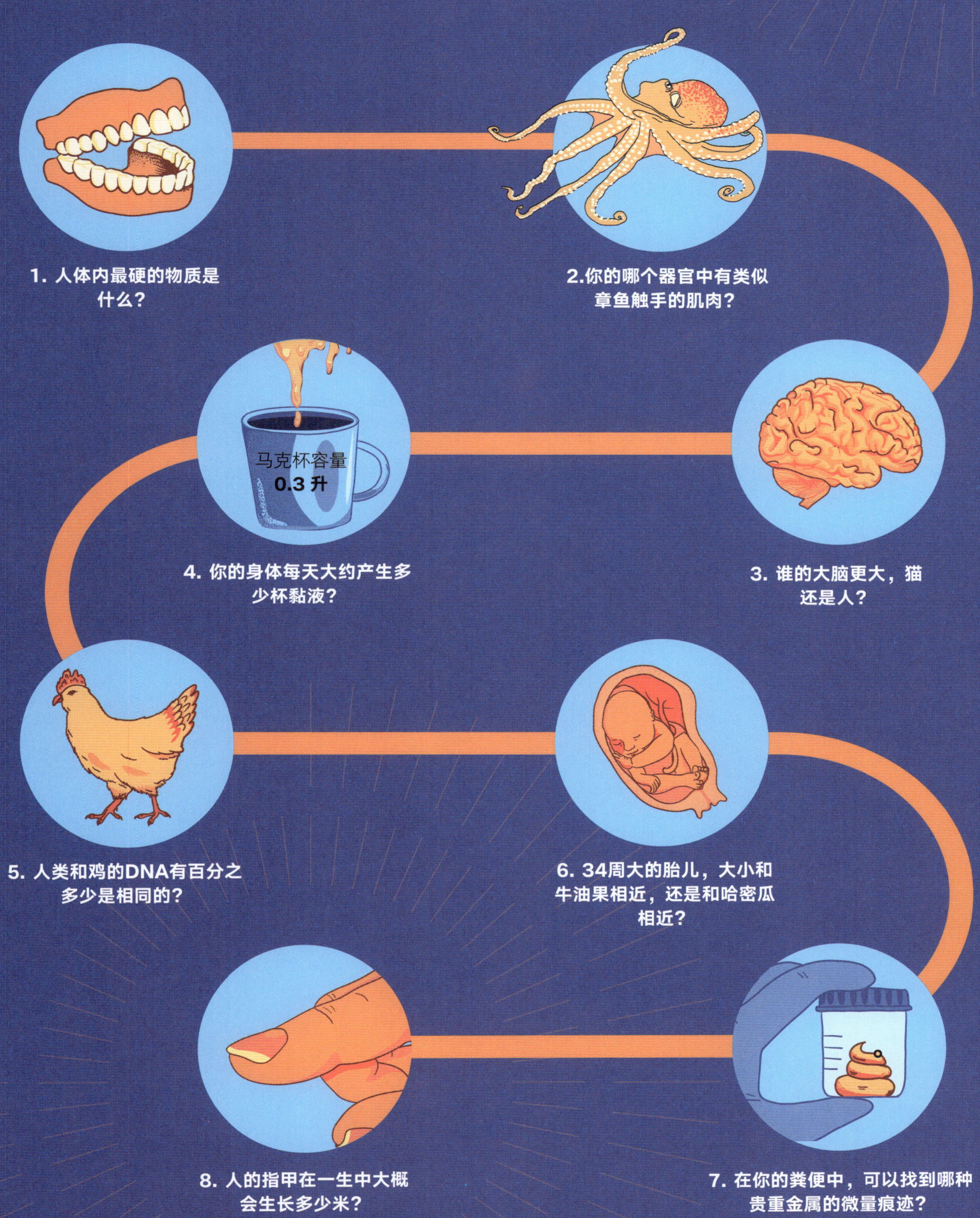

1. 人体内最硬的物质是什么？
2.你的哪个器官中有类似章鱼触手的肌肉？
3. 谁的大脑更大，猫还是人？
马克杯容量
0.3 升
4. 你的身体每天大约产生多少杯黏液？
5. 人类和鸡的DNA有百分之多少是相同的？
6. 34周大的胎儿，大小和牛油果相近，还是和哈密瓜相近？
7. 在你的粪便中，可以找到哪种贵重金属的微量痕迹？
8. 人的指甲在一生中大概会生长多少米？

6

第6章

人类世界

100 人的世界

想象一下，全球 80 亿人口按某种比例选出 100 人作为代表。比如说，世界上有 90% 的人是右利手，因此作为代表的 100 人中就有 90 人是右利手。那么，在这个想象中的 100 人的世界里，我们还可以知道哪些信息呢？

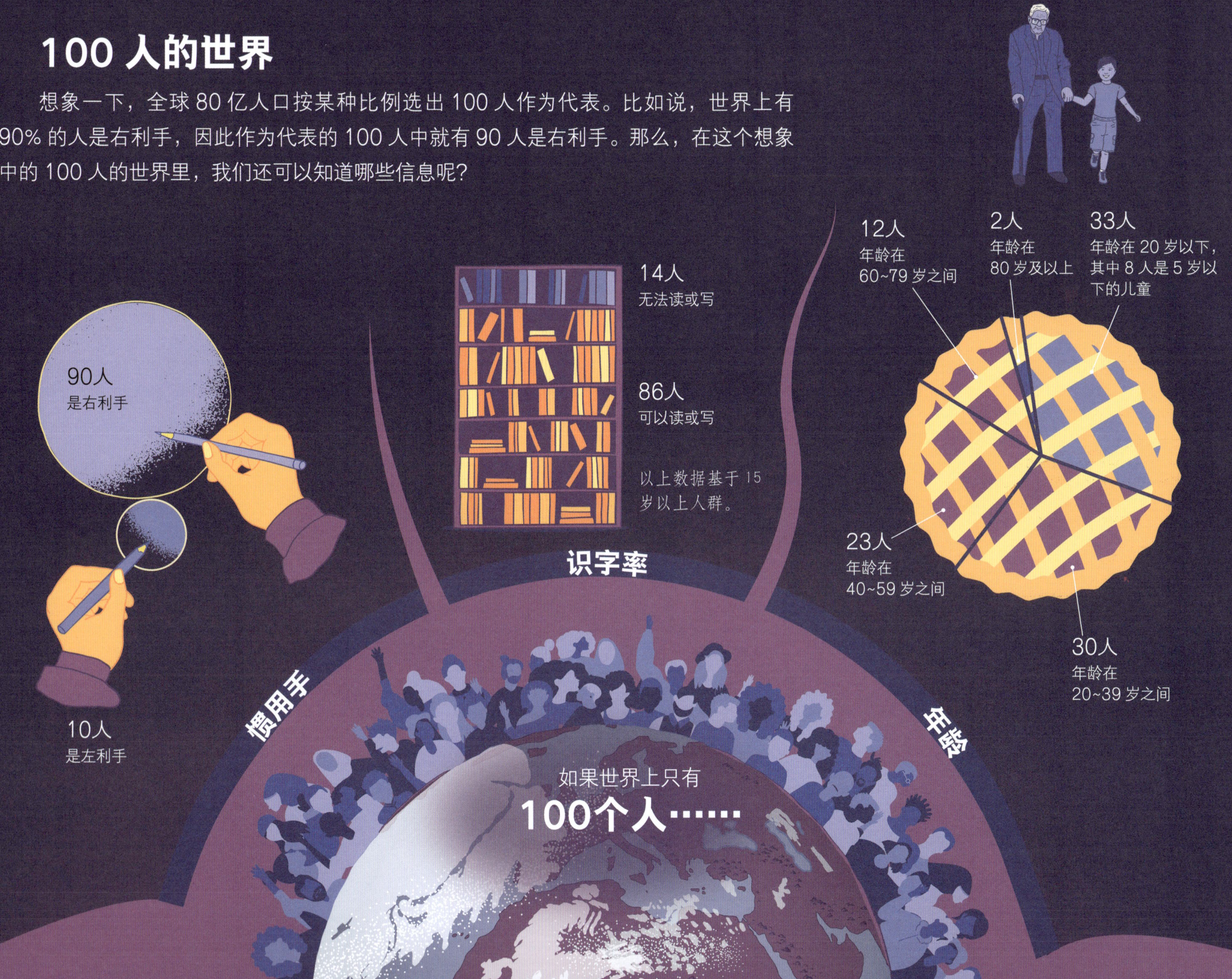
如果世界上只有
100个人……
惯用手
90人
是右利手
10人
是左利手
识字率
14人
无法读或写
86人
可以读或写
以上数据基于 15 岁以上人群。
年龄
12人
年龄在
60~79 岁之间
2人
年龄在
80 岁及以上
33人
年龄在 20 岁以下，其中 8 人是 5 岁以下的儿童
23人
年龄在
40~59 岁之间
30人
年龄在
20~39 岁之间

互联网
66人
可以上网
34人
无法上网
城市化
56人
生活在城镇、城市及城郊
44人
生活在农村
饮用水
74人
家中有安全的饮用水
20人
可以在外获取安全
的饮用水，比如受
保护的饮用水井
6人
无法获得安全
的饮用水
大洲
59人
生活在亚洲
18人生活在非洲
9人生活在欧洲
8人生活在北美洲
5人生活在南美洲
1人生活在大洋洲
0人生活在南极洲
半球
89人
生活在北半球
11人
生活在南半球

生与死

科学家估计，在近 20 万年的人类历史中，大约有 1,170 亿人出生。在这些人中，有 80 亿人（约占总数的 7%）今天还活着——包括你！

曾经在地球上生活过的所有人 每个人体形象 =10 亿人

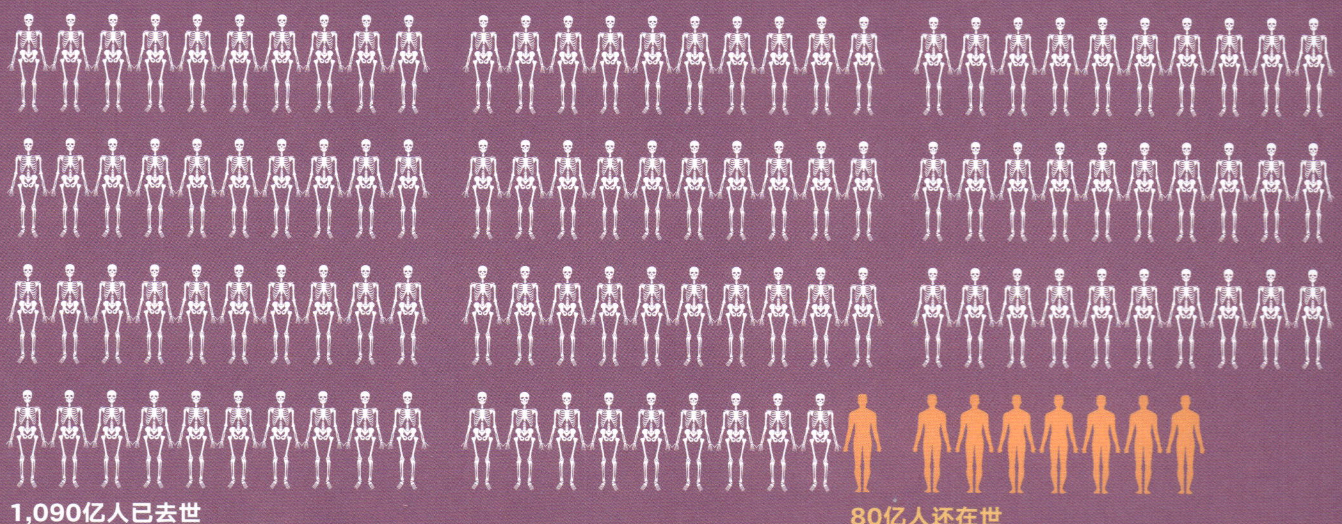
1,090亿人已去世
80亿人还在世

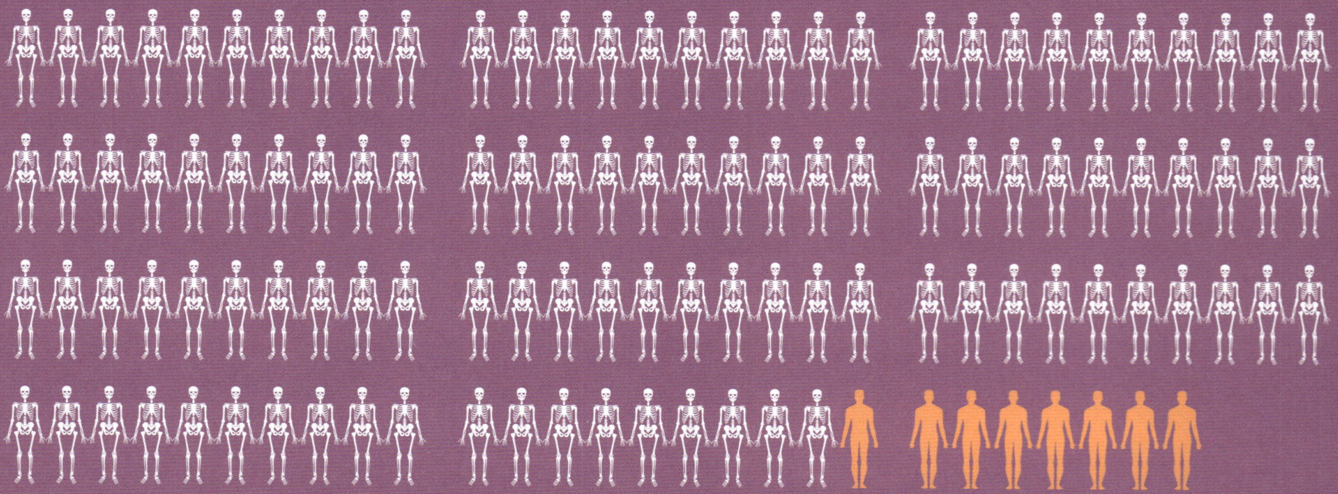

墨西哥和拉丁美洲其他地区在每年11月1日和2日庆祝亡灵节。这个节日是为了纪念死去的亲人。这张照片展示的是为庆祝活动特别装饰的一座祭坛。

一秒钟……

你有没有想过，地球上的人都在做什么？在任何时候，都有很多人在笑、在骑自行车，或者在看书（就像你一样）。这里展示了平均每秒钟各种事情发生的次数。

20,000个
塑料瓶被用掉
570美元
被花在冷冻比萨上
（约合4,000元人民币）
2辆
汽车售出
4个
婴儿出生

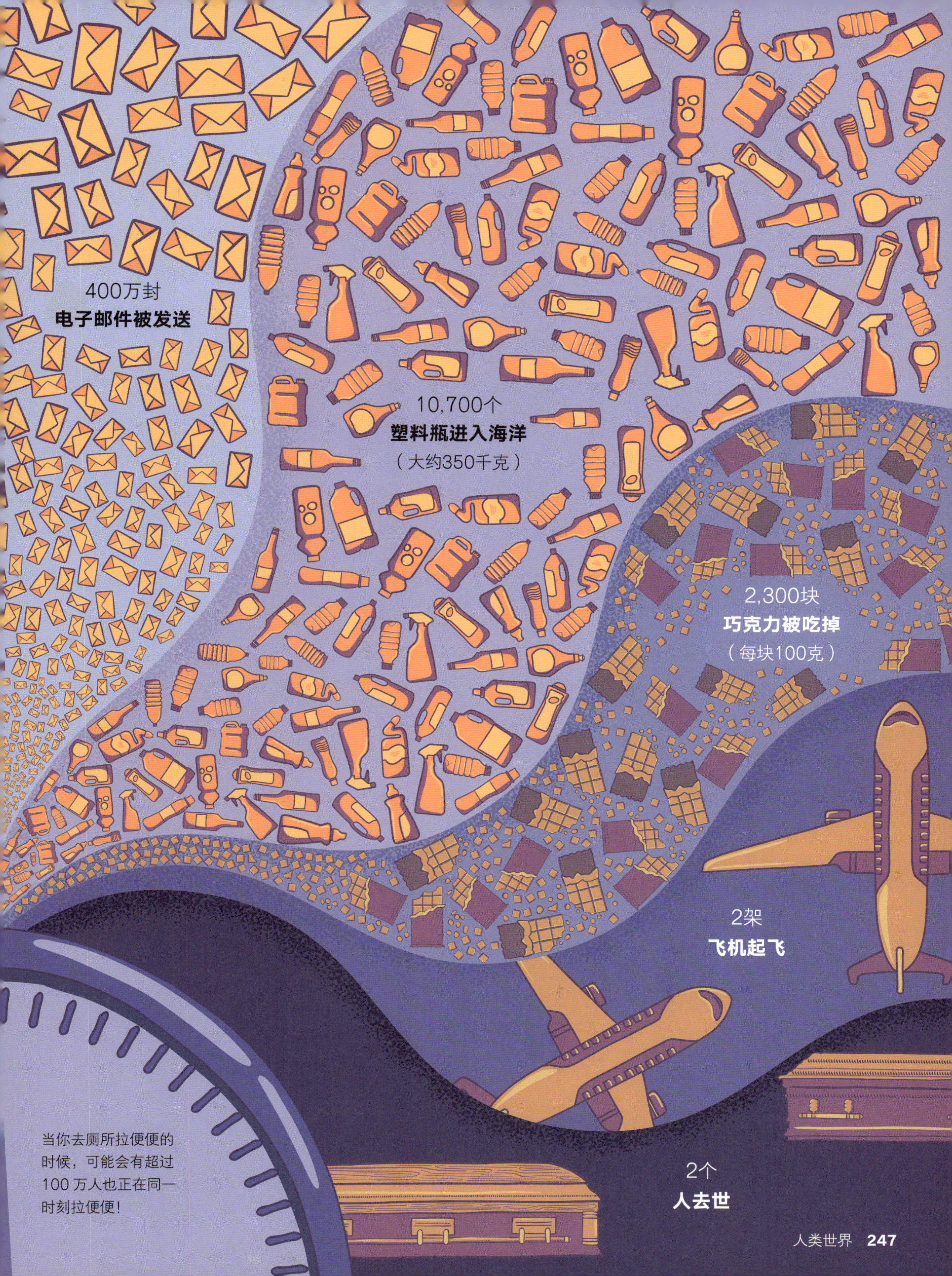

400万封
电子邮件被发送
10,700个
塑料瓶进入海洋
（大约350千克）
2,300块
巧克力被吃掉
（每块100克）
2架
飞机起飞
2个
人去世

当你去厕所拉便便的时候，可能会有超过100 万人也正在同一时刻拉便便！

人们有多少钱

如果把每家银行、每栋房子、每套公寓里的所有现金，以及每块黄金、每颗钻石和其他所有东西的价值加起来，做成一个虚构的“蛋糕”，它的总价值约为 464 万亿美元。这里展示的是这块蛋糕目前的分配情况。正如你所看到的，全球近一半的财富掌握在 1% 的人手中。

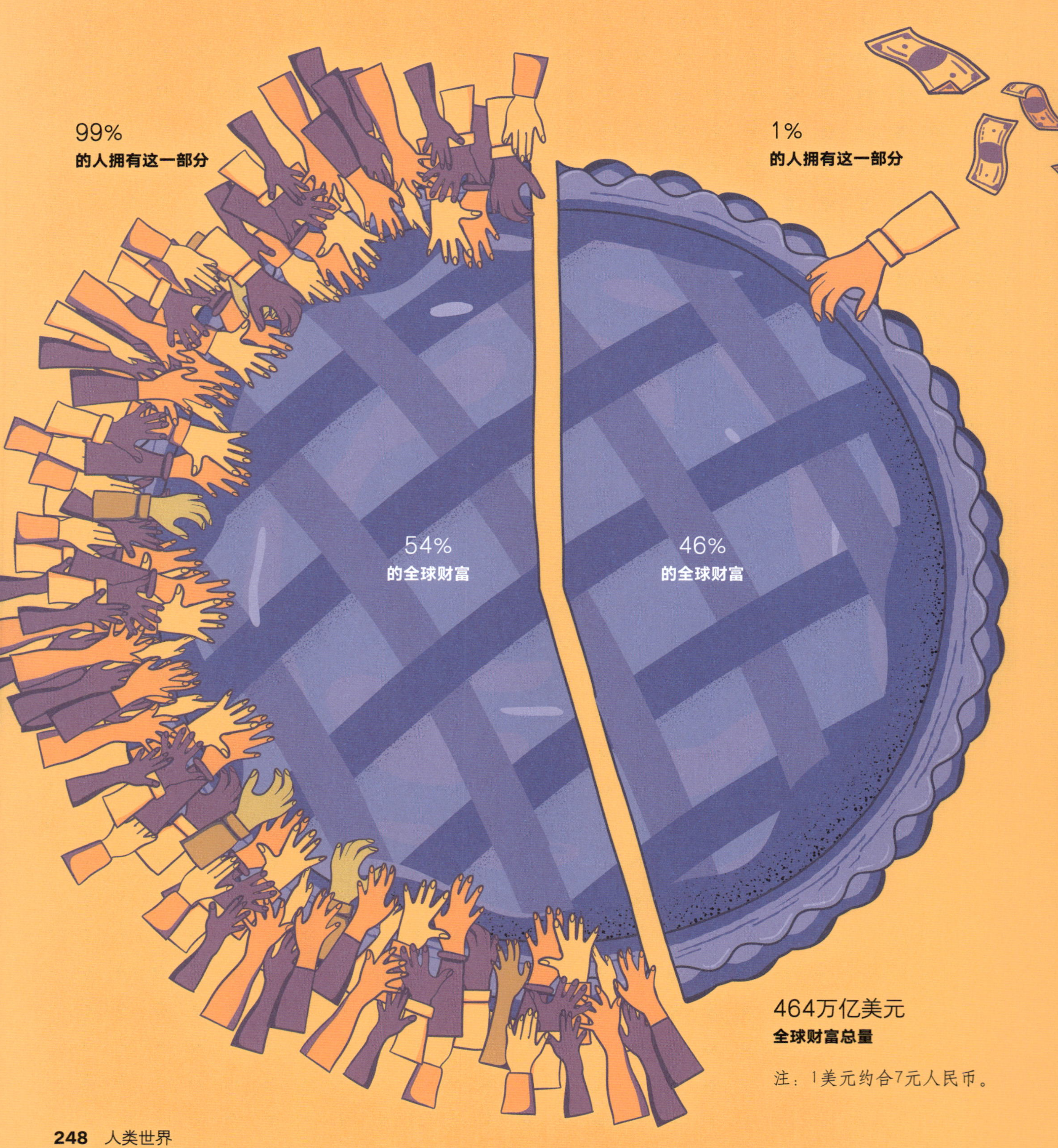
99%
的人拥有这一部分
1%
的人拥有这一部分
54%
的全球财富
46%
的全球财富
464万亿美元
全球财富总量

注：1美元约合7元人民币。

10 亿美元到底有多少

100 万美元听起来是一大笔钱，但与 10 亿美元相比，根本不值一提。这里有一个简单的方法，帮你了解巨额资金到底有多少。

历史上最富有的人，可能是 14 世纪西非马里的国王**曼萨·穆萨**。1324 年，他带着 80 多头骆驼前往麦加朝圣，每头骆驼都驮着 100 多千克黄金。

100 美元

100万美元

1 个标准手提箱

以面值 100 美元的纸币来计算，100 万美元就是 10,000 张纸币，它们可以装进一个手提箱。

10亿美元

10 个标准货盘

你需要一辆大卡车来运送 10 亿美元。这相当于 1,000 个装有 10,000 张 100 美元纸币的手提箱！

聚在一起

大壶节是印度的一个印度教节日。它每 12 年在印度不同的宗教场所举行 4 次，每次持续数周时间。2019 年大壶节，有超过 2 亿人参与活动，其中最多的一天有 5,000 万人。这意味着，在那一天聚集在一起庆祝大壶节的人，比目前世界上人口最多的城市——东京的人还要多。

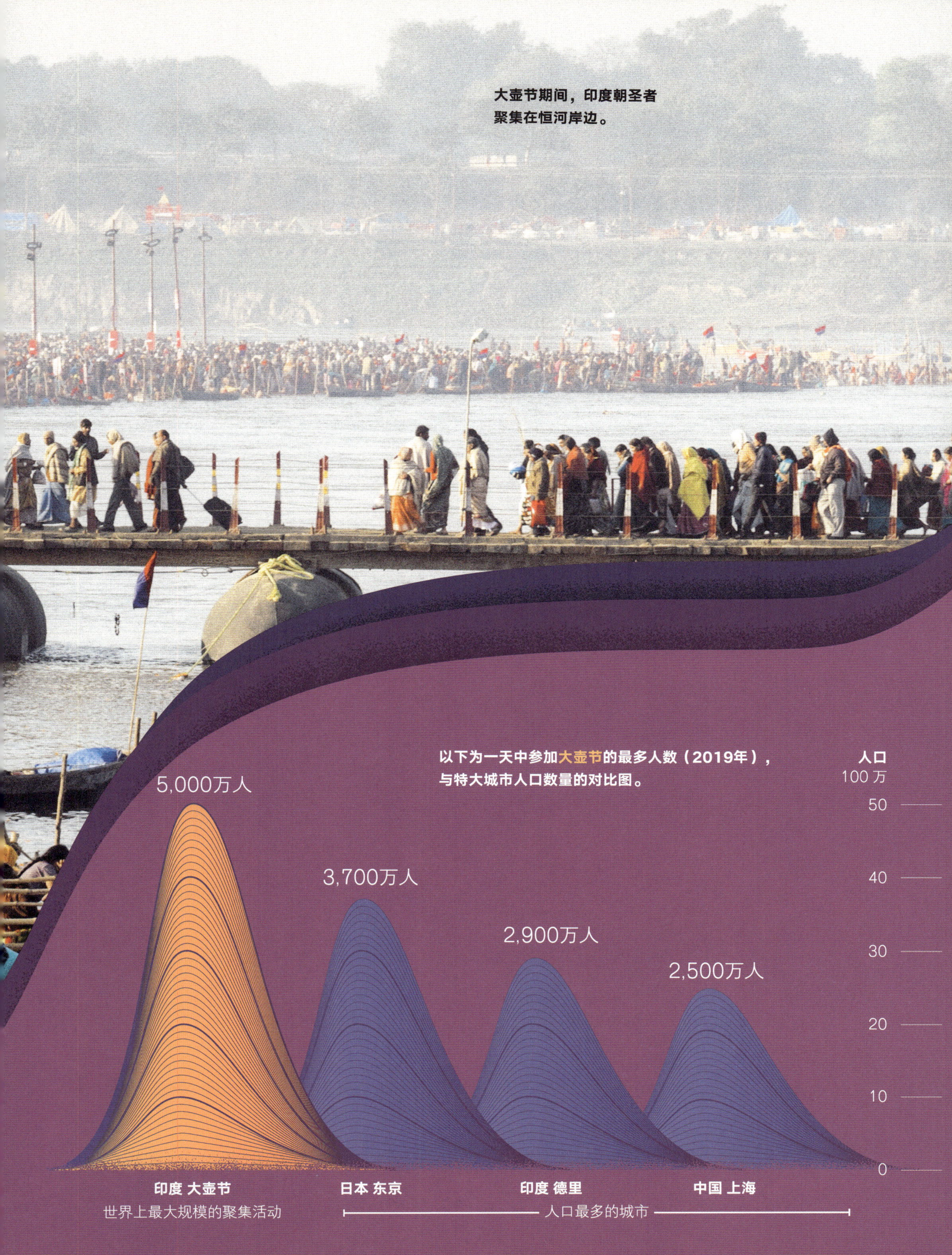
以下为一天中参加大壶节的最多人数（2019年），
与特大城市人口数量的对比图。
人口
100 万
50
40
30
20
10
0
5,000万人
3,700万人
2,900万人
2,500万人
印度 大壶节
世界上最大规模的聚集活动
日本 东京
印度 德里
中国 上海
人口最多的城市

大壶节期间，印度朝圣者聚集在恒河岸边。

人类冲突的代价

纵观历史，人们一直试图通过战斗来解决各种冲突。战争总是具有破坏性的，在现代武器（比如坦克和机枪）被发明之后，它们变得更具破坏性。在这里，我们可以看到两次世界大战所付出的巨大人力和经济代价。

第一次世界大战

第一次世界大战从 1914 年 7 月开始，到 1918 年 11 月结束，是截至当时世界上规模最大的战争。30 多个国家参与了这场战争，大多数主要战役在欧洲和中东地区展开。

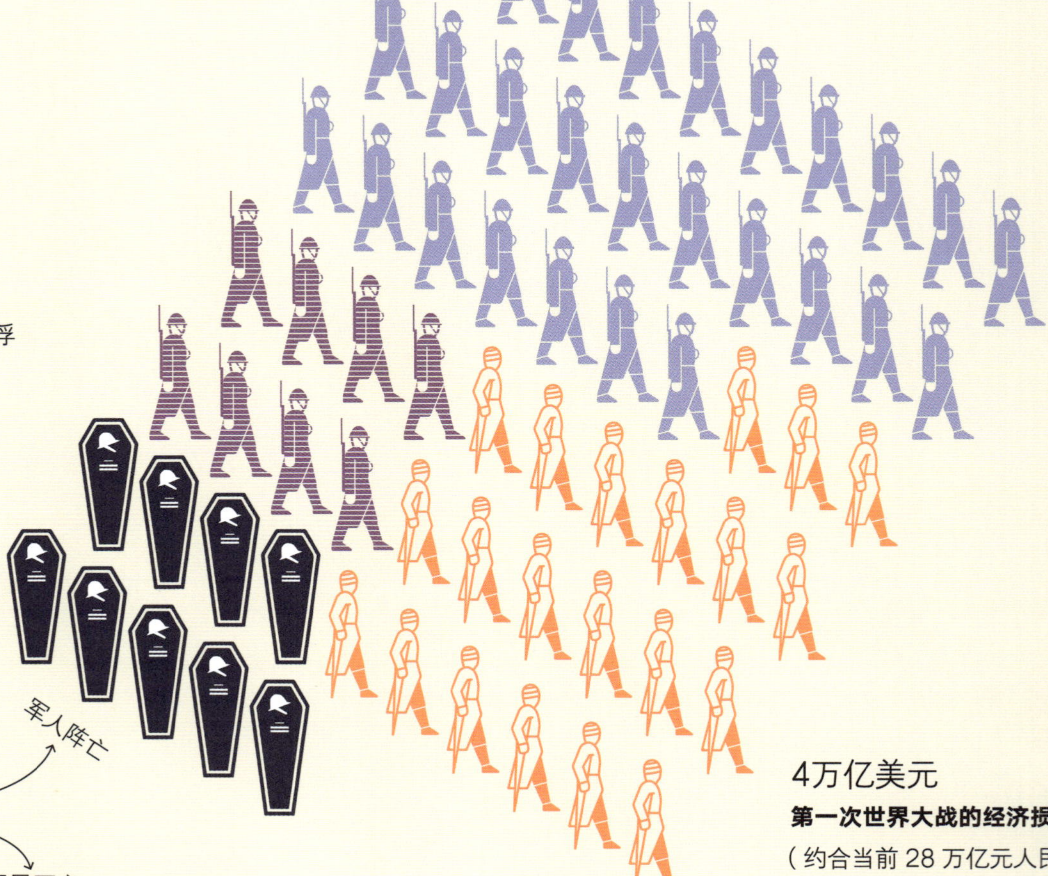

军人阵亡

6,500万
现役军人
其中：
- 900 万人被杀
- 2,100 万人受伤
- 近 800 万人失踪或成为战俘

2,200万人
死亡
近 900 万军人和
1,300 万平民死亡

平民死亡

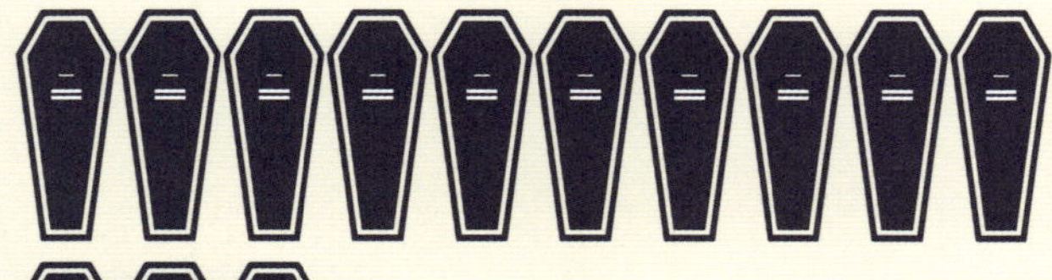

由于没有保留任何官方记录，因此很难确定战争造成的平民死亡人数。20 世纪最具破坏性的流感在 1918 年暴发，也导致许多人死亡，包括军人和平民。

4万亿美元
第一次世界大战的经济损失
（约合当前 28 万亿元人民币）

阅读指南

每个军人图标 =100 万人
每副棺材 =100 万人
- 活下来的军人
- 受伤的军人
- 被俘或失踪的军人
- 死亡的军人或平民

每一摞钱 =1 万亿美元
（约合当前 7 万亿元人民币）

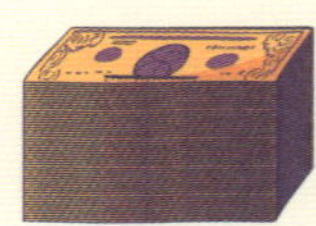

7,000万

现役军人

其中：

- 2,000 万人被杀
- 1,400 万人受伤
- 超过 600 万人失踪或成为战俘

第二次世界大战

1931 年 9 月，日本制造九一八事变，发动了侵华战争，拉开了第二次世界大战的序幕。1945 年 9 月，日本签署无条件投降书，第二次世界大战结束。这是人类历史上规模最大、最残酷的战争。60 多个国家和地区参与了这场战争，战役几乎发生在世界的每一个角落。死亡人数只能大致估计，总计可能在 5,000 万到 8,000 万之间。

17万亿美元

第二次世界大战的经济损失

（约合当前 120 万亿元人民币）

平民死亡人数约占总数的2/3

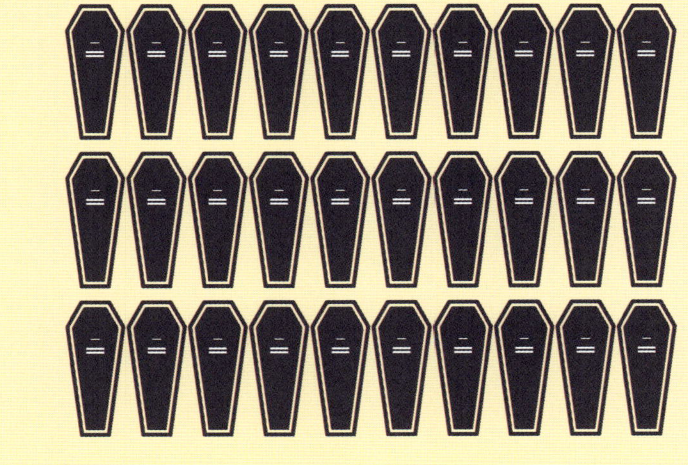

……

发明的时间线

纵观历史，人类利用自己的创造力和聪明才智发明了很多东西，让我们的生活更便利、更美好（从武器方面来说，则是造成更多的破坏）。从史前的石箭头到最新的数字技术，接下来的信息图展示了几百万年间的发明历史。

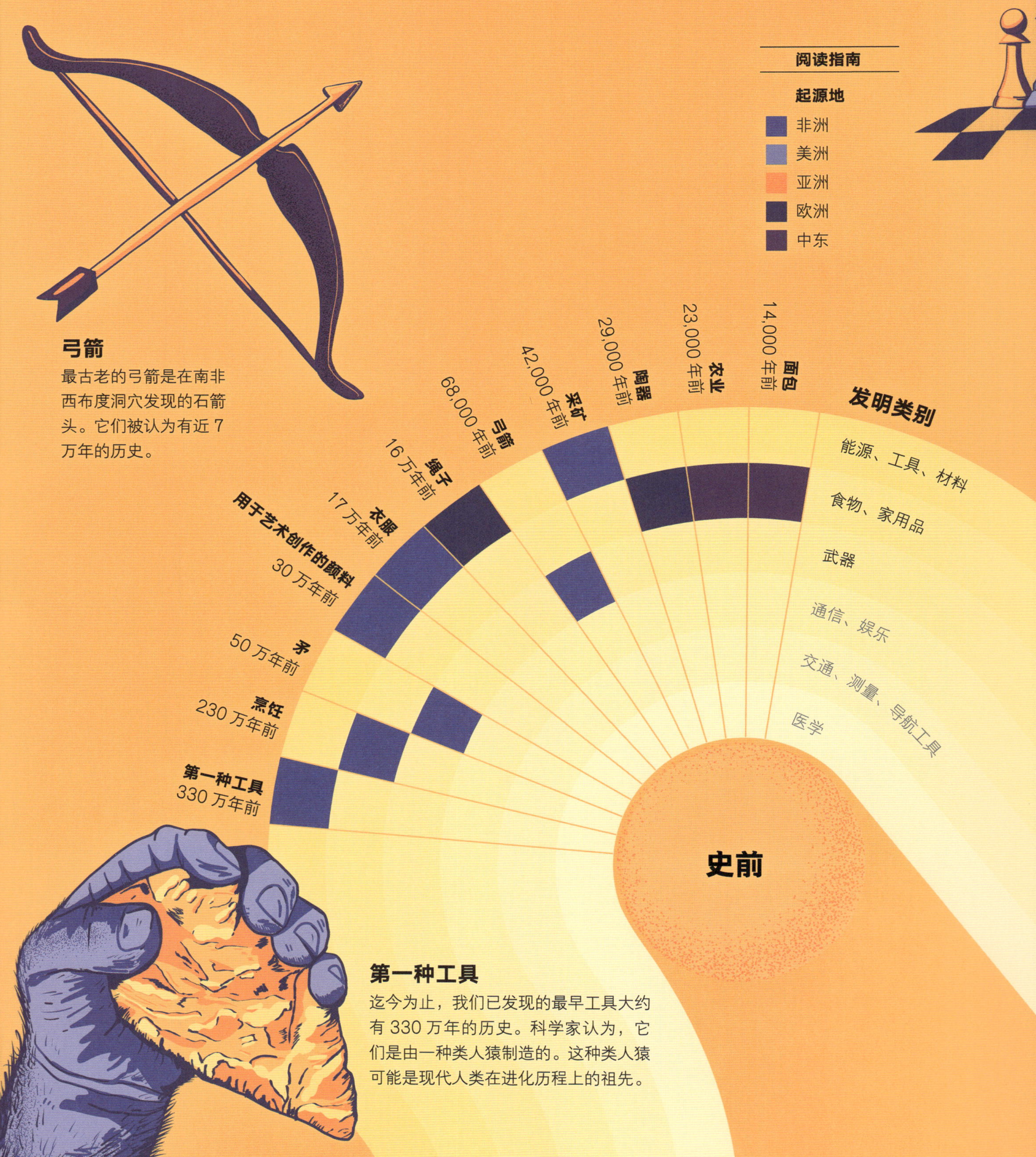

阅读指南
起源地
非洲
美洲
亚洲
欧洲
中东
发明类别
能源、工具、材料
食物、家用品
武器
通信、娱乐
交通、测量、导航工具
医学
第一种工具
330 万年前
烹饪
230 万年前
矛
50 万年前
用于艺术创作的颜料
30 万年前
衣服
17 万年前
绳子
16 万年前
弓箭
68,000 年前
采矿
42,000 年前
陶器
29,000 年前
农业
23,000 年前
面包
14,000 年前
史前

弓箭

最古老的弓箭是在南非西布度洞穴发现的石箭头。它们被认为有近 7 万年的历史。

第一种工具

迄今为止，我们已发现的最早工具大约有 330 万年的历史。科学家认为，它们是由一种类人猿制造的。这种类人猿可能是现代人类在进化历程上的祖先。

国际象棋

国际象棋很可能起源于印度，并从那里传播到中东和欧洲。

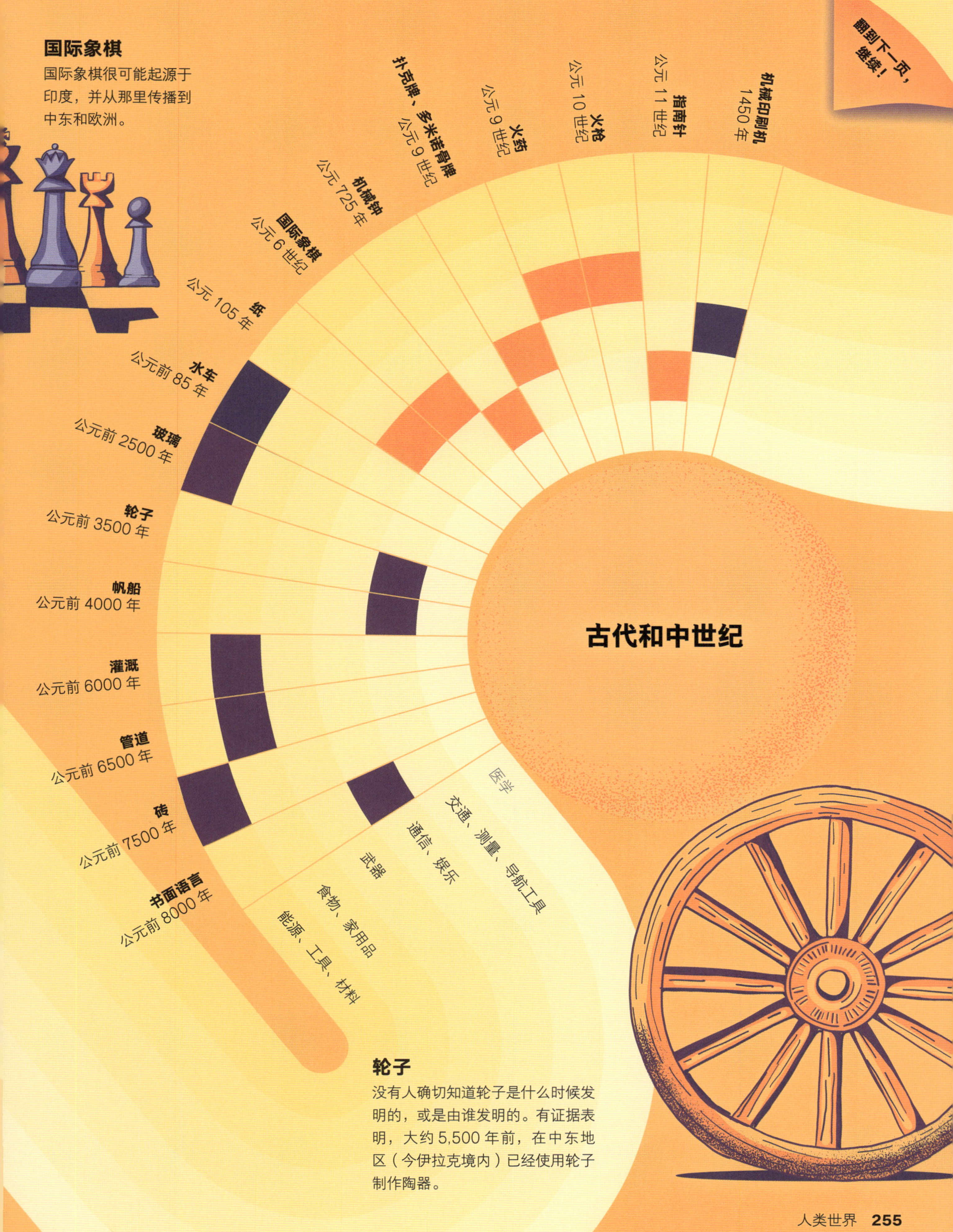

翻到下一页，继续！
机械印刷机 1450 年
指南针 公元 11 世纪
火枪 公元 10 世纪
火药 公元 9 世纪
扑克牌、多米诺骨牌 公元 9 世纪
机械钟 公元 725 年
国际象棋 公元 6 世纪
纸 公元 105 年
水车 公元前 85 年
玻璃 公元前 2500 年
轮子 公元前 3500 年
帆船 公元前 4000 年
灌溉 公元前 6000 年
管道 公元前 6500 年
砖 公元前 7500 年
书面语言 公元前 8000 年
古代和中世纪
医学
交通、测量、导航工具
通信、娱乐
武器
食物、家用品
能源、工具、材料

轮子

没有人确切知道轮子是什么时候发明的，或是由谁发明的。有证据表明，大约 5,500 年前，在中东地区（今伊拉克境内）已经使用轮子制作陶器。

显微镜、冲水马桶 16 世纪 90 年代
望远镜 1608 年
蒸汽机 1698 年
汽车（蒸汽动力）1769 年
疫苗（牛痘疫苗）1796 年
电池 1800 年
火车（蒸汽动力）1804 年
现代混凝土 1824 年
发电机 1831 年
电报 1837 年
电灯泡 1841 年
麻醉剂 1846 年
商用冰箱、塑料 1856 年
加特林机枪 1862 年
自行车 1864 年
内燃机、电话 1876 年
X光机、无线电 1896 年
洗衣机 1904 年
抗生素 1909 年
电视 1925 年
液体燃料火箭 1926 年
能源、工具、材料
食物、家用品
武器
通信、娱乐
交通、测量、导航工具
医学
现代
阅读指南
起源地
非洲
美洲
亚洲
欧洲
欧洲和美洲
未知

电灯泡

美国发明家托马斯·爱迪生是最早发明电灯泡的几个人之一。他还发明了第一种用于圣诞树上的电灯串！

自行车

法国铁匠皮埃尔·米肖和他的儿子欧内斯特制造了一辆早期的“踏板驱动的自行车”。有证据表明，这辆车是在 1864 年制造出来的。几年后，“自行车”这个词开始出现。

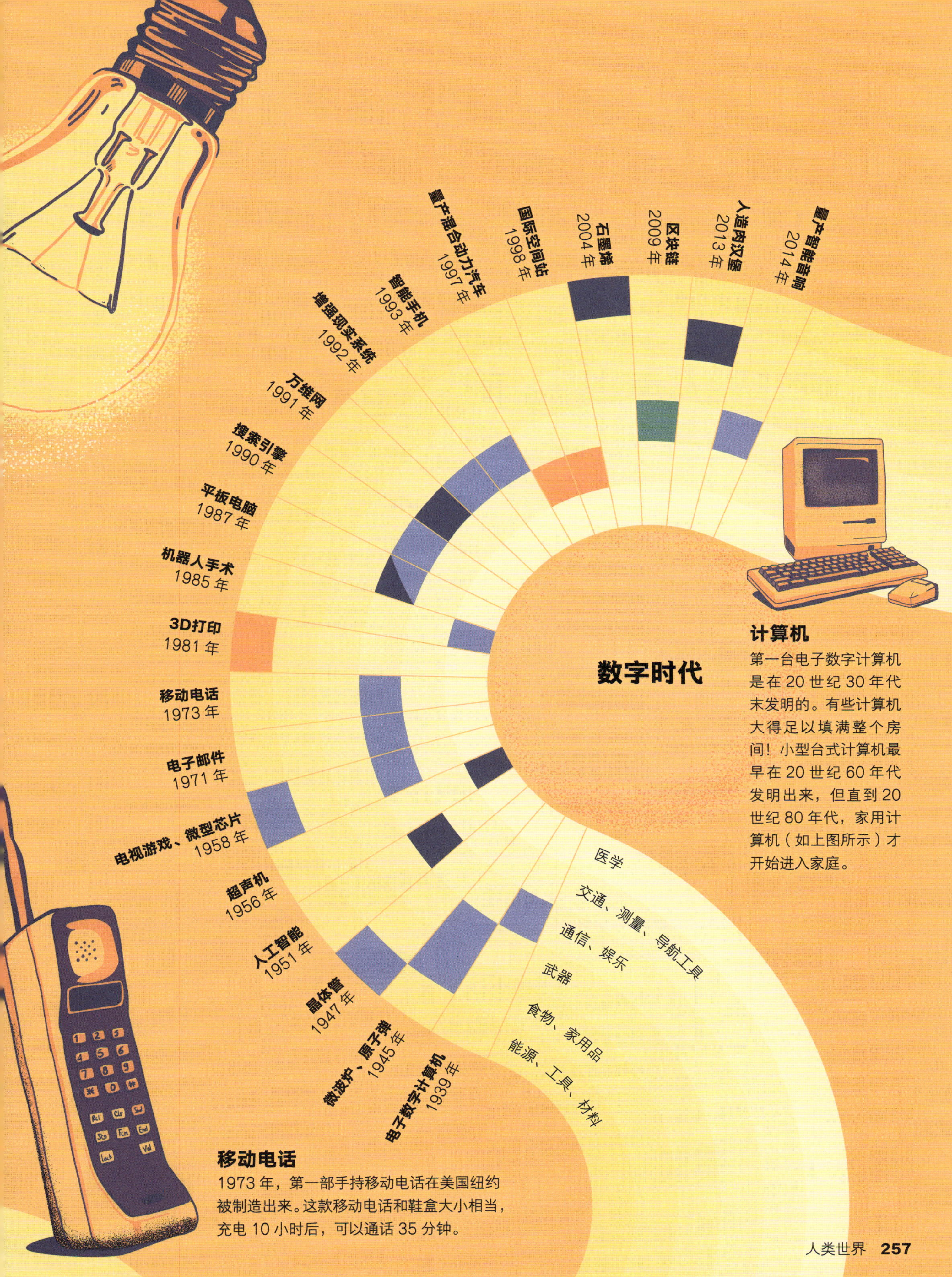
数字时代
量产智能音响 2014年
人造肉汉堡 2013年
区块链 2009年
石墨烯 2004年
国际空间站 1998年
量产混合动力汽车 1997年
智能手机 1993年
增强现实系统 1992年
万维网 1991年
搜索引擎 1990年
平板电脑 1987年
机器人手术 1985年
3D打印 1981年
移动电话 1973年
电子邮件 1971年
电视游戏、微型芯片 1958年
超声机 1956年
人工智能 1951年
晶体管 1947年
微波炉、原子弹 1945年
电子数字计算机 1939年
医学
交通、测量、导航工具
通信、娱乐
武器
食物、家用品
能源、工具、材料

计算机

第一台电子数字计算机是在20世纪30年代末发明的。有些计算机大得足以填满整个房间！小型台式计算机最早在20世纪60年代发明出来，但直到20世纪80年代，家用计算机（如上图所示）才开始进入家庭。

移动电话

1973年，第一部手持移动电话在美国纽约被制造出来。这款移动电话和鞋盒大小相当，充电10小时后，可以通话35分钟。

人工智能有多聪明

人工智能（AI）是计算机科学的一个分支，教导机器如何学会以人类的方式适应现实生活。比如，我们可以向人工智能程序展示某种事物的大量实例，人工智能能够发现并记住那些不断重复的关键特征，从而学会识别该事物。人工智能程序将这些存储的信息应用到它遇到的新情况和对象中，并不断收集更多的信息。尽管这一技术的进步引人瞩目，但目前人工智能程序仍然远不如人类大脑复杂。如上图所示，如果图像看起来足够相似，人工智能程序很容易将狗的照片与蓝莓蛋糕的照片混淆。

输入
特征提取和分类
输出
狗

哪些图片是狗？哪些是蓝莓蛋糕？对你来说，这似乎是一个很简单的问题。但对人工智能程序来说，这可能是一个非常复杂的问题。

人工智能程序通过“输入”来学习如何识别狗。在这个例子中，输入的信息是一组狗的图片。它会识别并记住狗的共同特征，这个过程被称为“特征提取和分类”。然后，人工智能程序存储好这些特征信息，并用它来判断其他照片是否也是狗。

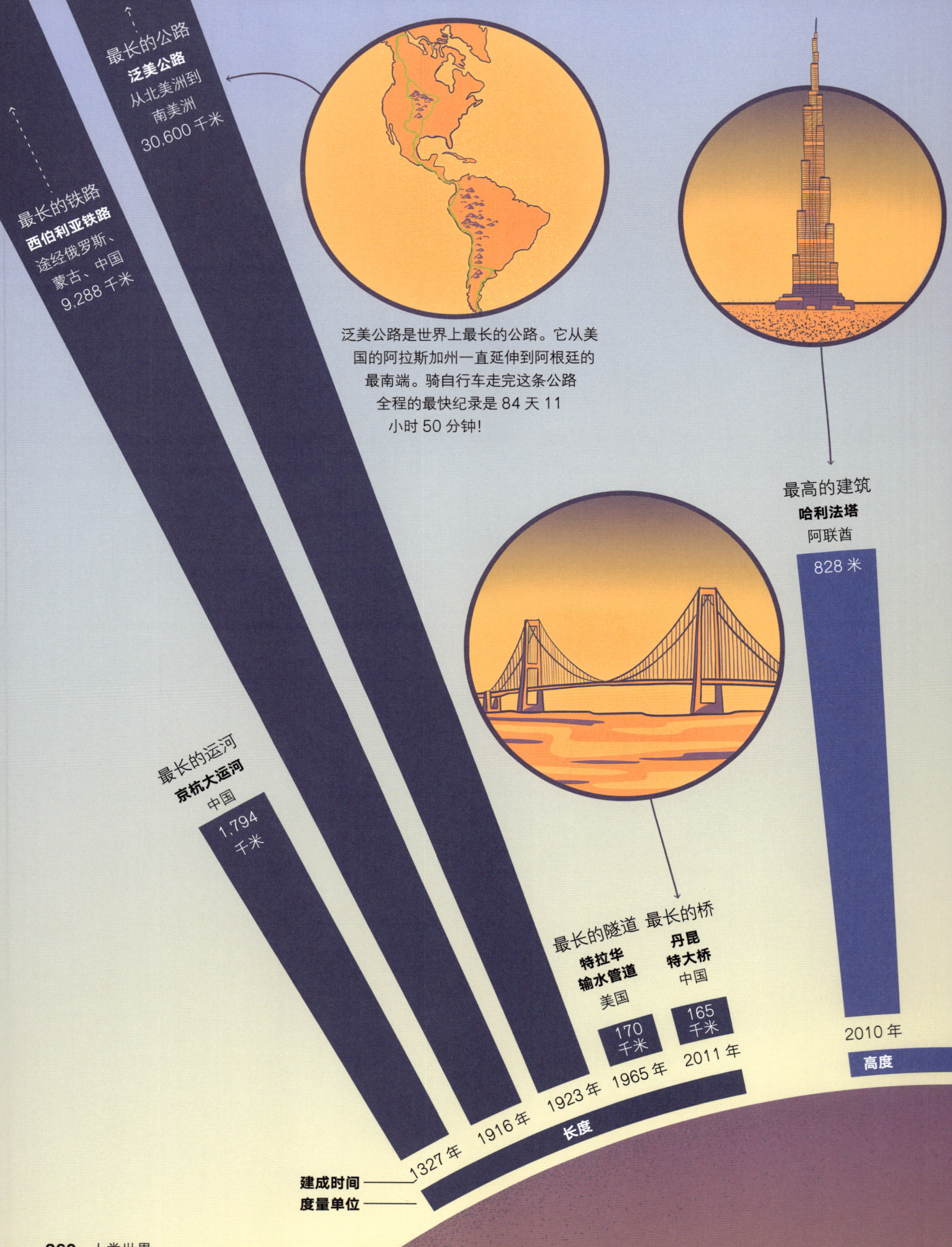
最长的公路
泛美公路
从北美洲到
南美洲
30,600 千米
最长的铁路
西伯利亚铁路
途经俄罗斯、
蒙古、中国
9,288 千米
泛美公路是世界上最长的公路。它从美国的阿拉斯加州一直延伸到阿根廷的最南端。骑自行车走完这条公路全程的最快纪录是 84 天 11 小时 50 分钟！
最高的建筑
哈利法塔
阿联酋
828 米
2010 年
高度
最长的运河
京杭大运河
中国
1,794
千米
最长的隧道
特拉华
输水管道
美国
170
千米
最长的桥
丹昆
特大桥
中国
165
千米
1327 年
1916 年
1923 年
1965 年
2011 年
长度
建成时间
度量单位

工程杰作

人类通过合作创造了许多令人惊叹的建筑物。从世界上最长的运河，到最高的建筑，再到最大的人造群岛，这里展示了其中一些杰出代表。

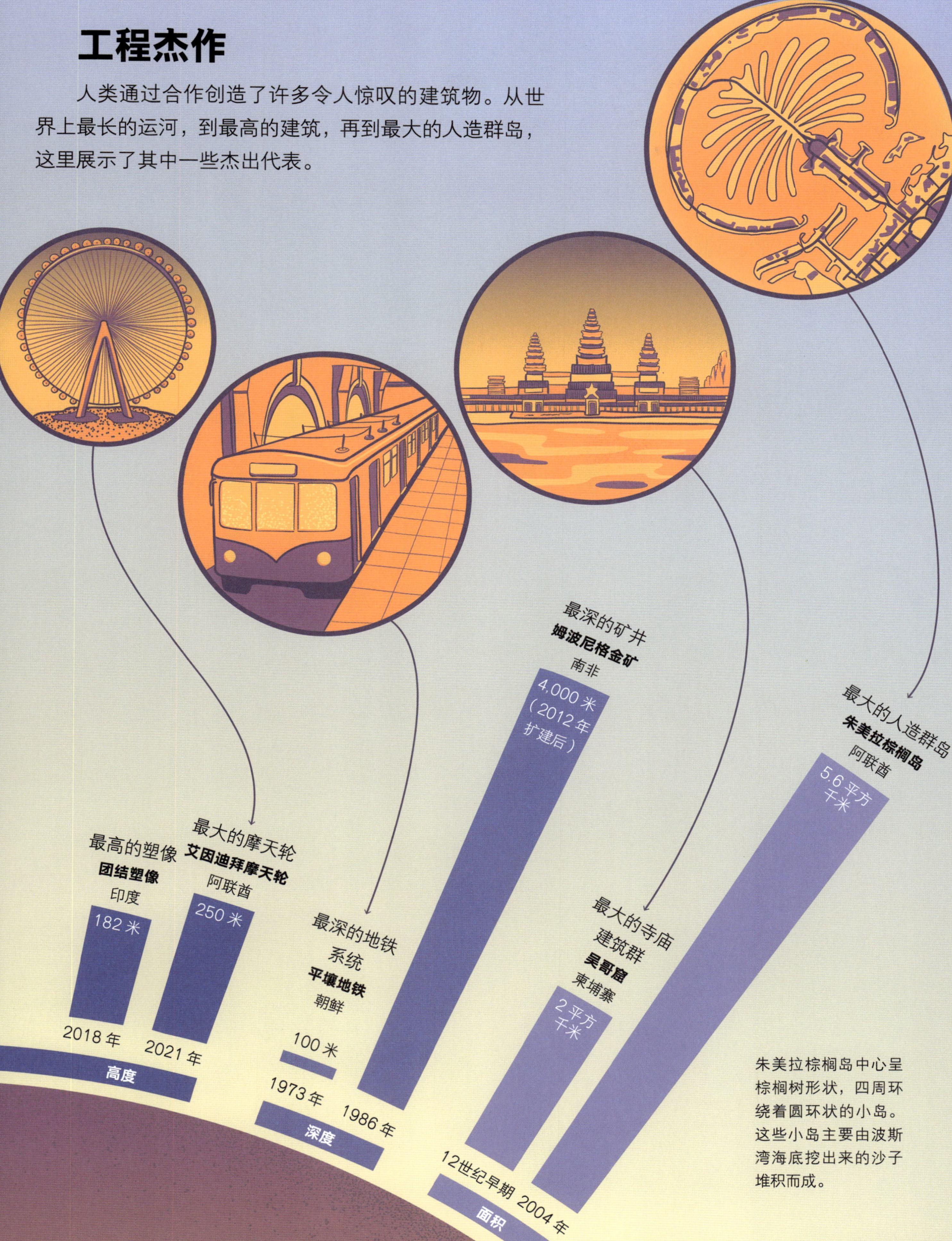

最高的塑像
团结塑像
印度
182 米
2018 年
最大的摩天轮
艾因迪拜摩天轮
阿联酋
250 米
2021 年
高度
最深的地铁系统
平壤地铁
朝鲜
100 米
1973 年
最深的矿井
姆波尼格金矿
南非
4,000 米（2012 年扩建后）
1986 年
深度
最大的寺庙建筑群
吴哥窟
柬埔寨
2 平方千米
12世纪早期
最大的人造群岛
朱美拉棕榈岛
阿联酋
5.6 平方千米
2004 年
面积

朱美拉棕榈岛中心呈棕榈树形状，四周环绕着圆环状的小岛。这些小岛主要由波斯湾海底挖出来的沙子堆积而成。

乐高人仔和人类数量
人口
10 亿
15
10
5
0
2016 年左右，乐高人仔的
数量超过了人类的数量
乐高人仔
人类
2010
2015
2020
2025
2030
年

黑线显示了 2010 年至 2030 年间全球人口的增长情况，**橙线**则显示了同一时期乐高人仔数量的增长情况。两条线的虚线部分展示出在未来几年间，预计的人类和乐高人仔数量增长情况。

玩具的崛起

你喜欢玩乐高吗？好吧，世界上数百万其他孩子也是如此。事实上，地球上估计有 90 亿个乐高人仔！这意味着地球上的乐高人仔数量比人类还多出 10 亿以上。看看左页的信息图，找出乐高人仔数量第一次超过人类数量的时间，再看看这两者预计在未来的增长情况。

高速移动

自从 200 多年前火车和汽车被发明以来，它们已经变得越来越快——越来越快！在这张信息图中，你可以看到一系列破纪录的车辆，它们帮助人类以越来越快的速度在世界各地飞驰。

1804 年，第一台蒸汽机车诞生于英国威尔士。它的运行速度只比人类的平均步行速度快一点点。

5 种高速列车

最高时速

斯蒂芬森的火箭号

1829 年，英国

这列火车赢得了“雨山试车选拔赛”。这场比赛是为了在早期的 5 种蒸汽机车中选出速度最快的一种。

4米

列车长度 米

48 千米 / 时

野鸭号

1938 年，英国

1938 年，这列火车创造了蒸汽机车的最快纪录，并一直保持至今。

22米

203 千米 / 时

法国高速列车 TGV

1981 年，法国

这列火车在 1981 年至 1988 年间保持着世界上速度最快火车的纪录。

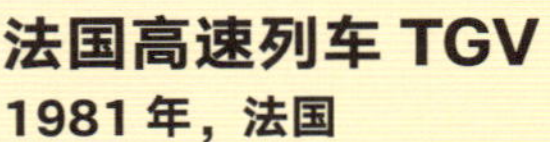

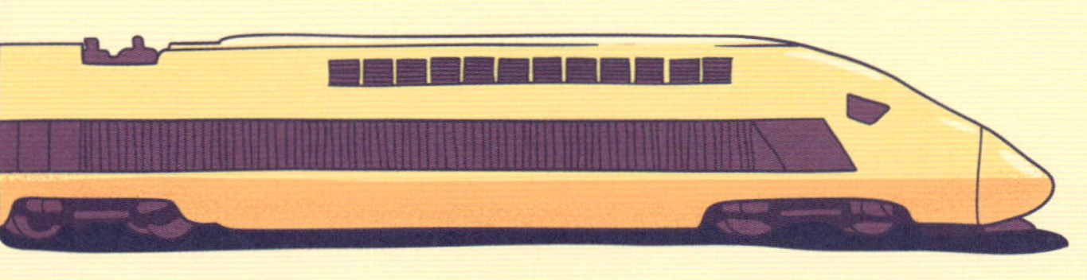

380 千米 / 时

200米

和谐号 CRH380BL

2010 年，中国

这列火车在北京和上海之间开行，创造了新的世界纪录。

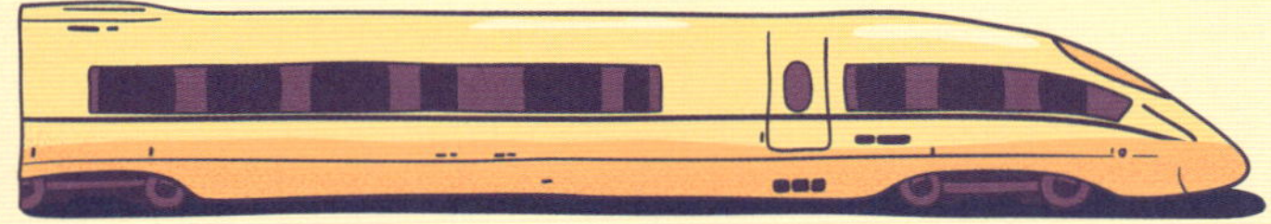

487.3 千米 / 时

403米

L0 系超导磁悬浮列车

2015 年，日本

这是世界上最快的火车，它利用强大的磁铁让列车飘浮在轨道上方。

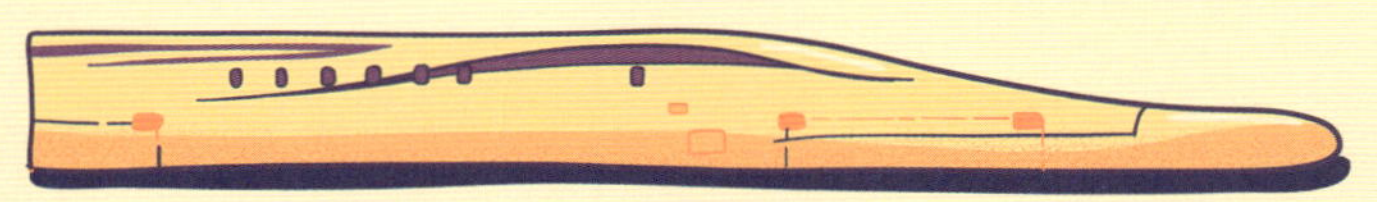

603 千米 / 时

177米

5 种高速汽车

永不满足号

1899 年，法国

这是有史以来第一辆时速超过 100 千米的汽车。

106
千米 / 时

本田 RA106

2006 年，英国

这辆车创造了一级方程式赛车的最快速度纪录。

397
千米 / 时

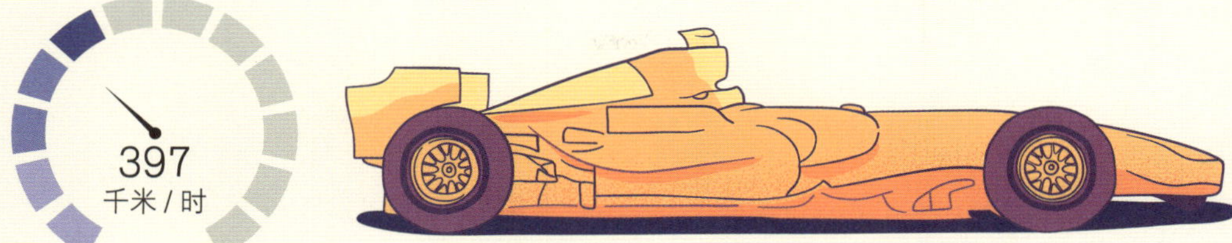

布加迪奇龙

2022 年，法国

这是为在普通道路上行驶而设计的速度最快的汽车。

490
千米 / 时

蓝鸟 CN7

1964 年，英国

这辆车保持着非喷气发动机驱动的最快汽车纪录。

649
千米 / 时

超音速推进号

1997 年，英国

这是第一辆行驶速度超过音速的汽车，由两个喷气发动机提供动力。

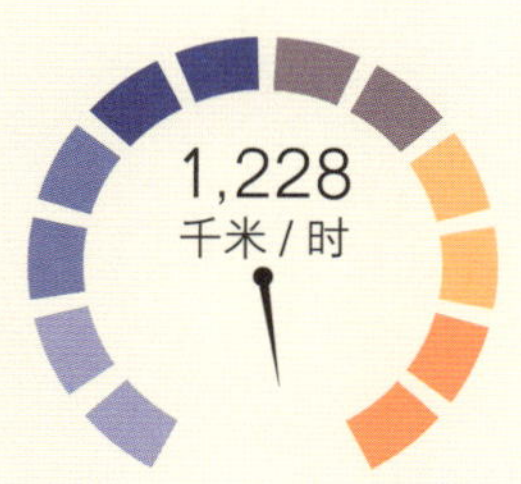
1,228
千米 / 时

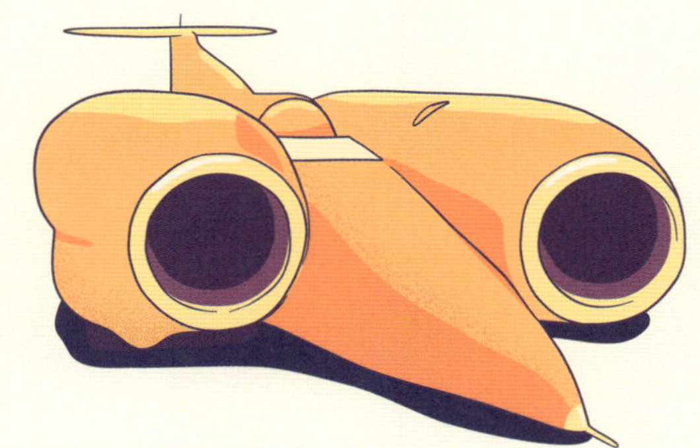

1886 年，第一辆内燃机汽车诞生于德国，最高时速为 16 千米 / 时。

阅读指南

最高时速

千米 / 时

黑色指针指向火车或汽车达到的最快速度。火车标注的国家为纪录诞生地，汽车标注的国家为生产地。

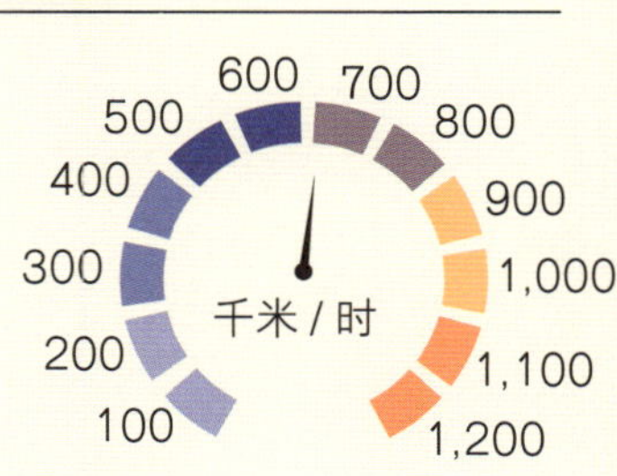
600
700
500
800
400
900
300
1,000
千米 / 时
200
1,100
100
1,200

天空中有多少架飞机

人类不断地在全球范围内移动，但每时每刻有多少人同时在空中旅行呢？

这张地图可以让我们很好地了解同时有多少架飞机在空中飞行，因为图上每一个黄色的飞机图标都代表了 2022 年 7 月 13 日下午 3 点时在空中飞行的一架真正的飞机。这是有记录以来航班最繁忙的一天，当时天空中共有 17,916 架飞机。这意味着，如果平均每架飞机上有 100 名乘客，那么有超过 150 万人同时在空中旅行！

✈ = 1 架在空中飞行的飞机

想知道飞机飞得有多高吗？请翻到第 73 页。

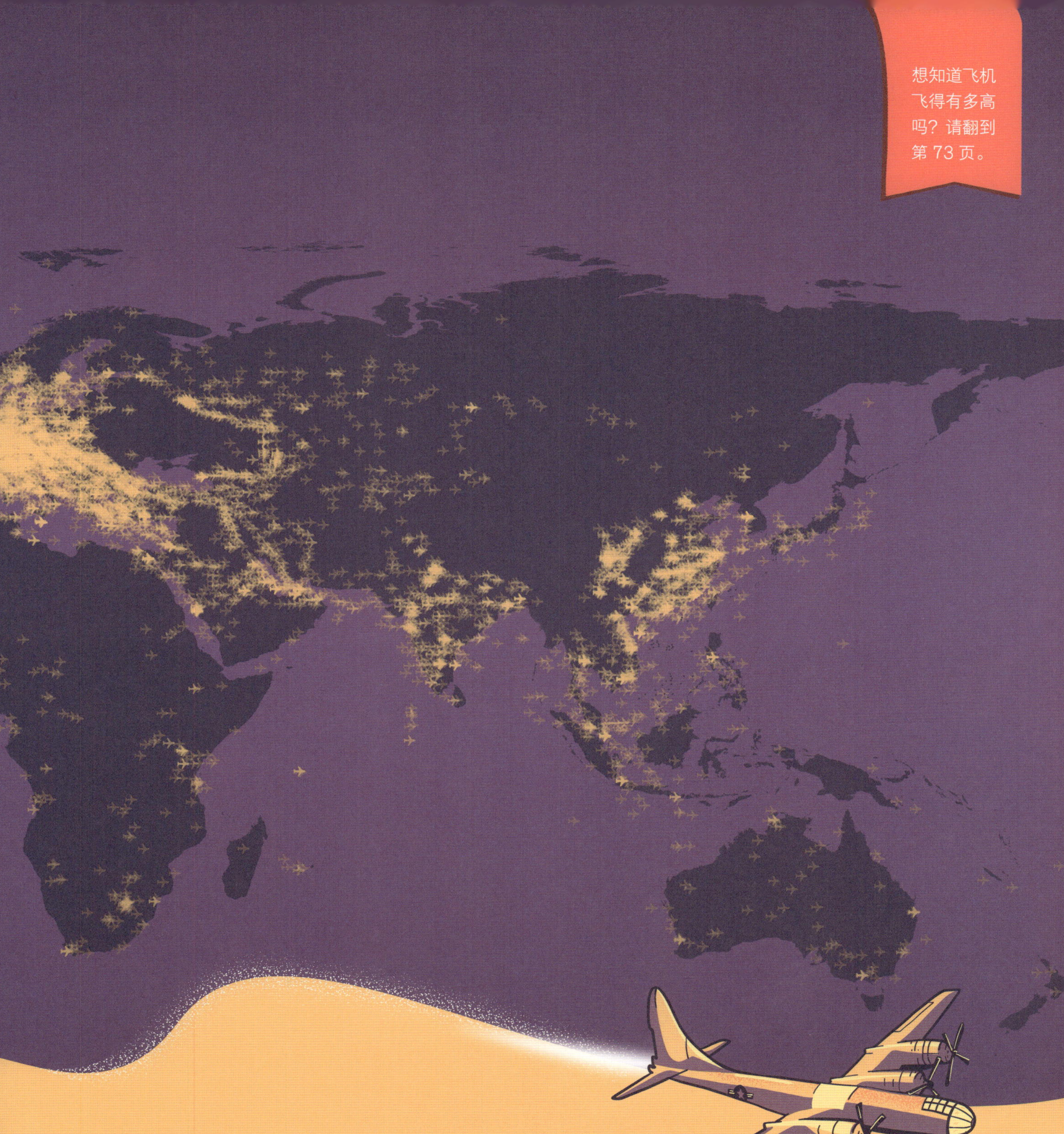

第一架不间断环球飞行的飞机

1949 年 3 月 2 日，一架名为“幸运女士 II”的美国波音 B-50A 军用飞机降落在美国得克萨斯州的卡斯维尔空军基地，成为有史以来第一架不间断环球飞行的飞机。这次破纪录的飞行由詹姆斯 · 盖拉尔驾驶，耗时 94 小时零 1 分钟。“幸运女士 II”以 401 千米 / 时的平均速度飞行了 37,742 千米。为了保持近 4 天的不间断飞行，“幸运女士 II”必须在空中加油 4 次——用一根长长的软管从飞到附近的加油机上获取燃料。

重型运载火箭

如果在空中垂直向上飞行 100 千米，你就会到达卡门线，这是一条假想的地球大气层和太空的边界线。要摆脱地球引力并飞到这么高，需要消耗大量能量。人类在 1944 年首次实现了这一壮举。从那以后，人类又向太空发射了数千枚火箭。这里展示的是世界上运载能力最强大的一批火箭。

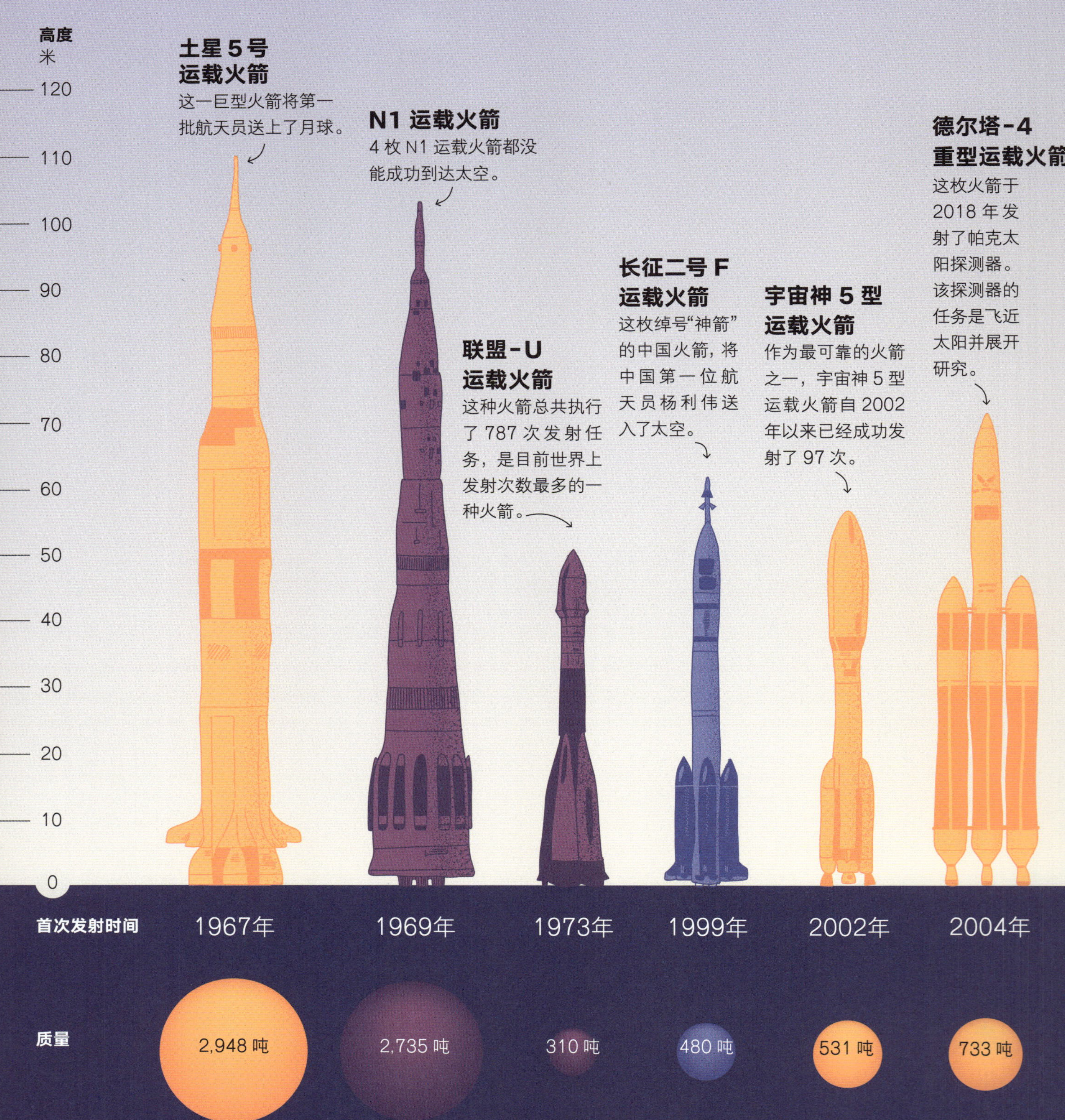

高度
米
120
110
100
90
80
70
60
50
40
30
20
10
0
土星 5 号
运载火箭
这一巨型火箭将第一批航天员送上了月球。
N1 运载火箭
4 枚 N1 运载火箭都没能成功到达太空。
联盟-U
运载火箭
这种火箭总共执行了 787 次发射任务，是目前世界上发射次数最多的一种火箭。
长征二号 F
运载火箭
这枚绰号"神箭"的中国火箭，将中国第一位航天员杨利伟送入了太空。
宇宙神 5 型
运载火箭
作为最可靠的火箭之一，宇宙神 5 型运载火箭自 2002 年以来已经成功发射了 97 次。
德尔塔-4
重型运载火箭
这枚火箭于 2018 年发射了帕克太阳探测器。该探测器的任务是飞近太阳并展开研究。
首次发射时间
1967年
1969年
1973年
1999年
2002年
2004年
质量
2,948 吨
2,735 吨
310 吨
480 吨
531 吨
733 吨

阅读指南

原产国

- 中国
- 美国
- 苏联 / 俄罗斯

太空发射系统 Block 1

太空发射系统是有史以来运载能力最强的火箭。火箭的顶部可以根据任务重新配置，用于运载人员或货物。

星舰

这是有史以来最高的火箭。

太空发射系统 Block 2

长征九号

这是中国正在研发的火箭。它的高度和质量均为估计值。

叶尼塞运载火箭

这是俄罗斯正在研发的火箭。它的高度和质量均为估计值。

重型猎鹰运载火箭

这枚火箭产生的推力相当于 18 架喷气式飞机。

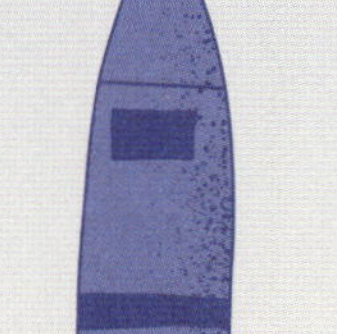

美国自由女神像，用于高度对比（93 米）

重型猎鹰运载火箭	太空发射系统 Block 1	太空发射系统 Block 2	星舰	叶尼塞运载火箭	长征九号
2018年	2022年	2022年	2023年	预计2028年	预计2030年
1,421 吨	2,608 吨	2,948 吨	5,000 吨	3,167 吨	4,000 吨

校车，用于质量对比（10 吨）

太空垃圾

自 20 世纪 50 年代以来，人类已经向太空发射了数千枚火箭，向环绕地球的轨道发射了数量更多的卫星。当这些机器停止工作或分裂成更小的碎片时，它们就成了太空垃圾。一些太空垃圾会在重新进入地球大气层时燃烧殆尽。然而，位于较高轨道的卫星和碎片可以继续绕地球运行数百年，甚至数千年。科学家正在通过各种方法清理这些有害的垃圾，包括用磁铁拾取和用飞网捕获等方式。

大量的太空垃圾

大约 40,500 块

太空垃圾的直径大于 10 厘米。其中包括失效或在任务结束时留在轨道上的报废卫星。

大约 1,100,000 块

太空垃圾的直径在 1~10 厘米之间。其中包括掉落的工具、螺丝、电缆和太空相机。

超过 130,000,000 块

太空垃圾的直径小于 1 厘米。其中包括由于磨损和撕裂而从卫星上脱落的碎片。

图为绕地球轨道
运行的太空垃圾。

观察太空

望远镜使我们能够看到太空中遥远的天体，揭示宇宙的奥秘。早期的望远镜利用玻璃透镜来观察远处的天体。今天的望远镜用曲面镜取代了透镜，因为它们能更好地收集来自深空的微弱光线。

镜面

胡克望远镜

1917 年（第一次图像记录）

美国，加利福尼亚州，威尔逊山天文台

这架望远镜被用来证明银河系不是唯一的星系。

海尔望远镜

1948 年

美国，加利福尼亚州，帕洛玛山天文台

这架望远镜收集可见光，通过一个巨大的曲面镜进行放大。

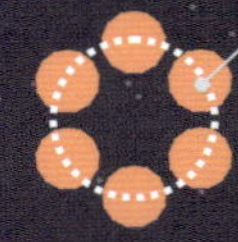
原始设计

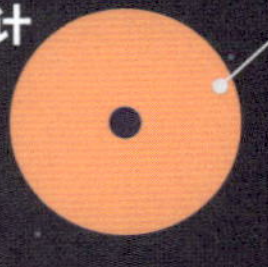
升级设计

多镜面望远镜

1979 年（2000 年更新）

美国，亚利桑那州，霍普金斯山

它最初的设计包含 6 个镜面，在 2000 年时被单一的透镜取代，以生成更清晰的图像。

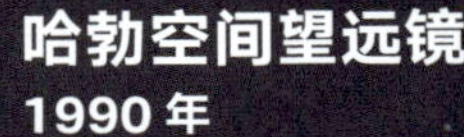

哈勃空间望远镜

1990 年

近地轨道

这是第一个在太空运行的望远镜。它彻底改变了天文学，留下了许多著名的太空影像。

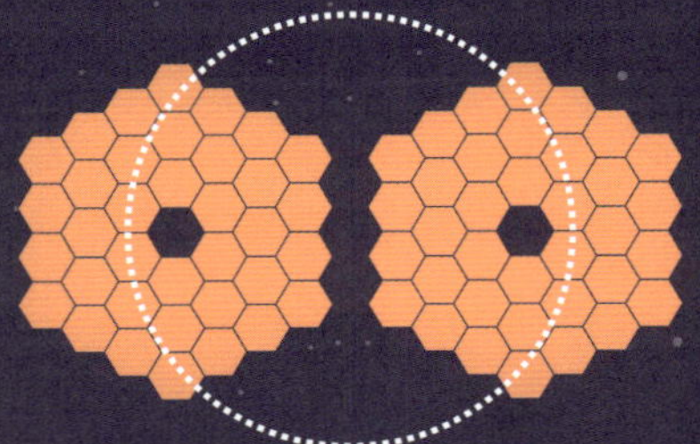

凯克望远镜

1993 年和 1996 年

美国，夏威夷，冒纳凯阿火山

凯克望远镜由两台望远镜组成。每台望远镜都包含 36 片六边形反射镜面，组合在一起形成两面巨大的镜子。

霍比－埃伯利望远镜

1996 年

美国，得克萨斯州，戴维斯山脉

这架望远镜用于捕捉来自非常遥远和微弱的恒星和星系的可见光和红外线。

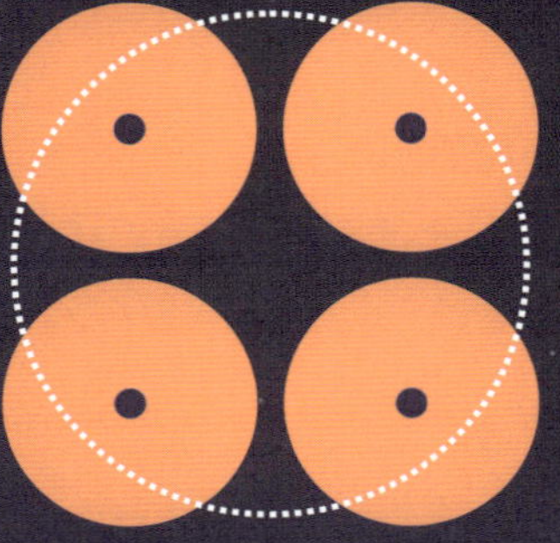

甚大望远镜

1998—2000 年

智利，帕瑞纳山

甚大望远镜拍摄了第一张系外行星的直接影像。

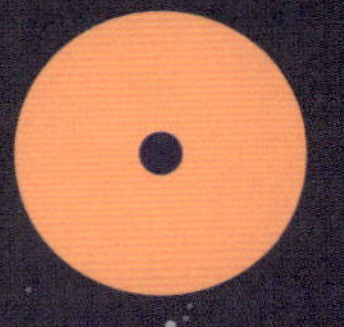

昴星团望远镜

1999 年

美国，夏威夷，冒纳凯阿火山

这架望远镜可以同时观测 2,400 个星系。

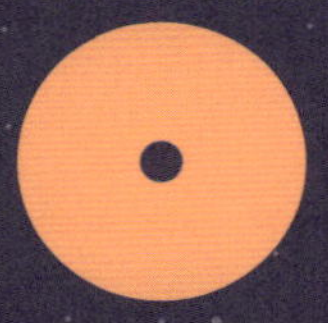

北双子座望远镜

1999 年

美国，夏威夷，冒纳凯阿火山

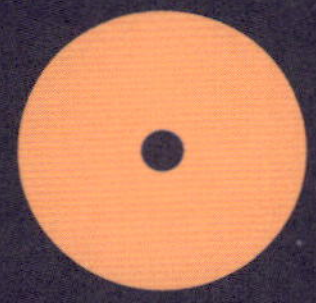

南双子座望远镜

2000 年

智利，帕穹山

两架双子座望远镜可以看到整个天空。天文学家利用这两架望远镜，辅以其他望远镜，发现了中子星碰撞的大规模爆炸。

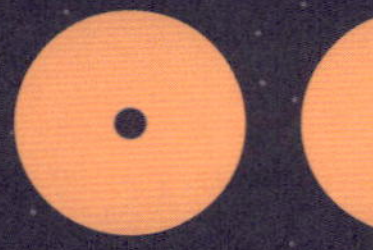

麦哲伦望远镜

2000 年和 2002 年

智利，拉斯坎帕纳斯

麦哲伦望远镜位于干燥的阿塔卡马沙漠高处，那里一年中有 300 个夜晚具有很好的能见度，适合天文观测。

大型天顶望远镜

2004 年

加拿大，不列颠哥伦比亚省

大型天顶望远镜使用由水银制成的液体镜（现在已经不再使用），只能朝向一个方向。但它的建造成本比固体镜望远镜低很多。

阅读指南

- 在地球上
- 在太空中
- 在建设中

单镜面望远镜也被称为整体镜，因为它们使用一块完整的玻璃，收集光并反射到传感器里。最大的单面镜直径约为 8 米。

多镜面望远镜由许多较小的六角形反射镜组成，它们由计算机定位形成一块完整的反射镜。从理论上讲，这种设计的镜面大小是没有限制的。

去第 28 页看看詹姆斯·韦布空间望远镜拍摄的星云照片吧。

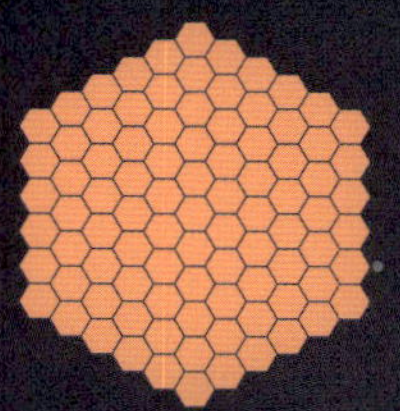

南非大望远镜
2005 年
南非，萨瑟兰
这架望远镜已被用来探测黑洞。

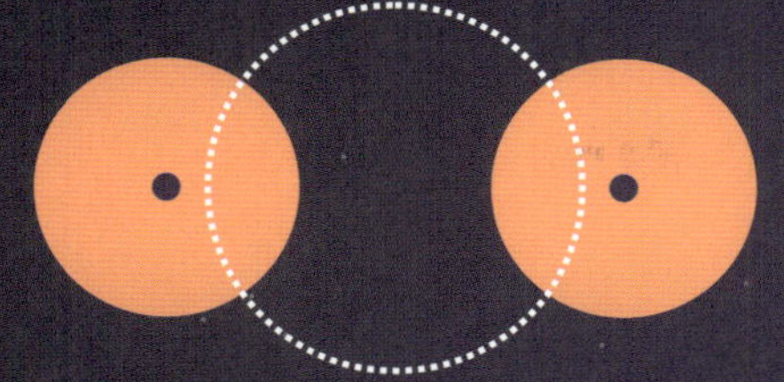

大双筒望远镜
2005 年和 2008 年
美国，亚利桑那州，格拉汉姆山
这架望远镜拥有两面反射镜，可以收集更多的光线，拍摄出更清晰的图像。它看起来就像一个巨大的双筒望远镜。

加那利大型望远镜
2007 年
西班牙，加那利群岛，拉帕尔马岛
这架望远镜的巨大镜面直径达 10.4 米。它是世界上最大的光学望远镜。

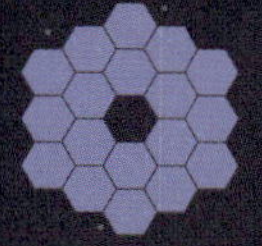

詹姆斯·韦布空间望远镜
2021 年
地球 - 太阳 L2 点
这是人类迄今为止建造的最大、最强的太空望远镜。它有一个网球场大小的遮阳板，用于保护巨大的镜面。除了拍摄恒星、星系和星云的震撼图像外，它还能够发现在宇宙历史早期大爆炸后仅仅 2 亿年形成的星系。

维拉·C. 鲁宾天文台
2024 年
智利，帕穹山
其他望远镜只能近距离观察少量的太空天体。与之不同的是，这架望远镜可以观测到更为遥远的星系运动，以帮助人们更好地研究宇宙演化和暗物质。

极大望远镜
2025 年
智利，阿玛逊斯山
这架望远镜将是加那利大型望远镜的 4 倍大。

30 米望远镜
2027 年
美国，夏威夷，冒纳凯阿火山
这架望远镜建成后，镜面直径将达到 30 米。

巨型麦哲伦望远镜
2029 年
智利，拉斯坎帕纳斯
这架望远镜将使用有史以来最大的 7 面镜子来探索遥远的宇宙，寻找外星生命的迹象。

我花了一点儿时间来反思。

图中的人与望远镜镜面的比例尺一致

比例尺： 10 米

为金牌而战

每 4 年，来自世界各地 200 多个国家的运动员聚集在一起，参加奥林匹克运动会（简称“奥运会”）。奥运会最初在古希腊举行，并持续到公元 393 年，后来中断了十几个世纪，于 1896 年重新开始举办。以下是截至 2024 年，在现代奥运会上获得最多奖牌的国家和运动员。

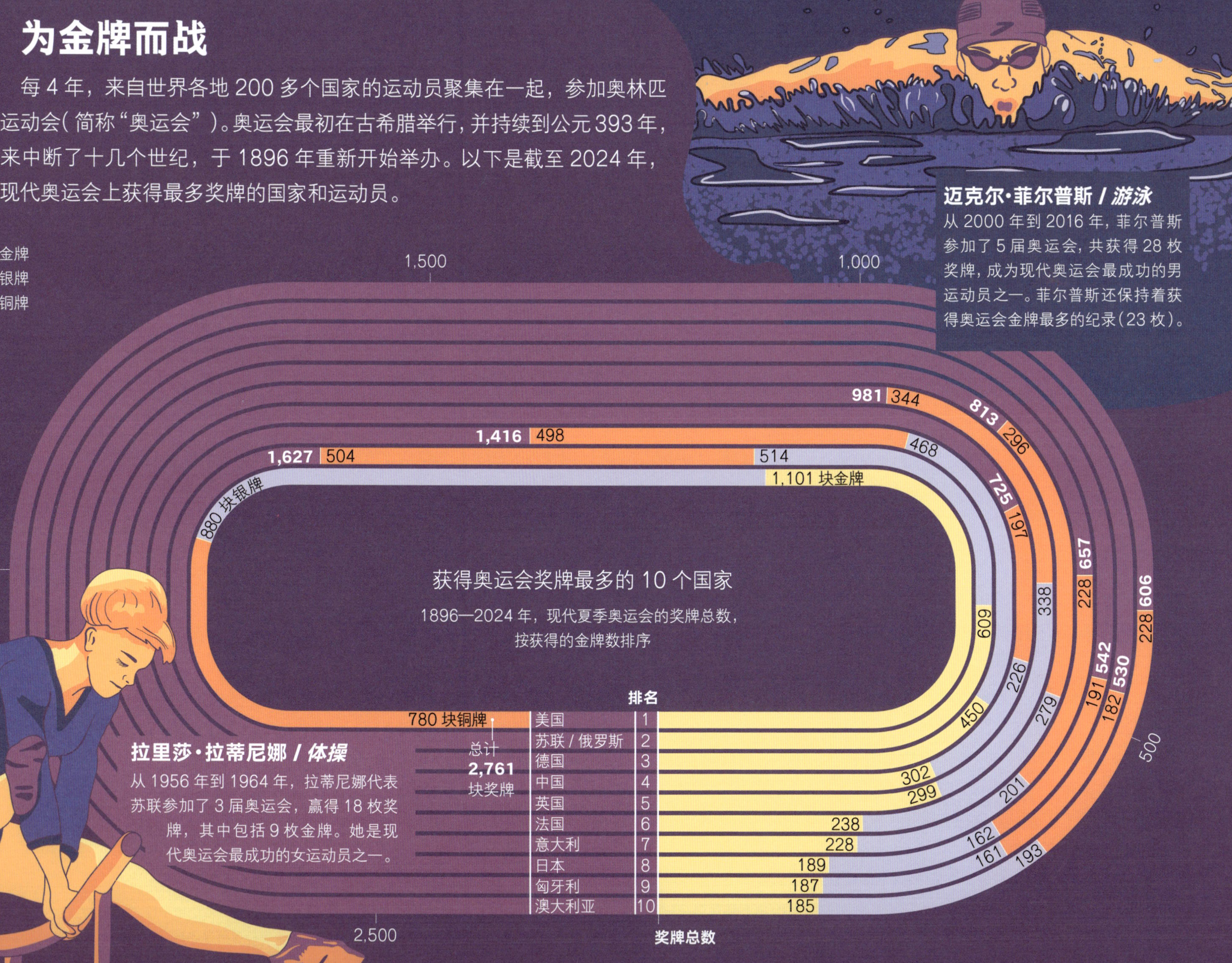

金牌
银牌
铜牌
获得奥运会奖牌最多的 10 个国家
1896—2024 年，现代夏季奥运会的奖牌总数，按获得的金牌数排序
排名
1 美国
2 苏联 / 俄罗斯
3 德国
4 中国
5 英国
6 法国
7 意大利
8 日本
9 匈牙利
10 澳大利亚
奖牌总数
总计 2,761 块奖牌
1,101 块金牌
880 块银牌
780 块铜牌
1,627
504
514
609
1,416
498
468
450
981
344
338
302
813
296
279
299
725
197
226
238
657
228
201
228
542
191
162
189
530
182
161
187
606
228
193
185
500
1,000
1,500
2,000
2,500

迈克尔·菲尔普斯 / *游泳*

从 2000 年到 2016 年，菲尔普斯参加了 5 届奥运会，共获得 28 枚奖牌，成为现代奥运会最成功的男运动员之一。菲尔普斯还保持着获得奥运会金牌最多的纪录（23 枚）。

拉里莎·拉蒂尼娜 / *体操*

从 1956 年到 1964 年，拉蒂尼娜代表苏联参加了 3 届奥运会，赢得 18 枚奖牌，其中包括 9 枚金牌。她是现代奥运会最成功的女运动员之一。

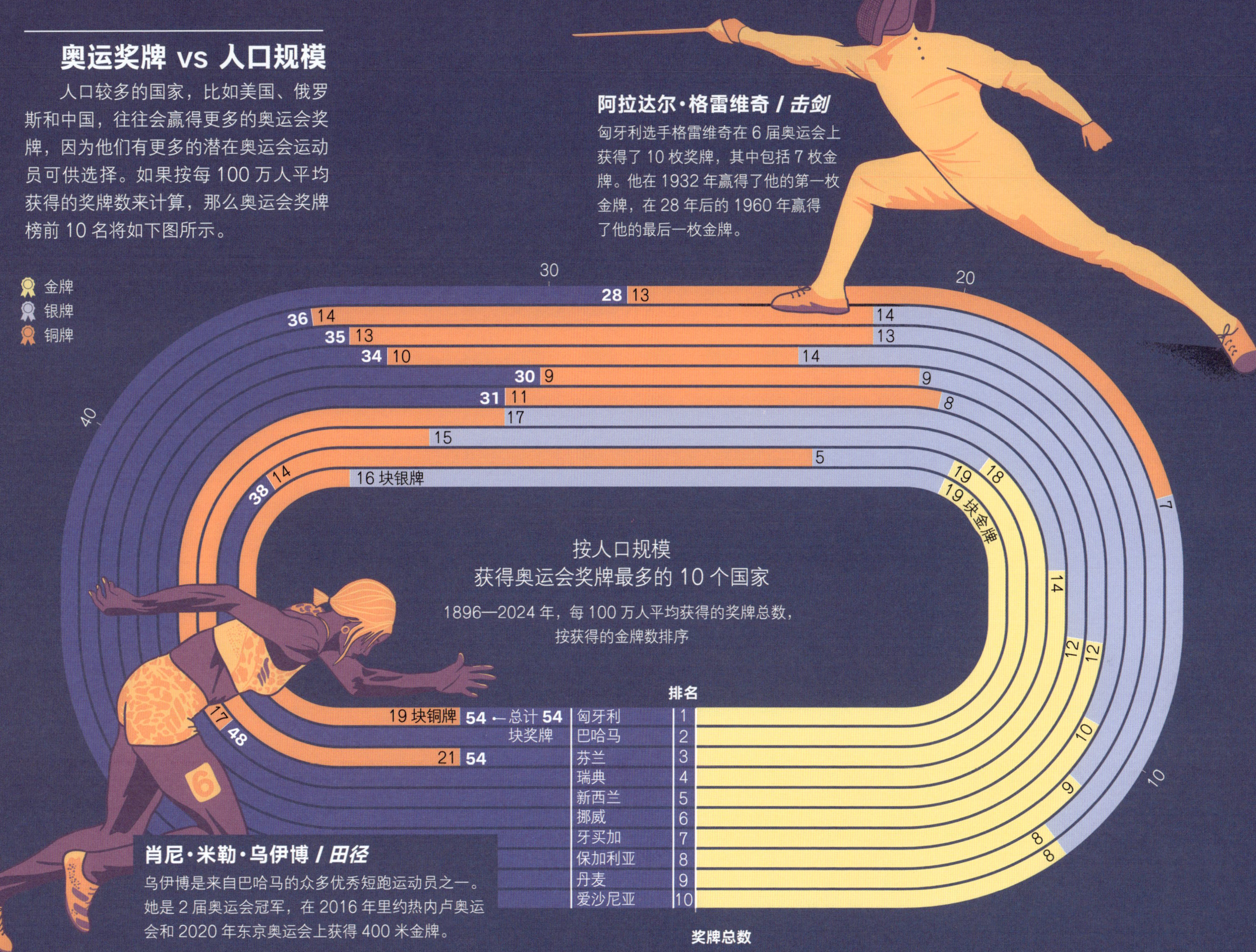

奥运奖牌 vs 人口规模
人口较多的国家，比如美国、俄罗斯和中国，往往会赢得更多的奥运会奖牌，因为他们有更多的潜在奥运会运动员可供选择。如果按每 100 万人平均获得的奖牌数来计算，那么奥运会奖牌榜前 10 名将如下图所示。
金牌
银牌
铜牌
阿拉达尔·格雷维奇 / 击剑
匈牙利选手格雷维奇在 6 届奥运会上获得了 10 枚奖牌，其中包括 7 枚金牌。他在 1932 年赢得了他的第一枚金牌，在 28 年后的 1960 年赢得了他的最后一枚金牌。
按人口规模
获得奥运会奖牌最多的 10 个国家
1896—2024 年，每 100 万人平均获得的奖牌总数，按获得的金牌数排序
排名
1 匈牙利
2 巴哈马
3 芬兰
4 瑞典
5 新西兰
6 挪威
7 牙买加
8 保加利亚
9 丹麦
10 爱沙尼亚
奖牌总数
19 块铜牌 54 ←总计 54 块奖牌
16 块银牌
19 块金牌
21 54
17 48
38 14
19 18
14
12 12
10
9
8 8
5
15
17
31 11 8
30 9 9
34 10 14
35 13 13
36 14 14
28 13
7
10
20
30
40
肖尼·米勒·乌伊博 / 田径
乌伊博是来自巴哈马的众多优秀短跑运动员之一。她是 2 届奥运会冠军，在 2016 年里约热内卢奥运会和 2020 年东京奥运会上获得 400 米金牌。

运动的胜利

残奥会是为残疾精英运动员举办的国际体育赛事，与奥运会在同一主办城市举行。1960 年，第一届残奥会在意大利罗马举行。从那时起，残奥会的规模不断扩大，受欢迎程度不断提高。据统计，有来自 162 个代表团的数千名运动员参加了日本 2020 东京残奥会，全球 42.5 亿观众在线观看了比赛。

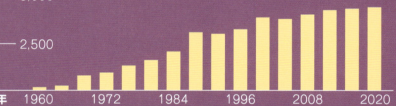

残奥会运动员人数

5,000
2,500
年 1960 1972 1984 1996 2008 2020

残奥会运动项目数量

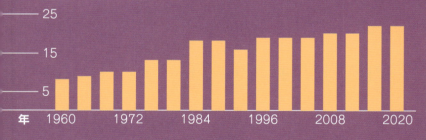

25
15
5
年 1960 1972 1984 1996 2008 2020

参赛国家/地区数量

200
100
年 1960 1972 1984 1996 2008 2020

speedo

图为2020年东京残奥会男子100米
自由泳比赛中的中国选手郑涛。

阅读一切

人类制作书籍已经有 3,000 多年的历史，但我们直到 1,300 多年前才发明了雕版印刷技术。直到 15 世纪，我们才能以非常快的速度印刷大量书籍。这里展示了印刷术发展的具体过程。

印刷术如何改变世界

这个时间轴展示了过去 1,300 年里不同的印刷术是如何发展的。随着印刷效率的提高，每年印刷的书籍数量在增加，而平均印刷成本在下降。越来越多的廉价书籍帮助世界各地成百上千万的人学习如何阅读和写作。这也意味着人们可以直接接触到最原本的文字，更好、更广泛地了解他人的思想。

雕版印刷

7 世纪初，中国

这是已知最早的印刷方式：在刻好的木板上涂上墨水，将图文转印在纸或纺织品上。

活字印刷

1041—1048 年，中国

在这种印刷技术中，由胶泥制成的单个字被排列在带框的铁板上，准备用于印刷。重复常用的字会准备多个，生僻字随时烧制。不同的排列组合，构成不同的句子。到了 12 世纪，中国又发明了金属活字。

我的轮转印刷机每小时可以印刷8,000页！

轮转印刷机

1847 年，美国

轮转印刷机不像德国谷登堡的印刷机那样在单张纸上印刷，而是使用旋转的纸卷连续印刷多页，它们被广泛应用于印刷报纸。

胶印机

1904 年，美国

胶印机将油墨从金属印版转移到橡胶辊上，然后再由橡胶辊转印到纸张上。这有助于保护金属板免受磨损和破坏。你正在阅读的这本书，就是用现代胶印机印刷的。

电子书

1971 年，美国

第一本电子书是美国的《独立宣言》，制作于 1971 年。但直到 20 世纪 90 年代，电子书才开始广泛流行。

机械印刷机

1450 年，德国

约翰内斯·谷登堡发明的第一台机械印刷机，让印刷书籍的速度更快、成本更低。它的工作原理是把金属字版压在单独的纸张上。

我的印刷机每小时可以印刷240页！

斯坦厄普印刷机

1800 年，英国

这是第一台完全由金属制成的印刷机，能够让印刷更快、更高效。

据估计，现在 15 岁以上的人中，86% 可以读和写，比例是 1940 年时的 2 倍多。

畅销书

这里是有史以来最畅销的 5 种书，每种书在全球的销量至少达到了 1.5 亿本。J.K. 罗琳的《哈利·波特与魔法石》以 1.2 亿本的销量紧随其后。

图书销量

书名	作者	销量	第一次出版的时间
《新华字典》	商务印书馆	5.7 亿	1953年
《堂·吉诃德》	米格尔·德·塞万提斯	5 亿	1605年
《双城记》	查尔斯·狄更斯	2 亿	1859年
《小王子》	安托万·德·圣埃克苏佩里	2 亿	1943年
《指环王》	J.R.R. 托尔金	1.5 亿	1954年

第一次出版的时间

阅读指南

- 中文
- 西班牙文
- 英文
- 法文

音乐创作者

你喜欢音乐吗？最新的考古成果表明，人类共同创作音乐的历史已有数万年。尽管音乐是世界各地人类文化的共同特征，但人们用来演奏音乐的乐器各不相同，并且随着时间的推移而不断变化。在这里，你可以看到从史前的骨笛到现代的电子合成器等各种乐器首次演奏的时间。

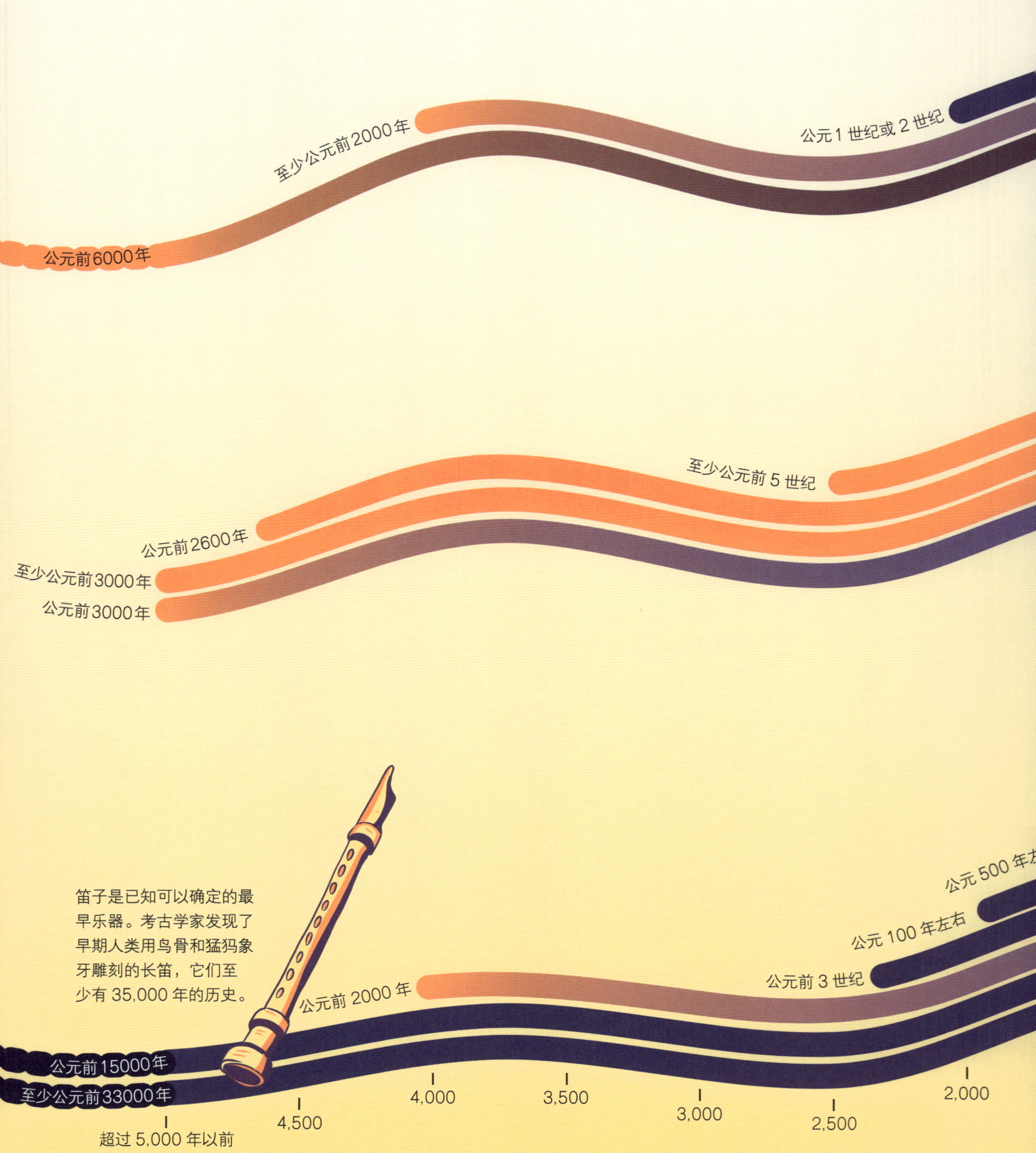

至少公元前2000年
公元1世纪或2世纪
公元前6000年
至少公元前5世纪
公元前2600年
至少公元前3000年
公元前3000年
笛子是已知可以确定的最早乐器。考古学家发现了早期人类用鸟骨和猛犸象牙雕刻的长笛，它们至少有35,000年的历史。
公元500年左
公元100年左右
公元前3世纪
公元前2000年
公元前15000年
至少公元前33000年
超过5,000年以前
4,500
4,000
3,500
3,000
2,500
2,000

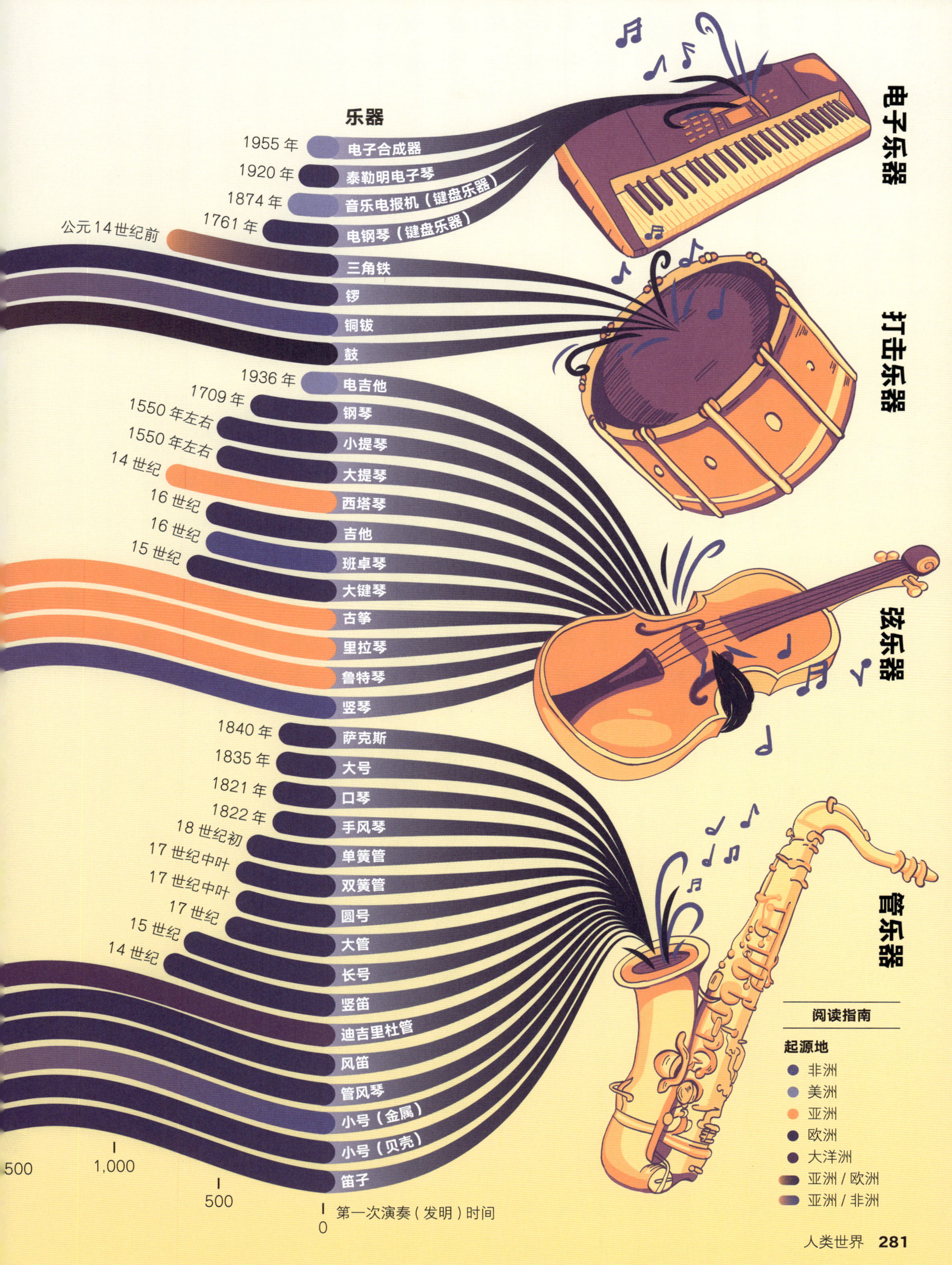
乐器
1955 年 电子合成器
1920 年 泰勒明电子琴
1874 年 音乐电报机（键盘乐器）
1761 年 电钢琴（键盘乐器）
公元 14 世纪前 三角铁
锣
铜钹
鼓
1936 年 电吉他
1709 年 钢琴
1550 年左右 小提琴
1550 年左右 大提琴
14 世纪 西塔琴
16 世纪 吉他
16 世纪 班卓琴
15 世纪 大键琴
古筝
里拉琴
鲁特琴
竖琴
1840 年 萨克斯
1835 年 大号
1821 年 口琴
1822 年 手风琴
18 世纪初 单簧管
17 世纪中叶 双簧管
17 世纪中叶 圆号
17 世纪 大管
15 世纪 长号
14 世纪 竖笛
迪吉里杜管
风笛
管风琴
小号（金属）
小号（贝壳）
笛子
电子乐器
打击乐器
弦乐器
管乐器
500
1,000
500
0
第一次演奏（发明）时间
阅读指南
起源地
非洲
美洲
亚洲
欧洲
大洋洲
亚洲 / 欧洲
亚洲 / 非洲

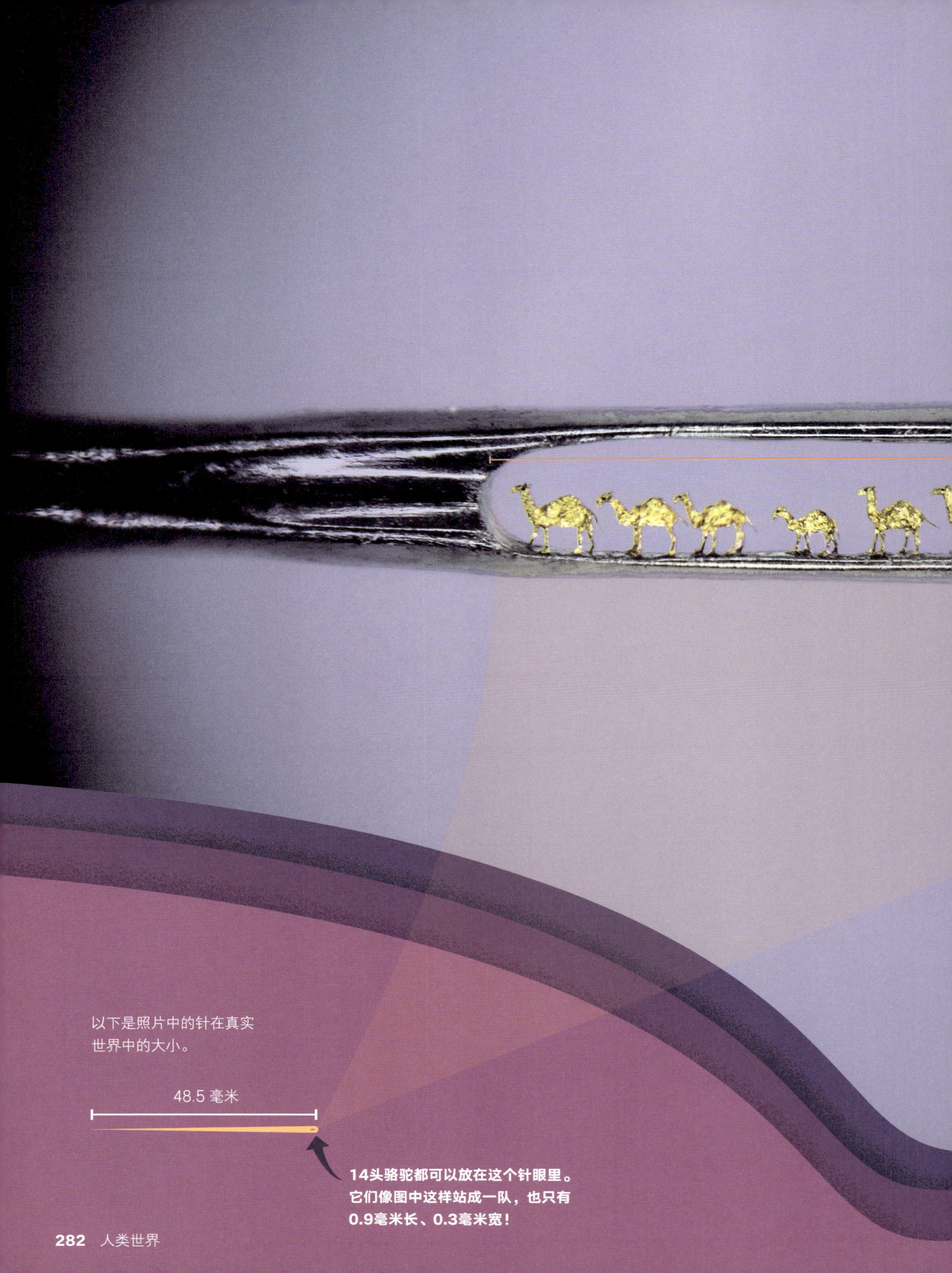
以下是照片中的针在真实
世界中的大小。
48.5 毫米
14头骆驼都可以放在这个针眼里。
它们像图中这样站成一队，也只有
0.9毫米长、0.3毫米宽！

要了解更多微小的生物，请翻到第 148 页。

0.9毫米（放大了290倍后）

微型奇观

上方这个微型雕塑的灵感来自《圣经》中的一个故事，展现了“骆驼穿过针眼”的景象。它由英国雕塑家威勒德·威根创作而成。

威根也是世界最小手工雕塑纪录的保持者，该作品雕刻的是人类的胚胎，宽度为 0.05 毫米，和人类血细胞大小相当。

说再见

语言是我们交流信息的工具，人类总共发展出了 7,000 多种语言。

如果世界上有 100 个人……

这张信息图用 100 个人作为全世界的代表，展示出有多少人以不同的语言作为母语。图中的所有人都在说“再见”。

再见

18个人
说汉语
（包括普通话、粤语及其他方言）

Adiós

7个人
说西班牙语

Goodbye

5个人
说英语

مع السلامة

5个人
说阿拉伯语

Namaste

5个人
说印地语

Bidāẏa

3个人
说孟加拉语

Adeus

3个人
说葡萄牙语

до свидания

2个人
说俄语

じゃね

2个人
说日语

50个人
说其他语言

表情符号是用来创造一种视觉“语言”以传达信息的符号，比如情感、动物、自然、食物和活动。emoji 这个词是两个日语单词的组合：e 的意思是“图片”，moji 的意思是“文字”。到 2022 年，负责审查和发布表情符号和其他符号的统一码联盟（Unicode Consortium）已经完成了 3,600 多个表情符号的标准化。

与专家面对面

甘娜·波格莱布娜 (Ganna Pogrebna)

行为数据科学家

跟我们聊聊你的工作吧!

我帮助人们和组织了解他们是如何做决定的，并教他们如何做得更好。比如，如果一个城市想要变得更环保、可持续发展，我可以帮助他们找出更多回收利用物品的方法。

你是如何成为一名数据科学家的？

我的职业生涯始于编写预测人类行为的数学模型，然后在实验室验证这些模型。但我更想在现实世界中有所作为，而不是仅仅停留在实验室中。利用数据，科学家可以预测未来可能发生的事情，比如有多少人可能会得某种疾病，或者哪里可能会发生洪水。这使我们可以确保人们在需要的时候能够得到帮助。

你期待未来有什么激动人心的发现？

计算机擅长解决问题，但它们不像人类那样思考和解决问题。有时，当我们使用计算机程序时，它们会做一些我们意想不到或无法理解的事情。这是因为计算机程序就像一个“黑箱”：我们无法看到它里面发生了什么。我期待计算机程序从黑箱转变为我们可以解释的东西，这将促进人与机器更好地相互理解。

关于数据科学，你最喜欢的是什么？

用数据科学研究人类行为时，我最喜欢的一点是我可以参与许多不同类型的项目。比如，今天我可能会研究人们如何在商店里做出选择，明天我可能会帮助航天员在太空中做出正确的决定。

寻宝游戏

你能在本章中找到以下问题的答案吗？翻到第 306 页，看看你的答案是否正确！

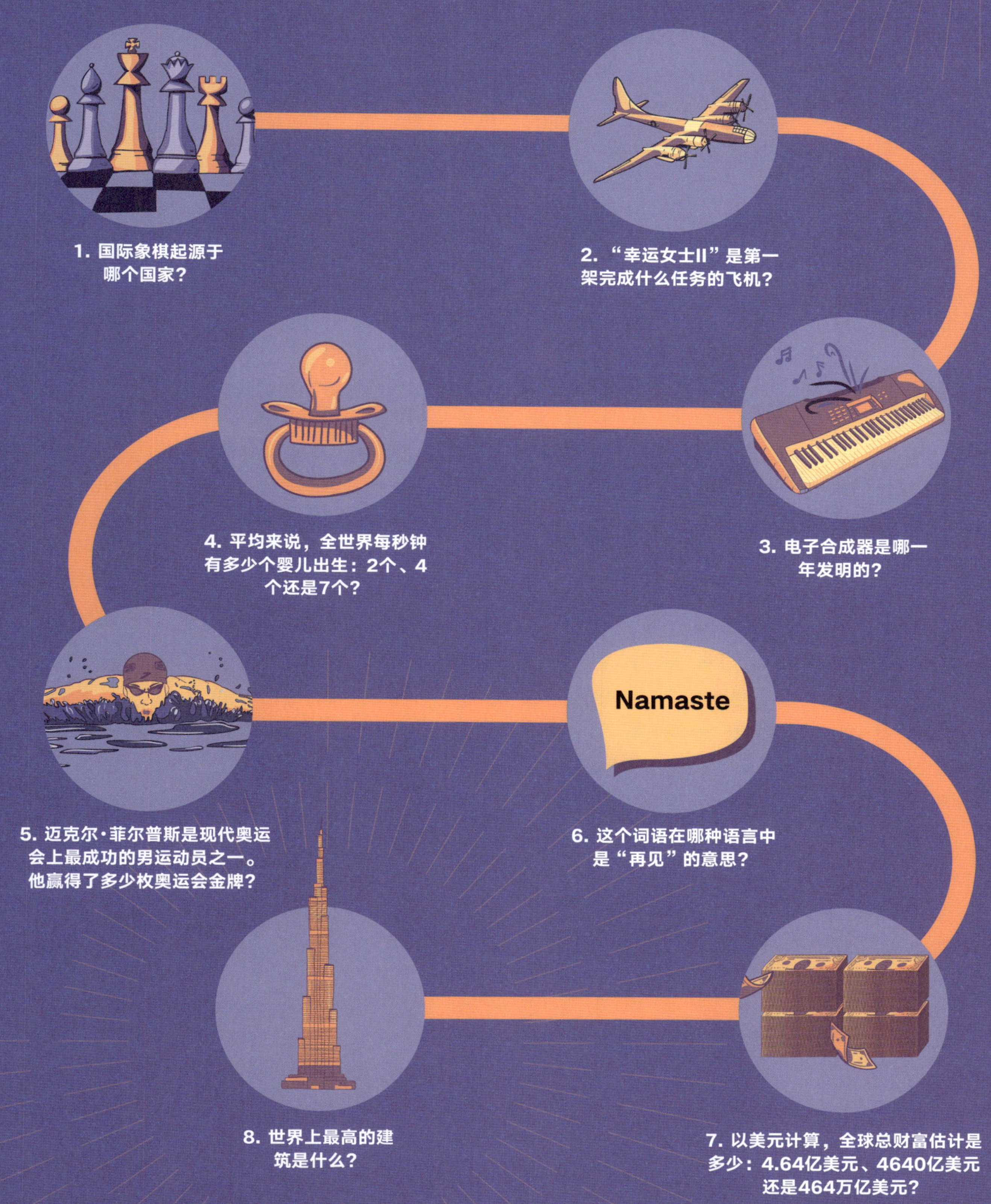

1. 国际象棋起源于哪个国家？
2. “幸运女士II”是第一架完成什么任务的飞机？
3. 电子合成器是哪一年发明的？
4. 平均来说，全世界每秒钟有多少个婴儿出生：2个、4个还是7个？
Namaste
5. 迈克尔·菲尔普斯是现代奥运会上最成功的男运动员之一。他赢得了多少枚奥运会金牌？
6. 这个词语在哪种语言中是“再见”的意思？
7. 以美元计算，全球总财富估计是多少：4.64亿美元、4640亿美元还是464万亿美元？
8. 世界上最高的建筑是什么？

更多探索

如果这本书激发了你对信息图进一步探索的兴趣，那么纵观历史，你会惊喜地发现，数千年以来，人类一直在创造信息图！因此，世界上有很多信息图，每一张图都在讲述迷人的视觉故事。以下是一些经典的例子，可以帮助你去更好地探索。

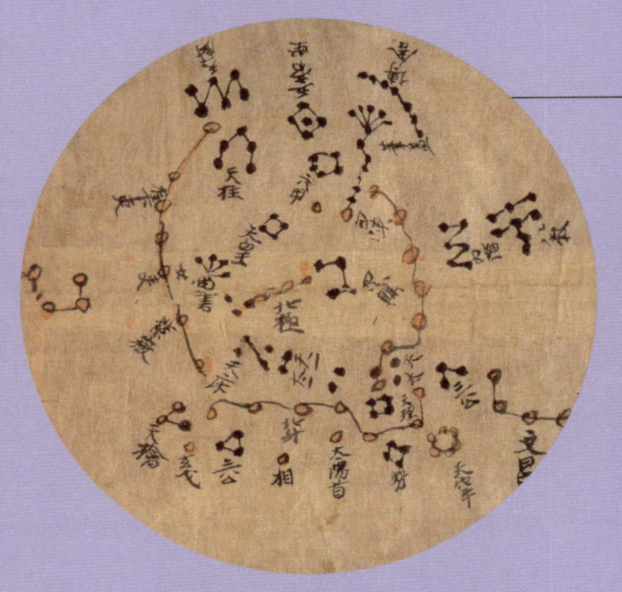

敦煌星图，公元 8 世纪初

这是已知最早的星图集，早在望远镜发明之前数百年就已创作完成。这张星图是在中国敦煌的一处洞穴中发现的，它是成千上万份古老手稿中的一份。

弗洛伦斯·南丁格尔的战争死亡率统计图，1858 年

英国护士南丁格尔制作了一张被称为“玫瑰图”的信息图，以说服政治家们重视医院的清洁卫生。她努力改善医院的卫生状况，因此挽救了数百万人的生命。

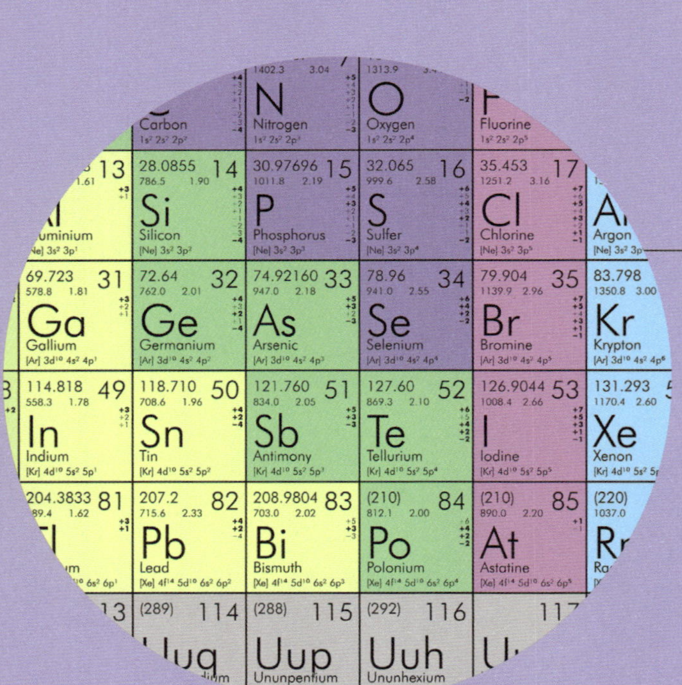
Carbon
N Nitrogen
O Oxygen
F Fluorine
Si Silicon
P Phosphorus
S Sulfer
Cl Chlorine
Argon
Ga Gallium
Ge Germanium
As Arsenic
Se Selenium
Br Bromine
Kr Krypton
In Indium
Sn Tin
Sb Antimony
Te Tellurium
I Iodine
Xe Xenon
Pb Lead
Bi Bismuth
Po Polonium
At Astatine
Uup Ununpentium
Uuh Ununhexium

德米特里·门捷列夫的元素周期表，1869 年

宇宙中的所有物质都是由基本化学元素构成的。俄国化学家门捷列夫创建了一张显示不同元素化学、物理性质的排列表，被称为“元素周期表”。这张表可以帮助科学家了解元素间的关系和规律，甚至预测我们尚未发现的元素的性质。

黑人

农业、渔业、矿业

制造业、机械行业

家庭和个人服务

其他

贸易与运输业

白人

威廉·爱德华·伯格哈特·杜波依斯的“黑人和白人在美国佐治亚州的工作类型对比图”，1900 年

杜波依斯是一位有很大影响力的非裔美国思想家，也是美国平权运动的早期领导人。他制作了大约 60 张信息图，改变了人们对美国黑人生活的认知。

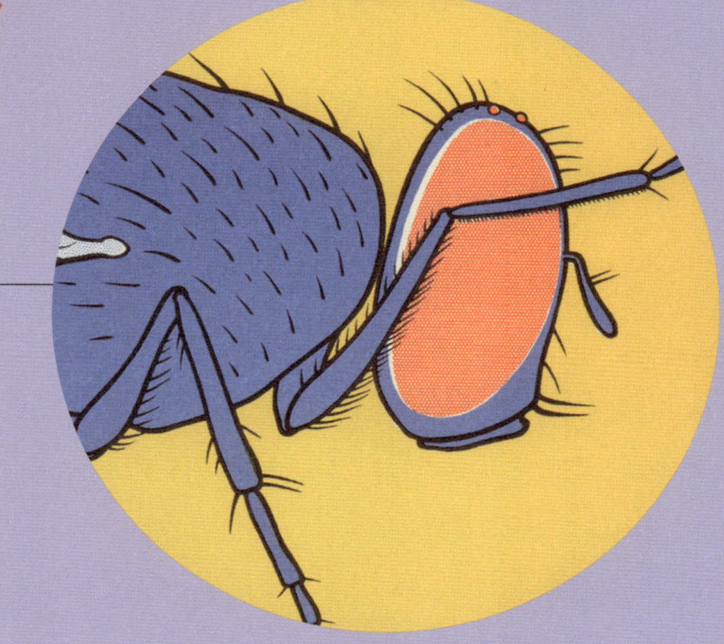

玛丽·纽拉特和奥托·纽拉特的 ISOTYPE 研究所，20 世纪 40 年代

奥地利设计师纽拉特夫妇创建了 ISOTYPE（International System of Typographic Picture Education，国际图形教育体系）研究所，旨在利用图片教育儿童。纽拉特夫妇提倡：“文字分隔，图片统一。”他们创作了很多精美的信息图书籍，以图像形式传达信息，涵盖从植物生长到原子结构等各种主题。

盖普明德（GAPMINDER）基金会，2005 年

这个基金会由瑞典的一些科学家和统计学家建立。其宗旨是充分利用关于全球财富、社会和环境的数据和信息图，提高人们对现代世界的理解。它的使命是以每个人都能理解的“基于事实的世界观”来对抗“毁灭性的无知”。

索引（按音序排列）

C

D

E

F

G

H

J

K

L

M

N

O

P

Q

R

S

T

Y

Z

《寻宝游戏》答案

第1章

《时间与空间》第47页

1. 约1,300,000 个地球；2. 土星；
3. 天鹰座；4. 光移动的速度更快；
5. 1972年；6. 150倍；
7. 是；8. 流星。

第2章

《陆地、海洋与天空》第95页

1. 约71%；2. 第53页；
3. 外逸层；4. 南极洲；
5. 卷云；6. 莫氏硬度为10；
7. 朝下生长；
8. 马里亚纳狮子鱼。

第3章

《生态星球》第143页

1. 美国；2. 100千米；
3. 所有蚯蚓；4. 羊驼；
5. 北极；6. 腐烂的肉味；
7. 增加；8. 第131页。

第4章

《动物世界》第191页

1. 200升；2. 5人；
3. 食肉动物；4. 11天1小时；
5. 角鲨；6. 200倍；
7. 10米；8. 20小时。

第5章

《人体》第239页

1. 牙釉质；2. 舌头；
3. 人；4. 5杯；5. 60%；
6. 哈密瓜；7. 金；8. 3米。

第6章

《人类世界》第287页

1. 印度；2. 不间断地环球飞行；
3. 1955年；4. 4个；5. 23枚；
6. 印地语；7.464万亿美元；
8. 哈利法塔。

创作团队

作者

安德鲁·佩蒂（Andrew Pettie）是一位作家、编辑和记者，为英国《泰晤士报》《星期日泰晤士报》《每日电讯报》等撰稿。他是《大英儿童百科知识清单》的作者，也是《大英百科全书》杂志的编辑。

康德拉·奎迪-哈珀（Conrad Quilty-Harper）是美国彭博新闻社驻伦敦的记者。他曾在《新科学家》《每日镜报》和《每日电讯报》工作，经常使用数据和信息图讲述故事。他会吹长号，喜欢飞机。

绘者

瓦伦丁娜·德菲里波（Valentina D'Efilippo）是一位屡获殊荣的数据可视化设计师和插画家。她是《信息图中的世界史》一书的作者，该书已出版了11种语言版本。她在2021年发表了有关数据可视化设计的TEDx演讲，并为学生和专业人士组织研讨会，包括与英国《卫报》合作举办的关于数据可视化叙事的大师班。本书是她绘制的第一本儿童书籍。

数据研究员

伊丽莎白·格雷戈里（Elizabeth Gregory）是一名常驻伦敦的记者和研究员。她曾为英国《伦敦标准晚报》和《星期日泰晤士报》等撰稿。

西蒙·亨特（Simon Hunt）是一名从事数据研究和报告的记者。

雷切尔·肯尼（Rachel Kenny）是一名环境科学家和数据分析师。她现在任职于世界资源研究所。

米丽娅姆·奎克（Miriam Quick）是一名数据记者和研究员。她的第一本书《我是一本书，是通往宇宙的传送门》，与斯蒂芬妮·波萨维克（Stefanie Posavec）合著，赢得了2021年英国皇家学会科学图书奖和2022年凯度信息之美奖。

专家团队

专家顾问

詹姆斯·奥多努（James O'Donoghue） 是一位行星科学家，专攻木星、土星和外行星。他利用业余时间制作科普视频，解释太阳系及外太阳系空间的尺度、运行和机制。这些视频被世界各地的学校、天文馆和博物馆广泛使用。由于他的外展工作，他被授予了2021年欧洲行星学会公众参与奖。

克里斯托弗·杰克逊（Christopher Jackson）是帝国理工学院的地质学家和教授。他曾在阿根廷安第斯山脉、加里曼丹岛雨林和埃及西奈沙漠进行实地考察。

克里斯托弗·费尔南德斯（Christopher Fernandez）是美国雪城大学的生态学家，专攻菌根生态学。

米兰达·洛威（Miranda Lowe）是英国自然历史博物馆的首席馆长。她在该博物馆工作了30年，专门研究甲壳动物和刺胞动物。她讲授有关科学和博物馆展品的课程，指导学生，并在学校进行外展活动。她是STEM大使，志愿参与“有志专业人士项目”（Aspiring Professionals Programme）。这是一个将缺乏专业人脉的学生与其领域内的顶尖专家联系起来的项目。

克莱尔·史密斯（Claire Smith） 是英国布莱顿和萨塞克斯医学院解剖学负责人。她发表了100多篇同行评审文章，是《格氏浅表解剖与超声》的主要作者。史密斯教授是《解剖科学教育》杂志的编辑。该期刊是解剖学教育的世界领先期刊。她是英国第一个为学生打印3D解剖人体部位的人，这些部位是从捐赠的尸体上扫描出来的。

甘娜·波格莱布娜（Ganna Pogrebna） 是澳大利亚查尔斯特大学人工智能和网络未来研究所的执行主任，也是悉尼大学行为商业分析与数据科学的名誉教授，以及阿兰·图灵研究所行为数据科学的负责人。她的工作融合了行为科学、人工智能、计算机科学、数据分析、工程和商业模式创新，以帮助城市、企业、慈善机构和个人优化其行为。2020年，她获得了“科技女性100奖”（TechWomen 100 prize）。该奖项表彰了英国STEM领域的领先女性专家。

审读专家

高爽，德国海德堡大学天文学博士，国家天文台博士后，曾任北京师范大学天文系讲师、硕士生导师，科普作家、翻译。得到App《天文学通识》主理人。高级家庭教育咨询师。

石岱，科普作者、全国十佳编辑，致力于中国儿童的科普教育与推广工作。曾就职于多家出版社，拥有丰富的创作和编辑经验，策划并编辑出版了多部畅销科普作品，累计销量超过百万册。

刘海明，植物学博士，研究馆员。毕业于中国科学院植物研究所，现在国家自然博物馆工作。长期从事植物学的科学研究以及科学普及工作，发表论文30余篇，参编专著多部。

邓文，编审，策划出版科普图书300余种。荣获国家新闻出版广电总局“三个一百”原创图书出版工程、中国动漫金龙奖、金猴奖、文津图书奖、桂冠童书奖等十余项国家级、省部级奖项。

郭庚，医学博士，主任医师，博士研究生导师，博士后合作导师。现就职于山西医科大学第一医院。兼任9种学术期刊编委及审稿专家。主持国家自然科学基金、中国博士后科学基金等11项。近年来发表学术论文80余篇，编译专著多部。

大英儿童百科系列

特约策划／敖德
特约审读／李雪竹
特约编辑／郭文婷　张俊杰　郭铮

0~3岁 认知启蒙

大英儿童百科
幼儿认知大书

3~6岁 百科入门

大英儿童百科
百问百答

大英儿童百科
万万想不到

BRITANNICA ALL NEW CHILDREN'S ENCYCLOPEDIA
大英儿童百科全书

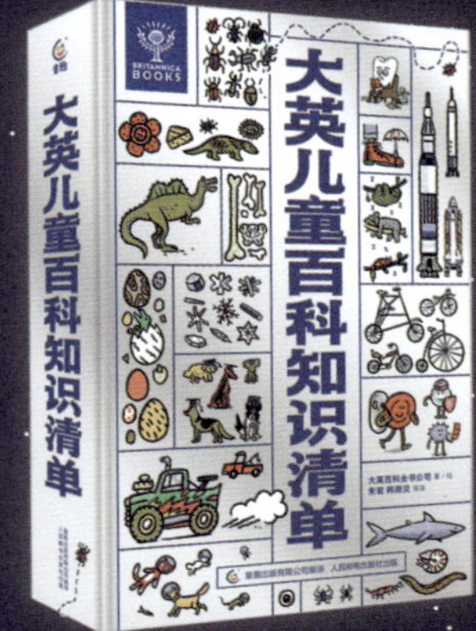
大英儿童百科知识清单

7岁以上 百科全书

大英儿童百科
知识闯关

大英儿童百科
奇趣问答
盲盒

文创产品

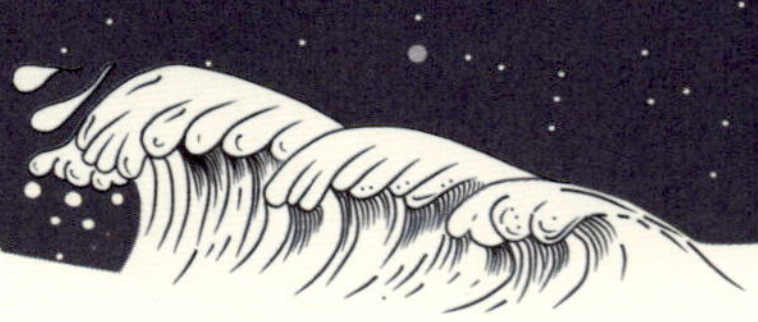